〔法〕迪迪埃·法桑　理查德·李森特曼 著 / 刘文玲 译

创伤的帝国
——受害者状况调查

L'EMPIRE
DU
TRAUMATISME

Enquête sur la
condition de victime

Didier Fassin & Richard Rechtman

商务印书馆
The Commercial Press

Didier Fassin & Richard Rechtman
L'EMPIRE DU TRAUMATISME
Enquête sur la condition de victime
Copyright © Editions Flammarion, Paris, 2007 and 2011
本书根据法国弗拉马里翁出版社 2011 年版译出

译者序

  人世间，幸福是短暂的，不幸是永恒的。人们总是"追求幸福"，却没有人"追求不幸"。不仅是因为"不幸"不好，而更是因为人们习惯性地去追求得不到的、容易失去的东西。"不幸"就在那里，时刻萦绕在我们身边，触手可及。不追不求，它也在那里，以各种形式存在。不幸和不幸的人成为文学作品情节冲突的动因，往往会引起人们的同情和感慨；而对不幸者本人，那不仅是一时的痛苦和感慨，而且也许会成为一生抹不去的创伤。在人类学社会学领域，针对不幸之人的研究有一门叫"受害者学"（victimologie，又称被害人学）的学科，它是20世纪40年代在西方学界首先兴起的。这门学科所研究的不幸群体仅限于"合法权益遭受犯罪行为侵害者"。因此，从一开始，它就与法律结合起来，是法律领域中的一个分支。但从人类学角度来看，作为"受害者"的群体远不止于此。这就是法国学者迪迪埃·法桑和理查德·李森特曼在《创伤的帝国》这本书中要考察的对象。

译者序

迪迪埃·法桑具有双重身份，他首先是医生，是传染病（主要关注艾滋病等流行病）内科医生，他的临床经验让他体会到了西方社会的不平等和文化差异，这为他后来成为人类学家和社会学家奠定了实践基础。因此，在他的人类学研究当中，疾病及其症状成为其研究的对象，他也是通过这些现象，进一步揭示隐藏在病症背后的社会关系，包括权力关系、经济关系、文化关系、人际关系，也即他所说的"道德经济结构"（économie morale）。法语中 économie 这个词有双重含义，一是指普通意义上的经济，二是指一种制度体系的结构布局。因此，对作者来说，精神创伤疾病的道德经济结构既是物质性的也是非物质性的。正是围绕精神创伤的双重性，作者展开了两条脉络的叙述：医学领域知识脉络的发展过程和社会领域对精神创伤病患者身份的评判，从而反映了当代西方社会早已存在的结构性差异和不平等性。

受害者群体的研究往往与灾难学（也有称灾害学，多指地震、洪水、火山等自然灾害造成的人员和物质损失）研究联系在一起。后者在国内也是近几年才开始兴起的一门学科，尤其是自 2003 年非典型肺炎、2008 年汶川地震成为灾难学研究的"契机"，学界开展了对人类各种灾难的研究，其中最多的还是灾难医学，以及突发事件社会预防与救助措施的研究，灾难心理学和灾后心理救援的研究也不乏其数。

在翻译此书的时候，2019 新型冠状病毒正在全球肆虐，这

译者序

场危机对人们生活造成的影响已见端倪：除了身体上的损害之外，还有经济的衰退、焦虑症的出现、家庭矛盾和暴力增加、离婚率增加、各国的政治矛盾冲突、种族矛盾激发、有效管理机制的缺失，等等，这一切都迫使人们思考，我们的全球化需求意义何在？世界的格局将如何改变？人类的未来将何去何从？一场灾难，它带给人的思考，不仅是灾难本身，不仅是灾难的受害者本身，还有它的影响和社会意义。因此，无论是何种类型的灾难，医学危机、自然灾害、交通事故、工业事故，甚至是军事冲突或战争，都需要我们从社会结构整体框架的各个方面进行考察，因为这些灾难除了给人员造成伤亡、经济造成损失之外，留下的"伤痕"（个体身体上和精神上的，也有集体记忆上的）会影响整个社会秩序和发展趋势。

《创伤的帝国》法文版初版是在 2007 年发行的，我想作者在出版这部著作的时候，还没有想到 13 年后，人类会面临如此严峻的公共卫生健康问题。如今，面对全球性"战疫"，作者将如何定义这场流行病的受害者，如何看待这场疫情给人类留下的创伤，又将如何分析这场灾难的道德经济结构呢？作为中国读者，我希望这本书能够为我们研究和思考这场特殊的全球性灾难提供借鉴，从人类学社会学领域提供新的视角和研究方法。

刘文玲

2020 年 6 月 25 日于成都

献给安娜-克莱尔和瓦妮娜

目 录

序言 创伤的时代 ·· 1

导论 事件的新话语 ··· 5

第一部分 从一种真相到另一种真相

第一章 双重脉络 ··· 39
    辩论的意义 ·· 42
    精神创伤的起始 ·· 48
    劳动法 ··· 55

第二章 漫长的追查 ··· 63
    怯懦还是死亡 ··· 65
    治疗强硬化 ·· 69
    战后 ·· 80
    法国历史 ··· 85

第三章 招供 ··· 91

目 录

战争精神分析法 ·· 93
获利的疾病 ·· 100
主动受害者 ·· 104
幸存者的问题 ··· 111

第四章 终结猜疑 ··· 119
首先是妇女和儿童 ·· 121
对事件的认可 ··· 130
最后的证人 ·· 136
罪犯的人性 ·· 144

第二部分　补偿政策

第五章 精神病受害者学 ··· 165
受害者权益 ·· 167
精神病学的抵制 ·· 178
模糊的起源 ·· 184
相对自主性 ·· 192

第六章 图卢兹 ·· 197
精神创伤诉求 ··· 201
急诊问题 ··· 209
不平等性和排斥 ·· 217
安慰和弥补 ·· 229

第三部分　见证政策

第七章　人道主义精神病学 ········· 249
　一个开端，两段叙事 ········· 252
　源头是人道主义 ········· 262
　站在战争边缘 ········· 272
　人道主义的边界 ········· 281

第八章　巴勒斯坦 ········· 290
　见证的必要性 ········· 295
　苦难专栏 ········· 303
　受害者等值性 ········· 313
　无历史的历史 ········· 322

第四部分　证明政策

第九章　流放精神创伤学 ········· 345
　移民，介于土著人和外国人之间 ········· 348
　避难所的临床治疗 ········· 354
　范式的变化 ········· 362
　身体检验证明 ········· 371

第十章　避难 ········· 383
　难民的非法性 ········· 386
　征象识别 ········· 395

目录

　　书写真相 …………………………………… 404
　　话语的意义 ………………………………… 411

结论　精神创伤的道德结构 …………………… 420
参考文献 ……………………………………… 435
专名索引 ……………………………………… 456
术语索引 ……………………………………… 462

序言　创伤的时代

> 事情本身其实要比事情发生的时候来得更加广泛，发生事情的这一时刻不能包容事情的全部广度。
>
> ——马塞尔·普鲁斯特，《追忆逝水年华》

一本关于社会科学的书总是具有双重时间性：主题的时间性和读者的时间性。前者以历史的漫长时间为尺度，后者则局限于现实的短暂时间。学者的研究工作在于领会其中一种时间性，从而与另一种时间性进行比较。

我们刚在一起合作的时候，已经在各自的研究领域工作多年，我们的研究项目虽然不同，却具有共同点：一个是研究苦难政策，另一个是从事精神病学领域的研究。创伤既是苦难的起源和表达方式，也是精神健康领域不断发展重塑的疾病分类，正因为如此，它成为我们研究的交叉点。我们观察到，创伤在公共空间的不断出现阐明了事件的很多新问题，展现了受害者的新形象，因此，我们试着重新梳理创伤的来龙去脉，把它当作一项民族志课题来研究。多项研究已经表明，创伤的脉络不仅是一种心理疾病（这是北美精神病学派通过对创伤后应激障碍分析承认并确定下来的心理疾病）的历史，而且是一种道德事实的历史，在不到一个世纪以前，它曾经是猜疑的对象，然而在近几十年里，人们对此有了新的认识，用来为我们所说的受害者境遇做辩护。这一点时至今日依然为大多数人所忽略。民族志研究将我们带往不同的调查田野，从工业灾难的受灾人群，到以色列-巴勒斯坦冲突的活动者，再到政治避难申请者。这种对比研究唯一的证据就是，我们相信，创伤的受害者是解释当代世界的关键。正是这一双重调查构成了本书的内容。

我们选择先在法国然后在美国出版本书，在做这样的选择时，我们也考虑了其中的利害关系以及对本书相应的接受程度。在法国，我们处在一个全面揭露受害者的时代，整体形势是奚落受害者的言论甚嚣尘上，而忽视了对这一新话语背后的意义和蕴涵的思考。面对这一读者群，我们需要提醒的是，在我们的社会中，社会科学在帮助我们思考的时候往往比它在让我们做出判断的时候更有用。尤其是面对那些仅限于论说的实事评论员时，我们更应该向他们证明，根据我们的调查，受创伤事件影响的个体不一定自视为受害者，在某些情况下，他们会运用这一资格定性来表示另外的事情，比如图卢兹受灾者的不平等对待、巴勒斯坦青年的占领、对避难申请者的怀疑。社会所认定的受害者，他们同我们谈论的多是正义，而非苦难，他们所诉求的多是权利，而非同情和怜悯。针对蔑视受害者话语的人来说，我们的田野调查可以告诉他们：他们弄错了目标。

美国的情况恰恰相反，精神创伤是历史和文学研究重新关

序言 创伤的时代

注的课题,心理学家以及神经科医生开始重新解读弗洛伊德的理论,希望从中发现大脑思维的迹象。这些学科范式之间虽然存在重大差异,但也拥有一个共同之处,就是将精神创伤看作自然而然的事情,看作创伤受害者的一个显而易见的经历。对于这些分析,或许我们应该注意的是,在权力力量关系和同盟利害关系当中,早已指出了这些类别;我们还应指出,鼓吹创伤者的目的有的是获取补偿,有的是证明创伤者所受的压迫,还有的是要求人们承认其逃难者的身份。因此,问题不仅仅是精神层面的,同时也是政治层面的,相关人员不仅是受害者,也是参与者。因此,在法国和美国的知识界,我们应当一方面抵制冷嘲热讽的现象,另一方面抵制天真幼稚的态度。对于第一种现象,我们应该具有现实主义精神,对于第二种态度,则要表现出更多的结构主义精神。另外,我们也看到,法国和美国对本书的评论深刻睿智,宽厚包容,我们以上的观察并不是对这些评论进行批判,仅仅是为了强调本书不同读者群的特点。

　　除了时间双重性(主题的历史性和读者的现实性),还有 IV 研究人员的时间,也就是其调查的时间和写作的时间。社会学家以及人类学家经常说,他们收集和分析材料并将这些工作转化成作品的时间,早已让他们的思考时过境迁,至少在作品出版的时候已经不那么合时宜了。总之,这一切都会在经历各种思想争议之后出现。对于这种看待事物的态度,我们并不完全认同。当然,从我们开始着手调查,到这本书最终出版,已经

3

过去十几年。但我们依然认为，与很多社会科学研究一样，长时间接触问题和参与者不仅可以让我们掌握新问题——精神创伤与受害者的相交——出现的时机，也可以让我们意识到这些问题的复合多样性——这与很容易就建立起来的捷径不同。尤其是我们早已阐述过，精神创伤的社会生产和受害者的精神认知是有代价的，一方面，并不是所有人都具有这种身份，并由此享有应得的利益；另一方面，能够倚仗受害者身份的人往往会丧失自己的一部分历史，并且丧失很大一部分谈及此事的能力。

同样，如果我们跟随马塞尔·普鲁斯特的直觉，认为"事情本身其实要比事情发生的时候来得更加广泛，发生事情的这一时刻不能包容事情的全部广度"，那么事件造成的精神创伤早已超越了人们对其频繁阐释的现实。我们只有以精神道德结构和政治主体性的重组为依据，才能够清楚地理解创伤的帝国。

迪迪埃·法桑，理查德·李森特曼
普林斯顿，巴黎，2010年12月5日

导论　事件的新话语

2001年9月11日纽约世界贸易中心遭受恐怖袭击后的几天里，大概有9000多名心理健康治疗专家（包括700多名精神病科医生）为幸存者、目击者以及当地居民提供了心理援助。[1]一个月之后，纽约医学院对居住在曼哈顿南部的1000多名人员进行了调查，调查结果显示，7.5%的人员患有创伤后焦虑症，9.7%患有抑郁症，服用精神类药物和酗酒的比例增加，寻求心理治疗的比例明显提高。但是，这种现象主要集中在受过高等教育的白人身上。[2]不久之后，美国全境又开展

---

[1] 参阅理查德·吉斯特和葛朗特·戴弗利（Richard Gist & Grant Devilly）在《柳叶刀》杂志发表的文章（2002），以及马修·多尔蒂（Matthew Dougherty）在哥伦比亚大学健康科学学院网站上发表的文章（www.cumc.columbia.edu/news/in-vivo，查阅时间2005年4月25日）。

[2] 参阅桑德罗·加利亚等（Sandro Galea et al., 2002）和约瑟夫·波斯卡利诺等（Joseph Boscarino et al., 2004）。前面几位作者在《新英格兰医学期刊》（New England Journal of Medicine）中写道："创伤后焦虑症和抑郁症是最经常研究的两种由精神创伤和灾难导致的心理性后遗症。"而后面几位作者在《精神病服务》（Psychiatric Services）杂志中指出，"在灾后的精神健康设施的使用方面，存在令人吃惊的民族和种族的不均衡性，纽约在恐怖袭击之后

了一项调查研究。这一次的样本更大，更具有代表性，结果表明，4%的美国人患有创伤后焦虑症。在这次研究当中，我们得知，这只是美国整体人口统计可预计的比例，与纽约恐怖袭击事件无直接联系；换句话说，似乎存在某种创伤杂讯（bruit de fond），对此，恐怖袭击事件没有最终产生重大影响；但值得注意的是，在那些长期观看袭击双子塔电视节目的人当中，这个比例更高。① 在那段时间里，创立和改版了很多专业网站，以满足人们心理辅助咨询的需求。恐怖袭击事件发生三年后，当我们将9月11日的日期与精神创伤的概念结合起来进行检索的时候，某一搜索引擎给出了150多万条结果。② 很快，北美政治界也开始关注恐怖袭击事件——不仅仅是为了加强由乔治·布什及其国务卿唐纳德·拉姆斯菲尔德以安全秩序为基础建立的国际权威，同时也是为了通过情感归化和保障给予地方合法性。2002年12月，心理文化研究基金会（Foundation for Psychocultural Research）在洛杉矶召开了一次重要研讨会，会议的主题是"创伤后应激障碍"（PTSD）。为表示对纽约市前

（接上页）有免费的医疗服务"，然而他们吃惊地发现，"美国非裔"和"西班牙裔"咨询心理医生的数量比"白人"少一半，包括当他们表现出创伤后症状的时候。

① 参阅威廉·斯朗格尔等（W. E. Schlenger et al., 2002）。虽然纽约的人口比例高于全国平均水平，但是华盛顿市的比例相对较低。

② 2005年4月25日在谷歌输入关键词"创伤9月11日"（Trauma September 11），得到1,470,000个结果。其中相关网站包括：www.traumaresponse.org（数据库"9/11创伤结果数据"），www.psychologistshelp.org（其中的"Coping with 9/11"版块提供免费咨询服务）。

市长鲁道夫·朱利安尼（Rudolph Giuliani）处理危机的敬意，基金会很自然邀请他为会议开幕式致辞。[①] 倾听受害者倾诉的心理学家、关注后遗症的流行病学者、网络专家、政界精英等，围绕同一事项齐聚一堂：无论是幸存者、目击者还是电视观众，美国国民正在经受痛苦的折磨，因为他们曾经目睹一场主要导致精神疾病的精神创伤事件。

在恐怖袭击可能对人类造成的所有后果当中——当然，暂且不论数千名死亡人员——目前表现得最明显、最持久、最确凿的就是心理烙印：哀悼期过后，留下的是创伤。另外，精神创伤这个词应该在两个含义上加以理解：一是指狭义的精神健康（在心理上留下的痕迹），一是指常识当中广泛使用的含义（在集体记忆中打开的缺口），因为精神创伤不仅关系到纽约人，也关系到全体美国人，包括所有国民和整个国家。从精神病医生书面上的接受（心理撞击）到媒体的隐喻性延伸（社会悲剧）——另外，人们也没有特别注意到，同样的话题从一个领域过渡到另一个领域——在当代世界，精神创伤的概念已是老生常谈，毫无新意，换句话说，它已是一个普遍接受的真

[①] 2002年12月12—15日在加州大学洛杉矶分校召开的"创伤后应激障碍"研讨会。会议组织者在日程安排中写道："人在经历一次次可怕的事件之后会长期留下精神创伤，这次会议对精神创伤的经历产生深刻的影响。2001年9月11日的悲剧证明了这一点，同时强调了理解创伤构成我们的文化和生物学方式的重要性，以及创伤被后者塑成的方式的重要性。"为了说明邀请会议特邀嘉宾出席的缘由，他们补充道："2001年'9·11'事件中，纽约市市长朱利安尼在这次重大创伤中为纽约市民带来了巨大的力量和稳定。"

理。因此，没有人会怀疑曼哈顿居民甚至大部分美国人在心理上受到了影响，也就是说，他们需要接受特殊治疗。看到那么多心理专家和精神病医生出现在不幸的场景当中，没有人会感到吃惊。大家都接受了人们对事件的阐释方法。面对残酷的事实，甚至是电视中的表现，很明显，我们必须借助精神创伤的概念，因为社会提供的治疗方案是一种进步，既是那些曾经经历此事（直接地或者间接地）的人认清经验现实的进步，也是社会与社会代表承担责任的进步。

从这一点来看，世界贸易中心恐怖袭击后的反应必然是一个很好的实例，它赋予精神创伤以现实性的效力，同时反映了整体意义上的一个社会事实。在沙姆沙伊赫飞机失事后，法国紧急召回了科特迪瓦的侨民，还有，无论是在戴高乐机场遭遇机场坍塌事件的游客，还是在东南亚海啸中幸免于难的人员，[1] 法国都为滞留或降落在机场的家庭提供了紧急心理支持措施：在为此而临时设立的特殊办公室里，精神病医生和心理专家为有此需求的人员提供服务，为预防突发事件提供心理咨询和心理"纾解治疗"[2]。同样，2001年春索姆省和2002年秋加尔省

---

[1] 负责受害者权利的国务秘书处犹豫了很长时间，最后出版了一份针对海啸幸存者的小册子，这份小册子的引言里包含一个提示，提醒幸存者有可能出现事故后心理问题，并提供了一份咨询专家名录。

[2] 关于心理纾解治疗（débriefing，也译为心理疏泄治疗或者心理事后解说。——译者）方法的阐述——这一术语没有翻译成法语——可参阅弗朗索瓦·勒毕果（François Lebigot, 1998）和里奥奈尔·贝利（Lionel Bailly, 2003）的文章。

发生水灾，1995年克利希一所小学和2001年塞尔吉一家商场发生人质扣留事件，塞纳-圣德尼省一名学生自杀，侮辱教师的涂鸦等一系列事件发生后，法国设立了心理治疗紧急服务站，心理创伤专家和医疗救急队的救生医生以及急救医生协同工作：在危机管理当中建立精神健康职业人员队伍，对受害者和见证人、学生和教师进行现场"减压"①治疗。来自世界医生组织和无国界医生组织的精神病医生和心理专家跨越国界，前往现场，帮助因遭受自然灾害、战争以及其他灾祸而伤痕累累的民众，包括亚美尼亚和伊朗地震的受灾人员、波斯尼亚和车臣冲突受难者、中国的流浪儿童、罗马尼亚的孤儿。②在战场上，对于军事指挥来说，精神紊乱会导致严重后果，首先是对军队本身，例如第一次海湾战争综合征，它对1991年参加此次战争的士兵造成了严重影响；其次是对普通市民，例如2003年第二次海湾战争。针对军队，人们投入2.5亿美元开展了上百个项目，鉴别美国老兵身上出现的一些奇怪病症的原因；然而，由于对这些问题的真正原因没能得到一个令人满意的解释，人们通常采用的是行为疗法。针对普通市民，在开始轰炸

---

① 关于"减压"（déchoquage），也就是英文中的 defusing 治疗过程的介绍，参阅路易·克罗克等（Louis Croq et al., 1998）和弗朗索瓦·杜克罗克等（François Ducrocq et al., 1999）的文章。

② 这两个组织在人道主义精神病治疗项目的基础上分别出版了两期杂志：无国界医生组织的《医学新闻》（Medical News）特刊《精神病学专刊》（Spécial psy），1998年，第7期，第2期；世界医生组织的《捐赠者报》（Journal destiné aux donateurs）特刊《灵魂创伤》（Les blessures de l'âme），1999年，第56期。

导论 事件的新话语

巴格达的时候，美国政府公布了一份评估结果，预测将会有57万伊拉克儿童因第二次冲突患上创伤后遗症，有必要接受心理治疗。[①]博尔赫斯（Borges）指出，这种状况多种多样，它更多是让人想起一部复杂的大百科全书，而不是经过美国精神病医师协会合理编排的目录，而各种复杂情况中最细小的共同点就是精神创伤，也即悲剧事件及其留下的精神伤痕。

　　心理专家和精神病科医生走上战争、灾难、极端暴力或者一般暴力的舞台，参与其中，这在我们这一代人看来是极为寻常的事情。看到精神健康专业治疗人员走出他们的治疗机构或者诊室，来到"精神病伤员"面前，没有人会感到吃惊。同样，人们也很容易接受这样一个事实，就是令人痛心的悲剧性事件，无论是个人的还是集体的，都在人们的精神上留下了痕迹，与身体上留下的伤疤一样，这些痕迹也被认定为"伤痕"。[②]在事故或恐怖袭击当中遭受损失的人，可以根据其所在国家的受害者补偿法，以精神创伤的名义申请经济补偿。当

[①] 关于第一次海湾战争综合征，可以参阅马丁·恩瑟林克在《科学》杂志上发表的文章（Martin Enserink, 2003）；关于美国第二次攻打伊拉克时有可能产生创伤的儿童数量，约翰·巴里（John Barrie）和亚当·皮奥雷（Adam Piore）在《新闻周刊》的文章中有所提及。

[②] 克洛德·巴鲁瓦在著作中写道："几乎所有的伤都会留下疤痕。一个穿过玻璃的人从来不会完好无损地返回来。即使他的疤痕质地完好，那依然是一道无法抹去的伤痕。"（Claude Barrois, 1998）这是一种换喻的方法，而不仅仅是一种比喻。

导论　事件的新话语

所有参与者认为此事件及其后果是"真实的",即使当事人只是看到了所谓具有创伤性的事件,他的补偿申请也是合理的。15一个受过酷刑或迫害的受害者会优先获得医学证明,证明存在创伤性精神障碍,使其避难者身份获得承认。这份证明在每个人看来就是事实最恰当的阐述,确切地说,这是由于医疗服务和精神后遗症之间逐渐建立了一种"可追究的"① 必然联系。

然而在25年前,这些并不是显而易见的事实。除了精神病科医生和心理专家那个封闭的圈子,人们无权提及精神创伤。在个人和集体的不幸事件当中,精神病科医生和心理专家是不太可能出现的参与者,除了个别罕见的情况,比如法庭要求临床专家予以协助。他们在参与冲突或者某些事故治疗的时候,会质询受伤者以及幸存者病症的真实性,他们怀疑在士兵的"神经症"背后,存在装病逃避返回前线的可能性,② 并且怀疑在工人的"灾难神经症"(sinistrose)背后,多多少少存在一种对次生利益(bénéfices secondaires)的有意识的寻

---

① 1995年艾伦·扬(Allan Young)叙述了美国经济补偿大会的讨论,这是"创伤后应激障碍"引发的核心议题。在美国,这个问题帮助解决了20世纪70年代末越南战争老兵的经济补偿。从此,悲剧性事件与心理障碍之间的关联问题多次以利益主题(损失赔偿、避难身份等)提出来,并几乎总是以有利于受害者的方式得到解决(至少原则上如此)。

② 在约瑟·布鲁讷的一篇关于第一次世界大战的文章中(José Brunner, 2000),有一些资料涉及神经学家和精神病科专家之间的激烈讨论,这些讨论围绕"神经症"(névrose)展开,它反过来谴责士兵是懦夫,是善于算计的人,这证实了治疗方法的粗暴。

11

求。① 受害者——而且他几乎不以这一身份被思考——会给人一种非法印象。总之，怀疑沉重地压在精神创伤之上。几年之间，历史的发展完全被颠覆。从此，人们认可了受害者，愿意承担精神创伤治疗。正是这种因精神创伤形成的受害者的新状况，构成了本书的主题。

米歇尔·福柯在晚年时说："我的问题在于弄清楚人类如何通过真理的生产而实现自我管理（管理自己和他人）。"他还补充说："这里所说的真理生产，并不是指生产真实的叙述，而是指真假实践能够得以恰当处理的领域的治理。"② 这也是我们的意图。问题不在于知道一个人是否有过悲惨的经历，是否见过一些令他感到痛苦、遭受创伤并产生应激反应的事情，也不在于知道他在经历过这些创伤且接受心理治疗后是否恢复，并得到经济补偿；我们的问题在于理解人们如何从一个怀疑受伤士兵或受伤工人的病症的真言化机制，过渡到一个对他们的痛苦毫无争议，认为这些痛苦体现了一种能够引起同情且需要给予某种补偿的真言化机制。也就是要了解在这一过程中，引起猜

---

① 关于这个问题，可以阅读萨亚德关于灾难神经症的文章（Abdelmalek Sayad, 1999）。作者在这篇文章中指出，20 世纪 60—70 年代，精神病医生仅在描述遭遇劳动事故的移民工的精神问题时才使用这种精神病理，而且仅从其诉求意向的角度加以说明。

② 在这段话中，福柯同时使用了"真言化机制"（régime de véridiction，又译主观事实机制或主观真理叙述机制。——译者）这个表达方式，他的这篇不为人熟知的文章是根据 1978 年 5 月 20 日召开的一次历史学家圆桌会议的讨论撰写的。

疑的东西如今如何成为证据，换句话说，是什么使虚假的变成了真实的。怀疑的结果：我们所要掌握的是这个历史时刻。

这种颠覆现象同时发生在两个舞台上：一个是精神病专家和心理专家的舞台，他们在为老兵以及受到暴力侵犯的妇女诉求应得权利的社会运动中曾发挥重大作用，正是在这些交融结合的地方产生了疾病的分类，使创伤后应激障碍成为新事实建筑的拱顶石，并且在此基础上发展出后来的精神病受害者学和人道主义精神病学。另一方面，精神创伤概念的传播十分广泛，代表了一种与情感同化相关的不可抗拒的现实，这个概念已经进入当代社会的道德领域。这一切撇开创伤后应激障碍分类（起源于北美的术语分类法）的依据，阐述在其他文化背景下遭遇悲惨事件的痛苦经历；另外，还有观点没有考虑精神创伤的道德重要性，反对将其视为心理种族中心主义的一种形式。因此，我们现在面对两种事实：一种属于科学史和医学范畴；另一种属于敏感性和价值人类学范畴。有关精神创伤的大部分研究（尤其是北美的文献），其首先探讨的问题，是关注那些对精神病重新进行分类的研究和讨论。[1] 我们认为有必要

---

[1] 在社会科学方面，主要的参考文献是加拿大人类学家艾伦·扬的著作（Allan Young, 1995），他重新梳理了类型学的历史，构建了精神病社会学研究。加拿大哲学家哈金开展的一次调查为精神障碍的重组提供了进一步的科学论证，他的调查围绕记忆，尤其是多重人格的出现展开（Ian Hacking, 1995）。美国的文献研究也对分析精神创伤的理论和实践产生了重要影响，尤其在精神分析领域，其中具有较大影响的是凯西·卡思（Cathy Carth, 1996）和鲁丝·赖斯（Ruth Leys, 2000）的作品。这些作品基本上反映了精神病学和心理学领域的

导论 事件的新话语

把这两种事实合并加以思考，考察医学分类的来龙去脉、道德标准、创伤后应激障碍的发现，同时重新认识受害者，考察精神病科医生或心理学家所说的话以及新闻记者和社会组织所做的事情。精神创伤不是精神病科的专业术语，它是一个常识，构成事件的新话语。

本书提出的解读方式可以被视为一种构成主义的解读，意思是说，它关注的是精神创伤如何成为活动者（包括精神健康的职业人员，尤其是维护受害者权益的人员）动员的产物，更广泛地说，如何成为我们社会认知和道德基础重组的产物，同时将不幸、记忆和主观性联系在一起。关于这一点，本书提出的解读方式与实体论方法不同，一些（精神分析法）是将精神创伤看作无意识的心理论据；另一些（有机体论）在人脑当中寻找精神创伤的物质性伤痕。[①] 这种对立并不是质疑精神分析法解释以及神经解剖学的观察依据，只是选择了不同的知识论方法。我们所关注的是思维范畴的发展以及真言化机制的出现。我们不讨论精神创伤的普遍主义或是它由于文化差异而发生的变化，我们考察的是其几乎普遍性的结果以及在多种文化背景下的适用。我们不考虑普遍方式或特殊情况下精神创伤是

（接上页）内在分析。精神病科专家的著作更加具有价值，他们自持是精神创伤的推动者，如巴塞尔·范·德·考克等（Bessel Van der Kolk et al., 1996），相反，也有学者大肆攻击这些明显的事实，如巴拉肯等（Patrick Bracken et al., 1998）。

① 另外，正如巴塞尔·范·德·考克和夏安诺（Bessel Van der Kolk & Onno Van der Hart, 1995）的研究所证明的，两种实体论的方法能够相互结合，将弗洛伊德的理论和神经生理学的观察整合成同一个分析。

否构成符合医学或社会的观念,我们关注的是它在医学和社会领域中被认为的样子。换句话说,我们的解读方法既不出自相对主义(即再次以明确的或暗含的方式对精神创伤产生怀疑,思考事物是否真实存在),也不源于某种道德态度,从而使人们对其不恰当使用产生愤慨之情,更不是一种犬儒主义言论,对其发展走向加以讽刺,把它视为一种极度膨胀的事情。这些观念固然有它们的道理,但并非我们的看法。我们试图理解我们所认为的人类学意义上的重要社会革新,即一种知识和价值体系的突然转变、真理关系的动摇,总之,就是当代道德格局的重组。

社会科学之所以对社会有用——关于这一点我们深信不疑——是由于社会科学具有批判作用。这种批判主要是针对一些概念和方法,当今人们正是运用这些概念和方法来思考和改变世界,但是,他们忽视了这些概念和方法,也未曾对此做过思考。对精神创伤进行批判性阅读,就是要避免这些概念和方法的归化。[①] 在今天看起来似乎是自然而然的事,比如将精神病科医生和心理学家派遣到——仅近二十年才出现的现象——悲剧的参与者或见证者身边,这样一个简单的事实本应促使我们去思考。通过对亲历悲惨事件者的临床经验以及对他们进行的民族志研究,我们了解到,一个惨痛的经历可能以一种或者钝痛或者激烈的方

[①] 这一观点尤其指出,"精神创伤叙述"(Rechtman, 2002)反映了受害者的"人类境况"和创伤后应激障碍的"临床条件"。

导论　事件的新话语

式在身体上和心理上重新出现。[1] 然而，这一事实直到最近才被确认（也就是被认定为具有合法性），在这种情况下，我们的问题十分明确：对于当今的人们（受害者及其他人）来说，在他们对世界和历史的认知当中，在他们与他人和自我的关系当中，这种社会的重新认识究竟改变了什么？当我们把一名饱受噩梦和模糊记忆困扰的士兵视作精神病患者而不是装病者或英雄的时候，这种关于战争和参战者的看法说明了什么？当精神创伤这个概念使工业事故的受害者优先享有获得补偿的权利，甚至不需要进行个别评估的时候，损害赔偿管理制度和证据行政管理发生了怎样的变化？当人们在心理学家报告的基础上公开证明巴勒斯坦人的命运的时候，这些人的境况表现以及他们所捍卫的事业受到了怎样的影响？当人们仅仅凭借医学证书证明避难申请者患有创伤性精神障碍而不再相信他的话的时候，人们实施的是哪种法律概念和约束？这就是本书涉及的几个问题。我们对这些问题的回答勾勒出我们所说的精神创伤政策。

发现创伤性精神障碍（19世纪末）的历史和重新发现（20世纪末）的历史设定了双重脉络界标。一个是精神病学、心理学和精神分析领域内的脉络，根据理论讨论（往往经过分析）和实践运用（在被忽略的法医鉴定以及殖民地医学领域）而建

---

[1]　参考我们关于南非患者（Fassin, 2006a）和柬埔寨难民（Rechtman, 2000）的研究工作对这些经历和调查的叙述。

立的精神创伤；另一个反映了社会评判，来自对不幸、对遭受不幸者、军人、工人、事故受害者以及集中营幸存者（尤其是关于他们遭受痛苦的真实性）的看法的改变。大多数关于精神创伤的研究主要关注第一种脉络发展，在我们看来，第二种脉络对精神创伤的出现似乎也起到决定性作用。我们所体会到的，实际上是这两段历史之间的互动。因此，我们在所研究的整个20世纪当中，能够找到一些转折点，在那些时期，精神创伤可以明显地与每个特殊历史形态的价值和期待相结合。这样的变化是如何产生的？从第一次世界大战到第二次世界大战，从美国的女权主义者到参加越南战争的老兵，是哪些活动者带来了变化？知识和实践如何顺应病理分类以及社会标准的变化？精神创伤如何能够以同样的力量体现各方面都具有敌对性的价值？为什么？回顾精神创伤的双重脉络——科学性和道德性——可以帮助我们理解每一次交汇。关于精神创伤的解读，我们仅停留在创伤后应激障碍的概念在全球普及扩展初期，目的不仅仅是强调发生在怀疑末期（当时，怀疑对暴力受害者造成了很大压力）的断裂，同时也试图说明存在着某种连续性，或许是最基本的连续性，正是通过它，精神创伤陈述了一个人类事实，并且影响了其他可能的说法和行为记载。

自20世纪80年代以来，革新不断地出现，在这样一个社会现实当中，我们选择了三个代表当代精神创伤政策的场景。第一个研究案例是关于精神病受害者学的发展及其在恐怖袭击现场、事故现场、人质现场以及自然灾难现场的干预活动；这项研究主要是针对分布在法国的心理医疗急诊所的工作。我们会优先考虑在地方和全国产生重要反响的事件，例如2001年9月21日发生在图卢兹AZF化工厂的爆炸事件。第二项调查阐明了人道主义精神病学的发展及其在灾难现场、战争现场、难民营以及康复中心的活动，这项调查是在无国界医生组织和世界医生组织的工作当中展开的。我们尤其研究了一个投入最多（无论从人力投入还是从政治意义的角度）的现场，那就是2000年9月以来巴勒斯坦青年第二次起义背景下发生的以色列-巴勒斯坦冲突。第三项调查针对致力于难民心理创伤治疗的协会，尤其是那些与避难申请者和酷刑受害者打交道的协会。我们将深入研究一个主要的非政府组织，即流亡者医疗委员会的活动。

这三个调查场景当中，第一个场地离我们很近，第二个离我们较远，第三个则处于两者之间，涉及等待获取合法身份的外国人。三个场地勾画出三个空间：国家、国际和跨国空间。它们的多样性说明当代精神创伤政策无所不在（从地方到全球，从精神健康到重要危机的社会管理），由此，发展出三个新的领域：精神病受害者学、人道主义精神病学和流亡者精神创伤学。这三个领域勾勒出精神创伤的大致轮廓。应当指出的是，这个轮廓在不到十年的时间内建成，见证了心理卫生事业的重要进展。参与其中的活动者人数众多，尤其是心理学家，他们在社会苦难的发展过程中往往有大量人员参与，他们的活动远远超出精神创伤的领域。同样，参与者行为的潜在含义也非常重要，它涉及一个完全新出现的群体，尤其对精神病学来说，有些人并不是患者，但因突如其来的非正常事件饱受折磨。因此，我们希望明确指出社会的双重新事物：发明新知识和新实践；发现新患者和新观察对象。

在这三个场景当中，承担假定精神创伤受害者的治疗限定了某些共同问题（病史的恰当分类、有针对性的心理治疗）的范畴，但是它们各自特有的逻辑思想反映了特殊的政治问题，尤其是自然灾害、战争和虐待反映的特殊社会问题。对于受害者研究来说，图卢兹 AZF 化工厂爆炸事件发生后，损害补偿成为核心问题，精神创伤的作用就是承认一个身份，即灾难受害者的身份。对于人道主义精神病学来说，巴勒斯坦人和以色列人在第二次巴勒斯坦青年起义当中所承受的痛苦，主要来自各协会组织内部馈赠者以及舆论的压力，精神创伤在陈述利益和获得赔偿方面提供了新的话语词汇。对于流亡者心理创伤研究来说，人们面对避难申请者时会不断产生很多怀疑，其结果就是，展示患有精神创伤症成为证明受到迫害这一事实的一个可能的补充材料。因此，这三种状况体现了三种政策：补偿政策、见证政策和证据政策。在这三种状况中，精神创伤不仅是人们需要治疗的痛苦的病因，也是人们可以维护某种权利的策

导论　事件的新话语

略。因此，对精神创伤的不同利用，自具体启用之时就反映了一部分工具性。我们提出这个问题，并不是要进行某种犬儒主义式的揭露（人们对此进行的分类多少承认了其目的性），而是出于避免出现物化现象（精神创伤的社会意义可能到处都一样）的考量，从某种意义来说，就是要说明相对于心理学和精神病学构想（炫耀这些构想的人部分地规避了自己的推理方式），生命是相对自主的。然而，将精神创伤视为一种策略不仅具有理论意义，同时具有伦理道德方面的意义：在证明精神创伤的策略意义的同时，我们再次认识到参与者的社会悟性。

　　本书的内容来自我们十多年前分别展开的研究工作，一项是围绕痛苦的政策展开的，另一项是围绕精神创伤的发现展开的，[①]后来我们将这两项研究成果合并起来，构成本书的主题。经过思考，我们提出一个共同的主题，称之为精神创伤政策，同时我们也希望检验这项经验性研究工作。调查研究是在2000—2005年进行的。[②]为此，我们查阅了大量医学资料和档

[①]　参阅迪迪埃·法桑以及理查德·李森特曼1990年初在法国社会科学高等院（EHESS）开设的"痛苦的政策"和"精神病学伦理化过程"研讨班。

[②]　法国社会事务部经济社会研究中心（Drees）的实验研究委员会（MiRe）与法国国家科学研究中心（CNRS）和法国国家健康与医学研究院（Inserm）联合推出研究项目，在招标项目当中，有两份报告详细介绍了这一计划的结果，即迪迪埃·法桑和理查德·李森特曼分别在2003年10月和2005年6月主持的项目报告《精神创伤，受害者学及人道主义精神病学》和《精神创伤的社会利用》，由巴黎十三大公共健康实验室和巴黎五大精神药物、精神健康及社会究中心（Cresp/Cesames），法国社会科学高等研究院和巴黎十三大人文科学出版社联合资助。

案，对上述三个场景的受害者进行了长达数十个小时的采访，阅读了相关机构提供的数百页纸质和电子版材料，参与观察这些活动者的活动以及机构的日常生活。[①] 在调查研究过程中，我们得到两位学生的协助，一位是法国社会科学高等研究院的社会学博士生埃斯特尔·德哈林，另一位是巴黎高等师范学校的社会科学博士生斯蒂芬·拉忒，在此表示感谢。[②] 同时还要感谢雅克林娜·鲁埃、希尔薇·范扎科、塞德里克·维斯协助校对书稿。

本书论述了相关参与人员，包括精神病科医生、心理医生以及受害者、避难者、律师、支持者，如何掌控精神创伤的分类以及创伤后应激障碍的概念，使其为己所用，如何对其进行

---

① 我们将传统的表述方式"参与性观察"（observation participante）倒过来表述成"观察性参与"（participation observante），指的是作为主要角色，我们曾是这些情景的参与者，作为次要角色，我们对此做过分析。我们当中有一人参加了被研究的两个非政府组织（无国界医生组织和流亡者医疗委员会）的董事会；另一个人参加了三个部长级工作小组（关于心理医疗急诊、酷刑受害者处理工作以及精神病科专家的工作）和一个部长间委员会（《健康与暴力》报告中的精神健康和暴力问题）。我们的身份十分微妙，然而反映了（政治与科学）两个层面的问题。

② 埃斯特尔·德哈林（Estelle d'Halluin）曾对几个人道主义组织和协助避难申请者的协会进行了部分采访，并且在加沙地带进行了为期一个月的调查。关于这项研究，可参阅她的硕士论文《战争与精神病学：巴勒斯坦的人道主义干预》，巴黎：巴黎高等社会科学学院，2001年。斯蒂芬·拉忒（Stéphane Latté）在图卢兹进行了部分采访；此前还做过关于受害者研究的调查，完成硕士论文《受害者学的诞生：一门学科的机构化和一个可能出现的群体建构——受害者》，巴黎：巴黎高等师范学校-法国社会科学高等研究院，2001年。两位学生都参与了我们主持的研究项目。

重新表述甚至加以曲解。我们要感谢这些参与人员，他们接受我们以一种批判的眼光看待他们的实践活动，我们希望这项工作也能够对参与人员协助过的人们有所帮助。因此，很显然本书的分析只涉及信息提供者。

第一部分
从一种真相到另一种真相

在过去的 25 年里，精神创伤如同一种适应历史轨迹的独特形式，如同一种体现过去的主导方式，出现在我们面前，让人接受它的影响。这一意义比这个观念在精神健康领域中的发展轨迹更具有普遍性和广泛性，仅"创伤后应激障碍"这一概念的提出，就吸引了大多数的分析专家。[①]它关系到个体，也关系到集体，然而两者之间的界线并不十分清晰，尤其是在考虑遭受集体暴力的个人经历的时候。发现这一痛苦记忆是当代社会重要的人类学事实。[②]与此同时，它伴随着具有不同历史深度的现实而产生：在美国，"文化创伤"的概念被应用到奴隶制、"二战"时纳粹屠杀犹太人的历史事件以及 2001 年"9·11"恐怖袭击事件中，因此一些评论家认为，如此多的集体记忆伤痕都具有重建社会群体身份的特性，包括黑人、犹太

---

① 创伤后应激障碍，其英文缩写 PTSD 更为常见，关于这个概念我们会在第一章再次讨论。这个概念是 1980 年美国第三次精神病症分类会议（《精神疾病诊断与统计手册（第三版）》，即 DSM-Ⅲ）上提出的。

② 由达斯（Veena Das）、克莱曼（Arthur Kleinman）、洛克（Margaret Lock）、兰费尔（Mamphela Ramphele）以及雷诺兹（Pamela Reynolds）主持的国际大调查三卷册：《社会痛苦》（*Social Suffering*, 1997）,《暴力和主体性》（*Violence and Subjectivity*, 2000）,《重塑一个世界》（*Remaking a World*, 2001）。这三部书如同一幅宏伟画卷，重现了当代社会痛苦记忆的表现（Fassin, 2004b）。

人和民族性。① 相对来说，这种重建历史的现象受时间限制，但不具有空间的约束性：在20世纪，"历史精神创伤"涉及的事件包括拉丁美洲和非洲的殖民地化、广岛和长崎的原子弹爆炸、南非的种族隔离、巴勒斯坦青年起义、苏联在立陶宛的管制政策、北爱尔兰和斯里兰卡的内战、印度博帕尔农药厂毒气泄漏事故和乌克兰切尔诺贝利核电站泄漏事件。② 在每一个事件当中，集体记忆如同一份精神创伤报告，记录在历史当中，通过对共同经历的暴力的确认，受害群体被认定为受害者。除了背景不同，人们可以勾画出一个共同的精神纬度：痛苦成为诉讼的基础，事件孕育了重新解读历史的机会。

"历史学家的工作不是了解事情是如何真正发生的，而是抓住一种回忆，即使它是在危险时刻突然出现的。"这是瓦尔特·本雅明的名言。比起耐心地重建历史，本雅明更喜欢留在记忆当中的烙印。对于现代问题，他的这句话似乎具有某种预

---

① 在亚历山大等人主编的著作（Jeffrey Alexander et al., 2001）中，尼尔·斯梅尔瑟（Neil Smelser）将文化创伤定义为："由群体成员公开接受承认的记忆，这一记忆与建立在一种负面影响基础上的某一事件或某一状况有关，具有一种不可磨灭的、被认为威胁到社会存在或者触犯了群体根本文化前提的特性。"最近美国的一段历史绝对可以写进这种痛苦有益论当中，这就是亚瑟·尼尔（Arthur Neal）所写的《民族创伤和集体记忆》(*National Trauma and Collective Memory*, 1998)。

② "历史创伤"是多米尼克·拉卡普拉（Dominick LaCapra, 2001）提出的说法。此处提到的记忆参阅以下学者的研究课题：Michael Taussig(1987)，Achille Mbembe(2000)，Maya Todeschini(2001)，Didier Fassin(2005)，John Collins(2004)，Vieda Skultans(1998)，Allen Feldman(1991)，Veena Das(1995)，Adriana Petryna(2002)。

言性质。^①精神创伤，对于其后果而言，我们或许可以说，这是在危险发生的那一瞬间记忆的突现。当我们读到这句几乎带有预言性质的话语时，我们明白，受伤的记忆讲述了一段失败者的历史。莱因哈特·科塞勒克（Reinhardt Koselleck）明确指出，失败者的历史就是以反对胜利者的历史版本收场的历史，原因很简单，就是它更好地讲述了什么是"历史经验"（expérience de l'histoire）这一真相。^②奴隶、被殖民者、被驯服者、被压迫者、死里逃生者、灾民、难民，他们都表现了失败者的具体形象，他们的历史没有随着他们失败或不幸的经历而消失，而是在后代中以记忆的形式再次复活。正如罗恩·艾尔曼（Ron Eyerman）在讨论非裔美国人身份构成问题时指出的那样，身份的构成不是表现在那些经历过奴隶制的人身上，而是表现在他们的后代身上，是后者继承了那段痛苦而屈辱的叙事。^③换句话说，集体性需要一段潜伏期。这一方面反映在创伤后应激障碍的临床潜伏期上，也就是说，经过一段长短不

---

① 参阅本雅明在1940年自杀前写的短文《历史哲学论纲》（2000），这篇短文在1942年发表，题目是后来加上的。本雅明在躲避纳粹制度的时期写下这篇文章，极力反对胜利者的历史和被压迫者的传统。

② 科塞勒克在1997年写道："短期内，历史可能由胜利者书写；但从长远来看，历史的认知来自失败者。"这主要是因为事实的呈现与他们的期待并不一致，因此失败者必须"从中长期的角度寻找能够包含或者解释造成这种意外偶然性的原因"。

③ 艾尔曼在2001年明确指出："生理或心理创伤意味着一个个体遭受巨大情感压力后受到的伤害和获得的经历，与此不同的是，文化创伤指的是以悲剧的方式失去身份和意义，撕裂了一个早已实现一定程度凝聚力的群体的社会构成。"

定的时期，当一个痛苦的事件开始消退时，早期病症便会出现。法国也不例外，最近几年来，人们发现有很多被人遗忘、无人谈及的历史回归迹象，比如黑奴贩卖、殖民地暴力、对海地的制裁、在阿尔及利亚的酷刑、维希政权下法奸通敌行为、在越南奠边府的失败、1945 年 5 月 9 日塞提夫镇压、1961 年 10 月 17 日巴黎大屠杀，对于这些模糊不清而又惨痛的历史，它们的受害者如今要求人们承认他们曾遭受的伤害，有时会提出补偿。

法国的历史学家并没有抓住这种记忆——至少到目前为止是这样。在"历史经验"当中，他们似乎格外注重"记忆之场"（lieux de mémoire）和"历史性的体制"（régimes d'historicité）。记忆之场的描述强调了记忆仪式，却没有揭示阴影地带；而对历史性的体制的分析虽然指出了表现主义的倾向，却没有抓住悲剧性动力。总之，他们根本没有倾听失败者的声音。[①] 在这一方面，大西洋两岸的差异十分明显：如果说有人抱怨北美社会科学过度利用了精神创伤，那么法国历史文献当中几乎没有精神创伤的概念。自此，人们开始呼吁一种记忆缺失症的权利，至少，这看起来有些为时过早。在像茨维

[①] 从这个角度来看，皮埃尔·诺拉主持编著的重建"记忆之场"（Pierre Nora, 1997）的宏大工作具有双重揭示意义：一方面，没有让位于任何失败者（尤其没有一段关于殖民的历史）；另一方面，没有考虑任何创伤性记忆（几乎系统性地偏好英雄式的历史叙事）。弗朗索瓦·阿赫托戈提出对"历史性的体制"的分析（François Hartog, 2003），这种分析更注重时间的多重经历，但仅仅停留在回忆录纪念物和遗产上，没有抓住另一种记忆所诉求的悲剧性。

坦·托多洛夫（Tzvetan Todorov）那样指责"滥用记忆"，或是像马克·欧杰（Marc Augé）那样主张"遗忘的必要性"之前，也许有必要留点时间来盘点一下。[①]人类学或许就是为从事这方面的研究而建立的学科，它关注的就是理解他者的看法。总之，是社会生活促使人类学进入这一研究领域。

关于"二战"时纳粹屠杀犹太人这一历史事件的记忆从当代集体精神创伤中慢慢显露出来，构成了我们讨论的出发点。众所周知，这段记忆既没有在"二战"之后也没有在发现灭绝集中营之后立刻出现和发展起来。[②]集体记忆是慢慢铺展的，是通过幸存者早期出版的书籍（其中重要的当属普里莫·莱维的著作）以及收集到的见证材料（耶鲁大学福图诺夫视频档案主要面向学者群体，还有像克洛德·朗兹曼的著作主要面向非专业人员），通过多少有些争议的历史文献研究（比如劳尔·希尔伯格和达尼尔·戈德哈根的研究）和影视作品（比如连续剧《大屠杀》以及电影《辛德勒的名单》），通过后来的纪念性机制（包括2005年纪念奥斯威辛集中营解放60周年以及

[①] 对托多洛夫来说，记忆膨胀接受了受害者畸形发展的身份，"成为受害者这一事实赋予你们申诉、抗议、请求的权利"（Tzvetan Todorov, 1995）。而对欧杰来说，过分的记忆会剥夺当代世界享受当下甚至享受记忆真实性的权利："无论对社会还是个体来说，遗忘都是必要的。应该懂得忘却，品味当前、此时以及期待的味道，记忆本身需要遗忘。"（Marc Augé, 2001）

[②] 精神分析专家劳波发现，"战后对大屠杀行为的沉默实际是权力和幻想胜利的继续"，（Dori Laub, 1995）在战争期间，这种现象导致人们否认对犹太人的灭绝行为，这让那些提起此事的人，包括犹太群体失去信誉。

柏林纪念被屠杀的欧洲犹太人的活动）完成的。米歇尔·波拉克（Michael Pollak）所说的"难以表述的管理"[1]只能通过缓慢而痛苦的方式逐步实施。

关于这一点，"二战"时纳粹屠杀犹太人这一历史事件的记忆为精神创伤提供了具有双重意义的范式。首先，这是一种最为极端的暴力，是所有不幸、痛苦和精神创伤的经历不可逾越的参照；虚无主义在指出历史谎言存在绝对性的同时，反而会强化这种极端性。其次，这种记忆是经过一段时期的沉默，清楚地证明了精神创伤性质之后转化而成的；正是因为存在从事件发生到悲痛现实化这一过渡期，我们才可以为这一过程定性。与弗洛伊德在《摩西与一神论》中建立的联系一样，这两个事实使我们得以在个体和集体之间建立联系：一方面是对犹太人和每个成员而言的基本悲惨事件；另一方面是构成群体记忆烙印和患者神经症状必要的期限。集体当中发生的事情与个体层面发生的事情之间存在一定的相似性，因此在精神分析当中，我们可以建立一座桥梁，将文化与当今精神创伤政策中心问题（即心理现象）联系在一起，因为集体事件提供精神创伤的素材，它属于个人经历的一部分；反过来，个人痛苦证明了集体悲剧的创伤程度。

---

[1] 波拉克在其关于集中营幸存妇女的三段叙述当中指出，这些故事说明"集中营的囚犯保持沉默很容易，但这种沉默并不等于遗忘。"（Michael Pollack, 1990）

以此为基础,"二战"时纳粹屠杀犹太人事件的痛苦记忆模式可以形成普遍化模式——这几乎就是人们对这一事件的独特性或案例性,对其独一的或极端的特性所持有的态度。在当代思想中,这种普遍化现象呈现出两种不同的形式。第一种表现是情感同化型,以精神创伤中的某种一致感为前提。这是凯茜·卡鲁斯(Cathy Caruth)所持的观点[①],她认为,见证的必要性,也即迫切产生"精神创伤的话语和倾听",不是见证"我们彼此知道的东西,而是见证关于我们自己经历的创伤所不知道的东西"。另外,她补充道:"在灾难时期,精神创伤本身能够建立各种文化之间的联系。"自此以后,当代对世界上不幸事件的关注都源自这种掩盖的伤痕,它让我们通过自己的经历,而不是通过他们的经历来理解别人。第二种表现是批判型,具有寻找创伤起源的含义。这是斯拉沃热·齐泽克的解读。[②]齐泽克认为,集中营以及"所有将具体形象(大屠杀、政治犯苦役场等)与此相连接的努力"只能"回避这样一个事实,就是我们文明的'现实'每一次都会作为同样的创伤中坚力量,重新出现在我们的社会体系当中。"根据弗洛伊德的思

[①] 卡鲁斯提出,弗洛伊德最后一部关于精神创伤最重要的分析证明了这种张力:"《摩西与一神论》不仅讨论了犹太人古老的创伤,同时也讨论了弗洛伊德本人离开维也纳所产生的精神动荡。"(Cathy Caruth, 1995)

[②] 齐泽克(Slavoj Zizek)在拉康的研究基础上建立了自己的理论:"拉康的假设是一直存在一种坚强的核心力量,一种持续的后遗症,无法还原为影像效果。我们能够拉近这种核心力量与事实的唯一一点就是梦境。"在讨论差异性的理论前提时,吉奥乔·阿甘本得出集中营具有同样极端普遍性的结论(Giorgio Agamben, 1997)。

想，尽管表面上的表现形式多种多样，方式也各具特色，但最终揭示的都是同一问题。

这两种方法一个具有人道主义性，一个具有彻底性，如今无论是否明确表现出来，都已经具有普遍的主导性。遵循这两种方法，就会将创伤的普遍化引向普通化。每一个社会，每一个人，都可能将其过去变成精神创伤的经历。不仅暴力的等级会消失，它们的历史也会被抹去。种族灭绝中的幸存者与性暴力的受害者之间没有什么区别，这是临床医学的观点。我们是否应该满足于这样的解读？多米尼克·拉卡普拉（Dominick LaCapra）曾对"二战"时纳粹屠杀犹太人的历史事件进行研究，思考历史与记忆、证据与解释、痛苦与补偿之间的联系。[①] 站在历史文献和精神分析的边界之上，拉卡普拉时常关注这种变化，他提出了精神创伤经历"历史、社会和政治特殊性"的方法，从而避免"与跨历史结构性精神创伤产生令人失望的对比"。如今，正是在普遍化与历史化的张力之间我们才能够体会到，精神创伤的普遍化现象是当代社会不幸的一种表达方式，这当中既包括个体悲惨事件（性暴力、酷刑、疾病），也包括集体悲惨事件（种族灭绝、战争、流行病）。

创伤的精神分析解读正好有助于我们通过个体这一中介回

---

① 在大量密集的证据当中，拉卡普拉尽量与将解释归于历史背景的历史学家或社会学家保持距离，同时也与那些以严格的结构性方法进行解读的哲学家和文学家保持距离（Dominick LaCapra, 2001）。

到集体层面，从内心的伤痕回到受伤的记忆，甚至可以从人性回到非人性问题。精神创伤不仅仅是难以容忍的结果，而且是（其本身早就是）一个见证，正如心理分析专家让-雅克·莫斯科维茨（Jean-Jacques Moscovitz）所说，是人性的见证，证实了人类的持久性，在这一过程当中，极端的经历有去人性化的倾向。[①] 即使在非人性表现达到极致的地方，比如纳粹的灭绝集中营，人性的某些东西必然会抵制这种去人性化的做法，这具体体现在幸存者的精神创伤上，并且经由幸存者的精神创伤表现出来。精神创伤既是非人性经历的产物，同时也为此类事件的经历者的人性表现提供了证据。这种双重诱发力说明了当代在某些状况下对精神创伤的利用，人们会习惯性地引用道德维度的语调。因此，奥萨雷斯将军在《世界报》发表了自己前几篇忏悔录，揭露法国军人在战争中对阿尔及利亚人实施酷刑，[②] 文章发表仅一个月，《世界报》就用整版篇幅和社论报道

---

① 参阅莫斯科维茨的论述（Moscovitz, 2003）。

② 奥萨雷斯（Aussaresses）将军于 2000 年 11 月 23 日接受《世界报》记者弗洛伦斯·博热（Florence Beaugé）的采访，承认并证明法国军人在阿尔及利亚战争中有实施酷刑的行为。早在 2000 年 6 月 6 日，博热就收集了一位年轻的阿尔及利亚民族解放阵线战士的叙述，她讲述了法国军队的特殊部门在阿尔及利亚对其进行长达三个月的酷刑的经历。博热将这段叙述发表在《世界报》上，引起了一场论战。奥萨雷斯的见证是这场论战的延续。6 月 22 日，比亚尔将军首先对这些事实提出异议，同一天马苏将军在承认这些事实并表达了自己的内疚之后又重提此事。然而，引起激烈讨论的是奥萨雷斯将军的声明，因为与比亚尔将军不同，他虽然承认实施酷刑的事实，但没有像马苏将军那样表示悔恨。博热的调查以及社论对此事的评论于几个月之后，也就是 2000 年 12 月 28 日发表。

了阿尔及利亚老兵那段受伤的记忆。文章的标题非常具有感染力——《35万阿尔及利亚老兵饱受战争精神障碍折磨》。记者在文章中详细叙述了这些人所经受的磨难：30年过去了，战争的情景一直出现在他们的梦魇当中，他们有时会对自己亲历的可怕场景产生幻觉，在这些场景中，他们往往是同谋者，有时也是参与者。社论作者认为，这些"灵魂受伤者"期待法国确立"一种真实的历史关系"，以便从"阿尔及利亚战争创伤"中走出来。与美国越战老兵的案例相同，精神创伤不仅仅是受害者的标志，也是暴行实施者的伤痕。精神分析家艾莉丝·薛尔齐（Alice Cherki）同情阿尔及利亚民族解放阵线成员，她与弗朗茨·法农（Frantz Fanon）的关系非常亲密，曾为其著作《大地上的受苦者》写过序言。对于这种战争冲突留下的持久伤痕迟来的发现，薛尔齐做了相应的评论，她用几乎类似的词语，重拾这种阐释方法，承认（当然还是有些细微差别）刽子手往往也会受精神创伤。[①] 然而，突然关注阿尔及利亚老兵的心理状况并不是为暴行的实施者进行辩解，正如法庭上控诉奥萨雷斯将军这一行为所表明的那样，那不是为他们的行为进行辩护甚至是开脱责任，而是通过这些行为，证明那些士兵曾经

---

① 他们在同一专栏发表了一个声明，证明自回国以来的处境，并表示自己不得不痛苦地保持沉默。参阅菲利普·伯纳德（Philippe Bernard）和西尔维娅·扎比（Sylvia Zappi）于2001年5月20日在《世界报》发表的文章《奥萨雷斯将军的招供唤醒阿尔及利亚老兵的噩梦》（Les aveux du général Aussaresses réveillent les cauchemars des anciens d'Algérie），这篇文章是在那部关于退伍军人的著作出版不久之后发表的。

也是人。在这一点上，创伤的记忆还未尽人意。当代创伤话语的普遍化使人们有可能承认并跨越受害者身份，这是"二战"时纳粹屠杀犹太人事件的记忆模式所无法完成的。精神创伤在用同一种心理范畴规定遭受暴力者、实施暴力者以及见证暴力者的性质的同时，颠覆了构成人性的精神道德框架。

但是，要理解疾病分类及与其相关的人类学为何取得成功，只能将精神创伤放到历史变动当中加以考察。在历史变动中，精神创伤成为人类经验中悲剧事件最能被共同接受的契约形式。这个过程是互动的，根据伊恩·哈金（Ian Hacking）的说法，它是以"循环"的方式运作。[①] 人们相信存在与各民族人民和个人历史相关的伤痕，这种共同信仰调动了精神病专家和越南的退伍军人，同时也调动了心理学家和女权主义者的行动，他们在亲历"二战"纳粹屠杀犹太人事件幸存者的叙述中，在广岛爆炸幸存者的叙述中，甚至在相关的临床治疗工作中找到一些素材，明确了同时也证明了创伤后应激障碍的疾病实体。被如此指定和证实的新事实反过来对直接或间接经历这些痛苦事件的人产生影响，增强了他们的表现，助长了他们的诉求，改变了痛苦和怨言并赋予其一定的合理性。

19世纪末期的"创伤性神经症"（névrose traumatique）

[①] 哈金指出，循环效应（looping effect）是称呼或分类对个体或集体造成的影响，比如被贴上精神分裂症患者的标签对一个年轻人造成的影响（Ian Hacking, 1998）。

与20世纪末期的"创伤后应激障碍"(*Posttraumatic stress disorder*)在社会接受度上之所以存在很大差异,并不是因为诊断变得细致,而是因为时风与专业关注点之间以及道德结构与医学理论之间的联系变得越来越密切。在这一方面,记忆心理化的观念似乎没有为我们提供满意的答案,因为这种观念提出了一种假设,即存在一个单边发展且一一对应的过程。也许更为确切的说法应该是,这是一个经历创伤化的过程,也就是以痛苦的痕迹形式记录历史,一方面可以为共识所感知,另一方面可以为临床工作所识别。从精神创伤的角度思考个体经历,从伤痕的角度考虑集体记忆,这一思想能够改变我们对人类的哪些看法?从精神病的字面意思或者政治学隐喻的含义上讲,从治愈的角度构想社会解决方案,这种方法改变了我们改造世界的哪些行为?这就是我们需要解答的问题。

然而,虽然精神创伤能够体现当今最不可接受的掠夺形象,虽然它的心理影响能够更好地代表人性的极限,虽然它的痕迹应该保留在受害者的身上,以保证"从此再也不会发生"这一假设,但是这一定不是因为一小撮投身受害者事业的临床医生的努力。他们的作用在当代创伤性精神障碍的历史文献中被高估了,他们只是社会深刻变动中的一个因素。社会变动由于临床领域之外的原因,在见证我们这一时代恐怖事件的证人形象当中重组了精神创伤者的形象。

在这里,我们并不是要思考精神创伤的临床运用是否合适，也不是要揭露医学心理学急诊、人道主义精神病学以及精神创伤学的实际做法（虽然这些学科已经引起很多反对者不满，它们只会安慰平抚那些痛苦的有时遭人遗弃的个体），更不是再次提出社会精神病治疗化问题（我们后面会说明，目前这个萦绕不散的问题只是它所要描述的同一个社会运动的补充变形）。最后，我们更不是在表明，我们的同辈人只耽于一种悲痛、怜悯、懊悔包括谴责的被动态度。与这些标准的，说到底也就是道德的姿态相反，我们希望能够弄明白，在这一现象当中是什么在起作用。因为在不到二十年的时间里，精神创伤毅然登上社会舞台，充分讲述了暴力真相。

一个先后来自精神病临床领域和精神分析领域的概念，如何能够渗透整个社会话语，说出临床研究从不曾说出的话？这是我们想要知道的事情。因为我们认为，创伤的帝国不仅是人们常常说的知识历史的产物，也是社会历史的产物。换句话说，它更多地依赖于精神道德的变化而不是知识的发展。创伤帝国，它的名字上凝聚了每个时期的伦理道德期望，可以在不同时期，有时在同一时间，陈述完全对立的价值：耻辱与荣誉、欺诈与真相、懦弱与勇气、羞耻与骄傲、装病与痛苦、犯罪与无辜、不公平与公平、一段集体记忆的无意义与原始意义，等等。每一个术语都标志着我们的思想过程，帮助我们理解心理真相的当代结构如何解决社会提出的问题。但是，这个面向心理学和精神病学的问题从来都不在于知道创伤产生了什么,以及心理机制能够对此有何解释。自精神创伤这个概念出现以来,这两门学科能够回答的共同问题就是:"这些精神受到创伤的人是谁?"其关键问题既不是精神创伤也不是事件,而是人的特殊性,同时也是人的脆弱性。人与人肯定会有区别,人还不是他这个物种的符号。小写的(个)"人"与大写的"人"(类)是相对的。大写的人代表了人性,要到相当晚近的时期,也就是自20世纪60年代开始,这种大写的方式才用以证明人类的某些成员曾是精神创伤的受害者,并且通过精神创伤的方式表明在人类身上发生了一些事情。我们所要分析研究的正是这一转变,即从一种真相向另一种真相的转变,从一种怀疑制度向一种真实性制度的转变。

第一章　双重脉络

《英国医学杂志》2001年1月13日发表了德里克·萨默菲尔德（Derek Summerfield）的一篇文章，标题为《创伤后应激障碍的发现》。[1]这篇文章在相关疾病分类专家以及综合病症患者当中引起强烈的抗议。同一天，BBC在电子版新闻中公开了自己的批判态度，为这场辩论提供了一个大规模的论坛。在萨默菲尔德这篇文章发表后的六个月内，至少有58份回应发表在英国医学杂志的网站上。[2]讨论主要通过论坛和电子信息展开，精神创伤病专家也受邀对英国精神病学这场讨论发表看法。对萨默菲尔德来说，这已经不是他第一次遭遇这样

---

[1] 参阅萨默菲尔德的文章（Summerfield, 2001）及其电子版: http://news.bbc.co.uk/1/hi/health/1114078.stm。

[2] 参阅网址 http://bmj.bmjjournals.com/cgi/eletters/322/7278/95#29143。经过两年的平息之后，2003年8月发表的一篇新的回应转载了萨默菲尔德的主要评论，但这一次文章重点强调了美国精神病协会的责任，指出协会为了满足政治需求，经过考虑创造了（创伤后应激障碍）这个"错误"概念，从而再一次掀起大讨论。澳大利亚精神病学专家、医学人类学家约兰德·吕西尔（Yolande Lucire）开启了阴谋论的新篇章，遭到反对者的一致谴责。

的状况了。

44　　萨默菲尔德作为伦敦圣乔治大学医学院助理医生和人道主义精神病援助专家，经常来往于世界各个不同的非政府组织，作为临床医生，他在世界上很多战争地区和难民营享有盛誉。他的临床专业技术甚至推广到英国难民申请中心，尤其是伦敦酷刑受害者医疗基金会。1997年他在《柳叶刀》杂志发表了一篇尖锐的批评文章，获得了关注。[①] 他指出，创伤后应激障碍首先是西方构造的词汇，在于为饱受战争折磨的人们指定一种医学模式，以促进真正的精神创伤工业（industrie du traumatisme）的兴起，并且外输到不同文化当中。他的评论涉及三个主要方面，首先是历史方面：他依据艾伦·扬的人类学研究，指出创伤后应激障碍的发现与越南战争的北美背景密切相关；其次是政治方面：他强调这类疾病的快速发展受到经济因素的重要影响，在精神病学领域，只有这类疾病能够快速获取经济补偿，从而也说明为什么精神病鉴定会发展更新得如此之快。同时他还指出，创伤后应激障碍的发展是与律师、专家、临床医师、精神疗法医生以及心理创伤咨询师数量的增加相伴而生的；最后是伦理道德方面：他揭露了战争和流亡经历的精神病格式化过程，将士兵和普通市民归于一种简单的临床病类型。严格

[①] 参阅萨默菲尔德的文章（Summerfield, 1997）。这篇文章引起了人们初期的反应（De Vries, 1998），因为它直接抨击了创伤后应激障碍延伸之后产生的利益。

地说，他提供的论据都不是最新颖的。[①]一年之后，在帕特里克·布雷肯（Patrick Bracken）和西莉亚·佩蒂（Celia Petty）主编的关于战争创伤的论文集中，[②]萨默菲尔德再次提到他的分析，批判创伤后应激障碍及其应用的潮流就这样出现在精神病人道主义行为的舞台上。

2001年那篇简短的文章尽管没有带来新的内容，却掀起了一场公共讨论，这主要是因为精神创伤的受害者事与愿违地成为人们攻击的对象，因此感到愤慨。然而，萨默菲尔德的批评尽管非常尖锐，但并非针对受害者本人——没有过多地针对经受精神创伤痛苦的人而淡化没有遭受精神创伤痛苦的人。作者没有谴责他们无病呻吟，没有指责他们罪有应得，也没有说他们有意识或无意识地想以生病为借口逃避命运。他既没有高度称颂士兵的勇气，也没有揭露其他人或消极或懦弱的态度。相反，身处那个时代，他坚决拥护受害者——以人道主义

[①] 从20世纪80年代初期开始，创伤后应激障碍的发展引起相对论调的批评。这种临床实体在正式列入美国精神障碍分类之前，在精神病学界已经引起很多讨论，目的是确定它在其他文化中的恰当属性。为此，《英国精神病学杂志》的一名社论作者考察了创伤后应激障碍的出现问题：这是灾难增多的问题？是对创伤状况及其障碍有更好的意识？还是滥用范畴分类描写并不具有特殊性的状况和障碍（Jackson, 1991）？同样，社会学家（Scott, 1993）和人类学家（Young, 1995）也在分析和评论它的政治使用情况。至于伦理层面的问题，今天会有些令人吃惊，正如《美国精神病学杂志》主编南希·安卓森（Nancy Andreasen, 1995）明确指出的那样，创伤后应激障碍也许是唯一能够引起病人关注的精神病诊断。它不像其他精神障碍那样具有贬义，有时候患者自己也会使用这种标签证明自己的正常状态。

[②] 参阅布雷肯和佩蒂的著作（Bracken & Petty, 1998）。这本书是由精神病学专家、社会科学研究学者以及非政府组织负责人共同撰写的。

医生的名义，承担了受害者代言人的角色——并以备受压迫者的名义，证明和揭示了他们所承受的各种压迫。[①] 他认为，创伤精神病学在北美思想的影响下，似乎已经成为西方统治最阴险狡诈的变种。现代精神病学为了对精神创伤后果进行规定、分类和阐述，利用甚至滥用临床级别，以前所未有的方式对其进行扩张，这种扩张难道不是在为除受害者利益以外的其他利益服务吗？他怀疑在战场上横行肆虐的西方人在掩藏某些企图，[②] 他在阐述这种怀疑的同时，建议考察一下精神创伤这件事情的成功到底给谁带来了利益，从而揭开藏在阴影下控制整个事态发展的人的面纱。

辩论的意义

关于这篇文章的反响非常强烈。然而，比起一些精神创伤

[①] 尤其在巴勒斯坦。2004年10月，他在《英国医学杂志》发表了一篇关于巴勒斯坦人民健康状态的文章，证明这些人民是压迫的受害者（Summerfield, 2004）。这篇文章被一些拥护巴勒斯坦解放事业的网站转发，并被译成多种语言，引起了激烈的争论；参阅以下网站：

www.france-palestine.org/article706.html

www.palestinemonitor.org/new_web/support_derek_summerfield_british_medical_journal.htm。

[②] 这本小册子的作者的批评延续了人道主义行动者长期以来的传统，他们的目的或者是经过深思熟虑的，或者还不自知，但却令人生疑。精神创伤的论据往往成为讨论的焦点，加深彼此的对立，揭露美国模式其实为推进另一种模式提供了机会，但问题一直集中于精神创伤，参阅多莱的著作（Bernard Doray, 2000）。

研究专家不满的回应，[①]比起极少数参加制定临床医学新类别的业外人员因其介入的民主程序遭到诋毁而发表的声明，[②]以及比起几位科学史专家认为自我揭露早已广为人知而给予的礼貌性支持，[③]更能引起人们关注的，是受害者的抗议，而萨默菲尔德恰恰是以他们的名义发声。受害者认为，人们对精神病学分类的质疑就是对他们的否认（他们认为精神病学分类的创立，确切地说就是维护他们在过去二十多年当中艰难争取到的权利），他们不仅要揭发作者的论证，而且对他以他们为名发声的正当性提出了异议。其中一名受害者质疑这位精神病学专家以其本人的痛苦经历为名发声的权威性，他愤怒地指出："我没有要求承受思想遭受侵犯或者回顾过往的痛苦，也没有要求承受任何创伤后应激障碍症的痛苦。我更不相信有哪个暴力犯罪的受害者或者精神创伤事件的亲历者希望生活在这些经历的后果当

[①] 比如2001年1月16日，网页上写道："我能够想象到，明天我去上班，对我那些患有创伤后应激障碍症的病人说，他们的病只是社会构成。我也想到我应该道歉，承认精神病学在诊断他们的病情时犯了一个错误，而我自己也将他们的状况任意医学化，没有把它看成是一种正常的人类痛苦。正如萨默菲尔德医生所说，宁可精神正常但忍受疼痛，也不要有精神方面的障碍。"（http://bmj.bmjjournals.com/cgi/eletters/322/7278/95#11873）

[②] 参阅哈坎森的文章《历史不是阴谋理论》（Glenn Hakanson, «History is not Conspiracy Theory»），http://bmj.bmjjournals.com/cgi/eletters/322/7278/95#12656。

[③] 参阅利特瓦的《论诊断的社会无用性》（Andrea Litva, «Thinking about the Social Usefulness of any Diagnosis», 15/01/2001）；斯塔德伦的《已见》（Anthony Stadlen, «Déjà vu», 20/02/2001）；普帕瓦克的《受战争影响的社会病态》（Vanessa Pupavac, «Pathologising War-Affected Societies», 25/04/2001）。查阅以下网址：

http://bmj.bmjjournals.com/cgi/eletters/322/7278/95#11940。

第一部分 从一种真相到另一种真相

中。您以什么身份断言，一个面对此类事件的人，他应该感受到什么？"还有另外一名受害者附带地表示，他非常了解精神健康专家之间的讨论：

> 萨默菲尔德在证明他的观点时，引用了一篇发表于《美国精神病学杂志》的评论。这篇评论指出，如果应该有一个病人们希望看到的、根据《精神疾病诊断和统计手册》检查出的病情诊断的话，那它应该是创伤后应激障碍。但是，他是否听到过哪个患者向他描述噩梦中或者脑海中回闪的地狱？他是否观察过他苍白的脸颊，看到过他布满血丝的眼睛，注意过啃到肉的指甲？那时他是否思考过，这仅仅是媒体的建构还是心理补偿性的神经官能症？也许他在求学期间非常幸运，从来没有遭受过什么事故或是经历过什么可怕的、能够渗入记忆、在噩梦中重现的事件吧？否则，很难解释他所持有的这种观点。[①]

很显然，在今天论证萨默菲尔德的观念不是想当然的事情。以受害者的名义发表见解并不是临时充当的角色，即便对那些通过临床实践每天陪伴他们的人来说，也是如此。我们这位英国精神病学专家后来为此付出了代价，因为他在公开批评

---

① 参阅 2001 年 1 月 14 日和 2001 年 1 月 19 日的文章《真实的受害者痛苦》（Victims' Suffering is Real），http://bmj.bmjjournals.com/cgi/eletters/322/7278/95#11900。

精神创伤工业的时候，表现得像是近来精神抑郁领域的几位学者代表那样，喜欢指责受害者而不是宽慰他们，让他们放松。尽管他否认这一点，但没有起到任何作用，仅仅是指控采用心理手段预防、治疗、宽慰精神创伤的后果或者安慰沉浸在哀伤中的家人这一项，就已经触及受害者的基本权利。

这段插曲其实揭示了一个深刻的范式变化。这种变化是近几十年出现的，它由于两个重大演变而得以加强。第一个演变就是权力机关为了能够以受害者的名义发表见解，而采用个人与创伤事件的密切程度作为评估尺度。这一演变具体可以追溯到 20 世纪 80 年代，它确定了精神创伤科学性讨论与非专业性讨论的性质和模式。正是因为这一点，萨默菲尔德的态度在受害者看来是不可接受的，因为他既宣称维护受害者的利益，同时又宣称废除西方的精神创伤模式。如此一来，（尽管这并非他的本意）他重新激起了人们对受害者所承受痛苦的真实性的怀疑，从而恢复了一个多世纪以前世人对他们的猜疑。另外，他背离了人道主义精神病医生和心理医生的作用表现，从个人的临床经验出发，提出关于真相的见解。第二个转变更加超乎人们意料，它使维护受害者利益的人士的思想与某些精神病医生的导向趋于一致。在此之前，精神健康专业人员还是反对社会运动的，此时却理性地与之结合在一起，这种结合不是通过临床医生站在受害者立场为其发声完成的，恰恰相反，是通过将精神起因的临床治疗权力形式交由受害者本人表述来完成的。

第一部分 从一种真相到另一种真相

受害者协会的影响越来越大，支持受害者的医疗服务和社会专业服务不断增多，为各种灾难受害者承担心理治疗的媒体报道铺天盖地，法国创立了医学心理急诊室，甚至成立受害者权利国务秘书处，这一切都表明了这些变化，同时也成为这些变化的催化剂。从此，受害者的话语不再受到任何质疑，因而在 2004 年，短暂任职的国务秘书曾想将模仿无罪推定的"善意推定"列入法律规定，禁止怀疑甚至反诉受害者证词的真实性。[1] 这种颠覆在美国可以追溯到 20 世纪 80 年代，在法国可以追溯到 90 年代，它是受害者与精神病科医生双方利益之间前所未有的相遇所产生的结果。精神创伤能够成为证实受害者话语的依据，而在整个精神病理学概念演变过程当中，没有任何事物能够预示此种颠覆，因此它更加引人注意。实际上，我们不应该从精神病学或心理学的发展中寻找这些表象演变的原因，相反，应该从社会的变化以及由此引起的价值观的变化中寻找原因，因为这些变化至少为临床治疗提供了更新的可能性。

与这一领域的很多研究相反，我们所支持的观点是，由于有了精神创伤的证明，受害者具有了正当性，因此精神创伤与受害者之间关系的重组成为双重发展脉络的结果：一是知识脉

---

[1] 2004 年地区选举失败后的第二天，在雅克·希拉克的大力宣传下，受害者权利国务秘书处成立，这个秘书处的设立标志着政府新的愿景在于满足法国人民的具体需求。这虽然不是一项创举（因为它是接手早已存在的司法部下属的受害者办公室的工作），但对尼科尔·盖杰（Nicole Guedj）的任命无疑是向那些愿意倾听受害者心声的协会传达了一个重要信息（2004 年 10 月 21 日采访国务秘书长的记录）。

络对精神创伤的规定；二是道德脉络对受害者的承认。两者的根源都可以追溯到19世纪末期的欧洲。这条知识脉络是通过20世纪初期精神病学和心理学的主要代表人物完成的，尤其是夏科、弗洛伊德以及让内。他们的观念虽有不同，相互矛盾，却共同建立了精神创伤的第一个真相，成为他们后来理论化的关键。① 而且，一般来说，关于创伤变化、创伤后应激神经官能症、诱惑理论以及幻想理论的叙述都与知识的发展史有关。这样就呈现出一个连续的形式，包括从19世纪末的前期描写（先是火车事故受害者，后来是战争受伤者）到20世纪末性侵和酷刑受害者的公开呈现。大部分分析者认为，每一次科学带来的希望仿佛都会引起集体感受的改变，也就是引起人们再现创伤的方式的改变，更确切地说是引起创伤受害者再现创伤的方式的改变。② 然而，这种因果关系并不是一一对应的。确实，道德发展脉络平行于知识发展脉络，它来自于集体工作。一个社会正是通过集体工作确定自己的价值和标准，并将这一切体现在个体的主观性当中。它付诸实施那些围绕创伤神经官能症凝聚起来的思想，赋予那些长期以来我们不曾认为或者没有指

---

① 关于创伤神经官能症理论史，艾伦·扬的研究最为全面（Allan Young, 1995）。同时伊恩·哈金也做了简短的分析，他的态度是反弗洛伊德观点的（Ian Hacking, 1995）。相反，露丝·莱斯所描述的历史深刻回顾了精神分析对理解精神创伤以及精神创伤的问题化做出的奠基性贡献（Ruth Leys, 2000）。

② 因此克洛德·巴鲁瓦（Claude Barrois, 1988）和路易·克罗齐（Louis Crocq, 1999）在研究中系统地运用了这种推理模式，不过他们的研究实际上涉及的是疾病分类史问题。

定为受害者的人一定的合法性，或者相反，排除这种合法性，其目的或者对其进行补偿，或者加以惩罚。这段历史（采用以前的表达方式就是心态史）也是而且尤其是等级制度和不平等性的历史。在这段历史中，等级制度和不平等性比在人类生活的很多其他领域更加残酷地对亲历悲惨事件的男男女女做了分类，区别对待，根据地位和社会角色辨识他们的痛苦。这同时也是人类某种思想表达的历史，通过一种更为具体的方式（为劳动事故的受害者或战争中的伤员提供补偿，还包括后来为受害者提供的待遇），表达了人类与民族、与国家的关系，表达了一个社会面对人们所展露的或掩盖的受伤的躯体，应该承担的共同责任。因此，在精神创伤知识发展史的旁边，应该为社会历史留有一定的位置。

精神创伤的起始

开启创伤精神病学这一领域的是让-马丁·夏科（Jean-Martin Charcot），他按照自己的理解，重新采用了伦敦医学界（他们在1866—1870年就提到过火车事故对神经系统造成的强烈震荡）的早期描述。在这些医生当中，外科医生埃里克逊（John Eric Erichsen）是第一个描述铁路事故受害者临床表现的人。临床表现的表格中没有列出创伤性神经官能症的名称，也没有对心理病源学提出预先设想，它只是从神经系统损害的角度寻找原因，而限于当时的技术手段，这一点是不可察觉的，后来随着技术的发展，相关客观性得到了证实。1889年，德国精神病科医生奥本海姆（Oppenheim）重新提及这一病症，他将其原因归于铁路交通事故后发生的脊髓病变（这就是当人们把病源学的假设集中在大脑中枢的时候，"铁路脊椎"以及后来的"铁路脑神经"疾病名称的由来），并将其命名为"创伤性神经官能症"[①]。但是，夏科掌握这个概念并不是要深入了解铁路事故的影响，也不是要赋予其心理学意义。实际上，他一开始就否认了这些与癔病相关的功能紊乱症的特性。正如伊恩·哈金所强调的那样，精神创伤模式进一步证实了夏科关于这类情感疾病（尤其是男性疾病）的猜想，他将其与妇科疾病分离开，为其提供了一些更为严肃的神经学名称。因此创伤性神经官能症并不是夏科科学研究的真正对象，他要做的是对比一些综合症候和癔病，从而证明癔病的发病不分性别、不分体质，体质强的人和体质弱的人、娇弱的人和强健的工人都可能患癔病。

关于创伤理论存在很大差异，在这些理论当中引入精神病源学的是弗洛伊德和让内。两人都认为，创伤性神经官能症能够断定造成癔病心理疾病的原因，这一点与夏科的观点不同，

[①] 尽管这个概念在奥本海姆之前就已经存在，而他本人也极力维护神经学假设，但在所有关于神经创伤的文献当中，人们都会提到《论创伤神经官能症》(*Die traumatischen Neurosen*)这部著作，它已经成为创伤神经官能症的奠基性文本。

但是这并不意味着要停留在受害者的病变上。其关键意义不在于此。

皮埃尔·让内(Pierre Janet)从撰写关于心理机械行为理论的哲学博士论文①开始就提出了这样一个观念:精神创伤是癔病的病因。人在儿时总会经历一件影响深刻的事件,成年后发生的创伤性神经官能症与此相关。相对夏科而言,让内将癔病的病因与外在创伤机体心理反应联系在一起,迈出了决定性的一步。他认为,萨尔佩特里尔医院这位神经科主任所说的人体结构关联是不存在的。癔病虽然是一种心理疾病,但是创伤的性质依然构成一个问题。事实上,这是一个引起纯粹机械性心理反应(这与神经学也即解剖学的反应不同)的冲击,是突然出现在易受感染的心理学领域当中的。这就是外在创伤与心理状态之间的协调一致性,如果创伤是在儿时发生的,这种心理状态就会引起癔症紊乱;如果创伤是在成年时发生的,它就会引起创伤性神经官能症。

西格蒙德·弗洛伊德则在夏科的指导下建立了自己的癔病理论,从创伤性神经官能症中寻找外部致病因素,这种致病因素会在心理方面引起歇斯底里症已知的症状。弗洛伊德在被称为诱惑理论的这一早期范式当中,将癔病与儿童时期的性创伤联系起来。②他的阐述当中最重要的一点是与创伤性神经官能

---

① 参阅皮埃尔·让内的著作(Janet, 1889)。
② 参阅弗洛伊德和布洛伊尔的合著(Freud & Breuer, 1956)。

第一章 双重脉络

症所做的比较：如果成年时期的某些事件能够引起类似歇斯底里的病症发作，就证明普通的癔病（也即找不到任何近期创伤痕迹的癔病）也是创伤性病理，只不过是儿童时期的。弗洛伊德在他的神经官能症普通理论中这样描述创伤："我们观察到的在战争期间经历的创伤性神经官能症与我们所关注的神经官能症具有很大的相似性。两者的相似性表现在以下这一点上：创伤性神经官能症与所有无意识的神经官能症一样，都是集中在创伤事故发生的时刻。病人在梦境中会规律性地重现创伤情形；在我们能够加以分析的癔病样病情发作的案例中，我们发现，病人每一次发病都与这种情形的再现有关。"[1]

与以往的解读方式不同，弗洛伊德是从症状出发，证明一段被遗忘或被掩盖的创伤。虽然他从1897年起决定放弃这一理论，但在此之前，他早已开始思考儿时创伤的影响。并不是因为在儿时遭到性侵才产生癔病，而是因为性在患者的心理当中已经是一种创伤，当性与侵犯行为在一个孩子身上相遇，共同起作用的时候，就导致了癔病。弗洛伊德认为，癔症患者在遭遇侵犯之前就已经是性方面的病人，只不过侵犯引发了歇斯底里病症的发作。

因此，这个癔病理论中存在两种根本对立的创伤观点。首先是最传统的观念，将创伤归因于外部事件（儿时遭到性侵）。

---

[1] 参阅弗洛伊德的著作（Freud, 1916, p. 256）。

55 这一观念受创伤性神经官能症临床观察的影响，但同时或许更关键地是受到弗洛伊德的强劲对手让内思想的影响——在那个时期，让内的思想在国际上取得很大成功。尽管如此，心理分析学的创始人将创伤局限于性的范畴，而让内也同意将所有潜在的创伤事件包括在这个范畴里。第二个创伤观念在弗洛伊德的早期写作中已经有所表现，这个观念更大胆、更具有个人色彩，它提出了性在无意识当中早已具有创伤性的假设。创伤性事件不是绝对的病源因素，正如让内所说，它是最好的发作时机。然而，弗洛伊德的思想更加深入，他第一次尝试为"（精神）创伤"这个概念提供心理学解释。心理创伤不仅是机体面对外部事件的反应，也是心理功能最基本的特征。[①] 从精神分

---

① 弗洛伊德的"（精神）创伤"的概念应该与精神抑制的概念相近，贯穿了他整部著作。在他前期的写作当中，精神抑制和无意识实际上十分相似，无意识基本上是由被抑制的表现构成的，关于这一点参阅他与威廉·弗里斯（Wilhelm Fliess）的信件往来（Freud, 1979）。只是他在《梦的解析》中修改了早期的这种方法，强调无意识不能简化为抑制，并重新回到抑制的观点（Freud, 1900）。后来他进一步明确了这个概念，但依然保留与创伤思想的紧密联系。比如，当心理机制被置于内在不可调节（就是无法容忍）的情感之下时，它被立刻实施一种机制，即弗洛伊德所说的抑制机制，它可以将内在情感抛出意识之外，保护心理的完整性。这样，抑制就可以避免不可容忍的情感以心理表现的方式进入意识，与原始表现的那种不可容忍的情感脱节。抑制可以排除表现，但是不能使与之相关的情感消失。然而，在弗洛伊德的概念中，情感是心理结构遭到破坏的原因，它具有创伤性。心理机制与原始表现的情感分离时，消除了意识的不可容忍性表现，但是将与之相关的情感与另一种表现联系起来，这是意识最微不足道也是最容易接受的情感，但是却成为心理伤痛（病症）的病因。尽管这种情感没有那么强的破坏性，但是主体无法确定其来源。

第一章 双重脉络

析法的角度来说，创伤早已存在，甚至早于为其提供发作机会的事件，弗洛伊德说过："创伤这个词没有别的含义，只有经济结构的含义。因此我们称经历过的事件——在短时间的空间上——增长了心理刺激，通过正常途径消除或者消化这种刺激是不可能的，其影响就是在能量的使用中产生持续的紊乱。"[1] 这就是基本的理论断裂。

放弃诱惑理论，代之以幻觉理论，这似乎是第二种观念的直接结果。而第二种观念最终将替代外部决定因素这种思想。[2] 随着1900年《梦的解析》的出版，弗洛伊德为其早期直觉做了清晰的论证。实际上，梦为他提供了一个毋庸置疑的材料，因为梦是不可证实的，所以问题已经不在于他的患者所讲的内容是否真实，也不在于是否是他们无意识的愿望将他们推向自责的境地，而是在于证明只有"无意识思想"才有可能成为患者所抱怨的症状的病因或诱因。弗洛伊德竭力把"心理事实"纳入科学。在意识和无意识上，这个"心理事实"虽然势微，但至少与事物明显表现出来的事实同样强烈。正是这样，弗洛伊德最终将创伤"心理化"，在随后有关精神分析法的论

---

[1] 参阅弗洛伊德的著作（Freud, 1916, p. 256-257）。当代心理分析文献经常会参照这个原始的假设。
[2] 马松的观点是，弗洛伊德如果没有受到强烈的外部压力的话，他没有任何理论性原因为了幻觉理论而放弃诱惑理论（Masson, 1984）。与此不同，我们认为一种正确的理解应该是，从癔病的早期理论开始，谵妄理论的因素就已经萌芽，确定了创伤是心理的主要组织导体。

述当中，他采用"（精神）创伤"（trauma）这个词，目的是说明不是外部事件，而是内在力量在与某些事件或某些幻觉接触时，产生了精神符号学所描述的病理表现。弗洛伊德和让内都认为，事件不是创伤性神经官能症的关键。[1]考察神经官能症是研究普通精神病理学概念最好的机会，它标志着一个新世纪的到来。

在"一战"之后，创伤性神经官能症令弗洛伊德取得了胜利，然而1980年的大转变以及创伤后应激障碍的诞生标志着让内的回归。[2]自20世纪60年代逐渐实行的方法完全颠覆了精神分析法创始人的假设：从每个人身上都具有的能够产生破坏性的创伤性的性，到必须有外部施虐因素才能产生破坏的受创伤的性，人们经历了一次翻转。然而，在20世纪初，在一个充满变动的劳动世界，引导精神创伤病人治疗工作的不是学者的讨论，而是最为普通世俗的补偿问题。

---

[1] 艾伦·扬（Allan Young, 1995）和伊恩·哈金（Ian Hacking, 1995）认为，弗洛伊德和让内观点之间的区别首先在于对记忆的看法。根据他们的观点，记忆是创伤神经官能症的关键问题。这并不是否认这种作用的重要性，我们认为，记忆在同一时期社会实践中的作用是次要的。这不是记忆疾病的问题，也不是集体记忆建构的问题。在这一部分的最后一章我们会谈到，从个人记忆（突然出现在创伤记忆中的）过渡到恐怖的集体记忆，这个过程不会表现得那么明显。

[2] 在当代精神病学领域，让内的回归并不局限于创伤性精神障碍。若不是借助让内关于人格两重性的早期思想，伊恩·哈金（Ian Hacking, 1998）和谢里尔·穆尔赫恩（Sherrill Mulhern, 1991）将永远无法完成多重人格研究。埃伦伯（Alain Ehrenberg, 1998）也是以让内的思想为中心，成功完成了对精神忧郁症的分析。

第一章 双重脉络

劳动法

创伤性神经官能症不仅仅是建构科学的学术讨论，它还发展到其他领域，并持续长达半个多世纪。从1866年的早期描述起，讨论就开始了。是否存在人体构造不可见的病变？这是癔病的一种副形式还是另一种疾病实体？是神经性疾病还是心理疾病？还有一件事情一开始就不是十分明确：这些紊乱现象都是在经历一次事件尤其是火车事故之后出现的，这在那个时期十分常见，也是一个新现象。在保险机制出现的背景下，这些病理障碍需要得到补偿。早期那些关注由震荡引起的神经性障碍的医生都曾在这方面做出努力。埃里克逊本人也呼吁铁路公司对受害者提供赔偿，即使他们没有表现出肉体上的后遗症。[1] 因此，在19世纪末期，创伤性神经官能症的主要问题就是围绕经济赔偿展开的。与其他形式的精神疾病（其病因尽管在各个时期根据理论判断有所变化，但与外部能够引起法律解释的责任无关）不同，创伤性神经官能症是由于其诱发病因的属性（尽管还不确定）而开启了诉求赔偿的权利。

然而，接替这项工作并直接参与精神创伤鉴定的人员在面对申诉人的时候，却没有他们的前辈那样随和、容易通融。也是在

---

[1] 参阅伊恩·哈金（Ian Hacking, 1995）。

这段时期，伴随着1898年劳动事故条例的实施，产生了一个新的学科。①司法精神病学，当时还仅限于重大刑事犯或"非正常人"的刑事鉴定，这一学科从创伤性神经官能症中找到机会，扩展了鉴定领域。②这一点是最根本的。与心理创伤学领域广为流传的观念不同，创伤性神经官能症没有局限于军人精神病研究，也没有局限于新兴的受害者学研究。③虽然普通精神病学教材对于这种临床疾病实体依然保持谨慎态度，但司法精神病学的主要文本并非如此。我们恰恰应该从那里开始寻找创伤的社会早期实践；也恰恰应该从那里评估阐述标准、主体价值以及生命代价的社会理念的决定性影响；最后，从其中发现一个精神病学假设的出现——这一假设阐述了工人"宁愿"生病也不愿意为国家提供劳动服务的说不清道不明的理由——并且几年后在士兵身上发现同样的问题：他们不甘愿保卫危难中的祖国。

夏科、弗洛伊德和让内的早期临床病例详细研究了症候、人格特征以及患者的行为特征，这一研究构成真正面向认识的方法基础，而我们的研究并不在此。除了这些用于早期概念研

---

① 在第19届法律医学大会上，考斯特多亚特做了一场关于创伤性神经官能症的报告，他指出："创伤性神经官能症是与铁路建设一起诞生的，并且随着1898年劳动事故法的实施进一步增多。"（Costedoat, 1935）

② 关于刑法方面的司法精神病学的发展，可以参阅米歇尔·福柯（Michel Foucault, 1999）和马克·雷纳维尔（Marc Renneville, 2003）的论述。

③ 法国当代很多关于创伤性神经官能症的文章都出自军事精神病学医生笔下，他们有充分的理由肯定自己的学科是唯一关注这一疾病实体的科学（Barrois, 1988; Crocq, 1999; Crocq, Sailhan & Barrois, 1983; Vaiva, Lebigot, Ducrocq & Goudemand, 2005）。

第一章 双重脉络

究，后来在创伤研究的现代文献中被大量引用的病例之外，我们关注的是法医学历史当中被打破的个体历史的多样性问题。20世纪初的工人经历了劳动事故、火车事故、破旧楼房的火灾、工厂里的情感冲击等，他们以自身为代价懂得了法律能够保护他们，能够为他们提供经济赔偿，同时也将他们记录在"创伤性癔症"这一新章节当中（尽管并非那么光荣）。创伤性神经官能症作为临床类型的一个原型，比其他任何一种疾病类型都更集中于某一时期的社会偏见，更加引起人们的蔑视，令人怀疑，与国家的道德价值产生冲突。

铁路事故之所以占据论坛那么久，主要是因为它引起了广大民众的强烈反响。这种交通工具的新颖性、首批使用者的担心，以及前期投入使用时造成的几次骇人事故，足以使它成为一种巨大的危险事物，一个与科学技术发展相关、对民众产生威胁的危险事物。强调人们的心理后遗症问题，即使对于那些没有遭受任何病变的受伤人员也是如此，这会在每个人身上唤起恐惧，同时激发人们对创伤病患者的同情。然而，大多数最有可能患有创伤性神经官能症的人并不在铁路事故受害者当中。在一个经济快速膨胀发展的社会中，劳动条件依然非常艰辛，往往具有危险性，劳动法还处于初始阶段，劳动事故就是这类疾病多发地。[①] 在20世纪初，人们对待工人的态度还没有像对待铁路事故受害者的态度那样仁慈，毕竟劳动事故引起的

---

① 参阅乔治·维加雷罗的研究（Georges Vigarello, 2005）。

神经后遗症还是一个新概念。首先要找到一个特殊的疾病实体，它区别于铁路创伤神经官能症，并且与1898年条例规定的补偿条款严格相符。

1907年12月，夏科的一位学生、巴黎市医院医生、巴黎医学院教授爱德华·布里绍德（Édouard Brissaud）在塞纳河第四法庭第一次提出了"灾难神经症"（sinistrose）[①]这个概念。1908年在《医学合作》杂志发表的一篇文章中，作者再次提出这个概念，此后它一直发挥着权威作用，直到20世纪70年代中期被弃用。[②]在这篇短文中，作者开宗明义：

> 在所有为工伤提供补偿的国家，要治愈"确定"的创伤需要一个很长的期限，这个期限要长于"没有确定"的创伤。这一意外事实是确凿的、无可争议的，所有的灾难神经症问题都归结于此。工人丧失工作能力，时间延长的原因是什么？这是一种病态（具体来说就是灾难神经症），是对意愿或者说良好意愿的一种特殊抑制。

[①] 根据考斯特多亚特的引用（Costedoat, 1935）。

[②] 参阅爱德华·布里绍德的论述（Brissaud, 1908）。灾难神经症的概念和创伤性神经官能症的概念直到第二次世界大战后期经历了同样的命运。创伤性神经官能症逐渐获得更广泛的社会认可，而灾难神经症夸大了抑制良好意愿的伤痕。灾难神经症放弃了工人领域，转向20世纪50—60年代北非移民的巨大浪潮，成为"非法利用法国政府慷慨政策的移民"患有的一种典型疾病。70年代，随着政治化移民精神病学的兴起（Berthelier, 1994; De Almeida, 1975），这一概念遭到强烈抨击，被认为是剥削移民的种族歧视工具。

第一章 双重脉络

布里绍德医生的态度比较温和，他拒绝将灾难神经症与装病或者癔症等同起来，并对保险公司的医生常常混淆这些概念感到遗憾。灾难神经症是工业时代工人阶层最典型的疾病，他认为，灾难神经症是在劳动事故之后发生的，往往并不严重，其特征是申诉者在伤势已经痊愈，但还没有获得经济赔偿的时候，会断然拒绝重返工作岗位。该病症的临床表现与癔症十分相似：疲倦、梦魇、假性瘫痪、无神经关联性的弥散性疼痛。这些症状也与创伤性神经官能症的症状相似。他再次指出，这是因为1898年条例赋予了他们这种权利，所以工人们坚持自己患有这种可以要求索赔的疾病。这种症状无视任何建议、刺激甚至"强硬"手段，只有在获得赔偿之后才会消失。因此必须对创伤类型做出快速裁决而不要等到伤势痊愈（而且也不会痊愈）才协商经济补偿。尽管如此，补偿的比例依然很低。[①] 在结论当中，布里绍德医生承认，小资产阶级也有可能患上灾难神经症，但不幸的是，工人的工作条件更容易遭遇劳动事故。

当时很多人都不同意布里绍德的疾病分类观点，也不同意他对诉求工人的关怀，但他们接受他的临床描述，认为灾难神经症是创伤神经官能症的一种简单的变体，应当把它与癔症相

[①] 几年后，布里绍德增加了这一内容，比起早期的论文，他的态度没有那么宽容："对于长期丧失工作能力的情况，人们给予的补偿金额非常低，远低于由机体功能引发的类似疾病。"（Costedoat, 1935）

似地对待。① 尽管有时这两种症状特征表现不同，但这两个概念很快结合在一起，确切地说是因为在两种状况当中，过分的赔偿诉求是疾病病理的关键。事实上，根据法医的看法，灾难神经症和创伤性神经官能症都是"诉求神经官能症"。他们认为，灾难神经症患者的恶意与创伤性神经官能症患者是一样的，尽管他们接受了严格的控制性治疗，但是病症的延续性证明他们并不急于被治愈。人们开始对这两种临床形式（被证明是装病以及／或者先前的虚弱）的病因产生怀疑，患者（大部分是工人）不仅期待获得补偿，而且希望甚至可能更加希望证明自己"所谓的"工作能力丧失，因而没有能力为国家服务。患者的这种利益诉求进一步加深了人们的怀疑。面对这些执拗的患者，人们应当尽快提出一个数额有限但最终明确的经济补偿，从而终止他们这种无止境的特权诉求，使他们尽快回归工作。因此，赔偿问题非常关键，要求专家采取一定的态度。但对于这种态度，专家自己也认为是含糊不清的。理想的状况是，无论这些患者表现的是灾难神经症还是创伤性神经官能症，都不能享受经济赔偿（因为他们多少是有意识地作弊，患有先决的心理脆弱症），但是1898年条例为他们打开了一个无可争议的前景，而且只有经济赔偿才能终止他们这种寻求赔偿症。在这两种情况下，无论是"真病"还是"装病"，判定结

---

① 参阅何康所做的历史回顾（Héacan, 1954）。

果都是一样的：这些人没有体现任何民族价值，只能遭到人们的藐视。神经科医生约瑟夫·巴宾斯基（Joseph Babinski）早已说过："一个患有癔症的病人不相信自己已经被治愈，他是值得被怀疑怀有恶意的。"[①] 这一不言自明的判断对灾难神经症或创伤性神经官能症患者来说，同样有用。

因此在"一战"爆发前几年，专家在治疗创伤性神经官能症时，猜测到患者会装病、怀有恶意或者为了经济利益而表现出某些病症。由于爱国主义理想的影响，军事精神病学只得重新采用诊断和治疗的方法并对此进一步强化，因为以前在使患有诉求神经症的工人重新投入工作的时候，这些方法起到了一定的作用。司法精神病学为它打开了一条路径。以创伤性神经官能症为主导的历史文献将目前的各种观念视为19世纪末早期描述的结果，与此相反，心理创伤的临床概念及社会使用的变化是在另一段历史中展开的，而不是在承认今天受害者取得的权利这个漫长而艰难的征程中展开的。[②] 自从有了早期的研究以来，临床疾病的分类就没有经历过任何疾病症候学方面的改变，然而，关于创伤的精神病理学概念却发生了翻天覆地的变化，出现各种断裂、颠覆、矛盾与冲动，这一切都源于社会敏感性问题的发展、社会经济政治张力以及精神病学甚至精神

---

① 引自考斯特多亚特（Costedoat, 1935）。
② 关于这种修辞在当代精神创伤使用中的作用前景的阐述，参阅理查德·李森特曼的研究（Rechtman, 2002）。

分析法的知识论运动。诉求神经官能症的历史以其独特的方式触及了各个群体，包括工人群体、后来的移民、士兵以及军官、蓬勃发展的工业社会中的劳动人口、大型国际冲突中成为炮灰的士兵。他们对社会功能的抵制令人对他们表现出来的心理疾病产生了怀疑。

目前存在一种普遍的观念，就是创伤能够形成一个苦难者群体，在这个人类群体当中，人们可以感同身受，不再根据患者的社会地位，而是根据其所经历的悲痛事件来区分受害者。与这种观念不同的是，我们将在后面的章节说明，等级制度和不平等形式在今天依然存在。与此同时，我们将介绍精神创伤一开始是如何进入司法精神病学领域的，并以考古的方式揭开它的历史面纱。我们也将对它在军事精神病学当中的发展进行考察，从而肯定并进一步强调这一论断。

第二章　漫长的追查

很多研究第一次世界大战的历史学家都承认，狂热的爱国主义理想是增强军队士兵战斗力的主要手段。[①] 虽然"为祖国而死"依然是激进英雄主义典范，甚至不惜以牺牲生命为代价，[②] 但是那场众所周知的"1914—1918年大屠杀"，它留在人们日常生活中的现实揭示了与死亡、与地狱般战争的另一种关系。在战争前线的无论哪一个战壕，恐惧往往战胜战斗的热情。尽管军方大力宣传爱国主义思想，努力激发士兵的斗志，但恐惧依然控制着军队士兵的心理。难友间的情谊使士兵们畏缩在战友身边，袭击敌人过后的集体狂欢成为从"疯狂的屠杀"中解放出来的孤独的酗酒者的聚会，而这不过是他们表达同一种恐惧的不同方式罢了。这种恐惧，无论是个体的还是集体的，都取代了爱国主义的英雄行为。

弗里德里克·卢梭（Frédéric Rousseau）在著作《遭谴责

[①] 参阅基冈和瓦尼齐的著作（Keegan, 2003 & Wahnich, 2002）。
[②] 参阅康托洛维奇的著作（Kantorowicz, 2004）。

的战争》中以生动的笔触描述了这些士兵的经历,讲述他们如何面对战争的恐怖,从而颠覆了人们对战争的想象。

与以往的战争不同,这场战争让人们重新思考死亡的意义——包括并且尤其是在战役中死亡的意义——究竟代表了什么。它摘下了几百万人的面具,撕下了掩盖着生还者未知的内幕,在这场漫长的战争中,数千万人看到了死亡(它无所不在),感觉到了死亡(它弥散着恶臭),听到了死亡,这是人们完全始料未及的,习以为常的表象瓦解了,消失了,古已有之的规约土崩瓦解。那场战争的可耻之处,就表现在这个前所未见、闻所未闻的场景当中。现代社会所有抵御死亡焦虑的方法全部崩塌。比起20世纪初的人类来说,大型战争的战士远没有做好准备,去面对这样的恐惧。上个世纪的西方人似乎已经与痛苦和屠杀文化决裂了,他们对流血的反感、对恐惧和苦难的感受从来没有达到如此程度,面对这一切,他们几乎忍无可忍。但是,他们所要面对的,也正是这一切。[1]

对第一次世界大战中士兵的混沌世界的这种俯视,揭示了他们的日常状态:在日常生活中,恐惧构成了战士所有反

---

[1] 参阅卢梭的研究(Rousseau, 1999, p. 203)。

应的基石，有对死亡、伤残和逃跑的恐惧，有对白天和黑夜的恐惧，有对进攻和等待的恐惧，有对尸体和周围噬食者的恐惧，还有对自身身体的恐惧。这是一个封闭的世界，在这个世界里，军人巧妙地按照等级关系维持着那份孤独，一点一滴都渗透着有关战况的信息，并进攻所及的范围。这些人与外界完全隔离，只能独自面对隐藏在几十米之外看不见的敌人，伺机以最快的速度杀死他。在战线后面，还有一个可怕的军警，随时朝潜在的逃兵开枪。在这些条件下，士兵会产生一种难以摆脱的焦虑，它使肌肉陷于瘫痪，放松括约肌，同时使其伴有因为恐怖而感到的羞耻和屈辱。这种焦虑也会禁锢人们的意识，释放出一种地狱般的想象，产生身体被撕裂或者被截肢的可怕念头。此时，牺牲成为逃避这种焦虑的唯一方法。像所谓的英雄般纵身一跃，扑向死亡，还是怯弱地退缩，最终死在自己人的枪下，在这两者之间，选择为国家而死往往简单地归结于接受那一颗致命的子弹，无论它是来自敌人还是来自朋友。

怯懦还是死亡

不论是英勇就义还是做逃兵而死，死亡似乎都是唯一的结局。面对这种困境，以救护为由撤退往往成为唯一的选择。在这一点上，军医起到关键作用。在那场战争当中，军医的数量

65

出现前所未有的增长。① 战争前线实施的多是外科手术、药物治疗以及感染预防措施，这不仅是为了在最短的时间内为士兵实施治疗，也是为了减少向后方疏散的士兵数量，从而使"幸运的士兵"，也就是受轻伤的士兵能够尽快投入战斗。事实上，虽然医疗理由能够将人从地狱中解救出来，然而判断一个人是重度受伤需要疏散到后方，还是伤势不重可以重返前线，这种区别对待的客观性是受军队权力机构控制的。因此，医生实际上被赋予决定伤员命运的重任，他们要快速评估伤势，以果断的方式判断出是真正的战伤，还是为了逃脱战役而伪装的自残。找出装病的士兵成为医学检验工作的核心内容。

一旦排除了自残的猜测，身体上受伤的士兵的英雄主义就不会再遭到怀疑，然而，对心理伤痕的预判并非如此顺利。

与那些为了逃避战火而自残或为了避免重返战场而拒绝治疗的士兵相似，患心理疾病的伤员也会遭到同样的怀疑。② 创伤性神经官能症这个名称受到来自军方机构，包括士兵、士官、军官甚至医生的羞辱。按照军人的理想标准，各种心理紊乱不能一概而论。因此，战壕中比较流行的"战争狂"——在很大程度

---

① 索菲·德拉伯特分析了第一次世界大战期间各种医学观点的变化，并指出医生与军事权力机构之间的紧密合作存在很多模糊不清的地方（Sophie Delaporte, 2003）。

② 索菲·德拉伯特指出，医生对为了逃避战役而自残的士兵的宽容在战争期间有所增加（Sophie Delaporte, 2003）。作者认为，这种变化反映了人们对战争带来的痛苦的关注度有所提升，但它也与坚持谴责精神创伤患者的现象形成了对比（Brunner, 2000）。

上符合焦虑、恐惧和极度疲惫症——没有受到这样的鄙视。事实上，人们将这种谋杀狂视为一种失去理智的英勇行为，是最崇高的献身，认为它可以在敌人的阵营中散布死亡和恐惧。英雄般的死亡，即使处于疯癫的状态，也有可能激励陷入极度绝望的人，引导其他人，点燃他们的战斗热情，利用在敌人当中制造的混乱发起出其不意的进攻。这种近乎自杀式的行为体现了英雄主义的精髓，将一种因恐惧导致的非理性行为转变成一种勇气的爆发。它激起人们的敬仰，给其他士兵带来希望，唤起了他们的热情。

"创伤疯癫症"属于另一种现象。它使士兵孤立，与战友产生疏离；它没有超越恐惧和焦虑，而是可悲地屈服于恐惧和焦虑；它没有恢复战士的尊严，而是使其蒙羞；它也没有激励军队的士气，而是降低了士气，破坏了他们的精神；它更没有符合爱国主义的标准，而是拒绝了爱国主义理想，为的仅仅是保全性命。它比死亡看起来更加荒谬，因为它拒绝死亡。相反，死亡是大家一致认可的，为了保证军队和其他人的生存而做出的理想的、必要的牺牲。对"创伤疯癫症"的谴责应当作为一种儆戒，以此恢复集体荣誉。但是，各方军事力量将创伤性神经官能症看作逃避"为祖国而死"的一种可鄙的替代方法，因而在很大程度上决定了它的解释和处理框架，整个战争年代在此框架内做出的强制性规定，体现在所有参战士兵身上。创伤性神经官能症将士兵的疾病变成一种有意识或无意识地借以逃避战火的意志犯罪，并很快成为关于可耻行为的讨论的中心话题。在这场讨论当中，爱国主义信念、责任感、意识的惊乱以及无意识的渴望，这一切均在庞大的机制中经受谨慎的追问、分析、判断和谴责，怀疑决定了诊断和治疗的方法。

然而，在这个时期，对创伤性神经官能症临床诊断产生影响的除了猜疑，还有对灾难后遗症的病理生理学和病因学概念的谴责。首先是质疑患者诉求经济赔偿的目的。第一次世界大战暂时缓解了对过分诉求赔偿的担心，① 因为存在另一个更加恐怖的猜疑，就是对怯懦的猜疑。关于这一点，20世纪初有关灾难神经症和创伤性神经官能症的讨论早已提到了，而且它时不时出现在寻找病人装病的线索当中。装病的人，往坏的方向说是个骗子、狡诈的人，往好的方向说是个脆弱的人，是他面对痛苦，被动地屈从于自己的软弱。但是，1914—1918年的战争加剧了这种猜疑的倾向。装病被视为一种"精神叛逃"，是要受到严厉处罚的，因为这不符合爱国主义的理想标准，有可能削弱队伍的士气。战争神经官能症证实了人们所说的患神经

---

① 即使在战争期间，对战争中患神经官能症的人提供赔偿的问题依然存在，并加重了人们对精神创伤症患者的怀疑。克洛维·梵尚（Clovis Vincent）医生坚持采用最直接的治疗方法，并断然做出判定说："这是最高道德问题。人们要求前线的士兵尽最大的努力，甚至超出了他们的心理承受能力。这同时也是公平的问题。法国给这些自残的孩子提供的资金数额是确定的，就是说，这个数额是以一个数字来表示的。这很好！我要问一句，将这笔钱留给那些真正不能（再战斗）的人，不是更公平吗？让那些愿意并且还能战斗的人分摊这笔钱，难道这就公平了吗？"参阅1916年发表于《神经学杂志》（*Revue neurologique*）的文章，引自弗里德里克·卢梭（Rousseau, 1997, p.15）。

官能症的士兵和军队爱国主义理想标准之间的利害冲突：士兵企图以疾病为借口逃避战场的杀戮；爱国主义标准说明军队的精神在于大家一致接受牺牲个人生命这一条件。恐惧，尽管存在于心理现象，但在爱国主义标准思想当中没有任何位置。

治疗强硬化

那些关注"一战"期间的医生尤其是精神病科医生作用的历史学家，都做出同一个评定。[①]战争开始的头几个月就出现大量的精神病患者，但无论在哪一个国家，军队的医疗服务绝对没有做好准备接收这么多患者。他们还补充说，根据这项观察，更令人吃惊的是，这些医疗机构当时已经掌握了一些科学数据，这些数据本应引起他们的注意，提醒他们可能存在现代冲突的精神风险。俄国人早已公布了1904—1905年俄日战争对精神病影响的研究结果，这是众所周知的。这些文章被各国转载并加以评论（包括在1912年，当时一份主要的精神病学杂志将其翻译成法文发表[②]）。这些文献充分说明精神错乱问题非常重要，进一步证明了建设"军人精神错乱症特殊治疗部

---

① 参阅巴鲁瓦、布鲁讷、德拉伯特以及卢梭的研究（Barrois, 1984; Brunner, 2000; Delaporte, 2003; Rousseau, 1997, 1999）。

② 《医学心理学年鉴》（*Annales médico-psychologiques*），副标题为"精神错乱及精神病法律医学杂志"（*Journal de l'aliénation mentale et la médecine légale des aliénés*）。这也许是法国精神病科医生（无论是普通医生还是军医）阅读最多的一份法国精神病学杂志。

门"的合理性。① 文章的作者们认为，正是由于对此未做准备，才导致了医疗机构精神病患者的混乱状况，他们同时阐明了精神病治疗实践的发展态势，即面对这些"病人"，治疗手段会更加专横，而不是富有同情心。

为了阐释精神病科医生的粗暴行为，历史学家提出了另一种更偏质性的解释。奥地利-匈牙利学者约瑟·布鲁讷（José Brunner）、法国学者索菲·德拉伯特和弗里德里克·卢梭曾指出，从战争初期开始对患有精神创伤的士兵采取的治疗方法是无法用创伤性神经官能症的理论渊源（从奥本海姆、夏科、弗洛伊德到让内）来解释的。这些学者，以及其他掌握创伤性神经官能症历时性历史文献的学者都认为，战争精神病学在顺应爱国主义理想标准的同时，改变了前人关于精神创伤这一概念的理论观念，目的是使其符合军事权力机构的需求。② 根据这种解读，战争可能在创伤性神经官能症的历史中增加了一个额外的话题，因为创伤性神经官能症一直以诊断和治疗方法的强硬化甚或粗暴化为特征。③ 战争精神病科专家受军事权力机构

---

① 参阅西杰尔斯特莱杰克的研究（Cygielstrejch, 1912a&b）。
② 为了免除精神病科医生实施残酷治疗手段的责任，创伤性神经官能症的传统历史文献往往会模糊这一时期问题最大的一些方面（Barrois, 1988; Crocq, 1999），仅仅质疑几名精神病科医生的责任，比如瓦格纳·冯·姚雷格教授的诉讼在战后曾经轰动整个维也纳，这是一个典型的惩罚案例。
③ 粗暴化（brutalisation）这个概念是由德国历史学家乔治·莫斯提出的（George Mosse, 1999），目的是阐述1914—1918年战争期间军队中流行的暴力行为。后来索菲·德拉伯特重新引用这个概念（Sophie Delaporte, 2003），将其应用到军事医学当中，至少在法国是如此。

第二章 漫长的追查

保护，他们没有别的选择，只能遵从后者的要求。著名的克洛维·梵尚"电鳐"、电疗法、精神强制法、威胁建议等，都只不过是这种军事压力的结果。另外，精神损伤程度预测方面的缺失，可能会加强针对装病者的进一步追查工作。

然而，一切都很明显。以上这种假设将战争精神病学的突发性看作是创伤性神经官能症历史当中的一个偶然事件，这与大量突如其来的悲剧和军队的强制性要求有关。与这一假设相反，我们希望对比一下另一种解释，即1914—1918年战争不是创伤性神经官能症社会实践的暂时性断裂，而是创伤性神经官能症的学术观念与一直持续到20世纪20年代的伦理观念的融合。这一融合是在第一次世界性冲突期间完成的，彼时由于战争的原因，精神受到创伤的士兵形象暴露了爱国主义理想宣传言论的局限性和缺陷。因为，是精神创伤者的道德品质，是他们所谓的公民责任感或爱国主义意识，是他们人格的缺陷，还有对其医疗条件的猜疑，首先是这一切决定了战争年代的医疗和社会实践。事件本身，也就是战争的恐怖，只是揭露了这些人的弱点，归根结底，后者比患者更可耻。从这个意义上说，战争精神病学并不是以20世纪初的理论为基础发展而来的。弗洛伊德的前期理论当时在法国还无甚影响，在奥地利也处于边缘化的地位，至少在战争初期是这样。在英国，早期的精神分析家直到1917年才开始为人所知，他们的言词也说明当时很少有人听他们的。让内的范式不是最具决定性的：正如我们所见，他的研究仅限于癔病的经验性心理学分析，直到后来他才提出创伤性神经官能症理论。

1914年主导创伤性神经官能症精神病学舞台的范型依然是法医学，它结合创伤性神经官能症、癔症、灾难神经症以及为了获取利益而装病的各种现象，形成自己的猜测性观念。因此，假如将战争精神病学再次纳入这一脉络（即创伤性神经官能症的法医治疗谱系），就不会出现重大断裂这种假设。相反，军队各医疗部门实行的模式成为劳动事故造成的创伤性神经官能症鉴定的延续。从这个角度来看，与其说缺乏准备，倒不如说是欧洲作战部队医疗部门实际上是准备接受那些假装英勇奋战的病人，也即"患有精神疾病的逃兵"，而不是真正的精神病伤员。人们很快采取了一些措施，恰好证明了这一期待；另外，关于俄日战争的医学专著所提供的材料也反映了这方面的内容。

1912年，亚当·西杰尔斯特莱杰克（Adam Cygielstrejch）发表了两篇文章，阐述了三个基本原则，这些原则结合创伤性神经官能症普通病人的专家治疗经验，为后来建立的庞大机制奠定了基础。在这个机制之下，猜疑如同绝对的主导者一般压在军人的身上。西杰尔斯特莱杰克分析了俄国人收集的资料，比较了遭遇意外事故（比如自然灾害等）的连续反应以及在更为持久的冲突（比如对日战争或者1905年革命，他称之为社会震荡）中表现出来的反应。正如人们所知，精神创伤的关键在于评估事件对造成心理反应障碍的作用。西杰尔斯特莱杰克认为，人们不应该怀有猜疑，因为事件本身不具有创伤性，具有创伤性的是随之而来的意想不到的效果。这也解释了为什么自然灾害可以在任何人身上造成反应性障碍，与其他易发性因素无关；然而社会震荡只在某些人身上造成精神障碍，这些人即使没有经历这种具体状况也会表现出某些精神紊乱现象："成为莫斯科革命受害者的只是那些因为自己的精神病理构成而注定会受到影响的人。其他因素，如生理因素或精神因素，也会产生同样的影响。政治创伤应该被视为精神病患者发病的促进因素，而不是决定性因素。"[①] 西杰尔斯特莱杰克还认为，一般来说，战场上不会发生意外之事。士兵们早已料到会经历极端事件，并早已对此做好准备，有些人甚至在战役开始之前就表现出急不可耐的样子，借此释放焦虑情绪。所以，事件的发生不应该是主导因素，就像意外之事所产生的效力一样，因为意外之事总是相对的——即使在最焦虑的状况下，如战役暂时平息期间，一颗炸弹意外爆炸——每一个士兵都知道这样的事情随时可能发生。俄国1905年革命的相关资料显示，投入革命理想的士兵越多，可能表现出病理反应的人越少。人们也承认其中有强制性因素。军队士气、爱国主义理想、人人投身正义之战，这些不仅是取得最后胜利的必要条件，也是减少患有精神失常症人数的因素。西杰尔斯特莱杰克在最后指出这一理论的关键部分："我们通常假定，在战争当中，军官，也即受过教

---

① 参阅西杰尔斯特莱杰克的研究（Cygielstrejch, 1912a, p. 144）。

育、比较讲究的人容易患上神经性疾病。人们总是这样推测，士兵一般都是农民和村落的居民，所以不会患这种病，在他们身上神经性疾病是不存在的。这似乎肯定了长期以来形成的思维，即士兵患神经官能症的概率很小，因而不足以引起医生和（医学-心理学）社会的关注。"[①]

这一点非常重要，尤其是他明确阐述了一个在20世纪初期神经病学领域具有广泛影响的观念：纯粹的反应性神经官能性疾病只出现在受过更多教育，能够分析整体形势，从中发现危险、衡量风险，首先从智力上然后从情感上感知到后果，于是被吓呆了的人身上。士兵往往比军官粗鲁，他们不具备这种分析能力。他们不可能体会到自己所面临的整体利害关系，他们的恐惧也是毫无头绪的，至少是由他们自身的体质、应受惩处的自私或者缺乏战争热情造成的。所以在士兵身上，创伤性神经官能症不是典型的精神病。然而，这种病症的发病率远远超出了人们的预测。

在整个战争期间，医疗服务部门关注的问题是哪些士兵能够出现不符合其社会条件的疾病，而不是哪些事件能够产生持久的病理影响。爱国主义理想无法庇护的是哪些人？当人们了

[①] 西杰尔斯特莱杰克在这里区分了神经官能症（实际上就是战争神经官能症）和偏执狂（Cygielstrejch, 1912b, p. 260）。相反，一些俄国医生认为如果检查的条件良好，如果人们放弃早先对士兵形成的观念，就会发现在士兵和军官当中，患神经官能症的人员比例相当。然而，统计数据表明，8.1%的军官患有神经官能症，士兵只有1.3%。

解到事件不是造成这种疾病的唯一原因的时候，导致他们产生精神障碍的原因到底是什么？为什么有些人会因为恐惧、焦虑而崩溃，甚至出现精神障碍，而另一些人在同样的条件下，不仅能够经受住考验，而且能够在自己身上找到潜在的精神力量去激励同伴？哪些士兵拒绝为崇高的事业献身，宁可以生病为由逃避也不愿与战友并肩作战？军队权力机构向战争精神病学提出的这些问题，也伴随着一个更为关键的疑问：这些人会不会逐渐消磨军队的士气？他们的恐惧是否会感染其他人从而导致不良风气大范围蔓延？是应该让他们远离军队，避免恶习蔓延，还是应该将他们拉回战场，强制他们尽快拿起武器投入战斗？整个部队实施的精神治疗机制明确地证明了这些疑问产生的影响。这些机制专门针对精神创伤症患者（而不是状况或事件），将这些人当作装病者或懦夫看待，企图通过这种方法解决爱国主义理想的问题。对创伤性神经官能症持有怀疑态度的医学专家，他们的实践为医学手段提供了更为丰富的素材，这些手段包括戳穿装病者、揭露怯懦者的伪装、威吓胆小者、使患者失去威信，尤其是打消其他士兵以此为由逃避战斗的念头。在所有军队当中，最流行的手段是感应电疗法，就是在皮肤表层通电流。[①] 电疗最开始是为了治疗肌体瘫痪而发展起来

---

① 参阅奥地利-匈牙利学者柯尔·艾斯勒（Eissler, 1992）和约瑟·布鲁讷（Brunner, 2000），法国学者安托万·波罗和汉斯纳尔（Porot & Hesnard, 1919）以及弗里德里克·卢梭（Rousseau, 1997），还有英国学者威廉·里弗斯（Rivers, 1918）的研究。

的技术，后来在癔症的假性瘫痪治疗中作为诊断和治疗的辅助手段使用：放电一方面可以戳穿装病的假象，另一方面可以消除癔症的功能性瘫痪。应用到患神经官能症的战士身上，同样也是基于这个原理。精神性昏厥类似于癔症"瘫痪"，放电就像通电流一样使人产生痛感，会令装病者害怕，从而承认自己的谎言。

法国医生克洛维·梵尚很快因为他使用的极有说服力的方法而为人所知。梵尚是图尔驻军的一名主治医师，接待过很多来自各个前线的患者，这些患者对常规的治疗通常表现出抵抗和执拗的态度。梵尚一直坚持使用高强度的直流电疗法，同时规定患者必须被治愈，也就是说，如果患者拒绝病情转好，他会施以威胁手段。在短期内，经过患者和医生之间"残酷的战斗"（这是他的说法），治疗会取得成效，他常常以此为荣。他说，这场战斗首先是心理战，电流只是表明了医生的决心。应该说服拒绝被治愈的患者，告诉他别无选择，只能顺从，直到承认自己的弱点，最终表达自己对病情好转的喜悦和感激之情。1916年梵尚在神经病学学会做了一场演讲，明确阐述了他的方法："很多我们曾经治疗并治愈的顽固的癔病患者会因为被治愈而表现出极大的喜悦。然而，在此之前，他们会抗拒治疗，似乎在尽一切努力不被治好。为了达到这个目的，应该让他们投入真正的战斗。要不停地折磨他们（以各种形式不断地、重复地对他们进行劝导，有时还要对其进行不公正的辱骂，对他们发怒，同时配合高强度直流电疗法的刺激），这个过程需要一个小时，有时需要两个小时。在这段时间内，患者会尽一切努力不被治愈，他们抵抗治疗，不惜一切代价坚决否认自己在装病，不让医生觉察他们在装病，而此时，医生也会筋疲力尽，感觉白费力气。然而，一段时间过后，他们就会屈服，并会感到幸福。"[1] 梵尚还指出，从医学角度来说，只有患者在经过治疗之后，自己承认病好了并希望重返前线的情况下，才能说患者被治愈了。

针对病情严重的患者，他发明了一种电机，能够释放出比普通治疗所用电流更强的电流。这种机器被称为"电鳐"，在士兵当中引起极大的恐慌，甚至有些人一想到要接受这种撞击治疗，宁可否认自己正经受痛苦，患有疾病。这种机器还引发了一场漫长的诉讼案件，有人反对在一名患有严重血管痉挛症[2]的士兵身上采用这种方法，但这场诉讼丝毫没有玷污这部机器的名声。据说，在接受"电鳐"治疗的过程中，患者会疯狂抵抗，抓打医生，以逃避电流的刺激。在预审过程中，人们

---

[1] 参阅神经病学学会 1916 年 6 月 29 日会刊中的文章《克洛维·梵尚医生：关于癔症和装病》(«Au sujet de l'hystérie et de la simulation, par le docteur Clovis Vincent», p. 104-107）。

[2] 血管痉挛症或脊柱后凸症是一种姿势畸形，主要表现为躯干前倾。该病主要出现在站立姿势时，疲倦时会加重病情。患者主要是年龄超过 60 岁的老人，多发于女性，因类脊椎肌肉缺乏导致，与类脊椎肌肉脂肪退化有关。1914—1918 年战争期间，人们尚未认清这种疾病的肌肉病因，认为它类似于癔症或者装病，因此治疗这种疾病会频繁使用电疗法。

还是顾全了克洛维·梵尚的名声。尽管一些专家对使用高强直流电持保留意见，但没有人敢于反对这位享有盛名的同事，因为他发表过多篇文章，而且得到了广泛支持。①这场诉讼案成为各地方报纸的头条新闻，整个法国似乎都在支持这位勇敢的医生、爱国主义理想的使者。

并不是所有人都采用这种方法。使用弱电流是一种惯例，不一定以制造疼痛感为目的。然而无论如何，首先要做的是揭穿装病者的把戏，然后通过一次又一次的治疗，加上严厉专横的说辞，使患者最终放弃所有特权——这些特权对那些脆弱的人来说，胜过国家理想。感应电疗法的目的不再是治疗病症（梦魇、焦虑或假性瘫痪），而是实施说服方法。治疗首先在于了解士兵的个性，发现他的缺陷、导致其脆弱的原因以及所有使他不同于其他战友的因素。

关于军事法庭提出的"这些是什么人？"的问题，战争精神病学给出了自己的答案和解决方法，要么用电疗法，要么不用。严厉的说服法与电疗法结合，可以让这些被认为比其他人

---

① 索菲·德拉伯特在关于"一战"时医生的著作中详细论述了佐阿夫士兵德尚案件（Delaporte, 2003, p. 161-187）。这起案件在1916年6月至1917年8月引起纷纷议论，是关于审理拒绝治疗（应该与逃兵一样接受同等惩罚，即死刑）以及对军官实施暴力的行为。最后，审判结果只裁决了对上级实施暴力的行为，使德尚免除死刑。关于这起案件，医学界观点各异，一些宽和的医生企图说明这个士兵对暴力行为没有直接责任，应该从使用的手段即电鳐方面寻找暴力的原因（而这似乎有损梵尚的形象）。民众对此也很关注，他们支持医生，期待能对这个倔强的装病的佐阿夫士兵施以惩罚。然而结果还是倾向于德尚，他最终获得豁免并拿到抚恤金，留在原处接受严格的医治。

脆弱的士兵成为真正的战士，让他们怀着必胜的渴望参加战斗。战争精神病学对身体和思想强制实行规训，将这些患创伤性癔症的人变成坚强的战士，也就是说，将一个与众不同的人变成普通人，因为战争神经官能症不是普通人患的病。关于治愈患精神创伤症士兵的叙述最后都以精神道德价值取得胜利结束。病症是否全部消失不是问题，后遗症是否会持续也不是问题。由于症候学在每个诊断阶段都表现得非常多样，因而它完全没有出现在结果评估当中。展现出来的只是被治愈士兵新获取的价值，比如战利品，以此证明这种身体和思想规训在爱国主义理想实践当中取得了胜利。[1] 电疗法及其可能引起的疼痛绝对不是军队猜疑机制的目的。只有克洛维·梵尚和个别医生想要以痛感和恐惧作为治疗基础，除此之外，大部分从事战争精神病治疗的临床医生都为今天我们所说的这种电疗手段所产生的副作用，[2] 或者用军人的话来说，就是侧副损伤（dommages collatéraux）感到遗憾。这一机制的关键问题不是疼痛，疼痛不具有任何作用，也不具有任何意义：它的目的是使患者招认，放弃与爱国主义理想价值不相容的个人的小特权。

---

[1] 巴宾斯基（Babinski）和梅热（Meige）在回应克洛维·梵尚著名的演讲时肯定了梵尚的说法。巴宾斯基认为，这是对他本人的"粗暴治疗"观念的肯定。梅热认为，"当患者承认被战胜——也即被治愈——他所表现出来的感激之情是一种新的迹象，它同时证实了他的恶劣行为的性质"（Société de neurologie, séance du 29 juin 1916, p.105）。

[2] 参阅柯尔·艾斯勒（Eissler, 1992）。

第一部分　从一种真相到另一种真相

战　后

奥地利军队的医疗部门大量采用电疗法，每个临床医生使用的电流强度各不相同。[①] 但同样是在奥地利，这种治疗方法也遭到谴责，1920年，在震惊世人的瓦格纳·冯·姚雷格（Wagner von Jauregg）教授控诉案中，人们指控姚雷格教授使用了非人道的手段。在创伤性神经官能症的历史当中，从来没有如此极端的方法。柯尔·艾斯勒（Kurl Eissler）详细记录了整个诉讼过程[②]——这场诉讼可以使人了解到第一次世界大战期间创伤性神经官能症的重要性。这样一场诉讼既是在指控奥地利最受人尊敬的精神病专家，同时也符合奥地利独特的历史境况，从而使人们理解为什么这场诉讼会在精神创伤的历史文献中产生如此大的影响。

从诉讼的内容到结果，诸多因素起到决定性作用。首先，1918年的战败意味着奥匈帝国的覆灭，也意味着支撑它的国家理想主义的失败。爱国主义曾为采用暴力手段治疗神经症患

[①] 参阅约瑟·布鲁讷关于奥匈帝国军队战争精神病的论述（Brunner, 2000）。

[②] 柯尔·艾斯勒于1950年在纽约创立了弗洛伊德档案馆，一直开放到1980年。他正是因此发现了弗洛伊德为瓦格纳·冯·姚雷格提供的证词，在这场诉讼当中，弗洛伊德作为主要证人出席。同时，艾斯勒本人正是由于作为美国军队的精神病科医生参加了第二次世界大战，彼时他才开始关注战争神经官能症问题（Eissler, 1992）。

者和装病者提供合理解释，而且那个时候也急需为打了败仗而感到耻辱的士兵提供经济补偿，在这个背景下，人们更需要思考爱国主义的意义；其次，尽管电疗的使用在奥地利和德国军队中广为流行，但早期的战争精神分析家试图遏制这种粗暴的手段，建议采用精神分析法加以替代，正如我们后来看到的那样。奥地利精神病学在战争期间已遭受来自内部的打击，在外部又受到精神分析学的抨击。然而，对瓦格纳·冯·姚雷格的指责以及通过这场案件对奥地利传统精神病学的指责并没有动摇奥地利精神病医学的根基，弗洛伊德及其门生正好接替精神病学的发展。因此，国家的选择让这场诉讼案没有为精神病学这一职业签署"自杀"令。

实际上，瓦格纳·冯·姚雷格不仅是维也纳最著名的神经精神病医院的院长，也因采用多种接种方法治疗早发性痴呆颇具成效而为世人所知，并于1927年获得诺贝尔医学生理学奖。诉讼过程中，弗洛伊德被传唤作证，他指出这种电疗方法没有任何用处且不道德，但同时也极力维护自己的朋友兼同事的名誉。他说，很显然，瓦格纳·冯·姚雷格的目的不是制造疼痛，主要是由于他错误地判断了战争神经官能症的病因，并且真诚地相信电疗法能够产生效果。创伤性神经官能症的病因不在于士兵的意识，也不在于他们想要逃避战斗，而在于他们的无意识，取决于他们无法得知的却能够决定他们症状的官能和感觉的多种因素。弗洛伊德最后总结说，瓦格纳·冯·姚雷格[85]

并不了解这些原则，毕竟他是坚决反对精神分析法的。

在这份著名的证词中，弗洛伊德表现出超常的创造精神，思维极其巧妙，他既挽救了同事的名誉，检举了电疗法，摧毁了反对者的病因学假设，嘲笑了他们简单的神经病理学观念及其与装病的联系，同时又维持了癔症与创伤性神经官能症之间的联系——他需要用这种联系支持自己关于神经症的基本理论。[1]这场诉讼的结果并不重要，但当代关于创伤性精神障碍的历史文献对这场诉讼非常重视。[2]这表明人们希望看到1916—1920年间精神分析法有所突破，顺带终止战时医疗粗暴化的做法。然而，这种阐述忽略了两个基本方面：首先，瓦格纳·冯·姚雷格诉讼案在欧洲是绝无仅有的，它在其他国家的影响在当时的任何文献中都没有被提及；其次，创伤性神经官能症的社会实践在很长一段时期里依然受到质疑。在1920年的时候，由精神分析法终结这一领域的粗暴疗法还远没有具体实现。

同时，英国的精神病科医生自1917年就开始反对羞辱患者的做法，认为这往往会导致精神受伤的士兵成为受害者。然而他们这种态度直到战后才被普遍采纳，尤其在美国。威廉·哈

---

[1] 法庭裁判长无法明确辨析各种专家报告中神经官能症和装病的区别，因此非常恼火。他质问弗洛伊德，后者回答说："所有患神经官能症的人都是装病，却不自知，这就是他们的病。"引自艾斯勒（Eissler, 1992）。

[2] 奥地利法院洗清了瓦格纳·冯·姚雷格的污名，姚雷格毫无障碍地继续他辉煌的职业生涯。奥地利精神病学在这场诉讼之后并没有崩塌，甚至推迟了对弗洛伊德整体思想的继承。

尔斯·里弗斯（William Halse Rivers）大概是这一态度最有力的维护者。里弗斯是英国心理学家、人类学家，因为研究南印度和美拉尼西亚的民族志而出名。他非常熟悉精神分析法的手段，尽管在某些方面与弗洛伊德的看法不同，[1]但赞同后者的理论方法。1914年至1917年底，他在克雷格洛克哈特部队医院工作，有机会治疗英国的士兵——他们的战斗勇气是不容置疑的。西格夫里·萨松[2]既是一名军官，也是一名反战诗人。他的事迹很快就广为人知，因为他证明了战争神经官能症可以在最勇敢的士兵身上发作，和平主义不一定是怯懦者的特性。里弗斯于1917年12月4日在英国皇家医学院的精神病学会议上做了一次演讲，他的演讲稿后来全文刊登于1918年2月发行的《柳叶刀》杂志。[3]演讲当中，里弗斯提出与当时流行的思想相左的观点，企图表明在恐怖的战争背后士兵及其长官所表现出的人道主义、团结一致的精神和勇气。他说，不是爱国主义精神，也不是对战斗的热情，更不是对敌人的仇恨让这些人表现出更大的勇气，而是兄弟友情将他们彼此联系在一起。当战争残酷地夺走了他们最亲密战友的生命的时候，也许正是这种情感使他们变得脆弱。这种人道主义观点充分体现了对士兵

---

[1] 参阅普尔曼的研究（Pulman, 1986）。

[2] 西格夫里·萨松（Siegfried Sassoon, 1886-1967）在战后因创作诗歌而出名。他的部分作品，尤其是《老猎人》，可以登录以下网站查阅：www.geocities.com/CapitolHill/8103/Sassoon1.html。

[3] 参阅威廉·里弗斯的研究（Rivers, 1918）。

的理解，不管怎样，英国的医疗机构后来接受了这种观点。然而，患精神创伤症的人仍在很长一段时间内被视为逃兵，遭遇着同样悲惨的命运。

法国与奥地利不同，它从来没有谴责或者惩罚过这些行为。法国的精神病科医生也不同于英国的精神病科医生，从来没有指责过粗暴的治疗方式。除了可能的局势方面的原因之外，法国对战争精神病学没有发表过任何批评意见，有时甚至会做些让步。① 法国的这种独特性也是军事精神病学、司法精神病学以及后来的殖民地精神病学特殊融合的产物。这一点在创伤性神经官能症的历史中尚不为人所知，却构成一个关键因素，因而直到20世纪70年代，尽管当时已经出现新的理论思想，似乎遗弃了羞辱感一说，但癔症和创伤性神经官能症领域依然保留了这种猜疑。自20世纪20年代末，癔症和战争神经官能症实际上已经不再是一种令人感到羞耻、使患者失去信誉的病症。但是，这种消除污名化现象并不是毫无区别地触及社会各个群体。在重新评估过程中，有两个群体是人们不予考虑的，集中了以往所有的成见：一个是劳动事故的工人受害者，他们表现出创伤性神经官能症或灾难神经症；另一

---

① 除了弗里德里克·卢梭之外，我们找不到任何谴责法国军人精神病治疗的证据。相反，法国没有与诉瓦格纳·冯·姚雷格案类似的案件，在今天的评论家看来，这似乎说明这种粗暴的治疗方法只影响到奥匈帝国的军队。更令人意外的是，那个时期的学者详细解释了他们的思想和治疗实践。关于具体情况，建议阅读梵尚、巴宾斯基、雷杰斯、伯罗特和杜马的研究。

个是法国殖民地的土著人，尤其是北非的"穆斯林"以及撒哈拉沙漠以南的非洲"黑人"。就让我们一起来看看这种区别的起源吧。

法国历史

战争结束后，爱国主义理想依然是最稳妥的价值观。那些因治疗战争神经官能症而获得名望的军医，他们享有的声誉远远高于在打了败仗的部队中供职的同行，他们的精神道德和科学权威也因为在残酷年代中与伤员的接触而有所提升。几年以后，正是这些关注战争伤情赔偿问题的军医，成为这个领域的鉴定专家。但这一次，他们对精神创伤患者的态度极其严格。这些军医当中有人转向地方医疗，也正是他们促进了殖民地精神病学的发展。1919年安托万·波罗（Antoine Porot）和安吉洛·汉斯纳尔（Angelo Hesnard）在论述战争医学的时候，解释了使用电疗法的原因，一方面是为了揭露装病者，另一方面是为了治疗患创伤性癔症的病人；但他们同时也提出可归罪性这个中心问题。可归罪性使人有权享有战争补贴。他们认为，只有强烈的心理反应才能直接获得可归罪性的权利。另外，他们使用的词汇与战时使用的词汇是一样的，对精神创伤症患者的谴责也是一样的。在患者身上，人们再次发现性格缺陷、自私或存在"令人消沉的缺点"。当然，他们还缺乏公民意识，这一评价取代了缺乏爱国主义意识的评价，因为此时的问题不再是送这些人去前线打仗，而是降低他们丧失劳动能力的比例，为战争补贴的配发提供合理证明。[①] 同样是在1919年，军医乔治·杜马（Georges Dumas）出版的概论[②]反映了相同的特征。这部著作直到20世纪50年代一直主导着创伤性神经官能症的民事鉴定领域。

无论如何，从1925年开始，精神分析法在法国精神病学领域逐渐产生影响，在理论概念上大大削弱了羞辱感对癔症以及普通神经官能症的影响。[③] 创伤性神经官能症已经不再受正式精神病学的庇护，在弗洛伊德思想的影响下，正式精神病学将创伤性神经官能症置于完全边缘化的地位，介于军事精神病学的余迹和癔症经验性模式之间。精神创伤的理论性概念因为精神分析法的新成果而不断丰富，尤其是1920年死亡冲动这一想法的提出，阐释了创伤性神经官能症特有的不断

---

① 参阅安托万·波罗与汉斯纳尔的著作（Porot & Hesnard, 1919）。
② 参阅乔治·杜马的著作（Dumas, 1919）。乔治·杜马是索邦大学实验心理学教授、让内的学生。他的反精神分析法思想曾主导法国心理学领域多年，与他的大学同事和神经学专家朋友一样，他的思想在司法精神病学领域起到决定性影响。
③ 参阅伊丽莎白·卢迪内斯库的著作（Roudinesco, 1986）。卢迪内斯库在1925年创立了《精神病学发展》期刊，同时成立了同名协会，从而进入法国医学界。期刊和协会同时出现是发生在与医学-心理学协会分裂之后，而后者一直是精神病学和法医学协会。它的创始人包括精神病科医生如尤金·闵可夫斯基、亨利·埃伊，以及精神分析学专家如勒内·拉弗格、索菲·摩根斯顿、鲁道夫·鲁文斯坦，这在法国是首次出现的。直到20世纪30年代人们才开始重视它的影响。

被梦魇缠绕的现象，这一现象符合梦的解析的普遍原理。[①]自1930年开始，弗洛伊德的研究文本成为正式精神病学关于创伤问题的主要参照依据之一。然而，精神病学所讨论的创伤远远不是因为事件（偶然性或者战争性诱因）而引起创伤性神经官能症的创伤。这是一个摆脱物质诱因（如果从这个词的一般意义上说，就是事件）占据整个精神病理学的概念。精神创伤这个概念是从弗洛伊德关于癔症的第二个理论引导出来的，它不是事件对精神造成的影响，更不是事件本身。它首先是超出精神器官适应能力的经济过程。从某种意义上说，它是各种神经症状的根源。在很多根源当中，悲剧性事件只是一个具体形式，战争神经官能症提供了偶发例证。人们在学术领域发现的现象远远无法代表精神创伤在日常生活当中所表现出来的真实情况，包括司法精神病学以及后来逐渐出现的殖民地精神病学。

一方面，创伤性神经官能症的民事鉴定蓬勃发展，成为很多法医学研讨会的主题。它不为精神分析法的新成果所动，依然位居医学领域的中心位置，创伤性神经官能症的专家鉴定往往包含取消精神创伤患者的资格，揭露他们寻求利益的行径，谴责他们的道德和公民素质。各类法医学大会陆续召开，且主

[①] 弗洛伊德在《超越快乐原则》（1920）中提出死亡冲动的概念。这是他第一次指出，某些梦并不反映释梦的基本原则，只是某种愿望在梦境中的实现，是与创伤有直接关系的不断重复的抑制性标记。

旨相似。创伤性神经官能症、灾难神经症以及癔症之间的同化吸收依然是主导性模式，至少在1954年的报告中，整个民事诉讼都是围绕对两种疾病的猜疑展开的。[①]然而，怀疑的重点在于事故受害者的人格：他们的社会出身往往非常低微，这促使他们或是寻求丧失劳动能力的证明，或是寻求经济补偿，或是两者都要。

另一方面，新创立的殖民地精神病学重新采用军事精神病学的研究成果，并增加了文化主义和种族主义——后两者在热带地区的医学界非常流行。在整个殖民地区，公共医疗开始发展，同时在非洲大陆，殖民地精神病学也崭露头角。[②]安托万·波罗是阿尔及尔学派的创始人，是该学派的重要人物之一。战争使他有机会医治大量的士兵。这些士兵都是"有色"的入伍新兵，在北非的法国军队服役。1918年，波罗发表《穆斯林精神病学笔记》，这份《笔记》直到去殖民地化前期一直是精神病学界的权威著作。在他的笔下，伊斯兰教的意识形态特别容易使人患癔症、提要求、采用欺诈的手段或者装病的方式摆脱一个有教养的人应该承担的责任。1919年，在关于战争精神病学的论述中，波罗重新以这种假设为基础阐释战争精神紊乱症的病因，关于"穆斯林"，他指出"他们的情感生活

[①] 参阅埃弗拉尔（Evrard, 1954）以及何康和阿茹里亚盖拉（Héacan & Ajuriaguerra, 1954）的研究。

[②] 参阅勒内·科林尼奥（René Collignon, 2002）和理查德·凯勒（Richard Keller, 2001）关于法国殖民地精神病学的研究。

第二章　漫长的追查

被降到最低程度，回归到最基本的本能需求的有限循环当中"。这就解释了他们微弱的战斗力和喜欢逃避战斗的倾向。但是，即便在他们无法逃避战争的时候，"面对战争情绪"他们也会表现得无所谓，没有那么焦虑。[①] 这就是战场上土著人的独特面貌。

除了精神创伤的知识史，以及由此展开的国际精神病科医生、心理学家和精神分析家之间精彩的讨论之外，还有司法和殖民地精神健康的日常治疗实践，将科学经典准则与（阶级或种族）偏见混合在一起。这是一个值得注意但少有人知的事情，法国精神病学的部分领域具有自主性，不仅进行着同时性交流（相互交流），而且进行着历时性交流（传承）。一方面，在司法精神病学和军事精神病学之间，具有同样的道德价值和社会评判，导致人们对不符合国家和民族期待的人产生猜疑，使他们失去信誉；另一方面，从军事精神病学到殖民地精神病学，这是时间和空间上的转移，土著士兵只不过是临床治疗出于好奇而检验的对象，或者说是具有异国情调的治疗对象，这种转移增强了对装病者（不同于精神创伤患者）的猜疑，加深了对殖民地人的蔑视。经过这一转移，殖民地精神病学在非洲

[①] 参阅安托万·波罗（Porot, 1918）及其与汉斯纳尔（Porot & Hesnard, 1919）的研究。这些作者认为："在北非面向各个阶级大量征兵入伍，这一切让我们面对真正的土著人群，他们的精神思想和反应离我们那么遥远，从未触及我们的精神关注点，也没有触及我们的社会经济政治最根本的关注点，大多数人对原始人还不甚了解，甚至带有幼稚的态度。"

独立后又回归法国，与司法精神病学相遇。研究对象依然是精神创伤，但具体来说，是灾难神经症；患者依然是工人，但这一次，曾经的殖民地人成为移民。我们在后面会再次讨论法国精神创伤症这段充满讽刺的历史。在此之前，我们需要重新回到"一战"后那段时期，以便更好地了解精神分析法在精神创伤表述（学术表述和外行表述）转变中的作用。

第三章 招供

20世纪60年代中期，情形发生了翻转。要理解这种变化，就要回到20世纪前半叶精神创伤的精神分析法阐释所产生的影响上。从1914—1918年战争初期开始，弗洛伊德就坚信每个人都要为战争付出努力。他尤其反对给前来问诊的神经官能症患者发放豁免证明，而是认为这些病人应该像其他人一样为国家服务，他们的病症不足以说明他们身体上或者精神上失去活动能力，从而可以免除他们的义务。他的次利益理论同样反映了这种思想。这一理论指出，如果疾病在潜意识中体现的利益高于病症引起的不适，疾病就可能无限期地持续下去。次利益理论是基本概念，但与有意识的利益思想，如金钱思想有着根本的区别。一个病人如果不知道自己的疾病能给自己带来什么好处，就会抱怨疾病对其造成困扰。在任何情况下，次利益都不能与病症的重要性等同起来。医生不是不知道病症的影响，因此在治疗当中，应当反对这种试图维持病理学和病原学平衡的不当倾向。在这种情况下，拒绝提供豁免证明，说服神经官能症患者响应军队的号召，才是恰当的治疗措施。

在"一战"期间，弗洛伊德的个人影响甚小，直到1920年他为瓦格纳·冯·姚雷格诉讼案出庭作证才产生一定的影响。起决定性影响的是他的门生，尤其是卡尔·亚伯拉罕（Karl Abraham）、桑多尔·费伦齐（Sándor Ferenczi）、恩斯特·西梅尔（Ernst Simmel）和维克多·托斯克（Victor Tausk）。如今，这四位精神分析家被公认为现代精神创伤理论的真正发明者，而他们每个人都以各自的方式大量汲取了弗洛伊德的思想。[①] 然而，他们的成就并不局限于理论贡献。根据历史研究，他们是最早反对在战争神经官能症患者身上实施粗暴疗法的学者。当然，主张以严厉的方式、采用规劝和威胁并重的精神治疗方法的人认为，从单纯心理疗法取得的结果来看，直流电疗的贡献其实很小。让患者承认自己的弱点和渴望依然是治疗的目标，这可以使他们忘却病症，接受集体价值。但是，几名曾在奥匈帝国军队工作的精神分析家企图改变抑制性治疗方法，采用精神分析法。他们的贡献虽然直到战后才表现出决定性意义，但仍然十分重要。所以，要了解对精神创伤受害者的猜疑问题，我们现在应该回到这段历史及其发展（甚至包括"二战"之后）上来，由此考察这一问题如何在精神分析法的影响下被转移，而不是消失。

[①] 精神分析家奥托·费尼歇尔在关于神经官能症基本理论创伤性神经官能症一节中指出，他们起到决定性作用，尤其是费伦齐的后期贡献更大（Otto Fenichel, 1953）。

第三章 招供

战争精神分析法

在奥地利，精神分析法来自那场关于治疗战争神经官能症患者时采用非人道的粗暴疗法的讨论，并进一步得到加强，提出一种完全集中于精神创伤患者言语的方法。它同时放弃使用战争精神治疗法所宣扬的劝说和恫吓手段，只关注倾听精神病患者的叙述。这种疗法的终结使当今的历史学家犹豫不决——他们希望向少数几位敢于反对医疗暴力的精神分析家致敬——不知道是应该质疑精神分析法，还是简单地将其等同于那个时期的其他治疗方法。① 亚伯拉罕和托斯克多次为逃跑的士兵进行辩护，表现非常突出。他们指出，逃兵的行为从军人的角度来看自然是应该受到谴责的，但这一行为首先是应激障碍的结果。② 他们的主要目的就是以所谓的神经官能症疾病证明，逃兵或者拒绝回到前线的士兵，他们的行为仅仅是由于缺乏责任心。

1916 年 3 月，托斯克在贝尔格莱德第九届医学报告晚会上

---

① 弗里德里克·卢梭在强调战争精神分析法发展的同时补充道："精神分析法的支持者依然很少，也没有产生足够的影响，无法要求人们接受他们的信念和方法。"（Rousseau, 1997, p. 27）约瑟·布鲁讷比较具有批判性，他区别了战争精神分析法和战后精神分析法的观念，指出战后精神分析法放弃了爱国主义模式（Brunner, 2000）。然而，他忽略了猜疑范式依然存在，主导着之后的理论观念和实践。

② 参阅特雷海尔（Trehel, 2006）。

发表了一次演讲，阐释了逃兵的心理学问题。[①] 这次演讲史无前例，同时引起人们激烈的讨论。对逃离战场的士兵执行立即处决，是严格的诉讼案件审理的惯例和最终裁定。托斯克试图了解逃兵的意图，根据背景和个人体质构成提出治疗方法，并提出给予他们最大程度的宽恕。他的态度并不符合军队制度的观点，也不符合部队其他医生的看法。在接受精神病学培训之前，他学习的是法律，因此他完全有资格思考爱国主义理想的价值观：当这种价值观不是用于维护祖国的利益，而是用于控告和处罚同胞的时候，它的意义何在？他同时深入细致地研究了逃兵和战争神经官能症患者，得出如下结论：像某些逃兵一样，战争神经官能症患者并不是懦夫。人们不应该从他们有意识的企图中寻找病因，也不应该从事件中寻找病因，而是应该在他们的无意识当中，也就是在他们不自觉流露出来的东西中寻找病因，因为这些东西比他们的意愿更为有力。因此，人们对他们的起诉是不公平、不合法的，因为这些人无法为他们身上发生的事情负责。严厉的甚至粗暴的治疗方法没有任何理由称之为有效的，这些方法只针对意愿，而后者并不是导致精神障碍的原因。他的基本论据就是用潜意识动机来证明神经官能症患者在法律方面的无辜。从这个角度来说，这是一次具有重要意义的转变，其目的是通过进入意识的最深层，废除军人神经病学镇压式的治疗方法，从而突出潜意识动机，而不应该怀

---

① 参阅维克多·托斯克（Tausk, 1916）。

第三章　招供

疑患者有罪。

然而，精神分析法的模糊性也恰恰体现于此。对潜意识的考察无疑为神经官能症患者——还有精神病科医生——提供了一个最体面的出路。但是，这也只是将猜疑转移到潜意识上，保留了病症在传统精神病学治疗方法中同样的机能。当然，这样一来，就不再是将战争神经官能症患者视为装病者或者懦夫，而是要了解这些人的病情如何使他们逃离战役。另外，即使是精神分析家也认为，潜意识的动机会唤起有意识的动机。其实，他们与那些具有镇压倾向的同行一样，认为事件并不能充分解释战争神经官能症的起因，因为处于同样境况下的大部分战士最后都能安然脱险，心理上没有受到任何损伤：军队的标准要求战士们能够抵御战争的各种状况。即使像维克多·托斯克这样最激进、最大胆、最热衷维护神经官能症病患的医生，其判断也是一样的：这些人是在一种潜意识欲望的促使下逃离战争。还有一些德国精神分析家[1]认为，病人之所以患精神创伤症，并不是由于他们曾经经历的事情，而恰恰是由于他们不想面对的事。

为什么这些人能够在不自知的情况下以疾病为遁词进行逃避？精神分析学认为，对潜意识的深层思想进行考察胜过其他任何方法，可以了解创伤中出现的欲望以及潜意识冲突的本质，但这并不是在质疑精神分析家和精神病学家共同承认的道

---

[1] 参阅约瑟·布鲁讷（Brunner, 2000）。

德原则。卡尔·亚伯拉罕认为，战争神经官能症患者的内精神冲突力量才是阻碍他们赞同战争正义原则的动因。面对为国捐躯和死亡，这些脆弱的人犹豫不前，他们首先受过度膨胀的自恋所控制。亚伯拉罕在第一次关于战争神经官能症精神分析的报告中叙述道：

> 在战争初期，1914年8月12日，有一个士兵受伤了。伤势还未痊愈，他就悄悄离开医务室返回前线。不幸的是他接二连三地受伤。当他再度返回战场的时候，因为一颗手榴弹的爆炸，他被埋在废墟下昏迷了两天。经历这第四次创伤后，他表现出明显的脑震荡后遗症，但没有任何神经官能症的迹象：他既不焦虑，也不忧郁或者表现激动。还有一个士兵在夜间作战时跌落壕沟，尽管没有受伤，却患上最严重的神经官能症，精神能力明显衰退。如何解释这两种不同现象？[①]

答案在于潜意识问题：

> 这些患者的病历——或者更确切地说，对这些患者的深度分析——使我们了解，为什么一个人在身心经历极其残酷的事件之后依然能够完好无损，而另一个人却在精

[①] 参阅卡尔·亚伯拉罕（Abraham, 1918, p. 175）。

第三章 招供

神受到轻微刺激后患上严重的神经官能症。我们常常会发现，在早期的时候，他们就属于易变的体质，尤其在性别特征方面。他们要么不具备完成实践生活任务的能力，要么可能完成但很少采取主动、缺乏未来动力。他们的性活动减少，因为固化使他们的性欲受到抑制，很多人的性能力都很有限。他们在成长期因为自恋而部分固化了自己的性欲，这使他们在对待女人的态度上多少会产生窘迫的状态。他们的社会交际能力和性能力取决于他们对自恋的让步程度。战争使这些人面对着完全不同的状况和极其苛刻的要求，要求他们随时随地无条件地为集体献身，也就是要放弃一切自恋的特权。一个健康的人能够完全抑制自己的自恋，他们喜欢改变生活方式，他们也有能力为集体牺牲。但对于那些容易患神经官能症的人来说就不同了。他们的消极态度像在性冲动中表现的那样，在自我冲动中表现出来，再现了他们的自恋。与性欲迁移能力的退缩一样，他们为集体献身的能力也在退缩。[①]

在关于这一主题的叙述中，战争神经官能症由来已久。激烈的事件暴露了而不是引起战争神经官能症。所以问题在于患者本身而不在于战争。亚伯拉罕演讲的内容与整个社会对精神病患者持有的猜疑谴责态度相近，证明了社会标准对战争精神

---

① 参阅卡尔·亚伯拉罕（Abraham, 1918, p. 176）。

分析家的理论态度起到决定性影响。

他们的判断并非都是如此泾渭分明。桑多尔·费伦齐的态度就不带有过多的谴责性。他认同这样的观念,由战争引起的神经性病症可能持续很长时间,从而妨碍士兵返回前线,这种疾病可能提供一些次利益,比如获得豁免权、战争补贴等。但是,这不一定就是战争神经官能症的病因。与亚伯拉罕的观念不同,他认为自恋的过度膨胀(他发现大部分精神创伤症患者都有这种表现)可以成为某些人积极战斗的动力,也可以成为某些人渴望得到认可和军队声望的缘由。面对一起创伤性事件,这些习惯于高估自己的人体会到自己无所不能的感觉遭到沉重的打击,他们的自恋感深深受到伤害,这就是创伤性症状产生的原因。[①] 同样的因素在亚伯拉罕和费伦齐看来具有不同的构成,对于前者来说,它是病因因素,对于后者来说,它是反应性因素。但是他们在事件是否起决定性作用的问题上意见相同,都持反对意见。两人都认为,创伤性神经官能症不是"一战"时期战士命中注定的遭遇;精神创伤患者的个性起到关键作用,包括个人经历、性格的内在冲突、对爱国主义思想的追求、与集体的关系、对财产的概念、责任感和奉献感等。性格独特的人在面对自己无法承担的基本伦理选择时,精神创伤就是他们的特殊反应。两位学者同意其他精神病科医生关于道德评估的观点,不同的是,他们拒绝指责这些患者。

---

① 参阅桑多尔·费伦齐(Ferenczi, 1918 & 1978)。

第三章 招供

我们不是在表明，战争精神分析家可能向爱国主义理想妥协。1914—1918年战争也许是20世纪历史当中全体欧洲人民普遍拥有的爱国主义理想最强烈的一段时期。如果认为只有精神分析家无视这种情感（另外，这种情感无法阻挡对战争恐怖性的揭露），将是一种幼稚的不合时代性的想法。最为特别的一点恰恰在于，人们的判定直接取决于战争精神分析家的态度。无论是费伦齐和托斯克的和解态度，还是亚伯拉罕的谴责态度，他们都认为战争神经官能症患者不是战争恐怖性的先决证人。他们的疾病不是历史形势造成的结果，而是他们自身习性的结果。而且他们也不是被置于特殊环境的正常人，就像20世纪后半叶的人那样。在治疗这些人的时候，需要采用精神分析法帮助他们解释自己的缺陷，探索他们潜意识中的欲望，在他们的过往经历中寻找目前缺陷的先兆，研究他们的恐惧、怯懦，从而了解为什么他们会与其他战友有所不同。他们应该在不受任何威胁和暴力压迫的情况下承认为什么受到创伤，为什么与他人不同。他们应该能够进行自我调整，与别人一样，接受共同价值，珍惜并遵循这些价值。为了洗脱嫌疑，战争神经官能症患者应该选择这条曲折而漫长的内心忏悔之路。正是在这样的条件下，他们的创伤才能够被认定为个人独特经历的一个意外。

这一漫长的过程原本就属于奥匈帝国军队医疗服务部门早先设立的猜疑机制。当然，这一过程为精神创伤症患者调整了更具人性化的条件，但没有打破军队中强制招供的束缚。因此，猜疑机制不仅促进了战争年代治疗暴行的普遍发展，而且在治疗对象身上展开了另一种规训，这种规训持续的时间更久，要求他们承认内心大大小小的缺点、揭露自私倾向、承认有罪、暴露潜意识中的欲望（这一点在创伤性神经官能症民事鉴定初期就出现了）。这就是神经官能症鉴定的主观化过程。在这一过程中，个体的动机、个人经历以及最后的招认都会系统地导向创伤性事件。这一规训由电疗法和粗暴疗法开启，它在战争精神分析家实施的人道主义化过程中寻求机会，得到进一步发展，拓展了创伤叙事的各种形式，起码包括残酷形式。从此，主动招供成为创伤叙事的一种必要表现。其中，事件只是表现内心思想的一个偶然机会，因为创伤症早已存在，就处在每个病人个人经历的极限边缘上，总之，正是这种初始的（结构性）创伤症反映了事件产生的影响。

获利的疾病

"是时候重新审视我们对创伤性神经官能症和战争神经官能症的看法了。战争结束后，我们的经济状况极度糟糕。这个时候，不应该为了数千名寄生虫而使国家微薄的预算陷入危险境地：在这些人当中，如果好好计算一下，应该能够组建一个伪战争能力丧失症兵团了。我们医生有责任维护群体的利

第三章 招供

益，反对这些盗取利益的人。"这份充满爱国思想的辩护词奔放激扬，似乎是另一个克洛维·梵尚的崛起——他从1916年开始就反对为假装精神受伤的人提供战争补贴——自它发表以来，人们开始对创伤性神经官能症中起主导性作用的社会因素进行细致的剖析和揭露。然而，做这些工作的不是军队精神病科医生：马歇尔·莫罗（Marcel Moreau）是比利时著名的专家，在为企业及保险公司进行法庭辩护方面具有丰富的经验，尤其擅长处理劳动事故受害者经济赔偿问题。因此，他首先揭露工人对社会的不满情绪，认为他们在创伤性神经官能症当中找到了"不用工作就能拿到钱"的方法。他认识到为劳动事故受害者提供赔偿会带来危害，因此他提醒各位专家、法官以及比利时卫生部门，社会上可能形成一种"获利性神经官能症"（névroses lucratives）的不良风气。然而，与法国专家不同，莫罗不反对创伤性神经官能症的分类，并不把神经官能症患者视为装病者，他甚至没有谴责他们有意逃避军人义务，也没有否认他们的痛苦，而是认为他们有权像其他病人一样引起医生和社会的关注，但是这种权利并不意味着必须获得经济赔偿。

问题就在这里。创伤性神经官能症是一种真实的心理疾病，它有时会导致患者能力的丧失，会给患者和患者家属带来痛苦，尤其是患者家属，他们要承受患者的各种抱怨，忍受他们失去工作、失去经济来源甚至游手好闲。但是，直接引发创伤性神经官能症的不是事故本身，而是由此而来的金钱上的补偿，这就是作者所说的"获利性神经官能症"。社会没有为其他精神病患者提供任何经济补偿，而这些患者与其他精神病患者没有任何区别，为什么社会要为这些患者买单呢？事件只不过是一个意外罢了，人们过多地在事件中寻找创伤性神经官能症的错误病因，这并不能证明由国家甚或由保险公司承担责任是合理的。病人不能为发生在他们身上的事情负责，社会也不能，除非这个社会的法律明确规定要对劳动事故做出赔偿。为了证明自己的观点，马歇尔·莫罗根据德国医学文献研究指出，当事故不可补偿或者事故涉及的社会职业群体对经济赔偿没有什么兴趣的时候，就不会出现创伤性神经官能症。比如手工业者、自由职业者、企业主、高级公务员等，他们总是希望从事自己喜欢的职业，而不是满足于国家定期给付的费用。在这些人身上不会出现创伤性神经官能症，因为没有预期的利益，这种病症没有任何出现的理由。

莫罗大量引用埃米尔·克雷佩林[1]的论述，指出在拥有众多创伤性神经官能症患者的国家，这些病症是在劳动事故赔偿法颁布之后才出现的。比如在德国，奥本海姆是在劳动事故法颁布四年后于1889年提出创伤性神经官能症这个术语的。在日本，这种流行病出现得比较晚（1911年出现），确切地说是

---

[1] 德国精神病学家埃米尔·克雷佩林（Emil Kracpelin）终身致力于精神疾病的分类研究，1883—1909年他的《论精神病学》八次印刷，从这部著作中看到克雷佩林研究的发展过程。

在类似法律开始实施的第二年出现的。19世纪末到20世纪初，所有为工人制定类似法律的国家，如法国、瑞士、瑞典、丹麦、意大利甚至澳大利亚，都出现了这样"巧合"的事情。莫罗明确表示，患者不是创伤性神经官能症持续快速发展的唯一责任人：医生往往对患者表现得过于同情；家人会鼓励患者去寻求利益补偿；整个国家对这种狡诈的行为过于宽容，以上各方都对这一现象负有一部分重要责任。他认为，治疗创伤性神经官能症只是医学意愿。他讽刺其他专家的观望主义，尤其是精神分析家的观点，后者努力在心理机制的后期调整中寻找完全康复的迹象。同时，他公开表示，存在"另一种快速彻底治疗神经官能症的方法，就是拒绝为神经官能症患者提供任何补偿"。这是社会解决方法，而不是医学方法。

莫罗的文章应该是在1914—1918年战争期间撰写的，反映了笼罩在精神病学领域的猜疑气氛。但是，这篇文章直到1942年才在《比利时神经病学和精神病学杂志》[①]发表，当时欧洲再一次陷入残酷的战争。与前期的思想不同，新的观念体现了两个重要差异，分别体现在法医学方面和军事精神病学方面。第一个创新是关于创伤性神经官能症的真实性问题。在劳动事故民事鉴定发展的20年当中，司法精神病学在病理学方面早已夯实了它的认知，承认了创伤性神经官能症的临床独立

---

① 参阅莫罗的研究（Moreau, 1942）。

性，将其与装病区别开。它是真正由事故引起的疾病，但事故并不是发病的真正原因。马歇尔·莫罗等态度激进的学者将病因归结于赔偿；态度比较温和的学者则认为创伤性神经官能症与布里绍德提出的灾难神经症相似，与近乎谵妄的信念形式属于同一性质：这种信念是围绕事故损失建立起来的，但没有改变精神病特有的意识。第二个创新是受害者的地位问题。创伤性损害的概念也是来自民事鉴定，用以描述事故受害者的精神状态。当然，事件本身不是精神紊乱的起源，真正的起源是人们所期待的利益。尽管如此，人们证实了他们作为受害者的合法身份，同时为他们提供了赔偿。而这一点正是莫罗在文章中抨击的部分。直到那时，是事件的上源，即受害者前期性格或早期创伤，将受害者的病理与其所经历的事故或悲剧分离开，从而取消了他的受害者合法地位。但从此，是事件的后期阶段，也就是说，是有意识或无意识期望的利益促使了疾病的发作。奇怪的是，这种思想在精神紊乱和事故或悲剧之间建立了一种真实的但非直接的联系。

主动受害者

第二次世界大战期间，军事精神病学领域也同时提出了这些概念。但是，创伤精神分析学概念的影响远没有精神分析法和创伤性精神障碍的传统文献所期望的那么广泛。事实上，对大部分

第三章 招供

法国学者来说，无论是克洛德·巴鲁瓦或路易·克罗齐这样的军医，还是伊丽莎白·卢迪内斯库这样的精神分析法历史学家，1939—1945年战争都标志着精神创伤思想的复苏，因为这种思想在"一战"后受精神分析法的影响早就出现了。我们前面曾提到，人们对第一次世界大战中出现的现象的解读是有失偏颇的；关于第二次世界大战，这种看法依然有误，因为它混淆了两种完全不同的发展轨迹，对战争精神病学提出了极其不符的观念，并延续了很长时间，直到死囚集中营解放多年仍在持续。[①] 因此，不是创伤病因学——正如1920年弗洛伊德提出死亡冲动以来精神分析法所定义的那样——主导着诊断方法和战争神经官能症的预防，也不是它使人们认识到医疗部门正接待越来越多的精神病患者。相反，是在对精神创伤症患者进行治疗的过程中广泛采取的心理治疗模式主导着一切。这种治疗模式建立在精神创伤早期宣泄（即心理分析治疗过程中情感与话语同时泛滥引起的情感压力减少）的基础之上。在这一过程中，人们体会到了精神分析法的影响，包括催眠术和康复技术。

理论与实践之间的差异在英国表现得尤为突出。从战争初期开始，英国的军事部门就开始扩大精神病科医生的活动范

[①] 参阅巴鲁瓦（Barrois, 1988）、克罗齐（Crocq, 1999）和卢迪内斯库（Roudinesco, 1986）。事实上，保持这种所谓的概念连续性的愿望是精神病受害者学的方法，这一方法寻求将其合理性建立在一段连续的历史当中，得到精神健康医疗领域的认可，甚至预想承认受害者的权利。然而人们发现，将知识转移到政治领域时，事情远比人们想象的复杂，所涉及的权力比创伤专家的权力要大得多。

围，邀请精神分析家参与士兵招募，挑选战士，根据专家对应召人员心理机能的评定意见来检测他们是否有能力胜任指挥的工作。因此，甄别和培训军官往往需要几个月的时间，期间由精神分析家在集体环境下对他们进行观察，鉴别他们的性格，用几个小时的时间对他们的人格品性、责任心以及担任领导的威望做出评估，看他们是否适合做未来的指挥官。不过，将精神病学专家纳入这些甄选委员会的过程不是一帆风顺的。[1] 与此同时，战争神经官能症的治疗方法从北美精神分析家的方法中汲取灵感，得以更新。但这依然是边缘化的经验，持续时间不长。从根本上说，追查装病者的工作依然占主导，战争神经官能症患者经过治疗后还是要被遣返回前线。由于被怀疑具有逃避作战的企图，他们无法以战争受害者身份享受待遇。他们患有精神创伤症的真实性是根据个人的脆弱性衡量的。

1945 年 9 月，从伦敦旅行三个月回到法国之后，雅克·拉康根据他认为具有革命性意义的治疗实践，写了一篇颂扬文章，指出这些治疗方法的恰当性得益于弗洛伊德精神分析学的贡献。在这篇充满激情的文章当中，他以同样的激情描写了两位主要先驱人物约翰·里克曼（John Rickmann）和威尔弗里德·比昂（Wilfred Bion）的才华，叙述了选择未来优秀军官的心理学方法，以及诺斯菲尔德医院在心理治疗方面采取的创新

---

[1] 杜凯（Turquet）军医应邀参加《精神病学发展》杂志 1947 年举办的研讨会时也承认了这一点，他讲述了战争期间英国精神病学的状况。这种新方法一经接受，很快就与其他领域发生冲突。

第三章 招供

疗法。拉康用大量篇幅比较了以自我增强为基础的团队实践和英国在精神分析法决定性影响下精神病学的理论性新成果，却忘记指出，军事机构很快就终结了这些治疗实践。[1]另外，威尔弗里德·比昂的传记也表明，他其实常常游离于体制之外，尽管"一战"期间他作为一名老兵有过辉煌的历史，但并未承担什么职务，而且，他也许是唯一没有升职的精神病科医生。在诺斯菲尔德医院的经历对这位英国精神分析家来说是一次失败：仅仅工作了六个星期，他就被调离了岗位，没有任何理由。这种经验直到多年以后，当普通治疗实践必须听取治疗团队意见[2]时，才被其他国家重新采用，包括美国。其实，在战争期间，英国精神病学很容易受这些新事物所影响。

美国军队中存在同样的情况。尽管艾布拉姆·卡丁纳（Abram Kardiner）[3]的研究促使人们对战争创伤应激症进行早期检测，

---

[1] 在1947年的那次会议上，拉康所表现出来的激情一方面说明他对英国战争精神病学治疗实践并不了解，另一方面说明他希望利用这个机会在法国精神病学领域宣传精神分析法。同时我们也发现，在这篇二十多页的文章中，拉康几乎没有讨论战争神经官能症患者的问题，而他却借用了那个时期充满贬义和猜测的词汇。

[2] 参阅布里昂多奴（Bléandonu, 1990）。

[3] 卡丁纳1922年在维也纳跟随弗洛伊德学习精神分析法，后来返回美国，企图将精神分析法的主要原则应用于纽约退伍军人医院精神创伤症患者的治疗。他的研究完全遵循弗洛伊德的思想，关于战争神经官能症的研究带有很深的精神分析法的痕迹，有时他会有意把战争神经官能症患者视为一个独立身份，不同于转移性神经官能症（Kardiner, 1941）。他与里弗斯的关系也很密切，他坚决反对怀疑精神创伤症患者战斗力的观念。第二次世界大战期间，美国精神病学领域接受了这种观念，同时也保留了受伤者早年个人性格所起的决定性作用。

第一部分　从一种真相到另一种真相

并采用精神分析法进行治疗，但对精神创伤症患者的不信任依然是军队医疗部门的主导模式。追查装病者依然是临床医生的主要工作，[①] 除此之外，这些精神受到损害的士兵形象在美国是令人无法容忍的。士兵们怀着英雄主义理想前去解救古老的欧洲，希望带着胜利的光环荣归故里，然而这种英雄主义理想与一张张憔悴的面孔，一段段梦魇般的叙述，每每从噩梦中惊醒都大汗淋漓、惊恐万分的现实完全不符。军方对此早有意识，在要求导演约翰·休斯敦（John Huston）拍摄一部关于治疗战争中受精神创伤的士兵的宣传纪录片之后，军方就禁止这部宣传片商业化，禁演时间长达35年之久。休斯敦1946年拍摄的《上帝说要有光》是反映"二战"期间美国士兵三部曲中的最后一部。按理说，导演在这部电影中没有政治性诉求，也没有考虑要严格遵从军方对他提出的要求，他只是遵从自己在前两部纪录片中为自己定下的保持客观性的原则来进行拍摄。三个多月的时间里，他拍摄了在长岛一家军人医院（即纽约马松医院）住院的老兵的日常生活。在他们身上，人们看到了美国国防部所要求的勇气和献身精神。但同时人们也看到，有些人完全被毁了，他们也有恐惧、羞耻和泪水，有军方的蔑视，有

---

① 柯尔·艾斯勒在他关于姚雷格诉讼案的著作中明确肯定了这一点（Kurt Eissler, 1992）。在附录中，他转移了话题，试图说明在1939—1945年战争期间，装病现象实际上比军队精神病科医生所认为的要少，应当把装病视为创伤性神经官能症的一种形式。但最好是强调美国军队这种怀疑风气。

第三章 招供

精神病科医生的傲慢和无情，以及他们所采用的治疗方法的残暴。一个值得注意的事实是，这部电影在 1981 年戛纳电影节全球正式公演前放映时，观众的感受以及评论都是相对的，这部电影没有满足公众的期待，他们期待能够从中找到某些东西，揭露那个时期军方和医生的具体做法。[①] 实际上，这部纪录片展现了人们已经知晓的事情：战争不仅让将士们献出了自己的生命，而且也摧毁了幸存者的生活，他们永远无法摆脱悲惨经历给他们留下的心理伤疤。

　　历史的解释与今天的解释是有差异的，这种差异让我们看到人们对战争和受害者看法的转变。在 1946 年的时候，士兵们的精神痛苦无法表达战争的恐怖，这些可怜的伤员不是他们那个时代最具代表性的特殊证人。他们的痛苦不会令人想起英雄主义；只不过证明存在一条界限，超出了这个界限，人会深陷于某种痛苦的疯癫。他们的梦魇尚不构成集体记忆残余的痕迹，从而劝说世人，即使用尽这个世界的所有力量，也决不允许再发生类似的事情。在 1946 年，因战争导致精神错乱的士兵的痛苦只是战争事实一个苍白的反映，必须予以掩饰。其目的并不是掩饰恐怖（恐怖是众所周知的，而且很多其他方式都

[①] 在约翰·休斯敦和美国导演协会的强烈要求下，美国副总统沃尔特·蒙代尔要求公开上映这部电影。但首次公映之后，著名电影评论家安德鲁·萨利斯在《村声》报上指出这部电影缺乏新意，流于平素，只是一部简单的宣传精神分析法胜利的影片。

已揭示了这一点），而是这种痛苦，一些人、一些更为脆弱的人的这种痛苦，对战争本身来说没有任何意义；它仅仅揭示了少数个体不懂得也没有能力对抗战争的脆弱心理。这些受伤的战士不是受害者，他们不像其他受害者那样，人们会因为他们的勇气和牺牲而予以赞扬。

另外，从法律上或行政上承认他们的身份也是一个问题，尤其关于他们应当获得的经济赔偿问题。卡丁纳在这个问题上的态度非常有代表性。当他以名誉为担保，维护精神创伤官能症症候学统一性时，当他谴责是赔偿引起精神创伤官能症这一观念时，当他支持并维护精神创伤症患者的利益，为那些具有人道主义精神、能够鼓舞人心、经过护士母亲般的照料达到治疗效果的治疗方法进行辩护时，他坚决反对经济赔偿："根据我们对创伤性神经官能症的了解，我们提出以下问题：是否应该对他们进行经济赔偿？回答是否定的。在这种情况下应该怎么办？自然是要治疗。"卡丁纳认为，战争神经官能症不应开启获得赔偿的权利，首先应该对患者进行早期治疗。只有少数任何治疗对其都不起效的患者才能享有功能丧失症应得的津贴。他还指出，过早给战争受害者拨发补偿金会阻碍临床治疗的进展，患者会遁匿在次利益的保护下拒绝好转。与整个美国社会的看法一致，精神分析家也认为，战争精神创伤症患者并未取得他们受害者的身份。

第三章　招供

幸存者的问题

另一个历史性的相交将颠覆整个社会的感受，完全改写精神创伤的经验，精神分析法在其中发挥了创伤性神经官能症（无论是军人还是平民）无法起到的关键作用。从20世纪20年代起，精神分析法的阐述逐渐发展起来，能够独立地对创伤性神经官能症的普通患者进行治疗。精神分析法与军事精神病学经过简短但富有成效的合作之后，遇到纳粹集中营和灭绝营的幸存者，[1]他们的经历对其阐释产生决定性影响。在此之前，精神分析法一直缓慢地介入公共领域，逐渐发展，在此之后却突然拥有大量的患者。这是历史上第一次有可能用言语、概念、表象来表达那些看似绝对难以描述的人类经历，包括那些人们难以想象的经历，那些有意毁灭人类身上的人性特征、对无数个体进行大批的有计划的消灭的经历。

在经历这样的体验之后，人身上还剩下什么？创伤性神经官能症无法回答这个问题。实际上，没有一个主导病因与幸存者的经历有关——直到那时，为了解释创伤性神经官能症的发展和慢性化过程，人们承认创伤性神经官能症与个体性格特征的前病原体以及有利于病症持续发展的环境有关。装病、怯

---

[1] 参阅马尔库斯和维恩曼（Marcus & Wineman, 1985）。

第一部分　从一种真相到另一种真相

懦、自私、不顾集体价值而只顾自我保护、过度自恋、次利益、劳动阶级的利益以及其他创伤性神经官能症伤痕的概念，都无法应用到那些穿着横条病号服、目光呆滞地走出地狱的人身上。应该寻求另一种解释。

从1943年起，布鲁诺·贝特尔海姆（Bruno Bettlheim）试图寻找这一问题的答案。[①] 贝特尔海姆出生于奥地利，1938—1939年曾先后被关押在达豪和布痕瓦尔德集中营，直到"二战"初期才被释放，移民到美国，开始从事心理学研究，并成为芝加哥计划生育诊所主任，主治孤独症。他根据自己在集中营里的经历完成了好几篇论文，汇集成一部名为《幸存》的著作，于1952年出版。但他主要还是致力于研究以集中营囚犯的封闭症为模版的孤独症概念。他早期的论文主要阐述被关押者的心理影响，以及为了存活下来而进行的精神调整。他受英国精神分析家梅兰妮·克莱因（Melanie Klein）研究的启发，提出一种以发展性变化结果为基础的阐释，重点强调被关押者早先就存在的心理素质问题。贝特尔海姆没有在灭绝集中营生活的经历，他所描写的集中营囚犯的世界尽管极其恐怖，但与普里莫·莱维（Primo Levi）以及罗贝尔·昂泰尔姆（Robert

---

[①] 参阅《极端环境下的个体与群体行为》（Individual and Mass Behavior in Extreme Situations），载于《变态与社会心理学杂志》（*Journal of Abnormal and Social Psychology*, 1943, n° 38, p. 417-452），同时参阅贝特尔海姆（Bettelheim, 1979）。

第三章 招供

Antelme）所描写的、后来被其他精神分析家引用的世界[1]无法相提并论。但不管怎样，他的思想直到20世纪60年代依然在临床治疗中占主导地位，尤其得到罗伯特·利夫顿（Robert Lifton）和马蒂·霍洛维茨（Mardi Horowitz）两位著名精神病学家的支持，并创立了一个新的临床疾病实体，名为"幸存者综合征"，代替创伤性神经官能症，用以描述普通受害者的症状表现。[2]在这个历史发展过程中，历史学家的研究往往忽略了在重新发现创伤性精神障碍的历史当中起决定性作用的两种表现。这两种表现勾勒出精神创伤概念的两条发展轨迹——首先是社会轨迹，其次是临床治疗轨迹——预构了三十多年之后在整个西方社会普遍施用的治疗方法。

第一个表现是由创伤性经历向无法描述的见证过渡。[3]当精神创伤符合一个主观的个体经历时，它便开启了面向人类普遍表现的道路，成为一个特殊知识场域，包括关于主体本身及

---

[1] 这是贝特尔海姆在后来的一篇文章《大屠杀一代之后》（L'holocauste une génération plus tard）中自己承认的（Bettelheim, 1979），同时参阅莱维（Levi, 1958）和昂泰尔姆（Antelme, 1957）的研究。

[2] 罗伯特·利夫顿是在战后作为精神病科医生加入美国军队。他还在日本服过役，治疗广岛的幸存者。他采用了贝特尔海姆的一些概念，尤其对引起症状情感反应的环境影响感兴趣（Lifton, 1968）。我们早已指出，罗伯特·利夫顿和马蒂·霍洛维茨根据参加越南战争的退伍军人的经历，指出创伤性神经官能症会转变为创伤后应激障碍症，他们的研究起到关键作用。利夫顿的著作《从战争归来》（Home from the War, 1973）成为越南战争心理学经典文献。同时参阅霍洛维茨的研究（Horowitz, 1974）。

[3] 关于无法描述的见证这一概念，参阅本斯拉玛（Benslama, 2001）和李森特曼（Rechtman, 2005）。

其局限性的知识，关于他者未能经受住考验的知识，关于整个人类及人类社会的知识。这似乎恰好是精神分析法能够利用和决定的认知。这将为精神分析法以及哲学、社会学、社会心理学甚至小说提供大量有关创伤和记忆的素材。[①]随着这一发展变化，集中营被关押者的经历成为人们了解人类在极端条件下会变成什么样子的优先范例，为心理记忆提供了具体素材。这种记忆在集体意识中残留下来的表现，提醒人类避免再次陷入那种恐怖的境地。在这里，幸存（survivance）指的是已不在人世的人身上发生的事情所留下的痕迹。战争神经官能症反映了战争从心理上摧毁了士兵，幸存者精神创伤症则不同，它证明在超出一个极限后，受害者的整个社会生活将遭到毁灭。幸存者的精神毁灭是所有死去的人物理消失的必然结果。然而，一些人的幸存之所以见证了另一些人的消失，也是因为心理创伤是这种无法接受的记忆的基本构成，幸存者是这一记忆的守护者。

第二个表现涉及精神病学。创伤经历及其所产生的社会记忆的集体功能重组，与人们在治疗种族大屠杀幸存者时所料想的结果没有任何关联。早在战争结束时，精神病学就在两种观

[①] 这些文章包括对集中营被关押者经历的叙述，还有对精神创伤理论的批评分析。关于理论的批评分析，人们喜欢将精神分析法的阐释当作辨读事实的工具，如卡鲁斯（Cathy Caruth, 1996）、赖斯（Ruth Leys, 2000）、利科（Paul Ricoeur, 2000）、罗宾（Régine Robin, 2003）。除了艾伦·扬（Allan Young, 1995）和伊恩·哈金（Ian Hacking, 1995）的研究，以上这些研究都没有将精神分析法当作一个范式来建立。

第三章 招供

念之间摇摆不定：一种观念否认幸存者存在心理问题（他们之所以能够幸存下来是因为他们足够强大①）；另一种观念认为幸存者缺乏对迫害、梦魇、焦虑和忧郁的感觉，这是心理病症的表现。②关于幸免于难的人所经历的痛苦，贝特尔海姆的贡献在于细致地区分了幸存者与逝者之间的差异，尤其颠覆了以往创伤性神经官能症学对于这个问题的一贯看法。问题不在于弄清楚这些具有精神障碍表现的人是谁，而在于知道他们如何能够在不可能的条件下幸存下来。为此，贝特尔海姆考察了所有可能在屠杀过程中受到损毁的心理因素，研究一些心理过程如何能够经受摧毁，而另外一些也许在心理构造当中最基本的成分何以崩溃并最终导致主体的死亡。他没有否定事件背景会产生决定性影响，但这种影响是与由某种经历引发的精神内冲动（mouvements intrapsychiques）放在一起考虑的。正是两者的结合决定了集中营囚犯的命运。因此，并非像人们所指责的那样，贝特尔海姆没有说死去的人都是些脆弱的人。他只是试图弄清楚，在如此极端的条件下，有些人为什么能够活下来，应该拥有怎样的心理和道德素质才能够躲避死亡。③幸存者的形

---

① 1948年弗雷德曼在美国精神病学会大会上向华盛顿提交了一份关于种族大屠杀幸存者的报告，他反对幸存者具有高于其他人的精神心理素质的观念，认为这是对"死在集中营里成千上万名死难者名誉的诋毁"（Krell, 1984）。

② 根据克莱尔的说法："经历过集中营生活还能保持神志正常的人是不正常的。"（Krell, 1984）

③ 贝特尔海姆这种建立在幸存者道德观念基础上的理论定位往往受人指责，尤其是米歇尔·波拉克（Michael Pollak, 1990）。

115

象相对于创伤性神经官能症患者来说，一定是有所改变，但仍然是面目模糊的囚犯形象。贝特尔海姆的临床治疗方法侧重于区分幸存者的状况与假设其没有生存下来的状况，因而没有完全将两者形象分离开，其实是从理论上提出前者的命运与后者的命运紧密相连。[①] 即使在治疗当中，幸存者也会目睹其他人的死亡。

"幸存者有罪"的概念第一次出现在贝特尔海姆年轻时写的文章中。这一概念直接源于这样一种观念，即被关押者的生死首先取决于他的生存意愿，为了生存有时甚至会不顾一切。罗伯特·利夫顿和马蒂·霍洛维茨后来引用了这一概念，将这一症状视为幸存者综合征的主要因素，并赋予其理论基础。然而，他们也像贝特尔海姆一样，认为幸存者的行为举止，甚至是他们在关押期间对其他不幸的同伴产生的想法，都不能合理证明幸存者有罪。对幸免于难的人的指责没有任何根据，然而，这些指责就在那里，一直萦绕在人们心头，具有毁灭性，反映了人们对其幸存原因抱有的怀疑。不是治疗医生怀疑幸存者负有某种责任，而是受害者本人怀疑自己的幸免于难要归于某种不光彩的甚至暧昧不清的事情，毕竟其他人在同样的形势下都已经死了。临床医生认为，幸存者有罪这个问题并不是一种合理的自责，它是一种临床表现，一种病理学症状，一种几

[①] 关于治疗方法当中亡者和幸存者相似性的评论，参阅李森特曼的研究（Rechtman, 2006）。

乎可以说是永远不会得到事实证明的谵妄性观念，但正因为如此，它也永远不会平复。幸存者将永远被这种猜疑所束缚，他会永远在他的记忆中，在他的内心深处（即使是最短暂最疯狂的想法）寻找这种罪责的真正根源，期望结束这种不断困扰他的疑虑和猜疑。只要他还不清楚他为什么活着，他就会一直猜疑下去，因为在死亡之境没有公道。甚至在那些有幸活下来的人眼中，生命会显得不公平。因此，幸存者有罪成为创伤性痛苦的基本症状，它一方面是心理治疗法的首要治疗对象，另一方面是临床医生集中关注研究的诊断标记，在没有出现这种症状时，医生甚至会怀疑创伤的真实性。

这是精神创伤和受害者心理素质之间建立起来的新关系，在这种关系当中，人们对症状的关注仿佛是前期那种猜疑态度的延续。受害者背负着这种猜疑，疑虑是从他自己嘴里说出来的。但同时也是在治疗的促动下，当他自己主动招认时，这种猜疑才能找到解决办法，从而调和受害者的内心体验和道德观念，就像曾经的战争神经官能症患者那样，力求通过神经官能症突破毁灭性的谜团。但是，在猜疑发生最后变化的同时，幸存者的临床治疗也与创伤性记忆的社会轨迹产生交叉，通过幸存者有罪这一假设，很好地证明了受害者形象与重要证人形象的重新组合。幸存者通过自身的出席，成为其他人被灭绝的唯一证人。他以有罪的方式在自己的苦难中记录了其他因为缺席而无法作证的人的记忆。

种族大屠杀中的幸存者正是以这样的双重身份（幸存者和精神创伤症患者），见证了死亡集中营里人类身上所发生的一切。即使吉奥乔·阿甘本（Giorgio Agamben）[①]认为，唯一真正的证人就是那些已经过世的人，因为有了他们，人类的毁灭过程才完整地结束，但是重要证人的缺席恰恰指定幸存者有时必须站在他们的位置上，通常需要他们以他们的名义，但始终是为了他们的记忆去作证。这与战争的经历完全不同，因为在那样的经历中，受创伤的士兵的证词是人们不想听的，他们的病情是可疑的。集中营幸存者的出现使人逐渐接受了精神创伤（不仅仅是精神创伤症患者）的证词，它说出了人类境况的最终真相。正是根据这一点，我们才能够思考受害者境况的普遍化问题。

[①] 参阅吉奥乔·阿甘本（Agamben, 1999）。

第四章 终结猜疑

1980年，美国精神医学学会出版了《精神疾病诊断与统计手册（第三版）》[1]，这是精神疾病分类法的第三版手册，当中列举了一种新的临床疾病——创伤后应激障碍（Posttraumatic stress disorder，缩写为PTSD[2]）。美国精神医学学会关于这个问题早已讨论了多年，最终经过协商，对这一定义及其解释形成了折中意见，甚至对这个命名也是再三犹豫才得出这样一个综合性结果。鉴定这一病症的标准十分明确，一方面，患者需要经历一场能够在大多数人身上引发明显悲痛症状的应激性事件；另一方面，患者的症状虽然各不相同，但均属于以下三种类型：持续不断的回忆，如白日梦、经常性的噩梦、痛苦的闪回等；回避可能唤起与原来场景相关的一切情形，同时伴有可

---

[1] 参阅美国精神医学学会《精神疾病诊断与统计手册（第三版）》(*Diagnostic and Statistical Manual of Mental Disorders*, DSM-III, 3ᵉ édition, Washington, APA Press, 1980)。

[2] 在法国没有固定创伤后应激障碍症的法文命名，大部分法国学者采用PTSD这个缩略词指代这一病症。

能对社会交往行为产生重要影响的情感倾向；面对惊吓会产生过度警觉、夸张的反应。这些状况要持续至少六个月才能被归并到疾病类别当中。虽然PTSD的症候特征描述与创伤性神经官能症的传统描述没有任何区别，只是术语更加精炼、稳定，但这是第一个最具新颖性的标准。实际上，这一概念明确指出，任何一个正常人在遭遇一场重大创伤性事件时都可能产生上述机体紊乱。相对于创伤性神经官能症，这是一个全面的转变。人们不再需要追查脆弱不稳定的个性，患者症状就是对事件正常的（从统计学意义来说）反应；也不再需要探究早期的创伤，事件（本身）足以引起机体紊乱。人们不再怀疑精神创伤患者的真实性，从理论上讲，他是可信的；也不再考虑次利益的问题，诊断为得到公平的补偿提供了合理依据。从此，精神创伤的新时代开始了。

至少，人们通常是这样讲述PTSD的历史的。新的疾病分类学开启了精神创伤的第二个时期，即现代时期。我们并不否认美国精神病学家、美国精神医学学会及其对疾病分类的重要作用，但是我们认为，从某种角度来说，精神创伤的医学史无论是在初始阶段还是在后期阶段，都充分反映了它的社会史：在初始阶段，在疾病分类的框架中考虑新的疾病实体完全是精神病医疗领域之外的活动者调动起来的；而在后期阶段，在最近二十多年里，疾病类别归属之所以获得成功，是源自精神病学领域以外的思想逻辑，远远超出了医学专家的领域。我们现在要研究的正是这两部历史的铰接关系。两种现象——一个是性，另一个是军事——在 PTSD 的产生中起主导作用。他们的活动者分别是美国的女权主义者和参加越南战争的老兵。两者都努力通过对精神创伤的重新认识充分利用某些权利。但是他们不断斗争、与精神病专业人士结盟的意义和目的截然不同。

首先是妇女和儿童

20 世纪 60 年代初，在被欢欣乐观和繁荣昌盛笼罩的美国，中产阶级逐渐享受到经济增长带来的好处。美国家庭的理想模式成为这种新乌托邦式幸福的首要目标，妇女地位变得十分重要。私家住宅、私家车、电器、商业中心和电视不仅是经济奇迹的工具，也是社会成功的标志。妇女获得了新的地位，电视广告的宣传大大提升了她们的社会价值。她们终于从徒劳无益的家务中解放出来，技术的进步使电器几乎可以自主承担妇女的家务工作。妇女终于可以自由地、安静地并且全身心投入地完成胜利的美国交付给她们的任务：保障新一代的成长，成为"可爱的妻子和称职的母亲"。技术革命为妇女打开了一个所谓的新时代。关于这一革命，贝蒂·弗里丹（Betty Friedan）并没有称颂它的巨大进步，而是将其变成一种强有力的解构工具：从 1963 年开始，它就成为刚刚兴起的女性主义运动的重要宣言。① 她所有抨击的对象就是"家庭主妇-全职妈妈",后者所谓的幸福只是一种表面现象,目的是加强对她的束缚。经济奇迹没有使妇女从中获益,反而将其禁锢在一个毫无合理性的角色当中。

当这些早期女性主义文章出现时,弗洛伊德在其中扮演的角色就非常模糊,文章对他既有尊重又有揭露。尊重是因为女性主义者在精神分析法孕育的解放运动当中找到了方向:她们从中获取作为个体渴望实现自我的合理性,也希望从强迫她们屈服于社会期待的道德偏见中解放出来。揭露是因为作为社会活动者,她们关注社会中妇女的命运,因此她们的观念会更加苛刻:一方面,弗洛伊德的女性特征理论建立在女人对阴茎的渴望使其变成不完整的男人的基础上,从而在两性当中建立了一个等级;另一方面,性在精神分析法思想当中的地位限制了女性的角色,使她们无法像男性那样很好地从自由主义运动中脱身。这完全是类别问题,确切地说是性别问题。弗洛伊德为母亲指定的位置还引起第三个层面的讨论,因为这个位置反过来加强了母亲的角色,在这一角色当中,假如她偏离了这一位置,社会倾向于对她加以束缚和谴责。但是,对弗洛伊德理论最具决定性的抨击不是来自女性主义者,而是来自与女性运动有着共同目标的儿童权利保护者。在他们的批判当中,创伤成

---

① 她在著作《女性的奥秘》(1963)中深刻批判了现代女性的境况。

为讨论的核心议题。

虽然针对儿童的暴力一直存在，但我们今天所说的"虐待儿童"问题直到 20 世纪 60 年代初才成为美国首要关注的政治问题。[1] 也正是在"反贫困斗争"的运动中，从前那些慈善组织（创始于维多利亚时代，此后并不活跃）才开始扩大活动范围，反对"对儿童实行暴力"。这些组织获得民众的大力支持，在政治上达成普遍共识，由于当时存在大量对儿童施暴事件，他们针对的目标主要是引起这一问题的社会经济原因，甚至包括心理因素，但他们忽略了还存在家庭内部性暴力的问题。与在所有工业发达的国家一样，反对虐待儿童运动促使人们制定一些新的公共政策。这些政策有权审查家庭私生活，规定孩子与成年人一样拥有一定的权利。这场运动既有社会关怀也有道德关怀，旨在促进贫困家庭的经济发展，同时帮助母亲提升她们的作用，维持她们的角色。他们按照酗酒者互戒协会的模式成立了父母互助协会，在协会中，"施虐父母"将重新学习家庭价值、母亲的牺牲精神以及作为妻子的忠诚精神。维护这些价值具有自然主义观点，虐行视为人类行为的一种"生物"畸形。1977 年在《儿童虐待与忽视》杂志（第一份完全致力于虐待儿童问题的科学杂志）第一期社论中，主编开宗明义：

---

[1] 柏巴拉·纳尔逊重新回顾了这段历史（Berbara Nelson, 1984）。同时可以参阅伊恩·哈金的研究（Ian Hacking, 1995 & 1998），关于法国的发展，参阅乔治·维加雷罗的论述（Georges Vigarello, 2005）。

第一部分　从一种真相到另一种真相

> 所有生物组织在确保自己的生存之后，其首要任务就是自身繁殖、照顾后代、保证物种的延续。在虐待儿童的事实当中，我们发现这种基本的生物现象发生了严重的畸变。[①]

这远不是繁殖自然化的女性主义批判。但是，当家庭标准、宗教价值、男性统治、女性主导的母亲角色、对美国先辈价值的尊重、对滥交行为的沉默不语，这一切看起来都在反对女性进步主义的时候，女性进步主义者在保护受虐儿童的运动中找到了意想不到的共同点，从而争取到新的听众：这一次是通过精神创伤证明了其共同目标的合理性。

第一个完成这项综合性工作的是弗洛伦斯·拉什（Florence Rush），一名投身女性运动的社会助工。1971年4月17日，她在纽约面对数百名来参加激进女权主义运动关于强奸罪会议的妇女做了一次演讲，揭露了儿童性侵问题。她根据自己与遭性侵女童接触的工作经验，强有力地证明对儿童的虐待往往是性虐待，预示了女性在社会中的命运。她认为，反对这种被刻意忽略的现象虽然不是女权主义者的首要任务，但也是斗争任务之一。她强烈谴责公共权力以及精神病学对此类现象的沉默态度，因此，她也是第一个站起来反对精神分析法观念的人。她认为，妇女在事件发生二三十年后揭发自

[①] 参阅斯蒂尔（Steele, 1977）。

第四章　终结猜疑

己的亲属，包括她们的父亲或者所谓亲切和蔼的叔叔对她们的性侵行为，反映的不是俄狄浦斯期幻觉的高潮，后者混淆了她们本不应该经历的和她们希望经历的。受过性侵的女童表现出的心理后遗症，她们的梦魇、焦虑、面对男人时的惊恐，都是证明她们所经历之事的症状。既然今天我们能够在某些孩子的忧伤悲痛中看到他们所遭受的暴力的确凿证据，为什么我们不能在那些女性身上找到类似的精神病迹象，证明她们确实经历过人们不愿承认的遭遇呢？[①] 弗洛伦斯·拉什的演讲为女性的斗争打开了新的思路：在揭露对女童实施性暴力行为的同时，她建议研究妇女遭遇的类似的虐待行为。贝蒂·弗里丹曾经批判美国模式并取得成功，儿童的性侵问题使这些批判话语延伸得更广，它成为男性统治的标志，代表着父权令人无法接受的权威，甚至体现了性创伤的特征。性在当时还没有表现出后来在第二代女权主义者身上体现的合理性诉求。[②] 从好的方面说，它只是单纯地诱导女性放弃原本的成就，尤其是职业方面的成就；从坏的方面说，男性（在媒体－政治领域中的机构交替）最后与精神分析专家之间形成了一个庞大的默契协议，导致了性堕落、滥交、暴力，总之给人留下了

[①] 参阅弗洛伦斯·拉什：《儿童性虐待：女权主义观点》（The Sexual Abuse of Children: A Feminist Point of View），这是她在纽约激进女权主义研讨会上的讲稿（1971年4月），后收录在她的著作中（Rush, 1980）。

[②] 人们离女权运动主义还很远，根据这一思想，性就如艾里克·法桑所说，是"解放的动力，妇女统治的工具"（Éric Fassin, 2005, p. 11）。

深刻的性创伤表现。

因此，鉴于女性过去所经历的创伤，鉴于她们儿时所遭遇的所有虐行，鉴于对此她们必须承受的沉默，以及施暴者获得的令人无法接受的纵容，女权主义者要求获取补偿的权利。在弗洛伦斯·拉什的讲座之后，她们将自己描述成"乱伦的幸存者"。实际上，她们是从那个时期发展起来的精神病学和精神分析法理论中汲取经验，参照创伤记忆的概念，将自己的经历与种族大屠杀幸存者的经历进行了对比。创伤性经历与无法表述的证据之间的滑动（glissement）——几年前由精神分析法引入的概念——为她们提供了新的观点，肯定了至少在某些方面，女性性侵受害者所经历的痛苦与纳粹集中营幸存者所承受的痛苦可以相提并论。她们与后者一样，也要面对众多的否认：首先是性暴力的实施者、证人，其次还包括受害者本人的否认，因为她们往往无法讲述，也无法让人倾听她们所经历的那些恐怖的事情。但是，根据精神分析法关于创伤记忆的理论思想，受害者的沉默可以被解释成某种罕见暴力所造成的难以言表的现象的辅助证明。受害者的否认成为面对人类无法忍受的事件时的一种无力表现，成为创伤性精神病的最终辩词。施暴者自认可以利用受害者的沉默免于惩罚，而一旦发现受害者有性暴力心理后遗症，这种无法言述就成为反对施暴者的证据。

在这里，人们针对的是弗洛伊德理论本身。实际上，在精

第四章 终结猜疑

神分析法起主导作用的时候，临床治疗实践（是以弗洛伊德理论为依据，而不是依据精神创伤和记忆的新概念）还没有承认儿童的性创伤症。女权主义的批评揭露了幻觉理论，同时也证明弗洛伊德了解他的患者所遭受的虐待行为的数量和规模。对此，他在早期关于癔症理论的著作中就已做过明确论述，认为这些成年女性所受的痛苦与乱伦行为具有直接关联。他为什么在世纪之交的时候改变主意了呢？他为什么要收回自己的意见并提出幻觉理论呢？他最忠实的弟子兼朋友桑多尔·费伦齐一直相信性诱惑理论，为什么弗洛伊德要予以反对呢？根据弗洛伦斯·拉什的说法，那是因为他不想正视事实。所以，幻觉理论只是为编织这个庞大的默契协议而发明的，是对乱伦和性虐待保持的一种缄默，弗洛伊德是第一个看到真相的人，却只能随波逐流。几年之后，杰弗里·马森（Jeffrey Masson）出版了那部引起人们公愤的著作，[①] 书中的观念与拉什的假设不谋而合。马森指出，当弗洛伊德掌握癔症创伤性病因的有力证据时，却与当时的社会妥协，因而犯了亵渎罪，掩盖了事实的真

[①] 杰弗里·马森是柯尔·艾斯勒的朋友和学生，是接受过培训的精神分析家。柯尔·艾斯勒主持纽约弗洛伊德档案的整理工作，而马森很早就对弗洛伊德的信件感兴趣。艾斯勒这位良师益友为他提供了很多便利，他可以自由查阅未公开发表的档案，尤其是给威廉·弗里斯的信件。这些信件安娜·弗洛伊德没有在《精神分析学的诞生》（1979）这一合集中发表。马森相信这些没有发表的信件之间一定存在某种关联，他不同意精神分析学院的观念，指出弗洛伊德应该是在维也纳小资产阶级的压力下故意放弃性诱惑理论：这就是他在著作《对真理的攻击》（1984）中的观点。

相。^①这本书是第一部全面反对弗洛伊德和精神分析法的著作。精神病学家和精神分析家对性侵事实真相的隐瞒成为受虐儿童保护者讨论的主题，证实了早期精神病学家（从爱斯基罗尔［Esquirol］到弗洛伊德）之间存在一种连续的缄默协议。^②但是，这次讨论也表现出重新发现创伤性精神障碍的另一方面，它预示了同时期美国精神病学领域发生的决定性变化，这是历史文献研究没有认识到的问题。

尽管女权主义者将批评指向精神分析法的创始人，她们依然从精神分析法中寻求支持，构建暴力行为的真相。在这一点上，她们遵循受虐儿童保护者的道路，根据临床医生的实践提出自己的观点。第一个怀疑儿童遭受过虐待行为的是放射科医生，他们可以看到任何医学原理都无法解释的多处骨折痕迹留下的图像；^③然后是儿科医生，他们在发现情况后向司法机关报警，出示临床治疗的有力证据，与嫌疑人员对质。^④美国女权

---

① 实际上，马森在论证当中没有提供任何令人信服的证据。在阅读这些信件的时候，人们看到弗洛伊德的犹豫不决，也理解他在幻觉理论中找到的理论意义远大于他否认此事所带来的意义。同时可以参阅里克罗夫特（Charles Rycroft, 1984）在《纽约书评》（*The New York Review of Books*）发表的文章。文章整理了他的所有著作，强调了这一矛盾性。马森在该期刊1984年8月16日的期号中做了回应。

② 参阅奥拉弗森、科温和萨米特的研究（Olafson, Corwin & Summit, 1993）。

③ 在关于虐待问题的文献中，人们往往会引用这篇早期的文章（Kempe *et al.*, 1962）。

④ 这些医生在1977年成立了国际防止虐待与忽视儿童协会，同时创办了同名期刊。

第四章 终结猜疑

主义者认为，医学同样需要为儿童性侵行为提供证据。她们期待医生能够为所有受侵害的妇女作证，成为这些因精神创伤而保持沉默的女性的代言人，期待他们能够像儿童医生那样，站在公共舞台上，揭露性侵所造成的无法磨灭的影响。但是，如何找寻暴力发生很久之后留下的迹象？在这一点上，人们迫切需要精神分析法发挥它的作用。

精神分析法（即使不依靠幻觉理论）认为，一名女性在儿时遭受过虐待，她身上所表现出来的创伤性症状并不能确定受虐与痛苦之间的一一对应关系，更不能作为具有法律效力的证据。检验创伤叙述的真伪，揭示个人秘密和幻觉，被假设具有潜在的乱伦欲望（即使不是与受害者形成的一种默契，构成性侵的起因），这些都是女性必须遵循的规则，目的是能够表达自己在过去和现在所经受的痛苦。这些治疗机制是依照主动招供的模式建立的，延续了1914—1918年战争期间的精神分析法。在这些机制当中，排除猜疑需要一个漫长的过程，经过这个过程之后，依然无法保证最终确认痛苦的外在成因。然而，女权主义者需要的恰恰是这一过程。重要的不是寻求怜悯性治疗（已经有很多人负责照顾这些遭遇不幸的妇女），也不是废除精神病学制度，就像那个时期抗议精神病学的言论[1]一样。女权主义者需要的是有声望的临床医生发声，因为他们的话是不容置疑的。要让人们倾听女性事业，就需要精神病学家走出他们的专业论坛，在公共领域

---

[1] 参阅卡斯泰尔（Castel, 1980）。

证明痛苦的真实性，证明性侵这一事实。

临床医生可以证明这些妇女遭受的痛苦，但是他们的方法与治疗受虐儿童的儿科医生的方法不同，无法检举罪人，更不能凭借无可辩驳的证据与他们对质。在这种情况下，女权主义运动的愿望与精神分析家的反应存在偏差。一方面，精神分析法有利于人们承认长期潜在的精神创伤症，使美国女权运动者在幸存者的创伤记忆观念当中认清自己；但另一方面，这些幸存者反过来反对精神分析法，指责它无法公开提供特殊情况下创伤事件真实发生的证据。在第二次世界大战之后，有关精神分析法的讨论引起集体创伤话语与创伤症患者特殊治疗之间的间断，女权主义运动对弗洛伊德幻觉理论的批评应该被重新放回到这个不连续性当中加以考察。一方面是集体创伤的普遍性观念，它在集体创伤记忆与基本事件之间建立了道德联系；另一方面，个体临床经验希望将这一事件纳入每个患者的独有经历，反过来质疑事件的意义。精神创伤这两条社会轨迹之间的差异不断扩大，说明一种集体愿望正在崛起，希望将精神创伤症患者的临床治疗转变成创伤政治。

对事件的认可

精神病学的另一个思潮为女权主义者提供了期待已久的证据。这一思潮尽管没有那么重要，但规模非常可观，超出了美

第四章 终结猜疑

国的范围。纽约的一位精神病学家罗伯特·斯皮泽尔（Robert Spitzer）起初接受了赖希精神分析法训练，提出为精神病学提供更加科学的依据，使其符合美国社会的新追求，他的思想体现了这一历史时期的要求：一边是寻求学术合理性的临床技术，另一边是寻求政治认可的社会运动，这两股潮流不期而遇，巩固了创伤性事件的命运，使其成为创伤性精神障碍的绝对病因。

事实上，自 20 世纪 70 年代初，美国精神病学就开始全面进行理论性和机构性的内部重组。在反精神病学思潮的抵制下，它遭受双重负面形象的影响。[1] 在医学领域，它被指责缺乏内在的科学性，其诊断和理论假设均受到了质疑。人们认为精神病学的诊断既不可靠也不具效力：不可靠，即在临床实践中无法复制，不能从一个临床治疗应用到另一个临床治疗；不具效力，即相对于诊断所描述病症的实际情况，具有不确定性，因而对于很多医生来说，精神病学诊断依然留有道德判断、成见以及陈旧理论的大量模糊迹象。而舆论从中看到社会统治工具的影子，并利用这一工具对美国社会不知如何处理的不受欢迎的疯子进行任意分类。[2] 正是为了反对这一印象，美

---

[1] 参阅柯克和卡辛的研究（Kirl & Kutchins, 1998）。

[2] 心理学家社会学家罗森汉（David Rosenhan, 1973）的经历引起了一场争论：精神健康领域的专家们出现在精神病院，声称他们听到了呼声，让人把他们关入精神病院，当然他们的状态没有引起治疗医生的怀疑。关于这场讨论在美国精神医学发展中的影响的评论，参阅李森特曼的研究（Rechtman, 2000）。

国精神医学学会开始着手更新精神障碍症的分类,[1]不仅修改了大部分诊断分类的病因名称和假设,而且从根本上颠覆了精神病学社会行动的所有观念。

在罗伯特·斯皮泽尔的引导下,新的分类于1974年正式实施。精神病学领域最优秀的专家组成一个临床医生小组,重新审查每一项诊断类别。除了增强判断的可靠性和诊断的有效性,主要任务还在于清除以前未经科学证实的传统精神病学假设。[2]这一决定具有去理论化要求,意味着采取一种纯粹的描述性方法。《精神疾病诊断与统计手册(第三版)》于1980年出版,它借用大量的广告宣传,在不到十年的时间里,成为现代精神病学新的权威性参考手册。在精神病学历史当中,新的命名、新的假设及其反映的新思想第一次符合使用者的需求和期望,产生了共鸣。25年之后,经过三次改版,[3]人们的热情渐

---

[1] 美国精神医学学会已经制定了两版精神病分类法,命名都是一样的:1952年的DSM-I和1968年的DSM-II。这两本手册受精神分析理论的影响,没有满足精神健康专业领域的期待,而更多的是为了满足保险公司的需求,后者希望精神病诊断能够提供更加可靠的证明,纳入它们提供的担保。这一点对理解后来第三版(DSM-III)的成功非常重要。实际上,在所有私人保险制度当中,保险公司应该在合同中列举所有担保的和非担保的损害。没有正式的分类,患者就无法获取保险金。人们经常会看到精神疾病分类与私人保险公司之间相互勾结的现象,而对这一现象的揭露没有考虑美国社会保障制度的特殊性。无论我们对《精神疾病诊断与统计手册(第三版)》持怎样的保留态度,有一件事至少是确定的:相对于以前来说,它为美国的精神疾病患者提供了更好的社会保障。

[2] 参阅巴拉特的研究(Balat, 2000)。除了对其分类和统治权的批评外,应该承认这些批评依然仅限于精神健康的医学领域,同时,这股新精神病学思想的影响在美国公共舆论中不断扩大(Rechtman, 2002, 2003)。

[3] 指的是DSM-III-R(1987)、DSM-IV(1994)和DSM-IV-TR(2004)。

第四章 终结猜疑

渐消退。在以彻底的科学革命为名占领世界之后，精神疾病分类法的不同版本再次成为普通的分类手册，不再具有进行彻底改革的可能性。一些重大发展，如诊断的可靠性和有效性在今天得到重新评估。手册第四版编委主席艾伦·弗朗西斯（Allen Frances）最近承认说，在日常实践中，临床医生的做法没有发生根本性改变。即便是罗伯特·斯皮泽尔也没有隐藏自己的失望，他承认，在精神病学成为一门真正的科学性学科之前，还有很多问题需要解决[①]……但是，虽然手册第三版没有带来人们期待的认知上的变革，20世纪80年代以来精神病学的社会变革依然是美国发起的这场运动的主要影响之一。人们给予精神创伤的位置，对受害者身份的承认，也许是那场运动最鲜明的表现。

精神病学与女权主义运动的追求不期而遇，这是一个很好的机会，证明它能够适应民众尤其是受社会秩序压迫阶层的诉求。1973年，罗伯特·斯皮泽尔在经过美国精神医学学会全体大会投票表决后，排除了同性恋诊断分类，取得了决定性胜利。经过多年的讨论、内部斗争、分裂的威胁和外部压力，美国终于成为第一个对同性恋"去病理学"解释的国家。[②] 正是

[①] 参阅2005年1月《纽约客》杂志发表的精神疾病分类法第三版和第四版方案主要编写者的访谈（Spiegel, 2005）。
[②] 2002年，世界精神病学学会向全体成员国的精神病学学术团体发起一次新的动员，要求他们从术语当中取消同性恋诊断，因为后者与精神疾病不同。

由于对精神分析法保守主义的这一有力打击，[①] 罗伯特·斯皮泽尔取得了主持编撰《精神疾病诊断与统计手册（第三版）》的工作，尽管这份工作在当时还不是人人觊觎的位子。自斯皮泽尔接手以来，工作组的目标逐渐明确：记录精神病学分类和方法的科学性标准，同时不依据任何道德评判，重新描述精神疾病。

另外，对以前创伤性神经官能症的梳理奠定了改革的基础，放弃了猜疑态度，希望从女权主义者那里恢复同性恋活动者所取得的胜利。在创伤后应激障碍（PTSD）这一新的命名下，创伤性精神障碍工作组成员很快达成一致意见，同意删除神经官能症这一术语。然而，从其他分类（尤其是忧郁症和焦虑症）中删除这一术语的计划遭到少有的强烈反对，人们甚至提出要重新审查《精神疾病诊断与统计手册（第三版）》更新的全部过程。大家一致同意，为了明确规定精神创伤的应激反应，需要放弃神经官能症的命名。[②] 这一行为具有根本性意义，体现了一项前所未有的政治决定，因为精神障碍这一新分类法的缔造者在删除神经官能症这个术语的同时，也删掉了近一个世纪以来对受害者的怀疑。临床症候依然是以前创伤性神

---

① 取消同性恋诊断被视为针对精神分析学保守主义的逐步胜利，对《精神疾病诊断与统计手册（第三版）》的推动者来说，这是表明他们与以往精神病学惯例决裂的机会（Bayer & Spitzer, 1982; Bayer, 1987）。关于当代精神病学群体的影响的讨论，参阅李森特曼的研究（Rechtman, 1999）。

② 关于这场讨论，参阅贝耶尔和斯皮泽尔的研究（Ronald Bayer & Robert Spitzer, 1985）。

第四章 终结猜疑

经官能症的症候，但是发生了根本性的改变，即创伤性事件的作用成为病因的必要充分条件。放弃神经症的范式意味着结束了创伤性情感研究，结束了追查真相、欺诈或装病的研究。创伤性精神障碍工作组成员一致同意把事件看作唯一病因，从而在这一点迎合了受害者权利维护者的期待。[①] 精神内冲动，脆弱的个性与其无法克服的事件之间的结合，这些再也不能解决创伤症的问题；相反，是一起特殊事件动摇了神经正常的抵抗能力。人们不再需要探究心灵深层的东西，不再需要从人的性格或主体的经历中寻找触发神经官能症的因素，事件就是病症的唯一诱因。从此，对受害者的怀疑消失了。相较于以往的理论，这是一次巨大的颠覆：病理学的解答成为（甚至在1980年提出的定义中）对异常状况的一种正常解释，这在历史上是第一次。[②] 远离创伤叙述，远离个人经历，忽略个体以前的性格特征，精神创伤就这样成为一个正常人在无缘无故遭遇异常事件后的唯一表征。

这一解释完全符合维护受害者利益人士的期待，因而很快

[①] 关于女权主义运动的诉求，自然是同时制定"多重人格障碍"的诊断方法，可以在政治舞台上强调女性遭受性虐待后的创伤症（Hacking, 1995; Mulhern, 1991, 1998）。然而，如果不事先重建创伤性官能症，尤其如果不事先宣布PTSD起因中事件的绝对责任，这种诊断方法将永远无法实施。

[②] 在1980年出版的《精神疾病诊断与统计手册（第三版）》最终版本中，对PTSD是这样定义的："在经历心理创伤事件，一般是异常事件之后产生的典型症状。症状包括：重现创伤性事件；反应衰退或减少与外界接触；自主神经功能紊乱；烦躁或认知混乱症。"（APA, 1983, p. 256）

135

被视为一项重要进步，现在只需要诊断典型的症状，同时寻找前期发生的异常事件，就可以确认可归罪性。一个世纪以来，创伤性神经官能症的民事和军事鉴定过程中所有的猜疑性实践在这个新的定义面前瞬间崩溃，不过，这一定义并未取得任何经验性认证。[1] 经历过越南战争的老兵可以从这种颠覆性解释中获取信息，以获得经济赔偿，为要求停止战争而努力。

最后的证人

实际上，制定《精神疾病诊断与统计手册（第三版）》疾病新分类法的创伤性精神障碍工作组成员当中，有多位精神病学家十分关注"越战老兵"的问题。当然，这一主题的提出也很自然，因为当时只有在军事精神病学家当中才能找到创伤性精神障碍领域最优秀的专家。而且，有些人已经积极采取行动，协助老兵的重新安置工作，同时表明了他们的反战态度。[2] 所有人都希望扩大 PTSD 的解释范畴，将某些非正式综合征的临床表征纳入其中，比如越战战后综合征（Post Vietnam syndrome），这种非正式综合征是无权享有补偿的。这一点非

---

[1] 当 PTSD 工作组决定把创伤性事件看作唯一病因的时候，没有任何流行病方面的经验数据可用。

[2] 这些人包括罗伯特·利夫顿和马蒂·霍洛维茨，他们都参与了幸存者症候的界定，此外还有利夫顿的同事谦姆·夏坦（Chaim Shatan），以及一名海军老兵杰克·斯密斯（Jack Smith），后者回国后就加入了越南老兵反战协会。关于这个小组的具体构成，参阅艾伦·扬（Allan Young, 2002）。

第四章　终结猜疑

常重要：一方面，退伍军人管理局不赞同这种扩大性解释，认为这有可能造成一笔巨大的开支，需要为所有经历过"非正常事件"的老兵提供经济赔偿；另一方面，活动积极分子可能从中获取双重利益，不仅能够得到经济赔偿，而且可以获得"战争受害者"的社会身份，这要比幸存士兵的身份更具吸引力。

这场讨论艰难而持久，推迟了将PTSD概念纳入正式疾病分类的时间。[①]表面上看，新的理论框架本应对与越南战争相关的精神障碍问题有利，使其很快被纳入分类体系。实际上，PTSD的症候与以前战争神经官能症的症状类似，人们往往容易搞错。我们还记得，以前的战争神经官能症是以创伤后神经官能症为模式，从而描述经历了第一次世界大战后出现的病症反应。另外，关于创伤性事件的新定义避免了对士兵的指控，将他们的心理障碍认定为对异常状况的一种正常反应。自第二次世界大战以来，事情发生了很大变化，人们很容易想象这些年轻的入伍士兵所表现出来的慌乱、恐惧、焦虑及创伤症，但并不因此对他们失去信任。自从揭露了对犹太人进行种族灭绝的恐怖事件以来，人们开始同情那些不为人知的痛苦经历，而精神创伤在美国社会的道德结构中发挥的作用为此提供了合理

---

① 为了祝贺《精神疾病诊断与统计手册（第三版）》在1980年的出版，罗伯特·斯皮泽尔接受了美国精神医学学会官方期刊之一《医院和精神病学界》（*Hospital and Community Psychiatry*）的采访，在访谈中他重提PTSD的重大改变（Spitzer, 1980）。他很欣慰能够为这个复杂的概念提供一种新的理论框架，同时承认，将越战老兵的状况纳入这一病类是最为困难的时刻，或许也是最具争议的话题。

依据。战争创伤症患者不再是装病的战士，不再是勇敢的战友的道德衬托，战争越来越不受人欢迎，不再制造英雄。残酷的战争、无数的死者、家人的担忧，还有媒体的大量报道，让战争每天都出现在美国人的日常生活当中，仿佛战争就发生在他们眼前，在他们家门口，出现在他们的意识当中。精神创伤——每个人都明白，至少有部分人同意这样的观点——不再等同于怯懦或者装病的表现。在那场人人行走在地狱边缘的战争中，已经没有猜疑的位置了。

然而，将越战老兵表现出来的症状纳入 PTSD 表现症候依然会导致一个重要问题，这个问题不仅对疾病新分类法的编写者，也对整个美国社会造成困扰，那就是：如何看待犯有战争罪的士兵的痛苦？在几年之前，也就是 1969 年 11 月，美国发现他们的士兵参与了一场大规模杀戮。1968 年 3 月 16 日早上，越南一个叫美莱的小村落的四百多居民（包括妇女、儿童和老人）遭到美国一个连队的灭绝屠杀。越南美莱村大屠杀引起人们的震惊，因为在公众的意识当中，这本是一场"正义的战争"。[①] 在受害者名单中没有这个连队任何一个士兵的名字。美国士兵用一种难以解释的残暴行径屠杀了所有村民。这场屠杀引起人们的公愤，招致一场大规模调查，其中当然包括针对

[①] 军方虽然知晓这起屠杀事件，但秘而不宣压了一年多，最后是一名叫塞莫尔·赫西（Seymour Hersh）的自由记者在 1969 年 11 月 20 日《生活》杂志上揭露了此事。同一个星期，《泰晤士报》和《新闻周刊》相继做了报道，后来 CBS 电视也播报了此事。

第四章 终结猜疑

指挥层的责任调查，也包括针对参与屠杀的士兵的人格做的调查。这些人到底是嗜血的恶魔还是普通人，竟能在这种特殊情况下犯下如此卑鄙无耻的罪行？即便战争有可能导致如此残暴的行为，追究这些士兵及其上级的刑事罪责也无法解决所有问题。[1]这些犯下如此罪行的冷血之人到底是什么样的人？

在排除了这些人事前就有精神障碍，甚至事发时有病症表现这一假设之后，精神病学家和心理学家承认，人在极端条件下，如暴力成为家常便饭，对死亡的恐惧如杯弓蛇影，看到战友的尸首往往肢体分离、惨不忍睹时，会产生某种不可抑制的谋杀冲动。与世人隔绝的孤独感使他们只考虑自己，只考虑少数几个战友，保证他们能够活下来，而不再考虑善恶的界限。罗伯特·利夫顿曾说，这些人对在他们身上发生的一切不能负完全责任。确切地说，是战争，尤其是在越南热带丛林中，周围是看不到的敌人，这种战争环境使这些人变成了他们本不应该成为的样子。[2]利夫顿认为，正常的行为来自个体对环境的适应能力。但是，在越南战争那种特殊背景下，适应艰难的生存环境有时会强迫人进行重大调整，这颠覆了普通人生活的道

---

[1] 卡利中尉领导并执行了美莱村的屠杀任务，他认罪后被判无期徒刑，后来尼克松总统给予特赦。有关诉讼陈述的基本内容依然可以在网络上查询。人们还发现在那个时期有一项令人吃惊的调查，民众对卡利中尉表现出强烈的同情心，对判决并不赞同，可参阅：www.law.umkc.edu/faculty/projects/ftrials/mylai/mylai.html。

[2] 罗伯特·利夫顿使用"引起暴行情形"（atrocity-producing situation）这一表述来描述促使士兵犯下不可理喻的罪行的环境（Robert Lifton, 1973）。

德价值。战士们是彼此不可分离的战友，这种友谊是缔造在强大的价值基础之上的，他们甚至会为了让对方活下去而毫不犹豫地牺牲自己；但是面对敌人（或假想敌人）时，他们会做出极其粗暴的行为，完全忘记他们实际上面对的也是人。[1] 为了证明自己的观点，罗伯特·利夫顿提到唯一一名拒绝参与屠杀的士兵。在1968年3月16日的前一天，这个士兵就有所退缩，他没法加入队伍的活动，并表现出区别于其他战友的心理不适症状。在利夫顿看来，谋杀当天他的这种反应是"不正常"的，即使在今天看来这是"对"的。另外，人们根本无法知晓他拒绝的真正原因是什么。是出于伦理道德方面的先见之明，还是病理学方面的某些因素阻止他加入队伍的集体行动？无论是什么原因，对于其他战士，专家的结论是一致的：他们是被置于异常情况下的普通人。

那么，是否应该对这些士兵进行惩罚？精神病学家认为，也许应该惩罚，因为即使这些人是在内在动力的驱使下做出这样的行为，证明需要医学治疗，但他们对自己所做的事并不是没有意识的。他们也是越南战争的受害者，他们的记忆里依然保留着野蛮暴行的每个细节，会在噩梦中再次浮现于脑海。有时，即便是在醒着的时候，他们也会感觉到死亡的味道，听到

---

[1] 在卡利中尉的陈述当中，他的辩护理由是他从来没有觉得自己在杀人；他仅仅是在"做这一天的工作"，执行他接到的命令："消灭所有怀有越南南方民族解放阵线思想的人"。

敌人的脚步声，闻到血腥味和火药味，重温恐怖的感觉，仿佛这一切依然在发生。因此这些人应该被认定为战争的受害者，他们被自己的所见所为摧残得四分五裂，因战争中的经历而变成一个精神受创伤的人。但他们也深受幸存者负罪感的影响。利夫顿几年前描述了在纳粹屠杀中幸存的犹太人和广岛原子弹事件幸存者的心理后遗症，提出一个极度扭曲的概念，他认为这些士兵（曾经目睹那么多的战友死在自己面前）在精神上也会充满同样的负罪感，就像犹太人和日本幸存者一样，有着幸存的负罪感。群体中一个人的死亡扭曲了整体不可摧毁的错觉，会在幸存者头脑中唤起一个可怕的问题："为什么死的是他而不是我？"这种突然间产生的剧烈反应会赋予活着毫无意义的想法某种瞬间意义，同时重建团队凝聚力，找回自我存在的意义，排除负罪感。[①] 这些人既是受害者也是幸存者，他们见证了战争最恐怖的一面。

PTSD 工作组成员积极维护老兵的利益，参加反对越南战争的协会运动，他们希望将这些暴力行径实施者的创伤性病症纳入新的疾病分类。其实，这些有过谋杀行为的士兵所表现出来的病症与 PTSD 的病症一样：他们经历的事件肯定是不寻常的，这些事件即便不是他们亲身遭遇的，也是构成病症的起因。幸存者的负罪感即使没有深入受害者的记忆当中，也证明了他们遭受的创伤。从严格的精神病学意义来说，没有任何东

[①] 参阅罗伯特·利夫顿（Robert Lifton, 1973, p. 46）。

西能够将这些精神创伤症患者与其他被诊断为 PTSD 受害者区分开。[①] 将越战老兵的心理后遗症纳入 PTSD 分类，其意义在于弄清楚我们是否能够将残暴行为的实施者和受害者归于同一临床病学分类。实际上就是弄清楚，是否要将精神病学研究局限于 PTSD 典型的临床表现。从严格的医学角度来看，犯下如此残暴罪行的人是否应该被视为普通的精神创伤症患者，接受同样的 PTSD 诊断，免受对其行为的一切谴责？或者是否应该在医疗方法当中引入道德判断，即使受害者和实施者的病症表现相似，但仍需对他们的疾病分类加以区分？

其实，对这些问题的回答比人们想象的要简单。无论是对好战主义者还是对和平主义者来说，将残暴行径的实施者与战争的受害者等同起来都具有一定的政治利益。一方面，越战老兵反战协会的活动者为停战积极抗争，他们急需向世人证明这场战争的残酷性，尤其是证明美国军方犯下的暴行，但同时他们还有一个最根本的目的，就是不要让战士们自己承担责任：根据罗伯特·利夫顿"引起暴行情形"的概念，患精神创伤症的士兵形象恰恰可以揭露这场战争的性质，而不直接归罪于士兵；另一方面，对于军方来说，自从美莱事件发生后，他们再也无法掩盖自己犯下的罪行，士兵的精神创伤症正好为

[①] 纽约一位 PTSD 专家在 2000 年巴黎举行的一次研讨会上指出："对医生而言，当一名患者折断了一条腿，诊断不会根据背景情形（他的腿是因为他踢了别人一脚还是被人踹了一脚而断的）来进行。腿断了就是断了，没有原因，无论折断的原因是好是坏、有理没理。"

减轻人们的一部分厌恶感提供了确凿的便利说词，证明这些人是因为他们自己的行为而被摧毁的。无论对哪个阵营的人来说，艾伦·扬提出的"内隐创伤犯罪者"（self-traumatized perpetrator）[1]，也即因为自己的野蛮行为而遭受创伤的侵略者，他们构成一个基本形象，即便在政治上存在不同意见，但仍有可能在美国处理战败后事务的过程中巩固他们的地位，因为美莱大屠杀不是一起个例。随着临床医生不断收治患创伤症的老兵，人们逐渐知晓美国军队对越南军队以及平民犯下的罪行众多，细节也越来越可怕：在这些老兵当中，有些人直接或间接地参与了酷刑拷问或就地处决的行为，有些人承认在实施强奸和截肢时会产生一种快感。这些老兵从战场上归来后，表现出以前未曾有过的精神病症状，恰恰是他们应该从 PTSD 疾病分类中得到好处，因为他们是在服兵役过程中由于自己的行为患上精神创伤症的。[2]《精神疾病诊断与统计手册（第三版）》领导小组成员接受了工作组的建议，将所有相关士兵在临床中表现出来的症状，无论其缘由如何，都列入 PTSD 症状特征的范畴。对精神紊乱的描述不需要区分任何有关暴力行为的道德层面的意义，无论是有意识地犯下的罪行还是为了获得快感犯下

---

[1] 参阅艾伦·扬（Allan Yourng, 2000）。另外作者还指出，在可能引发 PTSD 的七类事件当中，只有一种分类是患者遭受到了暴行，而另外六类（根据感受到的可怕程度和快感程度）都是精神创伤症患者自己实施了暴行（Allan Yourng, 1995, p.125）。

[2] 参阅 S. B. 勒温伯格（Levenberg, 1983）。

的罪行，从此都可以归为 PTSD 的病因。精神创伤这一新的概念放弃探究潜意识的深层原因，因而也放弃了在错综复杂的意识当中进行进一步研究。

罪犯的人性

将暴行实施者纳入疾病分类，这在美国当代历史中不是一个简单的偶然事件。艾伦·扬在暴行实施者和受害者的相似性中思考有关越战老兵的政治（和经济）管理的典型模式。当然，我们同意他的分析，但是我们不同意他将这种模式简化成纯粹的形势现象的观点，也即认为一旦有利的社会条件消失，相应的专业分类术语也应当被撤销。我们认为，这种行为具有更广泛更长久的深意。由于越战老兵的回归，产生了一个"生态龛"（niche écologique）①，而承认自我创伤侵略者的身份不仅是这突然出现的"生态龛"的产物，而且也基本符合社会创伤记忆，这种记忆带有个人的恐惧表现，与受害者形象相混淆。事实上，如果考察一下创伤的理论模式和社会实践的双重脉络，就会发现，为符合美国形势而将受害者和侵略者连结起来，这标志着人类学的断裂。自 1914—1918 年战争以来，这是临床范式与社会实践第一次（但截然相反）相交，但两者相

---

① 这是艾伦·扬借用哈金（Hacking, 1998）的表达方式来阐述过渡性精神疾病的产生（和死亡）。

互强化，使精神创伤成为不能容忍的事情的一种新型道德结构的普遍话语。

关于临床范式，要结束猜疑就必须强调异常事件独一无二的特性，从而更好地观察受害者的一般性格。关于社会实践，将暴行的实施者与受害者结合起来，可以更好地巩固精神创伤是不争事实这一观念。从此，精神创伤表现孕育着——与一切个体叙事无关，也与一切道德评价无关——临床可以证实的伦理层面的真相，即精神创伤就是无法忍受的事实的证明。有一点人们不要搞错了：精神病学并非为这些人辩护，证明他们的无辜，它仅仅指出暴行实施者身上仅存的一点人性，这是通过他们的精神创伤表现出来的。因为他们为此而痛苦——即使他们没有任何内疚之意——所以他们依然具有人性，只是他们的残忍似乎泯灭了他们身上这点人性。当然，不能因为几个精神病学家认定说，美国军队的残暴行径的负责人是这场战争的受害者，就抹去他们的罪行。另外，媒体也没有错，在随后的几年中，他们继续以丑化的方式描绘这些人，将其称为"儿童杀手"（baby killers），这种侮辱性的称呼直到今天，[1]依然撩拨着越南战争的拥护者和反对者之间的

---

[1] 海湾第二次战争开始的时候，反对美国干涉的人士重新拾起这条标语。约翰·克里本人也曾是越南战场上的老兵，后来加入了越南老兵反战协会。在总统竞选期间，越战老兵曾在反对约翰·克里协会上抨击约翰·克里，谴责他曾使用"儿童杀手"这个词攻击美国士兵。参阅：www.vietnamveteransagainstjohnkerry.com。

对抗。

在电影和文学作品中，人们同样对这些残忍至极的人反复加以描绘。迈克尔·西米诺（Michael Cimino）的《地狱之旅》（1978）、弗朗西斯·福特·科波拉（Francis Ford Coppola）的《现代启示录》（1979）、特德·科特切夫（Ted Kotcheff）的《第一滴血》（1982）、巴瑞·莱文森（Barry Levinson）的《早安越南》（1987）、奥利弗·斯通（Oliver Stone）的《生于七月四日》（1989），都提到这些人的痛苦，但没有为他们的罪行开脱。[①] 菲利普·罗斯（Philip Roth）在《人性的污点》中展现了一名患PTSD的老兵典型的超现实主义形象。这名老兵在日常生活中变成了一个杀手，他甚至仅仅因为美国内地一家小中餐馆服务生的眼睛有蒙古褶，而残暴地将其杀死，目的就是摆脱萦绕他的噩梦。但是，我们不应对此产生误解。即使法律宽恕了这些犯战争罪的老兵，疾病的新分类法也没有为他们的罪行开脱：这种分类法对他们的行为没有做过多解释，没有做过多评论，只是说可以宽恕他们的行为。

对于"这些犯下如此卑鄙罪行的人到底是什么样的人？"这个问题，北美的精神病学给出了两种解答。一方面它可以让

[①] 2001年9月11日之后，美国电影反映越南战争残酷性的倾向发生了改变。兰道尔·华莱士的电影《我们曾是战士》（2002）歌颂了越南战场上的老兵。电影上映时正赶上阿富汗战争初期，于是立即被媒体当作一种标志性转折加以报道。《华尔街报》的专栏记者以《我们曾是战士，不是儿童杀手》为标题，发文章表示祝贺：www.opinionjournal.com/columnists/bminiter/?id=105001721。

第四章 终结猜疑

美国面对在越南战场上的失败。是惩罚这些犯罪的士兵，还是国家自认有罪？面对这种难以抉择的情况，美国从精神病学家和解式的建议中得到了满意的答案：这是一些被置于特殊境况的普通人，在对他们进行审判和裁决之前，应该对他们进行治疗。诉诸精神创伤，尤其是 PTSD 的概念解释，也即采用与受害者相同的诊断类别，这提供了一种协调解决的方法。它使所有老兵，甚至包括暴行的实施者也能享有要求补偿的权利。另外，在暴行的实施者重返社会生活时，可以借助精神创伤赋予他们怀疑利益（bénéfice du doute）特权：既然他们对自己的行为留有模糊的创伤性记忆，就证明他们身上还存有少许人性。而且，诉诸精神创伤也导致暴力在社会意义上产生根本错位。精神创伤虽然回避了对特殊行为的评判，却揭示了普通事件所具有的难以容忍的特性。当然，从临床实践来看，遭受罪行和犯下罪行在同一个 PTSD 诊断下是相同的，但是精神创伤显示，能够在一个健全的个体精神中留下痕迹，一定是发生了足够恐怖的事情。因此，在区分正常／异常、普通／特殊、可接受／不可接受的同时，精神创伤就已经界定了一个新的正常领域。换句话说，20 世纪 80 年代北美精神病学重新建立的创伤症一方面摆脱了临床治疗的道德判断（因为它拒绝区分罪犯和受害者），另一方面可以说明特殊审判以外的伦理真相（因为它想要重新认定难以容忍之处）。从道德到伦理，这自然颠覆了对暴力的看法。我们也将看到，正如在疾病分类的一般实践当中一样，无论是在精神病学家还是心理学家的活动中，人们将不断进行道德评价，以肯定伦理的不可触犯性。

*

自从人们希望对欧洲灭绝犹太人的行为进行心理和历史分析以来，精神创伤的概念就在人类心理学历史中获得了前所未有的社会价值。人们恰恰是在创伤的痕迹当中发现了犹太人大屠杀幸存者身上表现出来的人类异乎寻常的恒心，也恰恰是在创伤的痛苦中记载着集体记忆，保证未来的发展。这种永恒的精神痕迹说明，遗忘永远不会磨灭对难以容忍的事物的记忆。但是这种痕迹的意义依然与幸存者的精神素质，与他们的无辜和弱点具有密切联系，并且与压在他们身上的统治关系以及他们激起的情感同化都有关系。记忆概念与临床实践相交叉，使精神创伤成为揭示人性基本真相的场所，而这一真相，不需要根据受害者的道德水平加以评判。此时人们已经远离第一次世界大战时期的主导观念，即认为战争中受伤害的士兵，他们的症状反映了他们的怯懦或伪善；同时也与第二次世界大战的理论保持距离，那些理论力求了解战争中士兵的痛苦，从而掩饰并进一步接受他们的缺陷。

从此，精神创伤被视为在非正常环境下的一种正常反应，争取到了前所未有的听众，可以公开展示在人们面前。无论有没有 PTSD，无论有没有《精神疾病诊断与统计手册（第三版）》的依据，这种新的话语都在扩张发展，争取到新的信息

第四章 终结猜疑

载体，激励那些尚不自知的受害者加深自我认识。各种协会除了创办新的专业期刊，[1]同时开展了其他举措，例如在互联网上发布大量相关信息，普及最新的创伤症科学概念，积极维护遭受各种形式（家庭的、政治的或其他形式）暴力的受害者的利益，同时通过PTSD诊断尽可能从精神病学角度承认他们经受的精神痛苦。[2]从20世纪80年代中叶开始，面向大众的著作大量涌现。临床医生、治疗师以及曾经的受害者纷纷讲述他们的经验、创伤性痛苦，他们不再保持沉默，而正是PTSD让他们打破了沉寂。在这一点上，让受害者自由叙说是这些方法共同的也是最基本的要素；尤其是肯定病理学反应的正常特征，这才是邀请他人了解精神创伤的基础。

因此，一个人可以在不自知的情况下受到精神创伤。相对于以前关于精神创伤症的概念，这是定性方面的重大飞跃。受

---

[1] 当然，老兵管理局发行了自己的通报《PTSD研究季刊》（*PTSD Research Quarterly*），这份通报后来成为它的机关报，专门收集美国关于创伤性精神障碍的研究。但是，1983年建立的创伤应激障碍研究学会，后来成立的创伤应激障碍研究国际学会及其创办的期刊《创伤应激杂志》（*Journal of Traumatic Stress*），为PTSD在世界舞台的发展以及国际传播和能见度做出了更为巨大的贡献。

[2] 英国一个老兵网站的首页上有这样一条公告："我怎么知道我患了PTSD？（随后有一系列简单问题：）您在职业生涯中服过兵役吗？您是受害者吗？您是否有以下一个或多个症状？您是否做噩梦？从那段时期起您是否酗酒或者吸毒？您是否感到忧郁或者孤独？您是否因为无法面对自己的境况而有过自杀的念头？面对警报您是否更容易激动？您有睡眠问题吗？您对生活不满吗？您是否觉得您是唯一受到这样折磨的人，甚至会发疯？请记住：创伤后应激障碍（PTSD）是对深刻毁灭性可怕经历的一种正常的情感反应，是对异常状况的一种正常反应。"（www.ptsd.org.uk）

害者不仅不再需要证明他们受到创伤的事实，而恰恰应当寻找这些不自知的受害者，向他们提供帮助，帮助他们获得应有的权利。这一变化为庞大的检测制度打开了发展的大门，从而能够动员广大群众，引导患者寻找最有资历的专家。这项制度既反映了创伤后应激障碍新的社会视野，也成为这一能见度的产物和工具。大量的网站、相关期刊、专业就诊中心以及不断涌现的新学科（精神病受害者学、人道主义精神病学、流亡精神创伤学）都显示出创伤精神病学的飞速发展。然而，有助于拓展精神痛苦应用领域，将其视为正常状态异变的，主要还是创伤概念在社会中取得的成功。长期以来，人们一直隐瞒精神创伤。现在，精神创伤成为公共健康一个真正的问题，而且与社会学关于文明的预言不同，与历史终结的预言式宣告不同，各种暴力在全球各地频繁显现，创伤已经成为一种全球性问题。

精神创伤症的发展似乎表明人们普遍同意这个令人鼓舞的观念，即人性中存在某种东西，能够抵制一切形式的精神摧残。正因为如此，人们要求对所遭受的损害予以赔偿，提出证据，反对各种形式的压迫，向法庭提供受虐待的证据。也就是说，存在一种话语，它建构了一种分析语法和一套行动术语，而在对这种话语形成一致意见的背后，依然存在差异和争执。精神创伤就这样被确立为一个原则，根据这个原则人们表达自己的愤慨，证明自己的合理性，在同一运动中使其他道德或者政治姿态失去信誉。实际上，并不是所有人都同意以精神创伤为媒介，采用相同的方式为受害者定性。另外人们发现，这些人的行为并不像是一个消极的受害者，他们重新掌控创伤，甚至以精神创伤为由进行辩解。这就是我们在对图卢兹事件、巴勒斯坦战争以及法国难民进行调查时注意到的现象。

第二部分

补偿政策

根据 1997 年 5 月 29 日的政府决议，①法国卫生部成立了国家医学-心理学应急委员会（CNUMP），由国防高级官员（HFD）②负责主持委员会工作。在与这位高级官员见面的时候，我们的调查已经开展几个月了。1998 年 1 月，国家医学-心理学应急委员会由时任卫生部国务秘书贝尔纳·库什内（Bernard Kouchner）主持召开了首届重大会议，之后工作进展迟缓。国防高级官员自上任起，就希望激活全国医学-心理学应急网（RNUMP），组建工作组，为委员会在秋季开学时应该提出的建议做准备。在那个时期，勃朗峰隧道惨案（1999 年 3 月）、法航协和飞机空难（2000 年 7 月）、福莱纳监狱人质事件（2001 年 5 月）成为三大主要事件，医学-心理学应急部门（CUMP）为此投入了大量精力和物力。然而，卫生部国防高级官员在发挥组织、调整和协调全国心理应急措施方面的作用

---

① 1997 年 5 月 29 日决议规定成立一个全国医学-心理学应急制度网，分七个地区中心，统一由国家医学-心理学应急委员会（CNUMP）协调。每个中心有一个常设单位，由一名精神病科医生、一名心理医生和一名秘书组成，秘书负责跟踪、调节和协调各省实施制度，各省也要指定一名精神病科医生负责制定志愿者名单，在需要的时候组织他们上岗。

② 根据 1959 年法令成立的用以辅助国防部的机构，各国防高级官员组成一个部门直接对总理负责，由每个部间接管辖。在各大部中，除了国防部，国防高级官员负责协调其所在部委管辖权内民众保护工作的后勤和操作的基础设施。

不尽如人意，尤其对任务目标本身（创伤性精神障碍）缺乏信心。对当局来说，创伤性精神障碍的临床实践依然是不确定甚至是可疑的。没有流行病和广泛的调查数据能够反映发生灾难时人们的心理需求，业内人士对早期心理纾解治疗的疗效也没有达成一致意见，培训协助人员困难重重，当然还有资金投入问题，这一切都令政府医疗服务部门的负责人不知所措。卫生部一方面担心会面临潜在的健康威胁，另一方面担心会忽略事故后没有预料到的健康后遗症，因此他们急需一种类似急诊医疗保险（SAMU）的制度保障。血液感染事件依然停留在每个人的记忆里。几年前，这起事件在整个卫生部引起了一场严重的危机，促使国防高级官员管辖下各服务部门成为整个医疗后勤保障服务的中心，以保证"在突发状况下对人民医疗卫生保障工作"进行调控。巧的是，经过几次调整，我们与国防高级官员的约见时间就定在2001年9月11日下午3点。

这次会面本应只有一个小时。然而，当我们从卫生部主楼三层出来的时候，已经是晚上7点，每个人还都没有从刚刚听到的震惊消息中平复过来。整个大厅空荡荡的，几名神色紧张的保安在盘问偶尔来访的客人。屋外，夏末的熙攘骤然消失。大楼对面，一群行人聚集在红灯前停着的一辆车旁，收音机里大声播放着新闻摘要。不远处，十几辆车里传来同样的新闻，司机们几乎忘记发动车辆。所有电台都中止播放常规节目，详细报道和评论这场事件。在此之前，集体创伤还只是困扰政府各部门的潜在威胁,可仅仅几个小时里,这个威胁似乎就以悲剧的形式在全球范围具体呈现了出来。实际上,也正是在创伤这一新的话语之下,人们很快对纽约恐怖袭击事件做出了解释,包括在法国。

一切发生在 15 点 50 分,当时我们的会面正在卫生部指挥中心距国防高级官员办公室两间之隔的会议室①进行,突然他的助理走进来打断了我们的会议,告知这场灾难。尽管信息细节不清,局势紧张——人们猜想其他飞机会飞往欧洲国家的首都,包括巴黎和伦敦——危机应对措施已迅速启动。全体成员在助理办公室召开了第一次会议,但详情依然不明。②人们立即启动空袭警报计划,同时启动由国防高级官员协调的行动计划。大家担心会发生空袭或化学武器袭击,会有大量伤亡人员涌向医院,甚至预感会引起集体恐慌。在不到一个小时的时间里,民防保卫的所有工作都已启动。这一阶段最紧急的事务肯定不是精神病学层面的。然而,国防高级官员秘书不断接到来自外省各地医学-心理学部门的电话。在等待进一步指示的同时,大部分部门已经启动措施,做好准备赶赴巴黎,预防法国遭到同样的袭击后可能产生的精神后遗症,或者准备作为国

---

① 与其他部门不同,国防高级官员办公室归属的几间办公室分散在卫生部主楼的尽头,位于一个封闭的空间,很难进入,那里有一个隐蔽的房间,防卫森严,配有高度保护的高科技交流设备,联通其他部委和总理内阁。

② 各种自相矛盾的信息很快充斥信息安全网,这是一件令人吃惊的事情,最后是美国 CNN 电台接替了信息播报的工作。

际援助成员前往纽约。在将近晚上7点的时候，人们接到第一个请求心理援助的电话。那是来自法航的请求，呼叫93省医疗急救队前往戴高乐机场接待本该从巴黎飞往纽约却中途返航的乘客。而机长早已采取谨慎措施，借口天气原因导致航路拥挤，无法在肯尼迪国际机场降落。乘客直到返回戴高乐机场才得知改变航线的真正原因。人们共发现十个人出现焦虑情绪，但情况并不严重，主要航空公司的地勤人员很容易就控制了局势。当纽约和华盛顿正式宣布这次事件为恐怖袭击之后，医学－心理学应急机制启动，在随后的整个星期里都处于戒备状态。

急诊部新来的精神病科医生没有留在幕后，等待法国外交部部署前往美国进行人道主义援助任务。他们虽然没有出现在现场，但轮番来到电视台拍摄棚、广播电台或者报社编辑部，分析这场事件以及它对人们造成的心理影响。[①] 面对这样的悲剧，退伍军人和在职政治人物往往会对此发表评论，在这一点上，精神病学家和心理学家与他们一样，同样拥有参与评论的合法性。面对目睹双子塔轰然倒塌的各种画面而震惊的民众，精神病学家和心理学家解释说，通过电视看到这场事件的人精神上也会受到创伤，其结果与在现场直接见证恐怖袭击所受到的创伤是一样的。后来人们还了解到，不断循环播放"9·11"恐怖袭击事件的画面，会对儿童和成年人造成精神创伤，导致

---

① 2001年9月14日《世界报》发表了题为《心理后遗症的主要风险》的文章，文章中法国医学－心理学急诊部的几位主要代表阐述了自己的观点。

他们经常性做噩梦，产生被惊吓的反应，产生一种无力的痛苦感，需要尽快接受治疗。[1] 因此，尽管恐怖袭击的场面距法国很远，担心法国会遭到类似袭击的恐惧也已经过去，但创伤问题依然摆在公众面前。不过法国人可以放心，当局做出保证：医学-心理学部门会在全国范围内保持警惕，精神受害者学的专家们也准备随时采取治疗措施。

在此期间，美国的医疗卫生人员进行了大面积调配。临床医生、精神病科医生和心理医生迅速主动采取措施，纷纷前去支援纽约市民，根本没有考虑恐怖袭击三天后致美国心理学学会的公开信。这封公开信由19名专家联合署名，其中包括创伤病症领域的知名人士，他们提醒要严防"不正规的心理纾解工作"，以及因治疗方法不当或者误用药物引起的风险。[2] 另外，各广播电视台邀请了众多人士自由发言，许多大型广告宣传邀请幸存者、救援者、证人甚至普通电视观众与电话倾诉中心联系。[3] 国际著名精神病学家理查德·莫利卡（Richard Mollica）于20世纪80年代在波士顿成立了第一个东南亚难民PTSD检测和治疗中心，完成多项科学研究。他提醒大家不仅要提防

---

[1] 参阅库尔贝特和富尔凯-库尔贝特的研究（Courbet & Fourquet-Courbet, 2003）。

[2] 发布于美国心理学协会官方网站，附协会法庭代表的答复以及各种评论：www.apa.org/monitor/nov01/letters.html。

[3] 在地铁以及很多公共场所都可以看到纽约公共卫生部发布的标语："即使是英雄也需要讲话，纽约需要我们强大起来。呼叫1-800救生网""自由是美好的"，以此鼓励纽约人进行心理咨询。

纽约市民快速增长的创伤性精神障碍，也要关注所有在电视上看到这些画面的北美民众，关注他们的创伤性精神障碍发病情况。尽管按照行业规定，媒体禁止播放尸首或截肢的残忍画面，但这种规定改变不了任何事情：第一组镜头产生的影响对人们心理造成的情感创伤与亲历现场不相上下。前期的流行病研究方法是一样的，也在考察灾难区域以外的创伤后遗症问题。第一项研究是在恐怖袭击后五天内对大量样本进行调查，结果表明，45%的美国居民有明显的焦虑紧张症状，至少90%的人有临床反应迹象。[1] 这项研究后来被大量引用，但依然没有解决精神创伤的本质问题。这是一种爱国情感还是共情受害者的情感？是对美国万能权力丧失的失落感，还是情感同化促使美国市民经受着与失去亲人者相同的痛苦？这些假设与创伤性精神障碍的新定义都不符合，因为虽然有可能如愿以偿地将创伤扩大到集体领域，也即以一种隐含的方式进行扩大，但当我们从临床治疗的角度考虑个体经历的时候，这种扩展会变得更加复杂。

事实上，美国公民感到震惊、焦虑、惊吓、伤心、愤怒，感到深深的悲痛，对逝者怀有真诚的同情或者感到不公，这些

---

[1] 参阅舒斯特等人的研究（Schuster et al., 2001）。在结论中，作者提醒美国的临床医生注意这个问题可能引起的卫生风险，请他们做好准备，应对在恐怖袭击几千公里之外的创伤症患者。不到四年的时间里，这项调查被国际272家刊物引用，延伸到极其广泛的研究领域，用以分析这些原始创伤的发展趋势。参阅：Galea, Ahern et al. (2002); Galea & Resnick et al. (2002); Galea et Resnick (2004); Schlenger et al. (2002); Schlenger (2004)。

都是真实的。但是断言全体美国人或大部分人都遭受到北美现代精神病学所说的创伤，则是另外一回事。根据精神创伤的现行标准，患者需要亲历事件，能够感受那种强烈的悲痛，有一种迫在眉睫的死亡感，并且在这种情感流露当中，紧张的情绪远远超出其本能的防范能力。当时的人们是否表现出这种临床现实？这恰恰是后期研究关注的问题，它延续了前期的调查，强调电视影像与创伤后病理学发展的关系。人们提出这样的论证：电视观众同时看到了飞机撞上双子塔，烟火漫天，双子塔轰然倒塌，尸首从大楼跌落，街上的人群惊魂失措，到处是受伤人员，浓烟四起，布满灰尘；而在场人员往往看不到这么多细节性的场景。没有哪个亲历者能看到如此"真实"的场景。病因学的假设与PTSD的成因相符，[①]人们不得不承认，远距离经历的创伤是一种全新的创伤类型，与传统形式类似，因为无论从实际影响还是情感来说，人们都参与了这场事件，只不过这一次他们是通过电视转播参与的。

因此，无论是在巴黎还是在纽约，无论是对法国卫生部国家心理应急委员会的专家，还是对美国负责流行病大规模调查的精神病学家来说，作为集体灾难的创伤和作为临床疾病实体的创伤具有重叠的倾向。悲剧的成分越来越明显，需要加紧终结猜疑：对所有人来说，这都是一场创伤性事件——创

---

① 后来的研究还是缓和了媒体的病原学解释影响，因为他们希望将病因归于简单的有利因素。参阅：Ahern, Galea, Vlahov & Resnick (2004); Galea, Ahern, Vlahov et Resnick (2004); Manos (2003)。

伤，根据这个词的多重含义来解释，它既有隐喻含义也有医学含义。"9·11"恐怖袭击事件不仅推广了这种超越国界（乃至西方世界）的趋同性甚至混合性，而且扩大了受害者群体，使其超出了直接目击这一惨状者（包括远观的目击者）的范畴。一个新的事实从而产生，人们实际上不再需要凭借共同的不幸经验，经历过同样的战争，承受过同样的迫害，或者遭受过同样的性暴力，才能被确认为受过精神创伤；现在只要人们认识到自己处在一个相同的受事件影响的精神群体当中，他就有可能患精神创伤症。① 在这一点上，精神病学的贡献是基本的也是次要的。说是基本的，是因为它确认了远离影响区域的个体具有创伤症这一事实：它能够证明，集体创伤的隐喻并不是一种简单的修辞或者幻觉，因为没有亲临事件现场的人同样饱受创伤性精神障碍的痛苦；说是次要的，是因为创伤事实的临床表现对每个患者来说都不一样：数据本身不能证实某一医疗卫生灾难的假设，因为后来的流行病研究发现，创伤症的比例高于人们通常观察到的相关人群比例，且远远超出经历过一次或多次特殊事件的人群患 PTSD 的一般比例。② 尽管有精神健康

---

① 在恐怖袭击的第二天，乔治·布什开展反对恐怖主义运动，这赋予了他合法性；然而，在卡特里娜飓风摧毁路易斯安那州造成惨重后果之后，布什的支持率有所下降，因为大家发现，他没有与受害者，尤其是黑人和穷人受害者站在一起，成为他们精神群体的一员。

② 国际研究承认根据 PTSD 标准，1/3 的人表现出完全的综合症候，1/3 的人表现出有精神混乱的非特征性症状，还有 1/3 的人没有任何症状（Breslau & Davis, 1992）。但是，"9·11"恐怖袭击事件之后的数据从未达到这些比例（Schuster *et al*., 2001; Schlenger, 2004）。

领域的专家积极参与，尽管人们不断使用集体创伤这种隐喻，"9·11"恐怖袭击事件依然没有成为一起精神病学事件。

在这一点上，纽约恐怖袭击事件让人承认，同时也说明，创伤症临床实践与社会实践之间存在张力。这种张力同时也体现在20世纪90年代法国精神病受害者学和医学-心理学部门的共同发展上。2001年9月21日图卢兹AZF化工厂爆炸事件尤为尖锐地反映了这一现象。我们后面会发现，创伤症在这里只是边缘化地借用了纽约恐怖袭击事件之后的做法，它的使用只是为了充分承认受害者地位，也就是说，以他们经历的事件造成的精神影响和社会影响的名义为他们提供赔偿。

第五章　精神病受害者学

　　1995年夏天，巴黎掀起一股恐怖主义袭击的风浪，这股浪潮将医学－心理学的应急问题推到了公共舞台的幕前。1995年7月25日圣米歇尔地铁站发生的恐怖袭击事件令整个法国陷入对恐怖主义的惊慌和恐惧，媒体关注的是走向受伤者的救护人员、来来往往呼啸而过的救护车、不断增加的可怕的死亡数字。不到两个星期，也就是1995年8月7日，星形广场发生第二起恐怖袭击事件，造成20人受伤，急护人员被再次调集参加救援工作。但是这一次，出现了一支医学－心理学医疗队，负责情感上受到影响的人员的护理工作。媒体对这一新的举措提出表扬，认为这是恐怖袭击受害者护理工作的一次创新，开启了一种长期的默契关系。人们普遍认为，在解决两次恐怖袭击危机的过程中，这种变化与法国总统的直接干预有关。7月25日，在几名精神病科医生的陪同下，雅克·希拉克探望了受害者。在高度赞扬救护人员勇气的同时，他吃惊地发现受害者竟没有接受心理治疗，因为他本人也观察到受伤者的不安和"精神受到强烈打击的状况"。这或许就是法国提出在集体性悲剧发生现场设立医学-心理学急诊中心的缘由。

在事件发生后的几天里，人道主义行动组织的国务秘书泽维尔·埃曼纽利（Xavier Emmanuelli）负责组建了一个专家小组，研究解决新情况的方案方法。这项任务由埃曼纽利承担是最为合适的，因为他与正在酝酿的一门新学科——精神病受害者学的少数几位专家关系密切。而他本人也在法国唯一拥有"受害者学"专业大学文凭的学院教学。这个工作组的成员包括路易·克罗齐（Louis Crocq）、弗朗索瓦·勒毕果（François Lebigot）和娜塔莉·波尔涅（Nathalie Borgne）。克罗齐原来是部队里的精神病科医生，因为在精神创伤症领域的研究以及创立了第一个精神病创伤专门诊所而闻名；勒毕果也是军医出身；波尔涅是一名精神病科护士，后来主要负责巴黎地区部门的协调工作。在星形广场发生第二起恐怖袭击事件的时候，工作小组召开了第一次工作会议。还没来得及展开后勤保障工作，小组的一些成员就随救护组赶赴现场。1995年10月7日，奥赛美术馆地铁站发生第三起恐怖袭击事件，此时的医学-心理学工作组更具有操作性，参与了大范围的救援工作。波尔涅也参加了救援工作，她后来回忆并描述了这次行动中极其艰难的条件，同时见证了第一批参加救援人员的慌乱状态：

给我的感觉就是组织混乱，救护人员很多，但是我们不知道该干什么，大家聚在一起，面面相觑，却无从入手。刚开始时大家有一种强烈的愿望，就是……我想说的是放弃。真的，但很快我们就各就各位，踏踏实实地开始做事，毕竟这些遇难的受害者就在那里。我的第一印象就是有人在哭，有人在喊，有人伸出双臂向急救人员求助——急救人员不知道拿他们怎么办，因为不需要对他们采取技术性措施：他们没有受伤，但妨碍了医疗救护的流程。同时我们又不能对这些人置之不理，毕竟他们处在事件当中。以前，人们会把这些人送往急诊中心。但从那时起，人们在现场就开始照顾这些人。

在随后的几个月里，人们很快建立起一些医学-心理学治疗中心。如何看待这种现象？人们往往会把这种机构性机制的发展与精神病受害者学这一新学科的发展联系起来，与早已存在的创伤症专家网，尤其是军队精神病科医生网联系起来。这是两个明显的事实，同时也是另一个新的活动群体，即受害者群体运动崛起的基础，这项运动早在十几年前就开始兴起了。

受害者权益

1983年12月23日在巴黎大维富餐馆发生的恐怖袭击事件

是法国维护受害者协会运动史上的一个转折点。那天晚上，一颗威力强大的炸弹在这家豪华餐厅门口爆炸，当时很多客人正在餐桌前就餐。炸弹的冲击波涌入餐厅，多名受伤人员很快被送往附近的医院。事后这起事件的受害者没有提出任何诉求。那个时期负责恐怖袭击事件的直接行动小组调查了所有相关起因，排除了政治对手相互报复的动机。人们猜测，原因有可能是黑手党敲诈勒索或者是保险诈骗，但是没有任何线索能够证实这些猜测。因此，这起事件被另行归类。

几个月之后，餐厅重新开业，人们几乎忘记了这场悲剧，很高兴看到巴黎这家享有盛名的餐馆获得重生。《费加罗报》的一个专栏甚至致意这起事件，宣称恐怖袭击"只是让人害怕，但没有造成痛苦"。然而，在11名受伤者当中，有一名妇女连续几个星期都挣扎在死亡线上。弗朗索瓦丝·路德斯基（Françoise Rudetzki）为了保持身体的完整性（拒绝医生给她做截肢的建议），凭着顽强的毅力与死亡抗争，终于活了下来，她体现了——在与沉默做的第一场斗争中——新一代受害者的决心。1986年1月她成立了恐怖袭击S.O.S.协会，在各个领域维护受害者权益，要求国家和政府承认受害者权利，她也因此为人所知。

大维富餐馆恐怖袭击事件在受害者治疗问题上成为最典型的模式。当然，对身体受到伤害的患者，医疗卫生部门都合理地承担了他们的费用，但他们很快就被公共权力机构所遗忘。

第五章　精神病受害者学

至于心理影响，也即人们可以根据美国早已开始使用的创伤症概念判断得出的心理症状，在法国还没有进入集体意识。对于这起事件可能对相关人员造成的精神影响，没有人做出评价，也没有人提出任何措施帮助这些突然遭受不幸、失去一切的人。他们当中有人严重残疾，甚至有人因为这次经历而完全改变了命运。运动者的真正诉求是获取经济赔偿。这不仅需要以个人名义进行起诉，寻找凶手或者有偿付能力的责任人，争取在诉讼中胜诉，而且假如要强调精神损失的话，还需要每个受害者在独立申诉中提供有力证据，因为在这个时候，律师和法官的猜疑会多于同情，会不断质疑申诉者的意愿。不要忘了，在那个时期，怀疑依然笼罩在受害者身上，人们不是怀疑导致受害者痛苦的起因，也不是怀疑构成他们精神障碍的个人先决条件（就像创伤性神经官能症流行的那段时期一样），而是怀疑他们的真实性，确切地说，是怀疑他们的言语和动机的真实性。而且，声称感到痛苦往往被怀疑是为了获取经济利益，因此这种声明没有作为公开证据的价值，依然是一种个体手段。虽然当时人们不会指责受害者，但依然不会倾听他们的叙述，更不会理解他们的诉求。

　　弗朗索瓦丝·路德斯基在恐怖袭击发生20年后出版了一部自传，用大量篇幅回忆并描述了自己住院时那段漫长的日子、经历的诸多困难，以及公共权力部门如何考虑她所受到的损害。① 她勇敢地透露了自己身体上的创伤、剧烈的疼痛、药物对她内心的影响、精神上反复不断的折磨、面对亲人的疏远而产生的慌乱情绪，甚至是十几次外科手术之间微妙细致的联系，等等，她的每个字每个词都力求真实。关键问题就在这里。这些细致的经历描写不仅是在讲述一段个人经历，而是首先使人了解所有受害者的共同真相。这种普遍性做法建立在受害者叙述的两个主要转型的基础上：一是揭发代替了同情；二是集体补偿代替了个人赔偿。

一方面，路德斯基的亲身经历事实上促使人们放弃同情和怜悯，以谴责的方式揭露社会不公正之风。受到恐怖袭击伤害的人是双重受害者：首先是暴力行为的受害者，遭受身体上和精神上的影响；其次是周围的人对此事保持缄默，使其深深陷入遗忘和否认。受害者的叙述就这样变成了政治争论。由此引发的讨论属于社会斗争，但又与纯粹的社会斗争有所不同，它揭露的不是统治，而是漠不关心、否认，甚至是划定受害者条件的界线。矛盾的是，路德斯基是在深刻展露自己的痛苦并推至极致的同时，才使自己的叙述摆脱了同情怜悯的基调，因为她的叙述不是为了让人理解她的不幸，更不是为了激起人们的

---

① 参阅路德斯基的作品（Rudetzki, 2004）。在认同恐怖袭击受害者的历史当中，作者个人的悲剧以及她为了集体利益能够将亲身经历展现在公众面前，这些都是极为重要的，但是对于这一做法取得的成功，不能仅仅从社会学发展的角度来理解，尽管社会学发展改变了人们对悲剧事件的认识以及受害者可以利用的政治合法性（Vilain & Lemieux, 1998）。

怜悯之心，同情她所遭遇的不幸。她的目的是通过自身的痛苦经历表明，每个"幸存者"、每个受害者都是在孤军作战，不为公众所知，没有任何集体支持和政治支持。详尽的叙述恰恰揭露了其他人对受害者漠不关心，拒绝承认受害者所受到的损害，否认他们在政治方面的见证。公愤的来源在于集体性的冷漠和不关心，使受害者独自面对事件对其造成的痛苦影响。揭露这一现象，就是表明存在权利的不平等性，而国家对这种不平等性的形成负有一定的责任，它需要承担起国家民族团结一致的任务。

另一方面，宣传倡导方面也力求重新引入赔偿这个棘手问题，不再是期待为个人提供施舍，而是公开诉求集体赔偿。恐怖袭击S.O.S.协会自成立以来，积极争取获得保障金，补偿恐怖袭击受害者受到的损失，这项斗争不仅具有重要意义，也促使协会本身更具有吸引力。除了经济方面的意义以外，重建保障金制度不仅是对个体应有的基本权利的公开承认，也是在社会舞台上奠定了受害者群体的合法地位。1986年在创立法国受害者援助和调解协会（Inavem）的同时，人们还争取到了恐怖主义及其他违法行为受害者保障基金。这笔基金主要用于社会领域新诞生的一种（受害者）类别，这一类型的受害者可以通过活动分子的斗争活动、特有结构、机构连接、政治集团、媒体中介以及新承认的权利取得合法性。

尽管弗朗索瓦丝·路德斯基和恐怖袭击S.O.S.协会在公开

承认受害者地位方面起到根本性的作用，但社会运动早在几年前就已经开始了。这场运动依靠各种协会维护受害者权益，根据普通法中受害者权益的规定，协助受害者出庭申诉为其辩护。1982年2月，司法部长罗伯特·巴丹特（Robert Badinter）在司法部保护被告人权益的工作中，提出对受害者提供救济的想法。为此成立了一个委员会，宗旨是提出议案，使"所有受害者无差别地、便捷地获得援助，不需要经历讯问，不附加任何约束条件"。对议案的回复应当"以受害者的未来生活为重心，使他们在经历了被袭击打乱的生活之后恢复正常生活"。1982年9月，司法部在国家刑事与赦免总局设立了一个受害者办公室，协同各司法部门及所有相关行政部门，协调和发展受害者保护领域当中的各项改革措施和行动。这个办公室承担着两个任务：一是改善赔偿条件和受害者参与刑事诉讼的条件；二是支持创建协会，接待、倾听受害者的倾诉，为受害者提供相关信息。

170　　法国受害者援助和调解协会就是这样一个机构，它团结了所有这些协会，集合了它们的期待，调配它们的工作和干预领域，衔接与公共权力部门的关系，颁发资格授权书，授权它们发放国家补助金。它在各种致力于受害者事业的主要决策机构当中都有代表——比如恐怖主义及其他违法行为受害者保障基金、国家被限制人身自由法院，以及国家受害者理事会——因而很快成为受害者表达自己权利不可逾越的机构设置。受害者第一次拥有共同的归属感，获得了认可，决心以集体公开的形式促进事业的发展，忽略彼此原本的差异。在此之前，受害者权益运动因为协会的分裂而受到过损害。每次事故之后，受害者都会自觉地组织起来开展活动，但是围绕某一起具体事件而掀起的运动性质往往是不确定的，也是短暂的，尤其在面对漫长而昂贵的诉讼程序时会变得更加不稳定。[①]获得保障基金，创立法国受害者援助和调解协会，意味着统一运动的兴起，从此不同的利益关怀将可以归于同一麾下，定期不断地吸收有关受害者状况的新问题，从而扩大它的影响。

从20世纪80年代末到2000年初，在不到十年的时间里，受害者权益活动分子的行动成功地从沉默状态转向媒体的大量曝光。这样的成果要归功于活动者本人，他们活跃在各个依然存在不公平现象的领域，而这一运动的成功主要在精神创伤这个在当时看起来不太可能的舞台上发挥了作用。随着1983年《精神疾病诊断与统计手册（第三版）》法文版的出版，创伤后应激障碍（PTSD）这个新的精神创伤概念被人们所接受，开始在公共领域普及。精神创伤的概念来自对第二次世界大战创伤记忆思想的非专业性认识，概念表达依然很模糊，大多指向一种明显的病痛，而不是（精神）受损的性质。相反，精神病

[①] 非法受害者赔偿委员会（CIVI）成立于1977年，规定在非法肇事者无赔偿能力的情况下为受害者个人提供赔偿。但以个人名义提出赔偿的特性、审理期限（事件发生后三年）以及漫长的诉讼程序无法提供令人满意的解决办法，尤其是在20世纪80年代发生一系列恐怖袭击之后。

科医生和精神分析家针对精神创伤患者所做的临床实践依然非常落后，完全是以第一次世界大战创伤性神经官能症的怀疑理念为基础。

1986年6月，当议会筹备受害者特殊赔偿法的投票决议时，恐怖袭击 S.O.S. 协会资助全国保健和医学研究所（Inserm）对恐怖袭击心理影响流行病开展了第一次调查研究，其"意义在于理清是否存在一种共同性集体经历，需要在赔偿诉讼程序中予以考虑"。[①] 调查结果出乎人们的意料，结果表明，受伤的严重程度与心理创伤症候表现之间存在深刻的关联性；同时也说明，在亲历恐怖袭击但没有任何身体损害的人群中，依然有相当多的人表现出心理创伤症状。

根据这次调查的结果，受害者协助联合运动掌握了重要论据，促使人们承认恐怖袭击受害者的法律地位，承认受害者即使没有身体上的后遗症，也会因为恐怖袭击造成一定的精神损失。维护受害者的运动因而面临着一个重要问题，就是关于那些出现在悲剧现场但身体上或物质上没有遭受损失的人。尽管最近取得了一些新的成效，但是受害者的定义在法律层面依然

---

① 参阅达卜、阿本汉和萨尔米（Dab, Abenhaim & Salmi, 1991）的研究。弗朗索瓦丝·路德斯基的哥哥主持了这项调查，他本人也投身于承认受害者权益的事业。因此，他为论证恐怖袭击造成的影响（尤其是精神影响）提供了科学依据。但是，据斯蒂芬·拉述所说，他在调查结束时，也就是与路易·克罗齐见面的时候，是由于发现自己存在创伤性精神障碍，才得以为他曾经观察到的精神症状定性（Latté, 2001）。

具有严格的局限性，排除了所有"被牵连的"[①]个体。这对受害者运动来说具有双重意义：首先，在他们眼中，"被牵连的"个体是幸免于难之人，也就是说，这些人与受伤者经历了同一个事件，并强烈地意识到自己躲开了什么，这使他们更加贴近那些直接受害者。正是由于这种亲近感，他们可以形成一个具有影响力的群体，从而通过群体规模以及对受害者问题的敏感性，提升运动的级别。其次，维护受害者权益运动在支持受害者诉求的同时，可以寻找机会证明他们有能力结合新的思想，而不是将行动局限在已有的规章制度范围之内。在这些运动当中，"被牵连的"个体无疑也是受害者，他们与刚刚争取到权利的受害者地位是一样的。

基本的论证恰恰是以精神创伤为基础，证明法律承认的受害者尽管与因在场而受牵连者存在差异，但都承受着一个共同的看不见的损害，这种损害往往不为人所知，难以挽回。后来在1995年夏天巴黎恐怖袭击事件当中，当时的法国总统雅克·希拉克公开承认了这种精神损害。此后，协会运动取得强大的媒体传播手段，以共同的身份特征联合了所有受害者，甚至包括那些尚不为人知的受害者。创伤模糊了看得见的伤痕和看不见的伤痕之间的界限，同时，它也成为所有受害者，包括

[①] 关于受害者权益发展的具体分析，参阅卡利奥的研究（Cario, 2006）；关于创伤症问题的展望，参阅塞佐尼和李森特曼的研究（Cesoni & Rechtman, 2005）。

受伤人员、受灾人员、幸存者、受牵连者甚至救护人员、心理治疗医生以及电视观众的标示。从此，精神创伤能够完成受害者分类的合法程序，为其提供它所缺失的纽带，也即一个命运共同体所指代的对象。

此外，还需要管理临床证据。在法国，精神病受害者协会对精神病科医生的求助出现较晚，而在美国，女权主义者早已与精神病学创始人缔结了强有力的联盟关系，确立了创伤记忆的真实性。法国受害者协会的代表只能依靠自己的力量以及临床医生的力量，而后者在精神病学机构中处于边缘地位。长期以来，维护受害者权益的各种运动与精神病学的结合一直仅限于编制和发布那些有利于他们事业的精神病治疗师、精神病学家和心理学家的名单。这些名单一般是在各协会内部流通，唯一的目的就是协助受害者寻找能够听他们倾诉的治疗人员，而不是为了自身利益调动所有精神病领域的相关人员。

对恐怖袭击受害者有利的因素对性暴力受害者也有利。[①]人们一直谴责精神病学和精神分析学强化了女性固有的反抗形象，阻碍了女性的解放，同时怀疑这些学科也可能证实了

---

① 玛丽-安娜·巴赫（Marie-Anne Bach）和西尔维娅·克林伯格（Sylvia Klingberg）对维护性暴力受害者权益的联合运动做了一项调查，证明了这一点。具体参阅她们的文章《精神创伤社会使用：反对性暴力的协会运动》（«Usages sociaux du traumatisme psychique: la mobilisation associative contre la violence sexuelle», *in* Fassin et Rechtman, 2005）。

女性是受虐狂的观点，导致迎合了男性性暴力。一些协会接待前来倾诉的女性时发现，她们以前尝试过的精神治疗一般都不成功，这一发现进一步强化了谨慎保守的态度。人们将这些失败的治疗经验作为决定性论据，反对整个精神病治疗机构。这些协会认为，治疗的失败反映了精神病科医生和精神分析家在面对性虐待这种痛苦问题时表现出漠不关心甚至是敌视的态度。然而，在这个运动当中，借助精神创伤话语很快成为承认性虐待是社会祸患，因而需要与其他维护受害者协会联合的一种手段，同时与相关专业人士保持了距离。精神创伤话语尽管具有"去精神病化"的性质，但依然是最有吸引力和凝聚力的因素，它使未来的成员认识到存在某种共同的损害，并且将受害者凝聚在一起，依靠各自的方法——比如建立倾听场所，或者由遭受过性暴力、如今已经跨越了她们所说的创伤"困难期"的受害者组织集体讨论——提供一些替代疗法。

20世纪90年代是一个转折期，各个协会积极动员，促使公共权力机关承认受害者权利，包括通过精神创伤的方式。在那个时期，协会的运动停留在官方精神病学的边缘，而后者很少表现出要加入协会事业的倾向。由于在精神病学机构找不到司法机构为其提供支持，这些协会转而求助一门新兴学科，即精神病受害者学领域少数几位维护心理创伤新治疗方法的专家。1983年，《精神疾病诊断与统计手册（第三版）》法文版出版，人们也看到这个版本如何删改了对受害者的所有怀疑。随着手册第三版的出版，PTSD这个概念也被引入法国，顺理成章地成为维护受害者利益的愿望与精神病学相互融合的最好契机。然而，与人们所期待的相反，人们对这本手册的接受激化了内部压力，任由受害者学在官方精神病学边缘发展。

精神病学的抵制

一门学科寻求在医学界新的正统性，在这场风暴当中，两个性质截然不同的事件促使人们重新勾勒法国的精神病学框架。第一个事件是媒体层面的，与1983年《精神疾病诊断与统计手册（第三版）》法文版的出版有关。第二个事件是机构层面的，反映在1982年这门学科与心脏病学或血液病学一样被纳入医学专业。

手册第三版法文版的出版工作由圣安娜医院精神病和脑科中心（CMME）的皮埃尔·皮修（Pierre Pichot）教授负责协调，相对来说，整个精神病学领域对这本手册的出版并不十分关注。1984年，为配合手册的宣传举办了一次研讨会，[①]然而，这次研讨会依然像是一次内部会议，除了翻译团队外，只有几位精神病学家参加。学术期刊的评论也是非常谨慎，仅仅

[①] 同年出版的文件（Pichot, 1984）。

第五章　精神病受害者学

提到这一新疾病分类制度在美国引起的讨论和争议[①]：手册第三版促进的社会性发展，如取消同性恋诊断、支持女权运动等，或者不为人所知，或者遭到耻笑。人们只是简单地提及对精神疾病多次进行重组分类的尝试，这些尝试是根据20世纪初疾病分类法（尤其是克雷佩林分类法）所规定的简单的、基本上属于症状分类的原则进行的。法国的精神病学主要以精神病理学为依据——无论是精神分析法、现象学还是其他，都继承了亨利·埃伊（Henri Ey）的器官动力学传统——在这种文化背景之下，人们更多的是嘲笑这部手册的去理论性，并不担心它对法国思想产生什么影响。《精神疾病诊断与统计手册（第三版）》被视为美国的奇特产物，基本上只有少数受权阶层，某些偶然看看美国精神病学非精神分析法期刊的读者会关注这个问题，并引来他们的一番嘲笑。因此，当这本书出现在专业书店的书架上时，没有人能想到这本五百多页（其中超过三分

---

① 在主要的精神病学期刊中，仅有六篇文章讨论手册第三版法文版，而且篇幅都不长：一篇是1984年发表于《精神病学发展》（*L'Évolution*）的二十行左右的读书笔记；一篇是《神经联报》（*Synapse*）的社论，以略带幽默的笔调讲述这个手册对法国思想的影响（Olivier-Martin, 1984）；一篇发表于《精神病学信息》（*L'Information psychiatrique*），总结了手册第三版的修改内容（Bourgeois, 1984）。只有独立精神病学医生的期刊发表了一篇措词强烈的文章，反映了放弃弗洛伊德的思想，尤其是取消癔症的说法（Leclerc, 1984）。直到20世纪80年代末，人们才开始对法国和美国思想的共同点和差异性进行比较性分析（Ohayon & Fondarai, 1986; Rager, Bénézech & Bourgeois, 1986; Garrabé, 1989）。然而，即使是这些文章也不具有论战性质，尚未出现后来主张废除DSM的机制上和政治上的利害冲突。

一的内容是附录）的书有可能取代法国精神病学，更没有人能想到它会慢慢打破精神分析法的绝对优势。

　　法国精神病学的特殊背景解释了这种独特性。1968年设立了精神病学专门住院实习医生职务，从此神经学和精神病学分离，非教育界精神病科医生在专门的住院中心（以前的"疯人院"）工作，取得了此前只有教育界医生才有的学术和临床权威。这些住院部精神病科医生[1]是这一领域，即整个法国精神病治疗机构模式的创始者，同时也为众多年轻后辈提供教学指导，培养住院实习医生。他们组织编辑主要的科学期刊，组织工会，维护行业利益，架构理论参考基础，构建法国重要精神病学派系中的精神病学体系。其中的主要代表人物，如吕西安·博纳菲（Lucien Bonnafé）、乔治·多梅松（Georges Daumézon）、亨利·埃伊（Henri Ey）、菲利普·波梅尔（Philippe Paumelle）、乔治·朗泰利-劳拉（Georges Lantéri-Laura）、热拉尔·乌利（Gérard Oury）和保尔·希瓦东（Paul Sivadon）等，他们与大学教授具有同等的威望。在20世纪80年代初（法国的确与美国不同!），精神病学对新一代临床医生始终具有吸引力，机构规划充满活力，与精神分析法保持着密切联系。此外，1981年雅克·拉康的去世丝毫没有改变这股思潮的学术影响和社会影响。尽管存在分裂，但拉康主义的分布相对比较均匀，无论是后来的

---

[1] 一般被称为"在编""医院"或者"部门"精神病科医生，以强调他们与大学医学院的医生的区别。

临床医生（包括临床精神病学家和心理学家），还是知识分子，都受到拉康主义影响。在学界，拉康主义影响广泛，它就像一把理解世界必不可少的钥匙，被人们用以阐述、评论甚至解读电影、文学、政治、社会科学以及当代人的不幸。各精神分析联合会是国际精神分析学会成员，它们在政治舞台保持低调，但一直在临床医疗领域具有重要影响，并且在教学和精神病治疗实践中保持着绝对优势，致使弗洛伊德这一派系的各个分支展开激烈竞争，抢夺年轻一代临床医师的培训及其"专业资格"的评估，却忽视了关注大西洋彼岸正在发生的变化，在那里，第一批思潮已经悄悄抵达法国海岸。

同时，精神病学在1982年通过立法途径加入了医学专业的队伍。[①] 医学教育改革取消了所有以前允许没通过住院实习医生资格考试的医生选择专业方向的课程。在这场运动中，精神病住院实习医生课程取消，变成专业住院实习医生的公共课，精神病学从而成为与其他学科一样的一门专业学科，但岗位数量相对于以往有明显下降。尽管有学生抗议游行，次年依然颁布了实施法令，确定了调整框架。根据这个框架安排，在随后的几年当中，大学医学院培训的新一批住院实习医生和精神病医院最后几届毕业生将并行存在。[②] 医院的精神病科医生与大学医学院医生之间的冲突是20世纪80年代末开始爆发的。

---

① 1982年12月23日颁布的有关医学和药剂学研究的82-1098号法令。
② 1983年9月2日颁布的规定医学和药剂学住院医生身份的83-785号法令。

大学医学院的精神病科医生一直占少数，他们掌握着这一职业的未来发展方向，具有聘用和培训新一代主要住院实习医生和未来的医生助手的特权。这些法令基本上对大学医学院有利，医院的精神病科医生将话题冲突转移到未来精神病科医生的教学性质，尤其是精神分析法在其课程设置中所占的位置上。医院的精神病科医生宣布废除大学精神病学精神药理学和生物学的导向（当时甚至有很多教席一直由精神分析家主持），与此同时掀起一场大规模讨论，反对人们将他们的分析视为最近从美国输入的范式产生的危害。

《精神疾病诊断与统计手册（第三版）》出版时没有引起任何争议，也没有多少大学医学院的医疗部门实践过手册中的方法，[①] 因此，手册第三版慢慢地在心理健康方面发挥着根本性作用。一些人认为，它是大学反分析法的结果，意味着精神病学的衰退；另一些人认为，它代表着科学精神病学的现代原则。自20世纪90年代，那些简单地使用DSM-Ⅲ这个术语——或者DSM（以前的两个版本，尤其是第二个版本深受精神分析法概念的影响）——来说明世界精神病学在科学思想上的滑坡以及法国思想为其带来的风险，或者相反，指出一种从弗洛伊德理论影响中解放出来的精神病学即将来临的文章都不算什么

[①] 《精神疾病诊断与统计手册（第三版）》及其后来的版本在现行实践中没有强制要求实施，除了几家大学医学院在神经精神药理学研究中采用这种方法，还有一些认识行为疗法领域的治疗人员也采用这种方法。法国采集精神病数据（无论是流行病学研究还是行政医疗数据）唯一的正式参考依据是国际卫生组织疾病分类CIM 10。

了。[1]但是，这并不是围绕新的但实际上很少使用（包括那些维护者）的疾病分类方法展开一场真正的讨论，而是利用这种分类法作为武器投入另一场具有其他意义的论战。

此外还要指出的是，精神分析家和反精神分析家之间的界限没有完全分割开，远不像大学医学院医生和医院精神病科医生那样分庭抗礼。很多精神病学教席一直由具有影响力的精神分析家主持，比如巴黎的丹尼尔·维洛谢（Daniel Widlöcher）和谢尔盖·勒博维奇（Serge Lebovici）；在斯特拉斯堡，吕西安·伊斯拉埃尔（Lucien Israël）在精神病学的教席上讲授精神分析法课程，直至今日，很多拉康派精神分析家仍以此为傲。安托万·波罗的学生们自阿尔及利亚回国之后主持了很多教席，在他们身上，精神分析法与带有文化色彩的社会精神病学和哲学现象学齐头并进。除了一些明显导向神经精神药物学研究的领域，学术界已经不再像医院的某些精神病科医生那样反对精神分析法——人们发现，其中有些人甚至强烈反对弗洛伊德的思想体系。大学医学院医生无论其思想理论方向是什么，

---

[1] 从 21 世纪初开始，妖魔化地使用 DSM 这个术语掀起了第二次浪潮，当时认识行为主义的思潮处于上升期。突然间，为抵制这些方法，DSM-Ⅲ，尤其是它的各个不同版本（DSM-Ⅲ-R, DSM-Ⅳ, DSM-Ⅳ-TR）成为攻击认识行为主义治疗法（TCC）新范式的象征。而且，这些方法的维护者以 DSM 的名义彰显自身的科学合理性。（参阅公共健康法典处罚条例引起的讨论，这个处罚条例由法国议员贝尔纳·阿克耶［Bernard Accoyer］提出，目的是规范 2003 年 10 月的精神治疗实践。2004 年 2 月，法国保健和医学研究所针对精神治疗有效性开展了一次调查，引发了一次讨论；另外，2005 年秋《精神分析学黑皮书》的出版揭示了弗洛伊德及其继承者的事实，也引起了一场论战。）

后来都认同了手册第三版，当然其中的利害我们可以理解，不过这更是反映了一个共同的信念。当"实证医学"（médecine des preuves）①取代特殊临床医学的知识论的时候，有必要通过遵循国际承认的评估手段来展现它的良好愿望。新的疾病分类法为恢复其在医学机构中的影响提供了机会。

在这种背景下，受害者协会的呼吁很少能够被官方的精神病学所接受。精神病学机构，无论是大学的还是普通机构，都过于关注内部的争议及其短期发展，根本没有精力思考PTSD的细微差别。因此，支持受害者协会的活动是通过一门新生学科——而且刚刚命名——展开的。

模糊的起源

法国受害者学的诞生具有双重模糊性。一方面，当这门新学科出现在精神健康领域时，它采用了北美犯罪学领域提出的名称。因此，在20世纪50年代末，这门专业学科是以暴力的"受害者"为研究对象，根据十几年前发表的研究刊物②发展起来。受害者学的创始人发现，心理学有助于理解犯罪场景、辨

---

① 这是从盎格鲁-撒克逊国家使用的"evidence-based medicine"这一表述翻译过来的（Marks, 1999）。它要求对医学干预效果的评估加以严格的规定，这一效果往往是根据检验的治疗试验，凭借统计数据得出来的。

② 参阅蒙德尔逊（Mendelsohn, 1956）和冯·亨梯（von Hentig, 1948）的研究，二者通常被视为"受害者学"这个名称的发明者。关于这一领域的最新评估，参阅法塔的研究（Fattah, 1992）。

识犯罪人，他们认为理解遭受犯罪行为侵犯的人的行为也是十分重要的。按理说，鉴于那个时期固有的怀疑观念，这门学科应该针对受害者，但矛盾的是，从后来的社会应用来看，这一新学科的研究目的是理解那些受暴力侵犯者的"先天受害因素"，正是这些因素使他们成为"潜在受害者"。汉斯·冯·亨梯（Hans von Hentig）发表了一篇题为《罪犯及其受害者》的文章，指出"在很多案例当中，受害者心照不宣地配合、促使或者挑起"犯罪，这是犯罪的"成因之一"。[①] 在 20 世纪 70—80 年代，刑事犯罪受害者学素材的发展与精神病学领域甚至社会领域所观察到的现象平行共进，都是要重新确立受害者地位，逐渐将他们从犯罪同谋的猜疑当中分离出来，承认受害者的权利。另一方面，当这门新学科以完全由美国精神病学重新创建的精神创伤概念为中心发展起来的时候，法国的受害者学家对是否接受 PTSD 新的解读方式表现出犹豫的态度。他们尝试更新以往的创伤性神经官能症，要求重新追溯弗洛伊德创伤性神经官能症的纯粹性，其中最具代表性的人物就是桑多尔·费伦齐，他很早就开始关注受害者的命运。[②] 术语具有明

[①] 参阅冯·亨梯（von Hentig, 1948）。人们正是在这种表达方式和问题的基础上，指责受害者学具有"谴责受害者"的思想。

[②] 弗洛伊德与费伦齐的决裂发生在 1932 年，当时是在一次讨论"成年人的激情及其对儿童的个性和性发展的影响"的研讨会上，此次研讨会是为了庆祝弗洛伊德 75 岁生日。费伦齐以某种方式重建诱惑理论，结果激起整个会场的批判和敌意。这篇文章在发表的时候成为北美以及后来法国女权主义重归诱惑理论讨论的关键问题之一（Ferenczi, 2004）。

第二部分　补偿政策

显的不稳定性，大家唯一的共同目标就是摒弃使用PTSD，或翻译成法语（即état de stress post-traumatique），因此有些人采用传统的"创伤性官能症"的说法，有些人提出"心理创伤"的说法，还有些人省去前缀直接称为"创伤应激"。[1]法国这些先锋人物似乎都愿意采用北美的疾病分类法，通过这种方法全面承认受害者地位。

精神病学这股命名潮流依然具有争议性。斯蒂芬·拉忒指出，"受害者学是所有人都在说却没有一个人去做的活动"。[2]但有一个人除外，那就是热拉尔·洛佩兹（Gérard Lopez）。他和其他几人成立了受害者学研究会，颁发受害者学大学文凭，创建受害者网络（réseau Victimo）。除此之外，受害者学的大部分先驱者对这一命名依然存有犹豫之意。军队精神病科医生通过在心理医学急诊部门的实践，对这门学科在卫生管理系统中的机构化进程发挥了重要作用。他们认为，存在一种可能，受害者学相对于普通精神病学，如大学的精神病学和领域精神病学，会更加远离社会。人们也看到，出于各种原因，这

---

[1] 参阅巴鲁瓦（Barrois, 1988）、布雷奥尔（Briole, 1993）和克罗齐（Crocq, 1999）的研究。这三位精神病受害者学的前驱——至少是在当代精神病学领域引入创伤问题的人——都是军医，这一点非常重要。

[2] 参阅拉忒（Latté, 2001, p.18）。作者讥讽这种"无逻辑的看法"，并引用了受害者协会会长的一段话："这个词是后来才采用的。我本人不太喜欢使用这个词。我认为这是一个中性词。人们到处使用这些'标示'、这些'逻辑'。关于受害者的讨论，我觉得不合适，我喜欢同受害者交谈或者讨论受害者的痛苦。"

门学科没有倾向于完全接受《精神疾病诊断与统计手册（第三版）》，更不要说 PTSD。公开表示站在受害者协会一边，要求建立一个不具有明确科学基础且机构轮廓不合理的领域，似乎很成问题。只有少数几个人，如法国心理创伤和应激研究协会创始人路易·克罗齐跨出了这一步。而其他人，如法国军队卫生服务学院（École du Val-de-Grâce）院长吉约·布雷奥尔（Guy Briole），则尽量避免过于明显地与这门学科走得太近。同时，还有作为自由职业者的精神病科医生，他们也在进行探索，但从这一点看，他们的作用有所差异。对他们来说，通过受害者进入媒体，通过著作进入出版界，通过教学进入大学，从社会认知度来说肯定是一项增值。至于是否会与犯罪学刑事专业混淆在一起，在他们看来并不是问题，因为他们当中的一些代表人物与出版和教学领域都有合作，并积极投身其中。

直到 20 世纪 90 年代末，精神病受害者学的这种模糊性依然存在（包括它的命名），导致这一新生领域变得极不稳定。它的大部分拥护者，包括军队医生和普通医生，都与维护受害者权益的运动有密切合作关系，甚至受这些运动的保护，这深化了其同行的保留意见。卫生权力部门，尤其是卫生总局的精神健康办公室也对这些"危险的关系"予以指责，这些部门的负责人经常因为人们向他们要求补助而质疑针对精神创伤受害者实施的特殊治疗方法是否合适。公共权力机关的问题不是考虑是否承担受害者治疗精神创伤症的费用，因为根据所有的国际文献，正如法国保健和医学研究所最新研究表明的那样，恐怖袭击受害者和事故受害者的精神紊乱现象普遍增多，有必要对他们进行针对性的早期治疗。他们的问题在于提供有力证据，制定能够替代普通法的规定，就像几年后精神健康办公室所承担的责任一样："目前的精神病领域几乎全面覆盖了全国所有精神健康医疗保险的需求，为什么这个系统没能承担这种新型的精神健康医疗需求？为什么在没有预先取得这个学科医学权力机构的同意，至少是意见的情况下，就支持这些协会的措施，在精神病学领域赋予这一新专业以正当性呢？"

公共权力机构除了受害者学家和受害者协会代表之外没有其他对话者，而且他们还有一种"双方利益存在冲突的奇怪感觉"。普通法的精神病学以及大学医学院和专科医院的精神病学都没有出现在这个对话名录当中。

选择"受害者学"这个术语，无论有没有形容词"精神病的"——或者有时代之以"临床的"，以区别于刑事犯罪受害者学——都反映了创始人对于基本定义模棱两可的态度。一方面，这个词明显反映了临床实践偏向受害者一边的愿望，与其他协助受害者的人员，如依靠（法律）受害者学为受害者进行辩护的法官保持紧密的合作关系；另一方面，这种选择也反映了放弃根据临床对象，即精神创伤症来指称这一新科目，而是根据人们所维护的利益主体，即受害者来命名的做法，这在精神病学历史上是绝无仅有的。

第五章 精神病受害者学

在这个难当重任的命名当中，不应只看到正在构建的受害者合法性的实时影响，我们认为最重要的是将这一新兴专业列入更具历史渊源的谱系，即法医鉴定的谱系当中。实际上，与创伤性神经官能症的重大时期一样，人们同样是在法律档案、民法摘要、赔偿诉讼理由当中重新寻找到前期受害者学概念的迹象。初期的受害者学是第二次世界大战后期出现的犯罪学的一个分支，目的是将对罪犯特征的认识扩大到罪犯与受害者之间的关系上。理解犯罪动机以及罪犯的人格特征，意味着以同样明确的方式了解受害者的特征。从犯罪科学的角度来说，罪犯与受害者之间的结合不是偶然的。罪犯虽然具有"天生的"犯罪倾向，但他在犯罪道路上也需要遇到一个足够"顺从"的受害者，才能实施他的"扑食才华"。20世纪50—70年代的精神病受害者学恰恰是希望提出一个以受害者心理特征为基础的分析模式；今天，在确定性犯罪肇事者儿时是否也遭受过性侵的研究当中，人们重新找到了这种迹象。问题不在于阐释成为暴力受害者这一事实所引起的变化，而是要说明，暴力受害者先天具有独特的心理特征，这使他以这种或者那种方式遇到了他的侵犯者。[①] 因此，人们设计了一条上溯犯罪评估（受

---

① 亨利·埃伦伯格（Henri Ellenberger）是这个研究方向的典范。他是蒙特利尔大学犯罪学的主讲教授，提出以某些受害者受虐狂为中心的几个首要类型。"罪犯-受害者"在自身的经历中可能根据形势从一个角色过渡到另一个角色，从这个方面来说，犯罪行为人会识别一组"潜在的"或者"可能的"受害者，后者具有"普遍的、稳定的、无意识的先天条件，引导其扮演受害者的角色，包括：受虐狂、对生活丧失兴趣、宿命论或是因为没有成功而产生负罪感"（Ellenberger, 1954）。

害者现场）下到分析（创伤影响）的课程路线。这种观念的颠覆产生了第二阶段的受害者学，使它最终放弃"便捷领域"（terrain favorisant）——罪行或者神经官能症——这个艰难的问题，仅评估暴力留下的痕迹。

20世纪80—90年代，精神病受害者学最终脱离了过去在受害者性格特征当中寻找其不幸经历原因的犯罪学，并且也不要求继承犯罪学的经验，但它保留了一个根本因素，即进入专业鉴定领域。在精神病受害者学近来的发展当中，专业鉴定依然起到决定性的甚至前所未有的作用。首先要指出的是，这个专业的大部分发起人和倡导者都来自普通精神病专家鉴定领域，如前军队精神病科医生路易·克罗齐，或者是精神病科专家，如热拉尔·洛佩兹和皮埃尔·萨布林（Pierre Sabourin），他们为精神病受害者学的制度发展以及承担家庭内性暴力受害者的费用问题做出了重要贡献。正是由于看中他们的专家资历，维护受害者权益运动才积极促成与他们的合作。受害者代表通过直接对话，引起这场颠覆性变化，从而深刻地改变了鉴定的视角。直到那时，犯罪鉴定一直被看作无视受害者命运的司法机构使用的一种手段，因此对受害者来说它只是一种辅助性武器，确切地说，是与赔偿诉讼有关的组成部分。然而矛盾的是，与20世纪70年代美国的状况不同，这个武器不以精神创伤事实证据的公共行政管理为目的，证明诉求赔偿的合理性，因为舆论已经接受了精神创伤的话语。它主要试图说明，

第五章 精神病受害者学

赔偿也是一种治疗方法，它能够改变受害者经历的发展过程。[①]换句话说，在进一步证实社会赔偿合理性的同时，受害者学的鉴定还提出了解决精神创伤症的可能出路。

鉴定不会产生治疗效果，即使专家的能力能够激起被鉴定患者同样的愿望，使他们想要得到治疗，结果也是一样的。当然，在创伤性神经官能症时期，专家承认发放补偿金有可能改善起诉人的心理状况，但是其过程不受鉴定结果的影响，也不受资金赔偿的影响，而在于消除起诉人不断抱怨的动机。受害者学的专家鉴定远不止于此，而是更为重视赔偿治疗效能的真实性。这一论证在社会和受害者之间建立了一种新的关系，预示了精神创伤话语向赔偿制度的转变。实际上早期的受害者利益维护者，如弗朗索瓦丝·路德斯基早已提出这种说法：为了让人接受赔偿的合理性，他们提出一种想法，资金补偿首先是公众及个人对受害者状况的一种承认。没有补偿，受害者在两个方面感到自己被剥夺了个人经历：首先是改变他们正常生活轨迹的事件；其次是在司法诉讼程序中不予起诉，后者从书面上表明他们所经历的事情并未发生。

但是，由受害者、受害者代表和法官、媒体提出的赔偿治

[①] 精神病鉴定治疗（或预治疗）效能这个主题后来经性犯罪鉴定专家推动，得到进一步发展，比如罗朗·古坦索（Roland Coutanceau）提出了性犯罪肇事者犯罪心理学，认为鉴定的时间可以让犯罪主体面对自己的行为、动作和模糊的潜意识，从而引导其接受治疗的基本原则（2003 年 11 月 17 日在巴黎法国法医协会研讨会上的发言）。

疗效能依然只是一种修辞方式,在法庭上最多只能起到感动陪审团的作用,随后便会被置之不理。受害者学的鉴定将这种心理恢复的变化转变为验证性程序。就像一个看不见的伤疤等待外界因素来愈合它的伤口,所有受害者,包括生理受伤的人和卷入事件受到精神创伤的人,他们的创伤证明有一项根本措施,即使不能使他恢复原状,也有可能中断病态的过程。这个过程的意义在于,受害者学家的鉴定与受害者资助之间形成一种前所未有的结合,恰恰阐明赔偿的治愈效能能够对精神伤痕起作用。治疗方法直接来自专家的部署,因为这不仅是对过往状况的赔偿,而且从医学角度来说,也是对病情发展过程的牵制。传统的鉴定模式被颠覆,正因为如此,精神创伤症很快在官方精神病学当中找到了自己的位置。

相对自主性

从 20 世纪 90 年代初开始,受害者学领域有了越来越多的举措,[1] 路易·克罗齐在圣托尼医院创立精神创伤门诊,热拉尔·洛佩兹成立了受害者学研究院。他们都获得内克尔医学院第一届受害者学大学毕业文凭。相关著作的出版也很多,作者都是来自这个领域的创始人,包括普通医生和军医,例如前面

---

[1] 关于法国精神病受害者学机构发展的分析,参阅斯蒂芬·拉忒的调查(Stéphane Latté, 2001)。

第五章　精神病受害者学

提到的路易·克罗齐和热拉尔·洛佩兹。不久之后,《国际受害者学报》第一期出版,这是由自称"受害者学临床心理医生"的克里斯托夫·赫尔伯特(Christophe Herbert)出版的电子刊物。同时,由乱伦受害者交流研究行动协会(Arevi)绘制的分布图显示,倾述场所、呼叫热线、言论集社、专家门诊、职业培训以及监督管理机制在整个法国迅速发展起来。随之而来的,是新的一批专业人士投身于这个全面发展的领域,其中包括社会工作者、教育人士以及心理学家。这些心理学家替代精神病科医生,极大地促进了受害者学的日常实践发展,社会工作者和教育人士则在科学产出方面发挥了优势。

21世纪初,与以往主导精神健康领域的排斥制度相比,对比更加强烈。① 法国精神病学刊物经常在专栏中谈到精神创伤问题,甚至会连续发表数篇相关文章。即使在精神分析家当中——包括各个派系——精神创伤这个主题也很受欢迎,成为各类大型会议、科学会议、研究日、研讨班的讨论话题,人们可以公开讨论某些精神创伤的外原性特征,而无须摒弃精神分析理论,同时承认以前猜疑性临床治疗的危害。PTSD似乎不再是一个问题,也不会分化治疗医师之间的意见,因为大家都同意并接受这一观念,即北美的定义只是一项重新发现的最基

---

①　1997年4月29日《世界报》发表了一篇题为《犯罪学新分支》的文章,详细阐述了大家没有忘记这种传承关系,与司法领域的联系依然重要。文章还庆祝受害者学的诞生,指出"对受害者的心理支持依然十分缺乏"。

193

本的变形，法国精神病学和精神分析法早已揭示了这个问题，即精神创伤的现实。但是，受害者学新的正当性以及平和接受创伤性精神障碍，不是来自于精神病学和精神分析法理论的修改，而是来自受害者问题的规范化，以及创伤在世俗世界中表现传播的规范化。相比美国来说，法国的活力主要来自社会领域而不是专业领域。为受害者学的存在提供正当性的是受害者，而不是受害者学。

受害者学举措的自主性是有限的。它所取得的成功虽不可否认，但依然高度依赖受害者法律的发展进程，这是联合运动所从事的工作。对公共权力机构和官方精神病学来说，受害者学家依附于这个压力集团的利益。受害者学的创始人意识到这种脆弱性，承认"受害者学是一门极为特殊的学科"，"法国受害者学界需要争取到学术性和科学性的支持，而不是意识形态和论战的支持，只有这样它才能建立一种真正的对话，促进发展"。[①] 但是他们很难走出机构边缘化的困境，这一点甚至表现在他们的物理空间上。他们或者卑谦地依附住院部，例如路易·克罗齐在圣托尼医院创立的精神病门诊，或者与普通法规定的健康机构区别开，例如热拉尔·洛佩兹在私人领域创立的受害者学研究院，受害者学或精神创伤的问诊基本上是由协会网络提供的。协会网络无处不在，也为培养未来合格的受害者

---

① 参阅洛佩兹的著作（Lopez, 1996）。

学家做出了贡献。实际上，受害者协会不仅有一些成员在大学授课，与大学教育相结合，而且还向受害者发布"可信任的治疗师"名单，促进认可大学新颁发的毕业证。

因此，受害者精神援助的场域虽然一下子变得明显，随处可见，但是受害者学家在社会舞台上采取行动时依然受限于种种条件。他们巧妙地通过鉴定和治疗记录建立联系，从而在其他支援受害者的活动者中争取到起决定性作用的听众，但这也使他们的行动领域限于自我声明的受害者和前期由协会引导的受害者。因此，精神病受害者学依然是一项专业实践，其干预行为仅仅具有辅助性，在承认受害者地位的整个过程中只以辅助的形式进行。

精神创伤的新概念与精神医疗急诊行政管理制度的结合将改变这种力量关系，以不确定的方式扩大潜在受到精神创伤的人群，正如人们在"9·11"恐怖袭击事件发生后所看到的那样。人们常常试图改变这种发展，将其说成受害者和受害者学家行动主义的产物。我们前面用很长的篇幅分析了这一方面的问题。在考虑这个问题的同时，我们认为，引证精神创伤的普遍化形式是更深刻的转变——我们称之为人类学转变，它使这种行动主义变得有效，或者简单地说，变成了一种可能。乌尔里希·贝克（Ulrich Beck）认为这意味着风险社会的来临，并对此进行了分析。我们认为，这不仅是风险社会，更是恐怖主义、各类事故以及灾难引起的危险社会的来临。这不是可以通过统计数据进行测量或者基本可以预测的潜在力量,而是通过事件表现出来的事实。精神创伤影响到每一个人,远超出精神鉴定能够说明的范畴。这就是法国社会将于2001年9月21日发现的问题。

第六章　图卢兹

纽约世界贸易中心遭到恐怖袭击十天后，法国也经历了一场悲剧，全国上下担心这是纽约和华盛顿恐怖袭击之后的余震。上午 10 点 17 分，图卢兹市发生剧烈爆炸，震撼了整个城市。人们远在 30 公里之外都能感受到这场爆炸，但无法确定震源和原因。几分钟之后，整个市镇几乎瘫痪，电话通讯中断，公共交通停运，主要交通干线堵塞，在爆炸最严重的街区，住房被炸裂，一片废墟狼藉上覆盖着厚厚的灰尘和白色颗粒。地方电台开始播放各种自相矛盾的警报，先是让图卢兹人赶快撤离，接着又让人们待在家里不要出来。人们首先猜想是城市的几个主要核心地带——图卢兹的中心大厦、航天航空工业大厦、火炸药厂或者化工厂发生了系列爆炸；甚至怀疑会发生大规模恐怖袭击。11 点 45 分左右，人们获知爆炸摧毁了位于南部街区的 AZF 化工厂。这更加重了紧张情绪，尤其因为浓雾弥布了整个城市，人们担心会导致化学污染。下午的时候，省政府排除了化学中毒的风险。

第二部分　补偿政策

　　尽管一开始的情况并不明朗，但救援工作很快开展起来。工厂周围设立了一个先行救护站。先是救护车不间断地运送伤员，但由于交通堵塞越来越严重，救护车前行的速度明显放缓。整座城市陷于震惊当中，每个人都急于救援受伤最重的人，或者跑去爆炸现场打探亲人的消息。接近傍晚的时候，初期统计数据显示，这场爆炸造成工厂二十多人死亡，附近街区数千人受伤，甚至稍远的聚居区也有受伤者。物资损失非常严重，临近工厂的整个街区，包括居民楼、学校、商业区、市政基础设施均受到波及。总之，在受到影响的27000座楼房当中，有10000座楼房几乎被完全摧毁。除图卢兹之外，全体法国人民都看到了这场灾难的转播，这一场景令人回想起美国的恐怖袭击，大家都觉得难以置信，甚至在新闻当中，人们还提到"曼哈顿综合征"。① 电视和广播节目均发表评论，对悲剧的原因提出自己的猜测，同时也推测这场悲剧可能带来的后果。人们一上来就把化工厂爆炸事件与恐怖袭击的猜测联系在一起。尽管已经排除了这种谣言，澄清这场事故是因工业原因引起的，但图卢兹人仍继续强调恐怖主义这条线索。有人怀疑政府故意隐瞒真相，还有人拒绝承认是AZF化工厂工人的人为失误造成了事故——这些工人因为同事中有三十多人突然死亡而

---

① 2001年9月23日《世界报》在悲剧发生的第二天发表了一篇题为《从曼哈顿到毒雾恐惧》的文章。记者写道："整个图卢兹陷入了曼哈顿。有人确信一架飞机在爆炸区域坠毁。"

第六章 图卢兹

身心疲惫。一些明智的人严厉地指出,八十多年来整座城市一直生活在火药粉里,他们一直担心迟早有一天会发生爆炸。而调查才刚刚开始……

在事故发生后的前几个星期里,人们听到了各式各样的评论和分析。在这种连续的影响之下,必然会有一种相同的话语来描述每个人的恐慌。与"9·11"恐怖袭击发生时一样,人们经常提起的正是精神创伤这个词,用来表达集体情感:受伤者和受灾者的精神创伤,图卢兹整座城市的精神创伤,法国的精神创伤。它像传染病一样,让全体法国人民体会到了悲痛的情感。事故发生后的第一时间,基调就已经定下来了。爆炸当天下午,图卢兹市市长菲利普·杜斯特-布拉齐(Philippe Douste-Blazy)郑重呼吁全市的精神病科医生和心理医生前来援助受创伤的市民。怀着同样的同情心和团结一致的动力,精神健康领域的专业人士很快在中心大厦广场集合,等待指示;另一些人早已奔赴受灾现场。几个小时之内,226 名医生、45 名精神病科医生、486 名心理医生和 200 名护士响应了市长的呼吁。[1] 各行政机关、企业、高校和中学的负责人采取相应措施,保证安全,安抚现场人员,确保信息传播,贡献集体力量,而各界人士均要求——依照各自的方式——建立心理倾诉

---

[1] 这些数字由图卢兹市政府负责人演讲报告提供,在卫生部资助的图卢兹 AZF 化工厂爆炸调查报告中予以公布,详情可参阅国家卫生监督研究院(InVS)的网站:www.invs.sante.fr/recherche/index2.asp?txt Query=azf。

诊所，照顾那些因为这场悲剧而受到影响的人。

精神健康医疗专业人员一般很少出现在类似的公共场景中，地方政府官员发出的信息也许是调动这些人员的催化剂，但这并不能说明如此大规模的集体现象。实际上，虽然我们遇到的大部分图卢兹人，无论其卷入这场事件的程度如何，都表现出明显的精神创伤症状；虽然五年之后，在获取补偿金的过程中依然有关于这场事件的话语表述，但这大概是因为承认精神创伤和赔偿这两种行为不以临床检验为依据。在图卢兹悲剧发生之前，精神创伤依然是临床治疗的对象，公共空间仍依靠几位专家的支持来掌控这一临床治疗对象。在这场事件发生之后，精神创伤超越了其医学起源，成为各种新的行动调度的参考依据之一，因此，每个人，或者说几乎每个人都能够把一小部分真相说成对自己有利的因素，根据自己的想法加以运用。精神创伤发展的意识领域不再追询生理伤痕的真实性，而是把它作为评定、对比甚至遣责其认识方式和治疗手段的一个前提。临床医生也将第一次面临这样的困境，就是要为他们发明出来的医学类型的成功付出代价：随着公共部门和协会不断采取各种措施，精神创伤的卫生管理逐渐对它们提出异议。当精神病科医生能够确立创伤性精神障碍的临床检查实情时，受害者及其维护者开始想要摆脱专家权威的束缚，他们认为，专家的权威有些讨厌，而且论证也不充分。

因此，我们需要分析精神病科医生和心理学家被召集到这起悲剧事件后所处的境况，分析他们采取行动的医学心理学急诊机制、地方行动者采用事件新话语的方式，以及精神创伤在受害者赔偿问题引起的讨论和冲突当中的位置。

精神创伤诉求

　　AZF化工厂位于图卢兹市区南部的一个普通街区，附近是拥有370个床位的精神病住院中心（马尚医院）和大型工人城（勒米拉耶城），城内人口失业率远远超出图卢兹市区的平均水平。爆炸发生时，医院受到巨大的气流冲击，整个基础设施均遭到破坏，医院的运转包括机动机制也混乱不堪，图卢兹心理医疗急诊部（CUMP）在几个小时之内几乎失去作用，无法参与最初的精神病治疗救援。住院中心人员与外界失去联系，他们一方面需要应对精神病人极度恐惧的问题，另一方面还要收治伤员，然而，医院的工作设备均已遭到破坏。从下午开始，患者被转移到附近两百多公里以外的其他医院，到了晚上，在毗邻前来援助图卢兹医院医疗急救队的协助下，医院的撤离工作才全部完成。同一时间，伤员被集中在马尚精神病住院中心门口，离急诊和药房不远，医院的护理人员开始进行前期的护理工作。一线医疗站就在中心门口搭建起来，接待来自AZF化工厂的受害者，但住院中心的病人没有在这里接受护理。勒米拉耶街区已经变成一片废墟，街道布满残骸和碎片，汽车被炸飞，居民楼崩塌，很多伤员游荡在街头。在等待救援的同时，人们自行组织起来，尽快准备应对最紧急的情况。居民互通信息，相互安慰，帮助受灾最严重的人员。人们消除了阶级差异，富有的人收容了那些瞬间失去一切的人。

198　　在整体评估各项需求之前，市政府采取的第一个措施就是在当地建立心理咨询机制。前来询诊的居民人数众多，机构本能地扩展了它的作用权限，与医疗急诊部一样，临时充当了"调度中心"的角色，为整个市区分配相关参与人员，一些人去了正式的治疗部门，另一些人走上街头，为行人提供灾后心理纾解。由于情况紧急，指令发布和人员调动都很仓促：参与救援人员的文凭和能力没有经过审核，分配给他们的任务也不明确；前来协助的义工也只是被要求在名单上登记。而他们一旦离开，由于缺乏协调，人们无法收集相关信息，比如治疗人数、观察到的精神紊乱症状的性质、严重程度、病情迹象等。援助人员中有很多人是第一次面对这样的紧急状况，在集体心理治疗接替工作方面没有足够的经验，能够确保将心理创伤最严重的受害者移交给专业人员处理。次日，当各个正式部门的负责人各就各位，开始重新运转的时候，制定灾难时期调配原则已经太迟了——这种调配一般是心理医疗急诊部的工作。市长菲利普·杜斯特-布拉齐本人就是心脏病科医生，他调动了医务人员网络，心理医疗急诊部因此被置于边缘地位，其活动只限于工厂附近一线岗位的援助，因而精神病治疗的基本需求

第六章 图卢兹

都集中在大学医学院。爆炸几个小时之后建立的制度在随后的两个星期内持续执行。很多自由执业的精神病科医生回到他们原先的服务部门，自愿接待不断涌现的精神创伤症患者。应对危机的组织工作安排就绪，额外轮班制建立起来，共收集400多个诊断单，只不过，与心理医疗急诊部的共同商定政策还没有展开。

与此同时，各项措施在城市的各个角落不断开展。在受灾最严重的地区，居民们发动个人力量，协调组建受害人互助组，这些小组很快转变成各种各样的联合会。司法人员、社会工作者甚至保险公司人员也加入联合会，主动为这些早就因为社会不公平而感到痛苦的人提供信息、咨询和帮助。心理学家志愿者在现场提供援助和咨询。市民们看到突然间出现的心理关怀，有的感到十分惊讶，有的为此感到高兴，觉得终于有机会向专家倾诉自己的情绪，发发牢骚（有时跟爆炸事件没有任何关系），同时期待遇到一位法律人士或者社会工作者，能够帮助他们解决问题。高校、中学、企业和行政机关都表现了这种关怀，倾听人们的诉说，预防精神创伤以及将来由此可能产生的影响。为图卢兹居民经历的悲剧提供心理咨询的人员不断增加，规模远远超出了专家援助。一名玻璃装配工人在描述自己在那些"无窗"者（这里借用了一个政治团体的名称，sans-fenêtres）面前扮演的角色时说："你们知道，我在修复他们住房的时候，听他们讲述自己的经历，我自己其实也在做心理援助的工作。"甚至提供生活必需品（被子和食物）也被视为一种精神支持，正如后勤支援协调部负责人指出的那样：

> 我能够说的是，我们那些真正守在受害者身边的团队成员，他们的工作非常出色，我相信尽管他们不都是心理学家，但他们的倾听十分重要。我相信最后大家都会为心理支持贡献一分力量。

每个受灾者联合会当中都出现同样的倾向，就像以下这位会员所说：

> 心理咨询，其实也是陪伴……就比如有一个周六，一个人走过来，他妻子非常激动，失去自控……我在别的地方还有事情，又不能对他们置之不理……他们在离开前跟我说："我可以拥抱您一下吗？"在那一刻，我觉得我们做的是真正的心理支持……我真的是这么想的，我真的觉得我做的工作是心理支持，有一定的效果。

受灾者自己在想，他们能否幸运地遇到一位有资历的精神病科医生或者心理学家，但只要能找到人倾诉，他们就已经很高兴了。另外，大多数人也不清楚他们的交谈者是精神病科医生、心理学家、护士还是普通路人。他们唯一感到遗憾的是，

第六章 图卢兹

从来没机会与同一个人进行过二次交谈，因为援助人员每天都在更换。

对援助人员来说，状况也不容易。由于缺乏严格的援助规范，他们的参与意义令人迷惑不解。在一些地方，参与援助的心理医生的人数超过了咨询者的人数，以至一些志愿者尽量克制自己不主动提供服务，而是耐心地等待人们来找他们。对另外一些人来说，人们诉求的内容让他们无言以对，偏离了他们通常的工作范围，比如他们当中有人说：

> 我们什么都要提及，不仅是心理学方面的内容，还包括物质方面和法律方面的东西。有时候我们不是作为一名心理医生提供咨询。处理这种状况并不容易，因为我们需要向他们解释，对于这类诉求我们无能为力。有时他们希望这能为物质支援提供方便，而我们就要立刻解释说，我们不能提供任何书面材料协助他们获取物质调配或者赔偿，我们真的无能为力。他们对此会很失望。我们有时很难将他们的苦恼与这些实质性的赔偿问题区分开。[①]

危机过后，很多人在思考这次行动的意义以及出现的各种状况：援助人员的增多、不加区别地倾听人们的叙说、各方参

---

① 斯蒂芬·拉忒采访心理学家志愿者的访谈记录。

与者的竞争，另外，在灾难即时管理和事后管理当中，对精神创伤的重视与诊询方式的模糊性形成了明显对比，也与心理救援组织混乱的状况形成反差。

然而，参与援助的人员对这些运转不良的状况有不同的评价。一位专家把这场事故称为"超出力所能及的灾难"，[①] 一些人认为出现这种状况恰恰是由于事故的规模：缺乏协调、没有检验被调动人员的能力、没有收集采取行动的信息、关注受灾程度相对较低的区域（比如中心大厦）而忽略灾情最为严重的街区（比如勒米拉耶区），以上种种皆能证明事件的严重性。还有人认为，灾情的即时管理反映出更为严重的运转不良现象。因此，卫生部工作组报告撰写人为市政府缺乏准备、行政管理力度整体欠缺而感到惋惜，更何况图卢兹市还拥有一个市内工业园区，其中一些企业被列为"Seveso"，也即高风险企业。国家与地方两种机制的竞争同时体现在遇到问题时对责任评估的分歧上。图卢兹和巴黎的心理医疗急诊部在职专科医生均认为，上述困难与图卢兹心理医疗急诊部被撇在一边有关，并且与市政府有意绕过合规机制有关。因而图卢兹医院的一位心理医生指出：

  那个时候完全不可能搅进这片混乱里，把所有东西不

---

 ① 参阅 2001 年 10 月 30 日机构委员会提交的 AZF 化工厂爆炸事件受害者流行病学跟踪报告。

第六章 图卢兹

分青红皂白地混在一起。我们要清楚，这样是不可能成功的，想想看，市政府拥有一份可以调动全市五百多名心理医生和精神病科医生的名单。除了这些申报人员，还要算上那些没有登记的人员，以及所有可能通过红十字会和天主教救济会涌过来的心理医生。这简直不可思议。

那些自觉加入恰好设在中心大厦和普尔班医院医疗队的人则认为，这些问题恰恰反映了心理医疗急诊部的制度局限性，说明其没有能力在发生大规模灾难时覆盖整个区域：在图卢兹这样一个大学城里，急诊部门没有与大学医学院的机构建立紧密联系，这是很难想象的事情，而灾难更加坚定了他们的想法。几年前马尚精神病院与普尔班大学医学院为设立心理医疗急诊部互相竞争，如今这场事故再一次将这些对抗提到现实层面上来。

有些人的批评更加严厉，甚至开始指责受害者学整个学科。他们认为，是心理医疗应急这个概念，甚至是承担精神病创伤症治疗这个概念揭示了学科的局限性。反对者揭露精神病学对人类痛苦越来越具有垄断性，他们从图卢兹应急救援失败中找到再合适不过的证据，揭示社会的精神病化。在他们看来，精神创伤应急救援的临床治疗方法在这一点上将会被淡化在常识当中，失去所有特征。面对一群脆弱的人，援助者不加区别地混合在一起，导致类似灾难发生时，尤其在灾难发生之后，志愿者会产生一种不自在的感觉。干预者的无区别性反映了受害者学领域的无区别性,这个领域在很大程度上任由媒体宣传引导,而其他专业人士可能更了解人们的创伤情况并负责他们的治疗。即使在这种极端的说法当中,这些批评也至少反映了一个共同点:它们都揭示了救援管理的失败和机制的局限性,但从未质疑精神创伤的意义。换句话说,这些批评并非宣称创伤范式的衰退,而是进一步突显了创伤范式。

从这个意义上说,图卢兹爆炸事件终断了法国精神病创伤史的连续性。学者的言论和医学心理学治疗实践的优先权第一次受到精神创伤症政治观念的质疑。人们已经不再像以往的运动那样,通过创伤症推进受害者事业的发展,而是要重新掌握精神创伤的动员力量,言外之意就是受害者的动员力量。受害者学家在动员力量中丧失了大部分信誉和正当性。过去人人觊觎他们的知识,以期奠定运动的正当性,维护受害者利益,如今他们的知识却成为精神创伤政策发展的阻碍。另外,当精神创伤受害者管理工作变得世人皆知,成为面对集体痛苦时一项强制性政策时,这一知识已经变得无关紧要,甚至有些令人怀疑。这种颠覆现象属于精神创伤知识与实践双重体系的脉络,对此我们已经介绍了20世纪时的多次交叉,但它的出现确切地说是在20世纪90年代(至少在法国是这个时期),当时法国政府决定直接对1995年夏天巴黎发生的一系列恐怖袭击导致的心理影响进行干预。精神创伤成为"极为重大事宜",不能只交由专家解决。

第六章　图卢兹

急诊问题

20世纪90年代初，人们提出对经历过可能具有高度精神创伤性事件（如恐怖袭击、事故或自然灾害）的人进行早期干预，这一想法最初在科学文献中提出，指出"早期纾解"（débriefing précoce）的有益效果。这种方法参考了医学应急政策，因此也称为"减压"，能够在事件发生的第一时间释放情感，预防创伤造成的后果。"早期纾解"在军队医疗部门普遍应用，但在民间医疗部门迟迟没有得到应用。急救人员是第一个敢于将他们在救援当中遇到的问题与军医观察结果加以比较的，因为除了受害者的精神创伤，他们同时还关注职业人员的精神创伤。实际上，与前线的士兵一样，急救人员经历了异常激烈的人生体验，产生的心理影响可能使其陷于极度疲惫状态，甚至导致精神崩溃。因此，如果人们接受这种观点，即应急干预的（急救人员）"旁系损害"相当于作战部队的"精神损失"，那么军队就可以为阐述和处理这种现象提供丰富的经验。首先，急救人员的疲惫被视为一种"精疲力竭"（burnout），是经常出现在超负荷工作的企业领导和管理人员身上的职业疲劳反应，[①]当人们采用军队的心理纾解手段，以期获得比传

---

① 参阅洛利奥勒（Loriol, 2000）。

统治疗方法更好的结果时，这种疲惫又被冠以"创伤后应激障碍症"之名。未来的急诊精神病科医生的第一次干预治疗就是在急诊科医生的诊室进行的，与他们一起工作的治疗团队从心理上体验到这项治疗的艰难性，而那时他们还没有陪同流动团队直接去到现场。

起初有个别措施试图将精神病科医生纳入急诊医生团队，前往事故现场或者负责受害者家属的抚慰工作，但这些措施只是特例。1992年5月5日巴斯蒂亚郊区的弗里亚尼足球场主席台突然倒塌，路易·克罗齐教授被紧急派往现场，对人员的精神损害做初期评估。1994年12月法国航空公司一架班机遭到绑架，精神病科专家组在奥利机场会客厅接待了机上乘客的家属，但是媒体仅仅提到医生出席了见面会。同时，巴黎消防抢险队的一名医疗队长具有精神学教育背景，由于其专业特长，他在急救当中负责心理调解。这位队长认为，"急救的背景太复杂，值得重新考虑精神病科医生的地位"。另外，"心理纾解手段无法得到系统性的使用，这不仅需要具备专业能力，而且需要拥有在紧急状况下进行医疗干预的长期经验，因为在紧急状况下，受害者恰恰不知道他们躲过了什么"。他认为应该避免向幸免于难者过多地透露有关灾情的信息。事实上，强行向他们解释事情的真相有可能造成不必要的恐慌，也可能造成创伤性恐慌：心理纾解方法不排除因治疗不当而产生风险。正是出于这个原因，他认为让志愿者参与潜在受害者救援的问题非

第六章 图卢兹

常微妙。由于他的这种谨慎态度，在几年之后成立心理医疗急诊部的时候，他被撇在一边。

受害者学专家无视这种疑虑，而是建议联合各地区医疗急救队的固定救援小组，成立全国联络网，这样有可能大面积动员自愿救援人员。心理急诊按照拟态管理和层级管理的双重方法，依附于医疗急诊部。根据民众保护模式，实施的措施要符合明确的指示，遵守严格的模式。大区区长是唯一有资格启动急救单位的人，这样急救单位才能启动它的志愿者网络。1997年5月29日，政府颁布法令，成立全国心理医疗急诊网络（当时很多地区早已拥有类似的急救单位）。尽管这项机制在财力人力方面还很薄弱，在组织方面仍存在一些问题，但依然得到媒体前所未有的支持。在发生重大事件时，这个团队的每一次出动都立刻引起媒体的评论。每一次人们都会强调有心理医生出现在现场，人们对他们进行采访问询，对着他们摄影。[1] 在媒体领域，"急救心理医生"有取代其他急救人员的趋势。

辅助培训增多，开始面向新的活动者，打开了广阔的专业技术全景，为所有精神创伤症患者提供服务。急救领域的专业期刊一般很少关注心理学问题，如今它们却用整整一期讨论这

---

[1] 2002年10月1日，法国二台20点新闻节目播报员在播报1995年恐怖袭击肇事者开庭审讯的消息时，一开始就指出："实施了一项特别机制：在审判厅设置了一个心理分析专家组。"参阅：www.ina.fr/archivespourtous/index.php。

个问题。① 传统的精神病学期刊也紧随其后,以"心理创伤现状"为主题发表了有关心理医疗急救的一系列文章。② 这一领域在受害者学实践中蓬勃发展,几乎模糊了相关方面的以往看法。甚至关于鉴定的讨论,以及专业鉴定与受害者医疗费用的关系,都降到了次要地位。受害者学家刚费力地摆脱受害者协会强加的枷锁,心理医疗急救又将他们推向幕前,走向协会的上游,甚至身处事件的中心。从此,不再是对事件发生一段时间之后出现的症状采取治疗措施,而是在事件发生之时就加以干预,确切地说,这么做是为了预防精神错乱症的产生。如此一来,受害者领域的边界很难界定,因为不论是直接或间接受到损伤的人,还是参与救援的人员和见证者(有时不一定在现场),都可能成为潜在的受害者。正是在这样的变化中,精神创伤专家——与其说是诊断精神创伤,不如说是宣布;与其说是治疗,不如说是预防——才终于从受害者群体中脱离出来。

这一成功是毋庸置疑的,它逐渐获得医学界的全面支持,但同时也标志着专业领域的一种不安。心理医疗急诊部治疗领域的扩展实际上意味着社会、受害者以及承担治疗义务的人员之间形成了一种新的关系。但是,也出现了另外一个现象:媒体的大面积覆盖对"急救心理医生"有利,同时也使精神创伤

---

① 参阅 1996 年 12 月《欧洲急诊》(*Journal européen des urgences*),第九卷,第 4 期。

② 参阅 2005 年《神经联报》(*Synapse*)。

第六章 图卢兹

干预治疗领域成为一个新问题。人们不再谴责受害者，而是将专业人员推入这场风暴。心理医疗急诊部是在发生水灾、火灾，学校出现自杀或者威胁事件的时候启动，他们的活动变得越来越普遍化。活动者本人反而不再出现在现场，他们都指责对方偏离了原本的意图。干预治疗指示、启动方式、治疗费用支付方法等经常遭到人们的指责，心理医疗急诊部一位专家（某重要部门的协调员）不无讽刺地指出：

> 我有一位同事，无论是专业技能还是理论知识都非常优秀。去年，他主动参加了47次急救，因为他与法国新闻台保持经常性的联系。每当有事情发生他都会去："您好！我是精神病科医生，有什么需要帮助的吗？"

专业人员不是唯一招致指责的人。监督机关也受到人们的广泛谴责，被认为胡乱启用相应机制，使社会到处充满伤痕，无法控制。因此，上面这位心理医生还说："我看到有些精神病科医生和护士在省长的要求下去照顾一位农场主，因为人们要杀了他的羊群。我对此深表不解。"行政权力机构在心理医疗急诊部创立之初就一直犹豫不决，在心理医疗急救干预不断增加和专业人士意见不统一（关于流动队"外出"就诊指示）的情况下，他们找了一个额外的理由冻结资金补助，希望能有一个更好的解决办法。国家心理医疗急诊委员会自2001年起被委托制定心理医疗急诊出诊手册。在卫生部国防高级官员的指导下，设置了多个工作组，由一名具有急救培训经历的项目官员负责协调。但自2002年秋，国家心理医疗急诊委员会因为无法取得一致意见，逐渐被搁置。

媒体首先高度赞扬了心理急救队成员，另外也不忘对"心理医生"加以嘲讽，说他们一听到"精神创伤警报"就马上出现，但是对那些在常识上已经认定为精神创伤受害者进行治疗的时候，他们却往往缺席或者迟到。各家全国型日报的专栏和讨论日益增多，面对这种依然处于边缘地位却突然折射我们这一时代现实的现象，每个人都努力以自己的方式提出科学性的阐述。但是，问题的关键既不是精神创伤，也不是受害者的真实性，而是对精神创伤的管理；问题不在于赋予相关受害者新的权利，也不在于协会的运动，而在于个人或集体情感的"精神病化"。从这个方面来说，应该受谴责的是专业人士。他们没有为所有出现在悲剧现场的人做"心理纾解"，而是按照任务要求，给精神受冲击较轻的人提供一个专业咨询名录，这种行为被人嘲笑为"新型散发传单者"。相反，2004年11月，当法国航空公司将被绑架人员从科特迪瓦迅速接回法国时，心理咨询人员在戴高乐机场大厅设立了帐篷，为惊魂未定的乘客分发热饮和毛毯，其他救护队队员对他们的做法感到很惊讶。在这种并非关乎生命安危的紧急状况下，优先性的竞赛对他们来说是不利的，正如下面这位红十字会志愿者亲身经历所证明的那样。这位志愿者所在援助组的任务是在父母填写行政手续表格的时候照看一群孩子，他说："这么做也许有用，但更像是组织一次夏令营，而不是利用专业技能消减人们的精神压力。"所以，精神病急救人员似乎总是找不到恰当的做法，要么做得过分，要么做得不够；而且由于总是出现在各种媒体场合，他们还会面临各种批评。

但是，在2002年《柳叶刀》杂志发表了一篇荟萃分析文章之后，关于急诊心理医生的讨论开始朝着科学性的方向发展。这篇文章对早期心理纾解效果进行了荟萃分析，并根据目前所有的调查结果总结了这种方法的风险，[1] 很快引起各界的反响。人们立刻对作者的研究方法和结论提出异议，指出他们的态度有意规避急救实践的条件，质疑早期心理纾解是否具有标准规定等。[2] 还有人指出，心理急救部门采用的治疗措施不应仅限于益格鲁-撒克逊式的心理纾解方法，因为这种方法与法国的具体实践具有很多差别。[3] 但是，对受害者学家提出的在事件发生后立即实施干预治疗这一核心内容的合理性，人们的意见仍然存在分歧。一些活动者认为，这一系列的指责会产生

---

[1] 参阅冯·埃梅里克、坎普胡斯、胡尔斯博什和伊摩尔凯姆的研究（Van Emmerik, Kamphuis, Hulsbosch & Emmelkamp, 2002）。荟萃分析是对围绕一个主题发表的所有研究进行综合性分析，提出认为有效的经验性条件，对取得的所有结果做一个总和。

[2] 参阅德·斯瓦尔（De Soir, 2004）。

[3] 参阅克雷米特尔（Crémniter, 2002）。

可怕的影响。心理治疗急诊部的专家知道猜疑对受害者会产生怎样的影响，所以他们一直游走于两种态度之间：一方面以行会主义精神维护自己的工作方法；另一方面揭露同行在工作中可能出现的偏差。

经过几年的时间，心理治疗急诊部从一个创新的形象变成一个幻想的形象，如何解释这一变化？要理解这一点，我们需要回顾一下1995年法国总统的奠基性行为。关于这一行为，无论是参与者还是评论者，他们在叙述中都会有所提及，因为受害者协会和受害者制度的拥护者都由此经历了心理治疗急诊的历史性转折。[①] 这一时期的发展就像一个神话起源，它在事件发生后提出一种解读方式，立刻向世人展示它所推进的东西，从而更好地模糊它企图消除的矛盾。我们在不降低雅克·希拉克这一行为的形式主义甚至是机会主义表现的同时，还应该从中看到纯粹的政治意义。事实上，让国家最高权力者成为心理医疗急诊部门的创始人，这一神话本身就构成了一种误解，它是对这一话语首要意义的原始误解。总统反映出的意图也许不是实施由专家引导的机制，而是展示非专业评估的准确性，因为对受害者的关注不是专业医生的事情，即使是在事故发生第一时间内应该向专业人员求助，解决问题。总统

---

① 2004年负责受害者权益的国务秘书尼科尔·盖杰（Nicole Guedj）接受了我们的采访，她非常自然地提到国家总统对这项事业的支持："雅克·希拉克很有先见之明，他早已预料到受害者的期待。"

第六章 图卢兹

的意图属于另外一种明显的形式，就是要求所有人承担起集体责任。1995年站在圣米歇尔山上的雅克·希拉克与2001年图卢兹市市长菲利普·杜斯特-布拉齐一样，都表达了这样一种情感：将几个人的不幸转变成所有人共同承担的事业。他们会说："我们每个人都是恐怖袭击或者意外事故的受害者。"镜头通过"心理医生"的演讲锁定的或者企图揭示的，不是几名可以信赖的精神病科医生和心理医生，而是精神创伤本身，或者确切地说，是通过那些了解精神创伤症的人的目光折射出来的一种形象。

受害者学家和精神创伤症的其他急救人员争夺的也正是这一点。大体来说，他们不是唯一能够掌握精神创伤真相的人。其他方法、其他观念，同样能够理解和衍射精神创伤的真相。精神创伤成为人类基本价值标准，既是患有精神创伤症者的人性标志，也是治疗者的人性标志。因此在某次采访中，图卢兹一位救援后勤负责人指出，在痛苦和困难当中懂得倾听、抚慰和鼓励市民不一定非得是心理医生。但是关于这一点，早已众所周知。人们不知道的是，市民的行动混淆了精神创伤的社会性实践。

不平等性和排斥

精神创伤史近来经历了一系列占有和失去拥有权的过程。

从 20 世纪 70 年代开始，精神创伤成为美国重新恢复精神病学正当性的前沿问题，当时这项工作主要依靠动员受害者运动的力量展开。在法国，精神创伤逐渐摆脱精神病科医生构建的理论框架，在 20 世纪 80 年代被受害者协会所掌握，成为他们诉求权利的工具。在这段时期，精神健康领域的专业人员及新出现的受害者学家依然出现在精神创伤的舞台，但仅仅是以辅助专家的身份出现，因为那时发生的事件是集体性悲剧，与性暴力这种个人暴力不同，不会引起争议。随着 20 世纪 90 年代心理医疗急诊部的机构化，受害者保护制度被划归公共权力部门管辖，这就剥夺了专业人员对这一领域的控制权，引发了异议。2001 年 AZF 化工厂爆炸事件加剧了这种剥夺专业人员相关权利的趋势，将精神创伤的诊断权交到业外人士手中，并且这起事件在受害者之间设定了诸多界限，从而划定了新的不平等性和排斥范围。

一开始就有一种评定。精神病学和心理学方法的蓬勃发展表明，精神创伤最终不再是急诊部门个别受害者学家的事情。受灾者协会和居民小组实施的正式部署大量涌现，说明这项工作已经不再是精神健康专业人员的特权。从此，精神创伤超越了精神病科专家的专业领域。我们收集到的证据证明，图卢兹全体居民一方面被视为受害者，另一方面也被视为心理疗法的医生，他们既是受人同情的客体，也是团结的主体。每个人既是受灾者（即使是间接的）也是为别人服务的志愿者。当然

第六章 图卢兹

有些陈述可以使它们指定的东西存在，人们不会忽视这些陈述的施为能力，首先从痛苦开始：自称受害者，就是产生受害这一事实；自称心理疗法医生，就是赋予自己心理治疗能力。当然，人们也不会忘记，在悲剧情况下最容易动用的就是这种话语，因为它具有明显的适应转化形式：当使用大家熟悉的痛苦词汇描述一场悲剧的时候，谁会怀疑这场悲剧不是一种精神创伤呢？但除了这种双重修辞法之外，我们察觉到AZF化工厂爆炸事件引出两个完全矛盾的关键问题，这两个问题在所有精神创伤性事件中都有所体现：一是肯定受害者的普遍性；二是他们当中产生了不平等性。我们将根据我们的调查来具体阐述这两点。

从初期的分析来看，这场意外似乎影响到所有人。工厂附近的街区受到严重破坏，由于爆炸气流太强，市中心也被波及，蒙受物质损失。感情冲击往往与爆炸强度、与目睹狼藉不堪的破坏场面有关，由于爆炸原因不确定，往往又与恐怖主义联系在一起，同时人们担心整座城市都有化学中毒的危险，此外还有（不是很确切但肯定是决定性的）情感同化，大家共同体验了一次极为悲惨的经历，这一切在不幸当中产生了一种密切配合的形式。在这里，精神创伤这个暗喻起到了联合的作用，每个人都感觉此事与自己有关，自己也是受灾者。另外，在我们的采访当中，个人对创伤经历的叙述细节详尽，证明了这次爆炸对每个人的影响之大。在我们开始询问之前，每个人都会自觉地从各自的经历过渡到集体经验，都会感受到那种情感，甚至包括"这个八岁的小姑娘，她因为看到自己的老师流泪而受到创伤"。先是市长讲话，接着是国家总统和总理讲话，各种政治演说强化了这种共同逻辑，将所有图卢兹人（市长的话）和法国人（总统和总理的话）团结在这个遭受悲惨事件的群体周围。有一点是肯定的，就是在很长一段时间内，AZF化工厂爆炸事件将会形成一种悲痛中的集体身份——或者在图卢兹，或者在法国。在把所有市民视为受灾群众，要求每个人勇于面对同胞的心理损伤的同时，菲利普·杜斯特-布拉齐本人体现了图卢兹人的双重身份：悲惨事件的受害者，同胞通用的心理治疗师。他成立了一个虚拟受害者共同体，联合身边所有民众，形成一股动力，激发人们的同情心和凝聚力，不分社会阶级和政治倾向，仿佛忘记了爆炸毁坏最严重的街区就是城市经济社会最不平等的街区。

而事实上，"神圣联盟"很快就瓦解了。在团结力量自发动员之后，全体居民起初集中在同一条件下，打破了原先的社会区别，但随着事件的直接受害者（离工厂很近的街区）和间接受害者（远离爆炸中心的街区）的界限逐渐清晰，大家的意见也变得不那么统一，逐渐开始模糊。在物质损失最严重的地方出现了精神创伤等级化差异，这进一步强调人们承受损失的不均衡性再现了早已存在的社会差异。相反在图卢兹的精英阶层，不存在精神创伤等级化的差异，而是表现出一种集体创伤

第六章 图卢兹

症,与每个人的过往经历无关。另外,这也是国家卫生监督研究所的流行病调查要确定的事。[1] 调查者在最终报告中指出:"这是法国第一次在事故发生后第二天就开始实施的灾后卫生流行病全面评估机制。"这是一个值得关注的事实,从合理性角度来说也是值得强调的,因为法国的卫生健康信息体制常常因为缺乏反应力度而遭到批评(从20世纪80年代的血液感染到2004年夏的高温天气)。更值得注意的是,调查从一开始就引入了社会维度,包括解释性变量的构成(每个人的特征)和需要解释的变量构成(事故的后果)。[2] 因此,调查尤其注意考虑人们的职业类型、出生地以及居住地。同时,观察结果不仅涉及严格意义上的健康问题,而且涉及物质损失、生活条件以及日常生存的影响。

调查采用社会流行病学的方法,[3] 阐明被调查者因具体情况不同而可能出现不同程度的精神障碍和症状。实际上,除了高度紧张的情绪影响到全城居民,事故的远距离影响与社会的不

---

[1] 从9月22日起,公共权力机构决定设立一个事故后果流行病监督机制,由国家卫生监督研究所统一协调。在紧急回应后,形成两个机构;一个由蒂埃里·朗(Thierry Lang)教授主持的科学委员会,负责进行深度调查;一个管理委员会,负责讨论结果和广泛传播信息。

[2] 一些作者并不知道精神创伤对图卢兹人造成的社会学方面的影响,但他们仍继续提出图卢兹精神创伤集体性和普遍性问题。参阅佩奇考夫、多莱、杜维尔和古顿的研究(Pechikoff, Doray, Douville & Gutton, 2004)。

[3] 科学委员会主席与其他学者合编了第一部关于健康的社会不平等性问题的法文版著作。参阅勒克莱尔、法森、格朗让、卡闵斯基及朗的研究(Leclerc, Fassin, Grandjean, Kaminski & Lang, 2000)。

平等性密切相关。①调查者所说的"创伤后应激障碍"往往出现在"过多目击事故场景的人"身上，也就是说，这些人"大量地亲身经历（近距离目睹或者受伤）或者间接看到（有亲人受伤）爆炸事故"，或者"在一段时间内因爆炸影响了生活，造成生活困难，尤其是住房无法居住，经济困难，对工人来说影响就业（比如因材料供应不足等原因造成的技术性失业）等"。在不同的记录（空间的、社会的、物质的、体质的、情感的）当中，所有因素描写的都是同一类群体：住在工厂附近街区，在事故发生前生活条件极其不稳定，爆炸对这类人群的影响也最为严重，持续时间最久。除了前面一系列现象之外，调查者还明确指出，创伤性精神障碍最容易发生在"最脆弱的"人身上，这种"脆弱性"既涉及个体，比如"有前期创伤病史"或者"有心理问题治疗史"的人；也涉及集体，比如"条件最差的社会群体"，他们包括爆炸地附近街区的居民、外国人或文化程度较低的人，以及体力劳动者、工人、手工业者和职员。因此形成了一幅精神创伤社会版图，经济条件、职业类型和移民出身地加强了爆炸地理近距离的影响。另外，从社会角度来说，地理近距离本身也具有决定性。由于贫困街区与污染化工工业一起被规划在同一片郊区，所以，灾难的影响与社会现实是分不开的。这就是调查科学顾问委员会主席所说的

---

① 参阅国家卫生监督研究所（2006）以及拉皮埃尔-杜瓦尔等人（Lapierre-Duval et al., 2004），还有吉纳尔德和戈多（Guinard & Godeau, 2004）的研究。

"集体可归罪性",[①]这种说法为后期不考虑个体评估而制定经济赔偿的制度奠定了基础。

在事故发生之后,社会运动迅速发展起来,而上述问题就成为运动所关注的中心问题。十几家受害者联合会(如"9·21"受难者联合会)、受伤者保护组织(AZF生存组织)、217受难家属联盟以及居民委员会先后成立,作为图卢兹人的代表。尽管提早发放了补贴,但"无窗"组织很难修复所有住房。街区重建方面仍存在疑虑,这加重了居民的担忧。为解决这个问题,所有受灾者联合会集中在"不再无处安身"(Plus-Jamais-Ça-Ni-Ici-Ni-Ailleurs)组织内部,召开会议,要求公共权力负责人做出承诺。但他们的强烈诉求主要集中于重建因灾情解体的社会组织工作。在工厂被摧毁之前,这些街区的生活并不容易——高失业率、违法乱纪、各种虐待和暴力行为经常成为当地报纸的头条新闻——但是居民之间的关系还是很和睦的,也十分团结。工厂爆炸带来的破坏、居民离开、化学工业园的未来扑朔未定(相关就业和贸易问题),这些进一步加重了这个地区未来发展的负担。各个组织正是为了抵制这种发展趋势,抓住所有可能利用的斗争手段,重新认清形势,在这种情况下,精神创伤显得更加有效。

受灾者协会负责人说,在勒米拉耶,"人们每天在内心不

---

① 流行病跟踪研究机构委员会2004年3月30日的报告。

断重复着这次爆炸事件,这比物质损失更加严重。也就是说,经受了物质损失,还要面对不断涌现的内心损害,这是很难应对的。"爆炸不仅唤起了以往的屈辱和歧视,而且让这一切变得更加无法忍受,伴随着爆炸的风险,市民的愠怒也被激起。

> 公共权力机构是爱我们的,但仅仅是当我们沉默不语的时候……尤其是当我们沉默不语的时候……沉默,我们不想这样,我们不想沉默,因为……我觉得他们还没有认识到社会爆炸可能非常严重……很严重,无法控制,不可能控制……

协会负责人意识到这种风险有可能最终毁灭整个街区,因此每天都在努力工作,重建城市的民主空间。精神创伤为他们提供了团结的因素,他们不需要求助专业医生就可以认清自己的位置。这位负责人还说:"人们不会主动去找心理医生,他们太了解心理医生了。"他们都有过与精神病科医生打交道的经历,这一点也是"过往创伤的构成因素之一"。因此,她指出:

> 人们要求金钱补贴,要求看得见的实实在在的补贴。他们无法用语言表述难以触知的东西,对于这些人,我认为最重要的就是给他们一个名称,承认他们是受害者,无论这个受害者代表什么意义。我想说的是,受害者这个词

第六章　图卢兹

对他们来说是有意义的。从被认为是受害者那一刻起,他们就可以放弃某些东西。我意识到,爆炸是补偿除爆炸之外其他东西的方法之一。

这些话表明了民众恢复城市组织的目的,过去人们在城市组织当中只想看到失望和公民身份的消失。

直到那时,维护受害者权益的协会运动一直在动员人们,要求将他们的行动局限在受害者境况的特殊性上。受难者联合会则采取相反的措施,它们重新利用受害者的动机和创伤性话语,让人听到早已过时、已经没有听众的怨言。勒米拉耶街区恰恰是这种新型集体意识表现的场所。当政府对爆炸事故后果采取垄断管理时,贫困群众坚持要人们意识到属于他们自己的故事,它还没有因为 AZF 化工厂的毁坏而开始。每当提到无差别集体创伤,人们都以从前的特殊境况来回应。精神创伤的话语让他们说出了不平等性。

除了灾难反映的结构性差异以外,还有两类人受到的影响十分独特。一类是住院的精神病患者,另一类是化工厂工人。第一类人离爆炸现场距离较近,成为受事故影响最大的人,但他们依然远离人们的视线;第二类人则受到受害者和被怀疑者双重身份的束缚。因此这两类人缺乏精神创伤症患者的社会条件,换句话说,他们被排除在受害者的道德团体之外。在这一点上,他们为我们揭示了有关精神创伤的基本真相。

第二部分 补偿政策

位于爆炸地点附近的马尚医院遭到破坏,附近各家医院的病人被迅速转移,有的被转移到离家两百多公里的地方,这些都没有引起图卢兹人特别的情绪。爆炸发生后,众多政界负责人迅速赶到工厂,但没有一个人穿过街道去慰问一下精神病院同样受到严重伤害的病人和护士。几天后,时任卫生部部长贝尔纳·库什内(Bernard Kouchner)访问了这家精神病院,弥补了这一不公平待遇。但他的讲话依然只是面向医护人员。在接下来的机构委员会会议中,人们在讨论安置工作时只提到过一次精神病患者的境况,因为这与医护人员的境况有密切联系。流行病调查研究也没有涉及这个群体,这是科学委员会主席感到最为遗憾的地方。很明显,这种排除方式意味着精神病患者没有被归为灾难受害者:他们首先是精神病患者,属于精神病科普通治疗范围,而不属于精神创伤特别关注的对象。这种观点蕴含着令人吃惊的东西,因为根据国际科学文献,精神病患者反而是创伤后应激障碍最不稳定的群体之一。[①] 事实上,这种排除不仅反映了如今有些过时的说法,即传统的社会运动一直很排斥那些"疯子",而且也无法因为这样一个事实而自证其理由,即这些已经在接受专门治疗的患者,虽然他们无法证明为什么人们对其实施特殊措施,但他们会在之后的接待医院里接受必要的治疗,如果是这样的话,他们就应该,至少是

---

① 参阅弗雷姆和莫里森(Frame & Morrison, 2001)以及缪塞尔等人(Mueser *et al.*, 1998)的研究。

第六章 图卢兹

部分地被定性为"精神创伤症患者"。他们的痛苦是不争的事实，但这一事实并未得到患者和受害者这双重身份的认可。

如何理解这种对他们先前病理的排他性指定呢？精神创伤语汇的有效性，正如我们前文所说，意味着存在一种特殊事实体系，可以由事件的真相推断出同等的话语真相。随着猜疑制度的终结，人们不再质疑自称精神创伤症患者的话。而且精神创伤症患者的话应该反映集体真相，换句话说，这种话语至少事先有证据，也就是说在创伤性事件发生之前可能存在一定的真实性。然而，对精神病患者来说情况并非如此。他们不仅无法以个人名义启用事实真相这种新的话语形式，而且没有人认为有必要替他们来做这件事。即使是全心维护患者利益的精神病科医生，也不会主动表达这种意图。在调查当中，他们也非常明确地承认了这一点。对于精神创伤术语实际使用和调用领域的界定原则来说，精神病患者的确成为远离人们视线的一类人群。

在被摧毁的工厂里，同时上演了另一场景。AZF 化工厂的职工从事故一开始就有遭人指责的感觉，他们担心公众的敌视行为会导致化学工业区关闭，从而失去工作。[1] 他们虽然处于事故一线，但并没有（或者担心没有）直接遭到爆炸破坏的邻

---

[1] 斯蒂芬·拉弎采访了 AZF 化工厂的工人，这份采访报告我们在集体研究报告"应召受害者学家"这一章里做了引述（«Des victimologues à l'appel», Fassin & Rechtman, 2002）。

居那样的感受。"不再无处安身"组织的创建加深了他们的担心：这个组织直接质疑化学工业区的未来发展，令他们更加远离设置在工厂外围的援助措施。另外，在市民看来，AZF化工厂工人不像其他人那样同为受害者，他们应当承担一部分责任，这使他们疏远了灾难前社会关系比较亲近的人。围绕精神创伤问题人们好不容易达成一致意见，但在这一致意见当中，这个污点几乎是最直接的。在流行病跟踪调查委员会的讨论中，职工的境况多次成为讨论的主题：工会认为，应该将职工纳入集体悲惨事件，这样可以从长远角度考虑医疗卫生的影响。但是，当调查重新将社会问题与急救联系起来的时候，这种结合却无法应用到AZF化工厂职工身上。在工厂内部，同时存在两种措施，表现出同样的张力。这两种措施按理说是相互矛盾的：一方面为爆炸事故导致精神创伤的工人提供心理支持，另一方面并不因此放弃追诉工厂、职工或领导的责任。比如，工厂外的各项联合活动要求追究道达尔公司和整个化学工业园的责任，让厂里人担心局势会朝着这个趋势演变。对工会来说，有一个问题十分关键，就是首先要维持企业的凝聚力，保证就业。这就意味着不能采取工厂职工是受害者这种态度。

为此，工厂领导聘请了一个心理专家团队。工会放弃了对倾诉机制一贯的保留意见，积极接受这种提议——他们经常批评说，这一机制是为了将工人的问题个性化，从而模糊造成他们痛苦的社会原因。但是，这种依靠精神创伤思想和心理治疗

第六章　图卢兹

手段的方法，与图卢兹其他地方发生的情景截然不同。在工厂里，首要的关键问题在于避免公开工人向心理医生吐露的话。精神创伤运动可以将工人归为事故的受害者，同时也将他们排除在精神创伤认可的一般运动之外。在这个讨论过程中，尽管工会和工厂领导层之间由于刚刚结盟而存在张力和冲突，但整个工厂仍然团结一致；关于这场讨论人们没有透露任何消息，只是说工厂职工将与其他所有图卢兹人一样享有心理咨询保险。

除了马尚医院的精神病患者和AZF化工厂职工的特例之外，精神创伤成为图卢兹这场事件的共同点。尽管心理医生和精神病科医生从一开始就着手治疗，有时也预防和治疗创伤性精神障碍，但他们不再是证明精神创伤事实的专家。精神创伤成为一个理所当然的事实，也成为寻求补偿的共同办法。

安慰和弥补

自创伤性神经官能症出现以来，赔偿问题一直是讨论的核心话题。在整个20世纪，至少到20世纪80年代，专家要为他们诊断的病情提供证据、评估费用，每个精神创伤患者都会成为怀疑的对象。到了20世纪90年代，法国的协会运动重新提出赔偿理由，作为损失的合理推论；他们将疾病的成因（追求次利益引发病症、妨碍康复）转变为维护患者利益的一种理由（补偿成为一种合法诉求，能够使受害者身份得到承认，有助于恢复心理健康)。人们不再期待安慰性施舍,而是要求公正的补偿。但是安慰没有消失,而是在某种意义上成为一种辅助性补偿。

尽管在公众意识和法律规定中,补偿是必需的,但是接受这一点的诉讼手续却相当复杂,并且充满痛苦,布满陷阱。首先一个不容忽略的手续就是鉴定,这其中涉及可归罪性的敏感问题。从创伤的心理后遗症方面来说,这个问题尤其可怕。假如受害者以前就有精神障碍或者有精神病史,是否应该提出能够限定最高计算标准的直接可归罪性?还是应该考虑创伤性事件只是加重了先期存在的症状学的构因,因此估低赔偿金?美国的PTSD分类恰恰是为了规避这个问题而设计的,因为这种分类意味着在事件和症状学之间存在直接可归罪性。在法国的民事鉴定当中很难应用,关于归罪性问题的讨论依然非常激烈。各种协会对受害者的帮助证明了这些困难,一个人没有法律知识,而且内心往往受到伤害,是无法独立面对这些问题的。鉴定依然是最关键的时刻,后续都将依靠这一鉴定的结果。当然,涉及恐怖主义行为造成的损害,在恐怖袭击S.O.S.组织的压力下,1986年成立的保障基金将为所有生理和心理受害者提供赔偿金。而对于涉及第三方责任的事故,民事诉讼会重新依法议案,再次提出可归罪性这个棘手问题。

在AZF化工厂发生爆炸后,诉讼程序本应采用法律规定的途径,因为这起事故涉及第三方——道达尔集团,和原告——

潜在的所有图卢兹居民。除民事部分外，这种法律途径意味着各保险公司事先要进行相关鉴定的讨论，以确定石油集团的责任。在司法部的发起下，道达尔集团、保险公司和受灾者达成赔偿协议，绕过正常的诉讼程序。假如各方没有达成这样的协议，可能图卢兹司法机构在好多年里都要忙于处理这一事件，更何况石油集团只承认民事责任，拒绝所有刑事责任。工厂的领导也担心民事争诉会象征性地推定工业集团犯有刑事罪。协议规定对所有要求赔偿的人进行鉴定，不需要事先提供原始医学证明。一旦出现争议，将按协议规定，采取第二种和解制度，重新进行鉴定，避免再一次将冲突司法化。最后，为减少当事人之间的冲突，被任命的鉴定人应该是在上诉法院注册、得到认可的专家，这样可以避免保险公司自己选定专家鉴定。根据这个相对于传统民事鉴定较为灵活的规定，法院收到12000多份诉求，其中只有3500份申请涉及身体损伤赔偿，不到300份的诉状提交法庭审理。另外，这些诉讼最终也都被判经济协商，而不是司法决议。

尽管诉讼程序被淡化，但是前期鉴定一般对原告不利，因为很少能够找到精神创伤的特殊症状。[①] 经过共同商议，主要专家一致建议在鉴定项目表中添加"特殊损失"一项，包括灾

---

① 根据流行病调查，在工厂附近的街区，创伤后应激障碍的普及率在男性当中占 9.1%，在女性当中占 19.1%；在远离工厂的街区，男性占 2.4%，女性占 8.1%。参阅拉皮埃尔-杜瓦尔等人的研究（Lapierre-Duval *et al.*, 2004）。

难发生以来能够反映生存困难的各种心理迹象和比较普遍的社会考量。补偿金额不是根据申诉人的临床状况来定的，而是合并了各类损失。我们采访的一位专家对此是这样解释的：

> 特殊损失从某种意义上说是指身体损伤，但它反映了社会经济方面的生存困难。比如，一个人因为AZF化工厂爆炸事件失去工作，住房遭到破坏，父母受伤，这些都是灾难造成的间接损失，甚至不属于身体损伤的一部分。它们可能是社会经济的构成部分，但是后者又反射到心理方面，应该属于人们所承受的痛苦。因此，这是一种与事故的社会经济影响相关的心理体验和精神痛苦。这就是为什么特殊损失具有社会和经济的维度，这些人也许没有直接的肉体病痛，但是他们依然很痛苦，因为他们的亲属遭受痛苦，他们的住房受损，他们的职业状况完全改变。但是，这里指的不是严格意义上的身体损伤，而是他们的生活完全遭到颠覆，是广义上的实体损害，可以认为是生存条件的改变。

这一规定的延展可以让图卢兹大部分居民，至少是接受补偿协议的那部分人群获得补偿。根据专家的说法，几乎所有人都得到了补偿，甚至在爆炸时不在图卢兹的人也得到了特殊损失补偿，理由是他在情感上参与了事故，因而可能对他的日常

第六章 图卢兹

生活产生影响。

因此，实际上所有人都得到了这样的特殊补偿，除了那些远离人们视线的人。他们在获得补偿的时候也不在人们的视野之内。人们非常默契地将精神病患者排除在协议之外。一位专家无奈地对我们说："对于精神病患者来说，这是一个很大的问题。"精神病科医生也同意这一观点，他们是这场运动最积极的参与者，他们也承认，虽然迟早有一天要考虑向精神病患者——他们受灾难影响严重，被转移到急诊科——提供补偿金，但这个问题至今没有提上日程。至于工厂的工人，他们的境况也不理想。在事故发生后的头几个月，他们受困于工厂里的矛盾争议，而这一次他们又以默示的方式被排除在补偿协议之外。他们本可以在不违背劳动法立法的同时享受协议的规定，但也正是由于工作事故的规定，他们无法被纳入协议体系。事实上，根据劳动事故条例，作为员工他们有权依照社会保险的规定获得赔偿。但是，要得到附加赔偿，也就是像其他图卢兹人那样获得赔偿，他们只有两种选择，或者加入协议，利用"特殊损失"条款，或者反过来与企业对立，以"不可原谅过错"为由进行辩护。那些曾经企图这样做的人最终在企业中的处境十分尴尬。在紧急审理道达尔集团的诉讼中，只有155名职员出席了社会保险事务法庭，申请判处道达尔集团的不可原谅过错罪，而这些人被指责为了个人利益损害集体活力，被集体领导层和工会检举（两者再一次为了维护劳动工具而团结在一起）。司法诉讼程序也无法解决这个问题，双方最后签订了和解协议，为员工提供附加补偿金。归根结底，相对于全体图卢兹人，工厂的工人不需要做更多的个人精神鉴定。

*

我们在调查初期就提出了一种假设，认为城市几乎所有社会阶层都存在集体创伤现象，这种一致性会经不起赔偿的检验。我们不得不承认，由于上述的各种结构性原因和形势原因，人们最终达成共识，战胜了这种考验——除了精神病患者这个看不见的群体，人们没有承认他们的精神创伤；还有工厂职工这个不受欢迎的群体，人们将他们归到非特殊赔偿范畴。情况之所以如此，之所以所有自称受灾者的人能够以精神创伤为由获得补偿，而不再需要专家的证明，是因为事故同时具有政治和道德维度，它提出了受害者集体身份的问题。当然，赔偿措施不能消除人们的抱怨和期待，但可以让人听到这些抱怨和期待，包括在反映社会不平等性方面。非专业人员重新利用精神创伤发起运动，这些活动与建议的管理模式和调整制度都没有关系。特殊损失与卫生预防研究所提出的并一直坚持的集体可归罪性相似。集体精神创伤这个说法引起的情感负荷也在专家当中产生影响，他们希望能够普遍弥补自己所说的可怕的不公平现象。他们对我们说，他们像其他人一样也是受害者，他们有责任在灾难过后为重建家园做出集体努力。经济补偿的规定没有缓解各方面的紧张压力，各种运动依然在继续，与道

第六章 图卢兹

达尔集团的案子依然没有解决，但是贫困街区因爆炸而遭到破坏的社会结构，现在由于突然间认识到这个公民基础而得以重建。精神创伤和补偿的话语，建立了同情与团结的关联，将痛苦转变为行动，在构建受害者精神共同体和政治行动当中扮演了重要角色。

从司法领域的专业受害者学到受灾现场的医疗心理急救部门，从纽约的恐怖袭击到图卢兹的爆炸事件，精神创伤病史的发展就是重新适应和剥夺的连续交替，根据不同的模式彼此包含又彼此排斥。各种团体以饱受精神创伤痛苦却无法公开表达者的名义，肩负着精神创伤的话语，而当他们的言论赢得新的听众的时候，他们便被剥夺精神创伤的话语权。法国的情形与美国不同：法国受害者运动的进一步推进是围绕赔偿问题展开的，受到经验丰富的精神病科医生的保护，与美国精神创伤事实提出的方式不同；在美国，争取公民权利是由受歧视群体和被人遗忘的老兵提出的，依靠的是已经取得胜利的精神病学的支持。但是，无论在法国还是在美国，精神创伤都表现了人类命运中无法忍受的一面，政府承认精神创伤的意义，使其行动获得正当理由。在越南战争之后，美国老兵的精神创伤揭示了战争的残酷性，今天普通民众的精神创伤又反映了可怕的恐怖主义、无法承受的事故和无法接受的各类事件。这并不是说我们这一代人无法忍受偶尔发生的暴力和痛苦，而是这一切有了新的词汇，可以对此进行定性和阐释。对受害者的关注不是一个简单的被人贬低为"受害化"的"时尚活动"：它反映了人们将苦难置于政治中心位置的管理方式。从此，精神创伤成为一个常识，其含义远超出精神病学家的定义和由此引发的讨论；它要求人们行动起来（临床治疗领域、经济措施和象征性表现），予以补偿。

第三部分

见证政策

2002年3月8日，数百名精神病科专家和心理学家（大部分是法国人）聚集在巴黎互助之家（Maison de la mutualité），参加由无国界医生组织（MSF）举办的国际研讨会"创伤——护理与文化"。大会议厅座无虚席。随后，各个分会场在小会议厅继续展开讨论，主题包括："紧急救援""救急后护理""长期暴力""婴幼儿与青少年"。整个会议期间，与会人员纷纷根据自己的"现场"经验宣读论文，提出讨论。这些论文有的发生在冲突现场或者难民营，与难民申请者或性暴力受害者相关，有的发生在南方国家，也包括北方国家。论文和讨论议题都致力于缓解全世界遭受暴力者的痛苦。涉及的国家包括亚美尼亚、车臣、科索沃、波斯尼亚、塞拉利昂、刚果、危地马拉、萨尔瓦多，当然也包括法国。但重要的是巴勒斯坦问题，就是针对处在战争中的人民展开心理援助的标志性任务。当然，这一任务也让人们看到无国界医生组织的行动及其在精神卫生方面发挥的先驱作用。除了推介目的——显而易见地体现在活动标语和会议手册目录上——以外，这种表述行为的举动以回顾展望的方式赋予事件一定的意义。[①]2002年3月8日的

---

① J. L. 奥斯汀1955年在哈佛大学做了系列讲座，后来将讲座内容出版，即著名的《如何以言行事》（1970），书中提到的"表述行为语句"或者简单地

会议希望成为人道主义精神病学的命名典礼：在将这门学科推向舞台的同时，使其机构化。[1]

十年前，世界医生组织在布加勒斯特举办过一次重要会议，主题为"精神健康、社会与文化——人道主义精神病学"。会议在罗马尼亚会议大厦（几年前由时任总统齐奥塞斯库主持了大厦落成典礼）举行。在为期三天的会议中，八百多名精神病科专家和心理学家讨论了罗马尼亚极权统治产生的精神病影响，要求罗马尼亚政府采取必要措施，重建精神卫生。鉴于这次活动——其出发点是揭露罗马尼亚精神病院的恶劣条件，尤其是对儿童来说——有很多国际专家尤其是拉丁美洲专家出席，其讨论领域扩大到政治暴力的各个方面。"精神病学"和"人道主义"这两个词虽然第一次结合在同一个表述中，但并没有真正完成语义上的结合。在会议发言当中，涉及最多的话题是"社会关系"和"极端境况"，而不是"精神创伤"。两个领域——精神病学和人道主义——的联合并不是策略的结果，而是形势和仿射效应的产物，它的政策规划还不成熟。

当然，人们能够注意到，在巴黎互助之家召开的由无国界

（接上页）说"表述行为"，指的是：所说的即是所做的叙述。奥斯汀给出的一个例子恰恰是关于命名问题，而且具有讽刺意义的是关于轮船的命名。"给一艘轮船命名，就是说（在适切的条件下）这句话'我命名'。"在这里，整个仪式产生了这种让人道主义精神病学存在的效果，它是通过精神病学家的会议来实现的。在人道主义组织框架下，精神病学家说了人道主义精神病学工作做的事情，尽管实际上并没有命名（还需指出的是，尽管心理学家也在场，但只有精神病学家，也就是医生，才能在这个奠基性活动中走上讲坛，这更加强了它的实效性）。

医生组织举办的研讨会上，参会者实际上没有使用"人道主义精神病学"这一表述。无论是会议材料简介，还是介绍无国界医生组织在这一领域中各项行动的文献，都没有提到这个说法。在与会的二十余篇演讲题目当中，也没有一篇有此表述。人们大多谈论的是"精神健康""心理医生的任务""心理治疗规划"，他们更愿意使用"社会心理学方法""心理治疗干预措施""精神创伤患者救济"等表述。但也正是在这个具有历史意义的大厅里，人道主义精神病学的名字被刻在洗礼盆上。几个星期后，新的词汇产生了，并开始大范围普及。这一主题很快成为一个学术领域，衍生出很多教材和教学任务。这个表达方式在开会的时候还不常见，然而自此之后，它就用来表示一片被收复的领土，在这片领土上，人道主义未来的新成员正在并肩前行。

会议期间，精神病科专家兼精神分析家、于巴勒斯坦第二次武装起义时主持无国界医生组织在巴勒斯坦任务的克里斯蒂安·拉沙尔（Christian Lachal）教授做了主旨发言，提出要切实维护和发扬精神健康治疗中的人道主义干预。[1]他认为，这些行动在冲突发生现场构建了一个"人道主义龛影"，可以"在事实的政治和道德表现之上增加心理和文化表现"。这是从

---

[1] 会议文章后来稍做修改，以《实施心理护理工作——为什么？什么时候？怎么做？》为题重新发表，可参阅以下网址：www.clinique-transculturelle.org/pdf/textelachal.pdf。我们从中引用了一个片段，除了大胆妈妈那一段，那是我们在分论坛上的记录。

情感到认知的一次具有深意的移置：

> 这是情感归化向精神创伤的过渡。人道主义者感受到遇难民众的痛苦，并给予帮助。他们可以说：应该安排心理医生去帮助这些人。但是首先需要克服情感方面的反应，这种情感反应不应持续太久。然后过渡到临床治疗，无论这种治疗方法是否以精神创伤和创伤后应激障碍的概念为中心。

换句话说，人道主义精神病学——拉沙尔教授是唯一使用这个词的人——在于使情感归于理性，将同情怜悯转化为专业技能培养和治疗的行动。情感与临床治疗的界线是可以互相渗透的，正如他列举的精神健康纲要五个目标所建议的那样：

> ［……］安慰，以团队工作形式对目标群体进行安慰，意味着出现在他们面前，与他们交流，同情他们，有时还要进行预防；治疗，根据每个人的状况采取相应的治疗方案；培训，通过互助组织和其他干预形式，比如采用更具学术性的形式进行；证明，但是心理医生和精神病科医生的证明比较特殊；最后是评估。

评估是人道主义精神病学五个目标当中最为薄弱的一点，

在协会内部也往往遭到批评。如果不算评估在内，这个纲要就是这个具有双重脉络的专业最好的综述：一个是精神病学脉络，安慰和治疗完全符合18世纪末现代精神病学的传统；另一个是人道主义脉络，培训和证明这一对辩证性演变，在于向他人说恰当的话，同时宣称自己是他们的代言人。奇怪的是，拉沙尔在演讲结束时引用贝尔托·布莱希特的"大胆妈妈"①，将其与人道主义者做了一个意想不到的对比："像我们一样，她生活在战争时期。像我们一样，她照料着自己的孩子们。"这种对比带有某种讽刺的意味，相信演讲者本人也完全意识得到这一点。事实上，在因自己的孩子饱受痛苦而感到悲痛的时候，大胆妈妈也在担心和平的到来，因为她十分清楚，她生意上的兴隆需要战争和贫穷来维持。

让我们回到研讨会本身。这次会议在历史悠久的巴黎互助之家，这个举办过很多激烈的讨论、维护了很多利益、引发人们思考的大厅举行。在关注这种政治干涉主义高级论坛活动内容的听众来看，这次会议似乎是有意将过时的各种素材拼接在一起。二十年前，人们还没有涉及精神创伤的问题，还没有派心理医生和精神病科医生前去照料遭遇困境的人，那时人们如何谈论世界的冲突和不公平问题？如何命名这些事件？如何

---

① 《大胆妈妈和她的孩子们》是德国作家贝尔托·布莱希特（Bertolt Brecht）的作品，故事的主人公安娜·菲尔琳人称"大胆妈妈"，她带着两个儿子，拉着货车随军叫卖，把战争视为谋生的依靠、发财的来源，是一部反法西斯斗争的作品。——译者

解释？又会提出怎样的解决方法呢？如果人们想想巴勒斯坦问题，想想拉丁美洲独裁时期，或者更远一些，想想非洲去殖民地化时期，那肯定是另外一些词，另外一些解读方法，另外一些解决办法。人们更关心的是暴力，而不是精神创伤。人们谈论的是战士的坚决抵抗，而不是病人的抵御力。人们所维护的往往是受压迫的人，是英雄，从来都不是受害者。人们想了解的是社会活动的性质，而不是痛苦者的经历。人们几乎不去想心理护理方面的问题，而是积极支持全国自由解放运动。

由此产生另一种证明策略。当然，今天的新话语没有完全消除旧话语。事实上，人们看到的是意识形态沉淀下的现象，一层一层叠加而没有完全消除前一层的内容。可能会突然出现一些思想，就像哲学上或者宗教上的诸说混合一样。而且有很多参与者，尤其是人道主义运动最早的活动家，他们都是20世纪60—70年代的极左活动家。然而，人们在谈论这种类似现象，或者至少是可与之比较的现象时，采用的是另一套话语，另一些概念，另一些论据。从这个意义上说，目前世界上维护遭遇不幸者利益的事业与活动都属于新的政治道德景观。①我们应该阐释的，正是精神内容的这种发现以及灾难领域中未知的东西。

---

① 这是两部关于人道主义新活动的政治科学著作所阐述的观念，参阅多万和西梅昂（Dauvin & Siméant, 2002）以及科洛瓦尔德（Collovald, 2003）的研究。

当经历过战争的人正饱受痛苦,并且这种痛苦不是来自看得见的伤口,而是来自暴力的经历和场景给他们留下的"灵魂的伤痕"①时,如何承担恐怖战争留下的后果?这些"无声的痛苦"②使当代冲突的主角成为受害者,如何让这些"无声的痛苦"出现在公共领域?如今,在治疗干预现场,当医生、外科医生和麻醉师解决了常规的生理急救问题后,人道主义活动者所要面对的正是这些问题。当然,这些痛苦现实不是什么新问题,但作为重新认识的客体,它们是前所未有的。要重新认识这一切,不也是要使其变得更现实吗?北约发动空袭,阿尔巴尼亚族难民返回家园后,在一篇关于科索沃的报道中,人们也讨论了他们的"精神急救状况"。世界医生组织精神健康项目负责人承认:"如今在科索沃,创伤后应激障碍是卫生健康的主要问题。"支持这一论断的话语、图像和证词,都证明了那些往往不为人察觉的心理障碍的普遍性和严重性。看到孩子们和一些成年人欢呼着迎接世界医生组织的车,一位护士说:"不要相信这些微笑。在微笑的背后隐藏着难以想象的悲惨。"报道中有三张照片展现了一个连续的场景,一个年轻的女人突然用手捂住嘴,神色极其紧张。照片下方写着:"她刚刚认出自己

---

① 《灵魂的伤痕》是 1999 年世界医生组织《捐赠者报》(*Journal destiné aux donateurs*)第 56 期专刊关于"精神健康"问题的标题。这一期的内容主要是关于科索沃的。

② 《无声的痛苦也能治愈》是无国界医生组织医学新闻《精神病学专刊》1998 年第 7 年第 2 期社论的标题。这份杂志主要面向"亲临现场的志愿者"。

兄弟的衣物。他死了。协会的医生围在她身边，给予她心理支持，鼓励她把自己的悲痛说出来。"这些照片和评论强烈地吸引了读者。还有一处是对一个农妇的访谈节选，述说了另一桩战争惨剧及其对身心造成的影响。这位朴实的妇女说："我没有家了，我也不知道我丈夫怎么样了。他的尸体一直没有找到。我经常做噩梦。我吃得很少。稍微吃一点就会呕吐。"我们从世界医生组织本次任务中了解到，每一名来人道主义组织看病的患者都要填写一个调查问卷，从而使"所有护理人员，即使不熟悉精神创伤症，也能够在生理性询诊过程中辨别出精神创伤的症状"。因此，痛苦也是量化的对象。

　　在人道主义精神病学框架下，这些话语、图像、调查构成了一个鉴别、思考和公开暴力影响的机制。研究这一机制意味着与两个常见的先决条件保持一定距离。第一个先决条件是认为这一新状况是自然而然的事，并且考虑用精神创伤的术语进行定性，而且用心理学的术语来回应，似乎是很明显的事，换句话说，这是唯一可行的方法。然而恰恰相反，我们需要通过重组，证明这种解读是如何牺牲了其他有可能被开发的路径而被接受下来的。第二个先决条件意味着由精神健康领域的专业人员采取行动，积极开展人道主义评估，让人觉得他们新的干预方法是一种治疗方面的进步。相反，我们应该拒绝这种问题标准化模式，更何况，这个问题依然是专家们争论不休的话题。换句话说，与人道主义活动者及自由撰稿人在面向捐赠者的媒体专栏中所写的不同，我们不去思考人们所说的是否真实，所做的是否正确。我们希望研究的是为什么灾难和冲突的暴力行为会用精神创伤的术语表述出来，这一新话语对我们体现灾难和冲突受害者的经历及维护他们利益的方式会产生怎样的影响。我们也试图理解，在人道主义世界中引入精神病学会发生怎样的变化。

如果我们相信人道主义专栏撰稿人和人道主义活动者的话，那么人道主义干预就具有援助和证明双重目的。援助受害者与这一目的是不可分离的，因为这是红十字会成立的宗旨，但证明是最近出现的一种属性，它为比亚法拉内战之后无国界医生组织的存在提供了依据。对于人道主义精神病学这种情况，如果它与其他活动一样，是以这两种必要准则为依据，那么它实施的具体条件往往会限制提供真正援助的可能性，将重心转向提供前所未有的证明材料。这一章的目的在于阐述精神病学将在何种情况下重新规定人道主义证词政策。首先，我们将回顾人道主义精神病学的历史，思考1988年亚美尼亚地震之后这一学科崛起的条件和原因：为什么在那里出现？为什么是在那个时候出现？接着我们将关注巴勒斯坦发生第二次武装起义时的情况，因为这是在政治上最敏感、在实际操作方面投入最多的地方。当人们用心理学词汇进行医疗干预的时候，如何描述这些人的状况？对此，我们将重构一项成功事业的叙述，致力于辨读一种话语。

第七章　人道主义精神病学

1988年12月7日,亚美尼亚北部发生6.9级地震,数个大城市几乎遭到完全破坏,其中包括亚美尼亚第二大城市列宁纳坎,也就是今天的久姆里,此外还造成3万人死亡,13万人受伤。无国界医生组织和世界医生组织等国际组织纷纷为受灾人民提供援助,调遣物资和人员,包括医生、外科医生、救生医生和后勤人员;设立人工肾脏单位,以解决挤压引起的严重肾不足之需;组建护理诊所和流动医护队,负责伤员和病人的医疗工作;同时发放毛毯和食物,赶建住房,抵御寒冬。泽维尔·埃曼纽利(Xavier Emmanuelli)从工作现场回来之后写道:

> 寒冷中,沿着漆黑的道路,一个个身影漫无目的地走着,失魂落魄。整座城市陷入冰冷灰暗的泥潭。取暖用的露天火盆在绝望的黑夜中泛着红光,成千上万口棺材

摆满了街道，令人联想到中世纪的版画。简直就是世界末日！①

然而在那个时候，即便这样的场景也没有让人想到集体精神创伤的问题，人们也没有试图预防精神方面产生的影响，没有想到要派遣精神健康领域的专家。那场灾难规模很大，惨状随处可见，但是，正如几年后所说的那样，人们看到的是受伤的躯体，而不是精神伤害。

2003年12月26日，伊朗南部发生6.3级地震，摧毁了巴姆市大部分建筑，死亡人数达35000多人。无国界医生组织和世界医生组织又一次迅速带着物资和设备赶到现场。救援工作部署了肾脏病学服务部门，搭建帐篷组建临时门诊，成立流动医疗队，调用飞机送来食物、毛毯、洗浴用品、便厕、药品和包扎用品。不过，此次援助行动的主要方向发生了改变。世界医生组织的国际工作代表解释说："从技术层面来说，我们早就知道，在地震发生48小时后赶到现场，死亡人数已经确定了。因此我们的工作主要集中在初级医疗护理上，同时实施心理医疗机制，帮助幸存者。"现场工作负责人明确指出：

我们的工作特性在于对灾民采用共情疗法。红十字会

---

① 参阅2004年10月18日发表在网站www.msf.fr "发现无国界医生组织历史"（Découvrir MSF-Histoire）专栏的文章《亚美尼亚——当一切崩塌的时候》（Arménie. Quand tout s'effondre）。

采用的是非常实用的量化方法，比如配发水和面包。我们采取了比较人性化的方法，例如组建心理医生和精神病科医生流动队，倾听精神受到创伤的幸存者的叙述。这种方法很好，既考虑了身体治疗，也考虑了心灵治疗。

一名在现场的医生补充说："法国和伊朗的精神病科医生和心理医生组成一个团队，帮助那些在这场悲剧中最脆弱的孩子和成年人。在孩子们的帐篷下，贴着一些图画，画的是爱心、漂亮的房屋和棕榈树。"[1] 从那时起，人道主义者开始实施共情疗法，倾听灾民的诉说，他们的帐篷里不仅有输液瓶，还开辟了由心理医生组织的游戏场所；看病过程中，人们处理感染和伤口，同时诊断潜在的精神创伤；急诊手册里还添加了孩子们画的画。几个月后，在索邦大学召开了一场公开会，讨论人道主义行动的转变。工作组主任表达了他的担忧：在灾难现场，国际医生组织不再派遣医生，而是派遣心理学家。

相隔十五年，同样类型的灾难引起完全不同的分析和反应。从1988年的列宁纳坎到2003年的巴姆，人道主义精神病学登上灾民国际救援的舞台，心理治疗成为救援干预的一个组成部分。而在亚美尼亚那场灾难当中，两者都没有介入。确切

---

[1] 参阅2004年3月《世界医生组织——捐赠者报》(*Médecins du monde. Le journal destiné aux donateurs*) 杂志第74期第2—7页的两篇文章：《巴姆，一个被谋杀的城市》(Bam, une ville meurtrie)；《理解——启动心理援助机制》(Comprendre. L'ouverture d'un dispositif de soutien psychologique)。

地说，精神健康是在地震发生后，才出现在人道主义组织，尤其是无国界医生组织和世界医生组织的活动当中。因此，我们需要回到初始点，理解这一现象的起源及其后来的发展。

一个开端，两段叙事

1988年亚美尼亚地震在精神创伤的历史中是一起令人难忘的事件，急救专家在医学文献中会经常提起，甚至将其作为除世贸大厦恐怖袭击之外灾难方面的另一个参考资料。[①] 这当中有许多属于这一事件历史特性的原因。除了事件的突发性和规模性以外，有两个因素起到决定性作用。第一个因素是直接的政治原因。在东欧共产主义崩溃前夕，列宁纳坎地震如同一个寓言，宣告了苏联的解体：在此之前，这个地区一直对外国干涉关闭，而地震为西方国家的进入提供了第一次机会。人道主义组织曾经试图进入苏维埃世界，揭露苏维埃政权侵犯人权、为实行镇压而使用精神病学方法，此时他们终于找到机会可以参与进来。一位参加此次行动的无国界医生组织成员对我们解释说："这是地震中的地震。这不仅是一场自然灾难，也是一场政治颠覆。"第二个因素是历史原因。对于散居在世界各地的

---

① 匹兹堡医院急诊部副主任大卫·科里朋（David Crippen）在著名的《危重症医学》（*Critical Care*）杂志发表文章（2001），系统地做了比较，认为"1988年在亚美尼亚发生的地震与2001年9月11日纽约恐怖袭击事件之间具有很多相似性"，它们都与整体形势和悲剧事件的影响有关。

第七章　人道主义精神病学

亚美尼亚人来说，这场悲剧有其独特的意义。前往灾难现场，就是表示声援幸存者，与他们团结一致，表明一个国家对他们的支持；另外，这是对悲惨历史的一种责任，一段由地震突然唤醒记忆的历史。一位亚美尼亚精神病科医生跟随无国界医生组织前往现场，他对我们说："我之所以去灾难现场，是因为这让我想起亚美尼亚人在种族大屠杀中失去的东西。仿佛这样的痛苦还不够，大自然又补上了一笔。"他的话给我们的感觉是，眼前的创伤更新了往昔的创伤。然而，在那个时候人们还没有提到精神创伤这个词。人们谈论的是哀悼，而不是精神创伤。人们不是在心理学话语中思考创伤咨询的问题，而是在人类学话语中思考债务考察的问题。这两个因素——政治和历史——解释了为什么人道主义动员全世界的力量前来支援亚美尼亚，却没有说明精神病学为什么以及如何在地震后几个月取得目前的地位。要理解这一点，应该考察活动的参与者，考察他们提供的证据和解释。

以无国界医生组织为例。精神健康项目负责人在地震后几个月到达灾难现场，她在一次采访中说：

> 我记得非常清楚那个决定是怎么做的。地震发生了。救生医生、外科医生和普通医生都走了，他们做的是急救工作。随后很快，急救人员没有什么事可做了。但是，依然不断有人来到为接待受伤人员搭建的帐篷里。这些人忧

心忡忡，极度哀伤，被这场可怕的灾难吓坏了，他们带着各种症状重新返回急诊篷。我们说，我们的工作日程正在收尾，但还是有人前来问诊，而且人越来越多。医疗队详细分析了他们的诉求，认识到这些人基本上都是来寻求倾诉，回来找人说话，寻求安慰和抚慰。他们有想要诉说的想法，想要表达、交流、建立关系。也就是在这个时候，我们当中有人提出：也许我们要派一些精神病科医生来！第一批精神病科医生是亚美尼亚人，因为他们最有动力，别忘了他们是主动提出援助的。另外，他们的参与不仅仅是作为精神病科医生，更是作为亚美尼亚人。我们开展了一系列工作。当时这些工作还是计划日程外的事情：精神病科医生来了，做了他们该做的工作，又回来，接着又走了。[①]

因此在这个阶段，精神病学仍是辅助性的，它提供简单的心理支持，协助传统人道主义行动，但并非专业活动，它的作用直到几个月之后才确定下来。无国界医生组织负责人说："有一天，行动组组长跟我说：'也许我们需要更具结构性的东西。'现在他们来找我跟我说：'你喜欢精神病学和人类学，你应该能

[①] 克里斯蒂安·拉沙尔和莉萨·乌斯-兰加埃特对玛丽-罗斯·莫罗的采访摘要，发表在他们的合著中（Christian Lachal, Lisa Ouss-Ryngaert & Marie-Rose Moro, 2003, p. 5）。

够到别处去做精神病学。'我没多考虑，觉得这个建议是一个机会，也是一种荣幸，所以我就来了。"

在这段历史的一个文字版本中，精神健康项目负责人更为具体地回忆了协会工作当中鉴定精神病症状的条件：

> 人道主义行动开始以来，医生报告指出受灾人群中出现很多心理障碍现象。世界医生组织的研究表明，尽管没有明显的症候学描述，受灾地区 70% 的儿童表现出严重的精神创伤症迹象。无国界医生组织派往现场的心理医生和精神病科医生的报告进一步证实了这些观察。零星的医疗干预很快就呈现出局限性。亚美尼亚人请求我们予以援助，考虑建立护理机制，从而长期看护这些受地震影响的孩子和他们的家人。①

这段回顾成为无国界医生组织精神健康项目开始的官方版本，后来扩展到人道主义精神病学项目。在这段回顾当中，证明行动是出自合理化的思考。首先我们发现，体质急诊专家具有局限性：死者下葬，受伤人员接受了治疗，他们就离开了现场；其次，当地居民有交谈和期待被倾听的需求；最后，流行

---

① 参阅发表于协会杂志特刊《精神病学专刊》的文章：《亚美尼亚地震：救生医生和精神病科医生》(Tremblement de terre en Arménie: le réanimateur et le psychiatre)，载《医学新闻》杂志，1998 年第 7 年第 2 期，第 26—40 页。

第三部分　见证政策

病调查和个人任务将这一现象客观化，证明存在心理障碍问题。

与这种理性解释不同的是灾难现场一位亚美尼亚精神病科医生的报道：

> 我记得那个时候我在诺曼底，正在组织一个针对老年人的培训班。[①] 整个上午我都感觉不舒服。晚上回家的时候，我打开电视，看到了地震的画面。我知道：我是因为这个感到不舒服。在我的人生当中，我从来没有这么难受过。当我看到电视里的画面时，我想，如果我有翅膀的话，我一定会马上飞到那里。我联系了 S. O. S. 亚美尼亚组织和无国界医生组织，告诉他们我准备前往灾区。我没有说我是精神病科医生。我只说我是亚美尼亚人，因为我无法想象，当我知道我的位置应该在那里的时候居然还待在这里。

在灾难现场，一次非常特殊的经历解释了他的行为意义。团队的现场协调员回想起那段经历时，也将其视为那次任务的转折点，那是亚美尼亚精神病科医生以充满幻想的语调讲述的那段经历：

[①] 2002 年 2 月 13 日埃斯特尔·德哈林（Estelle d'Halluin）与亚美尼亚一位精神病科医生的访谈记录。完整版本发表在我们的报告中（Fassin & Rechtman, 2002, p. 120-123）。

第七章 人道主义精神病学

在那个时期，我是被自己的经历、被我的国家的人民所经历的事情、被精神病学的专业理性所驱使。有一天，一名体疗医生来找我。她说："你知道吗，有一个小孩，他的拇指截肢，手腕高度弯曲。我要为他做康复治疗。但我一靠近他，他就开始大喊大叫。"我走进那个男孩的病房。我问他叫什么名字，他回答说："阿达夫。"这是亚美尼亚一位君主的名字，他在461年为了信奉基督教的亚美尼亚献出了自己的生命。当他说出"阿达夫"这个名字时，我看到了那些面对古波斯人的祖先，看到了第一次抵抗战争中，勇敢的人民对那个时代的超级势力说"不"，看到了一具具尸体，一个个虚弱残废的人，看到一队敌人袭击我们。而这个小男孩就是受害者，但他也可以说是战争的英雄。我对他说："如果你有一个铁臂，你要像阿达夫投向亚美尼亚人的敌人一样，用这个铁臂抛去这场地震给你身体上带来的所有疼痛。所以，你需要体疗医生来帮你。"结果从这以后，他听从医生的话开始做按摩。

把这个男孩视为民族英雄，似乎让他有了抵抗的理由。在这一初次接触之后，精神病科医生每天都来察看这名小患者的康复情况：

有一天我对他说："我不明白你走路时为什么要用上

257

一只手。"所有人都在关注他的手腕，没人注意到他走路的姿式。我问他这个问题，仿佛唤醒了他记忆中的某些事情。他说："我感到房子在动的时候，我正跟我爷爷在一起。他对我说：快跑，阿达夫！我说：那你呢？他没有回答，只是继续说：快跑，阿达夫！我跑出去，房子倒了。"我感觉地震像是刻进了他的身体：就凝固在那里。当时我脑子里闪过一个念头，我说："过来，阿达夫。"我扶起他，对他说："想一想打仗的时候。现在，倒下的房屋就是敌人。你不是一个人，我在这里。"我不知道哪里来的力量，我抓住男孩的肩膀，把他扶起来站直。仿佛他是我自己的儿子，仿佛我给了他生命。随后发生的事情让你很吃惊。看，就在你眼前，发生了不可想象的事情。从那以后，我们感觉奇迹发生了。不是宗教上的奇迹。过了几天，我回到医院，人们告诉我说夜班护士想要见我。我去找她，她问我对阿达夫做了什么。我跟她解释了事情的经过。她回答说："您知道，发生地震以来，他就没合过眼。自从见了您，那个晚上，他第一次睡着了。"他的所有痛苦仿佛都在那个晚上被治愈了。

251　　近乎情感发泄的叙述，历史在现实中重现，地震复活了史诗，一个民族的历史体现在一个孩童的瘫痪症当中，而最终言语化解了精神创伤。即使在叙述片断中，亚美尼亚医生似乎对

第七章 人道主义精神病学

此有所否认，但对于他的听众来说，"过来，阿达夫"这句对瘫痪的孩子说的话，实际上回应了福音书中的"站起来，走，拉扎尔"这句话。精神病科医生的情感表达了一种基督教的思想。

在法国负责人的客观性重建和亚美尼亚医生的主观性回忆当中，在理性化过程和神秘化过程当中，在两个似乎对立的叙述当中，我们仍然可以根据收集到的材料以及在两个国际组织里完成的访谈，建起一座桥梁。那么事情到底是如何发生的，可以让我们重构事情的起源？

世界医生组织在灾难发生几天内派出了首批急救队。这个组织里有一名亚美尼亚裔行政人员，她十分关注急救队提出的精神障碍问题，于是向她的一个朋友求助。她这位朋友是巴黎身心医学研究院的成员，他在得知情况后，立即安排了一项考察任务。[①] 这项调查是由人道主义组织派遣的亚美尼亚精神分析家和精神病科医生完成的。调查主要以一个评估表格为依据，同时辅以开放性访谈；对于被调查的孩子们，还辅有一系列图画。调查结果表明，在被调查人群中，灾区有大约40%的

[①] 身心医学学派是由皮埃尔·马迪（Pierre Marty）于1962年成立的。这个学派深受精神分析家如格劳代克和费伦齐的影响，尤其受到亚历山大的影响（后者在美国成立了身心医学）。1968年在巴黎成立了一个门诊部，后来于1972年成立了身心医学研究院。一名亚美尼亚裔精神分析家也在该研究院工作，他是这项任务的骨干力量。参阅《法国身心医学》（*Revue française de psychosomatique*）杂志1992年7月第二期特刊"精神创伤症——体质状态"（États traumatiques, états somatiques），尤其是迪兰·多纳贝迪亚（Diran Donabédian）的文章《亚美尼亚地震时儿童精神创伤影响》（Note à propos des effets du traumatisme chez l'enfant à l'occasion du tremblement de terre en Arménie）。

人患创伤性神经官能症，60%患创伤后忧郁症；相反，在间接受地震影响的地区，有30%的人患创伤性神经官能症，10%患创伤后忧郁症。[1]正是基于这份调查，人们决定开展一项由法国和亚美尼亚精神分析家参与的长期工作，预计持续三年，[2]同时包括在亚美尼亚开展拉康学派的心理治疗培训。

与此同时，无国界医生组织采取慢性病治疗措施，从肾透析到矫形设备，替代了前期治疗，并与现场的国际残疾人组织合作，共同开展医疗工作。灾难现场的团队数量很多，人数达到六十多人，其中二十多人来自亚美尼亚。到处忙乱不堪，却也令人振奋。[3]有几位精神病科医生是作为普通医生来到这里，而不是由于他们在精神健康方面的专业能力（此前谁也没想到他们的专业能力还会有用武之地）。当现场急救队协调员向巴

---

[1] 这些数字与临床检查的统计数据相似。这些检查是地震发生一年半后由洛杉矶加利福尼亚大学精神创伤项目的研究人员与久姆里市亚美尼亚救济协会诊所合作系统联合开展的一项研究。根据各种评估，他们发现50%的人患创伤性精神障碍，28%有忧郁症状，26%有焦虑症。参阅阿尔门·戈恩健等人的文章（Armen Goenjian et al., 2000）。

[2] 世界医生组织在列宁纳坎及周边地区进行救援，工作完成之后，法国和亚美尼亚根据拉康思想建立精神分析家网络，欧洲精神分析学派在其中起到重要作用：在埃里温成立了一个心理康复中心，1993年创建了一个法亚心理分析研究协会，1996年亚美尼亚弗洛伊德研究所举办了第一次研讨班。参阅《法国与亚美尼亚的历史时刻》（Moments d'histoire entre la France et l'Arménie），见：www.nls-cfap.com/historique。

[3] 在2001年9月的采访中，现场的项目协调员回忆说："这是无国界医生组织的第一次工作。其中有荷兰人、比利时人、西班牙人和法国人。我们真的做了很多了不起的事情。我们为那些截肢的孩子组织了滑雪冬令营。我们从瑞士运来了山区木屋，作为受灾人民的住所。有很多很大很激动人心的项目。巴黎总部对我们的举措非常支持。"

黎总部负责人请求派遣心理医生和精神病科医生时，医学部主任一开始是拒绝的。[1]借助精神障碍症的大量数据，经过一番论证，协调员终于说服了总部。他们先是派了一名亚美尼亚裔精神病科医生，随后是一名法国心理学医生利用假期来听诊，最后才有了一个稳定的团队。整个过程既不像人道主义精神病学项目负责人说的那样流畅，也不像亚美尼亚精神病科医生说的那样充满诗意，尽管两人都为这段经历提供了很多素材。

这就勾勒出两个不同的起源。在世界医生组织当中，与心理分析机构的结合很快展开了一项由"法国亚美尼亚人"推动的精神健康治疗任务（这是协会负责管理这一领域档案的行政人员的说法）。相反，在无国界医生组织当中，专业接替人员的相对缺席延迟了心理医生和精神病科医生的派遣，而这被说成是"偶然的相遇"（这是救援任务负责人提到对小阿达夫进行的心理疗法干预时的用语）。换句话说，精神健康对前者来说是初期最基础的干预，而对后者来说是最适时的干预。不过在两个协会当中，亚美尼亚裔工作人员均起到决定性作用，是他们最先认识到精神病问题——尽管那时还没有被定性为精神创伤。从那时起，精神病科医生和心理医生前往人道主义救援

---

[1] 在2001年10月的采访中，他说："当现场第一次提出这样的要求时，我记得我拒绝了。或者说，我要求人们提出证据。任务负责人辩护说：'这些人很痛苦，我们要做的不是加以区别，而是从精神上进行治疗。'但是，精神健康，我们以前没有做过。我们没有任何经验，除了协会的两名精神病科医生，他们以前做过，那大概是一两年前的一次带有机密性质的任务，他们在苏联采集精神病院持不同政见者的信息。"

现场变得越来越具有合理性。但是为什么精神病学与人道主义的首次结合是在亚美尼亚？为什么是在那个时候？这就是现在我们需要回答的问题。

源头是人道主义

在灾难和冲突的社会领域，人道主义精神病学带来了新的表现方式、新的定义、新的活动者和新的机制。这门学科可以发现、命名、诊断和治疗与悲惨状况有关的伤痛，如列宁纳坎的地震以及后来的其他事件，如战争、流放、屠杀、强制性移置。当我们有理由认为，这些事件引起的精神障碍在没有被心理学家和精神病学家辨识之前就已经存在，我们可以说，人道主义精神病学是一项社会创新：它在旧问题之上构思了新的问题。这种问题化反过来变成了问题，这就是我们后面将要讨论的，但是我们首先要思考，是什么让它成为了可能。

这个问题不是没有意义的。斯坦尼斯拉斯·托科维奇（Stanislas Tomkiewicz）是在纳粹集中营幸存下来的一位精神病科医生，他用了大部分精力去理解和治疗经历过极端暴力的人。他在去世之前接受了我们的采访，他说，1963年（即《埃维昂协议》签订翌年，法国1200名阿尔及利亚囚犯被释放），他和"民族解放阵线的一些年轻医生朋友组成救护组，对受压迫的受害者进行心理治疗"，对他而言，这是"人道主义精神病

第七章 人道主义精神病学

学第一次经验"。他还提到十年后他们在法国实施了"非正式的心理治疗方法",这一次是针对在智利、阿根廷和乌拉圭专制政权下遭受酷刑的人,"人道主义精神病学是作为一个概念与拉美的各种事件一起诞生的"。[1] 在他们那个时代,这两次创新从未引起人们的关注。科学发展的历史总是有着类似的情节,一项发现当时不会有什么意义,有时连名称都没有,直到后来,当一种理论方法的出现促进其发展的时候才引起人们的重视;[2] 我们这里谈的问题不一样,人道主义精神病学从"发现"到命名这段时间不是出自科学酝酿。我们不讨论这当中是否真的涉及人道主义精神病学,是否有可能在没有名称的情况下发明这种治疗方法(比如对阿尔及利亚人的治疗),是否有了命名就算发明了这门学科(比如对拉美人的治疗)。我们仅仅指出,今天每个人所说的"人道主义精神病学",不是在这些经验(或其他经验,比如 20 世纪 80 年代初法国精神病科医生对柬埔寨难民的治疗)的基础上创建的。[3] 我们要讲述的是另一段历史。这段历史既不是与阿尔及利亚战争的受迫害者一起开始的,也不是与拉丁美洲专制政权的受害者一起开始的,

---

[1] 他为克里斯蒂安·拉沙尔、莉萨·乌斯-兰加埃特和玛丽-罗斯·莫罗(Christian Lachal, Lisa Ouss-Ryngaert & Marie-Rose Moro, 2003)的合著写了一篇序言,类似于遗嘱式的自传,他在序言中遗憾地写道:"如果能重新活一次,我会更加集中精力来做你们所说的人道主义精神病学研究。"

[2] 参阅乔治·冈圭朗(Canguilhem, 1977)。

[3] 在网站搜索引擎上输入"人道主义精神病学"(psychiatrie humanitaire),可以研究一下给出的结果(2005 年 5 月 3 日谷歌浏览器上有 18000 条),对此进行验证。

更不是与纳粹集中营的幸存者一起开始的。人道主义精神病学是在1988年亚美尼亚北部震灾发生后的城市废墟上，伴随地震的灾民一起诞生的。

我们先绕一下，谈另一件事。1995年日本神户大地震造成5500人死亡，32万人受灾，这是日本自"二战"以来最严重的一次灾难。对于这场灾难，人们创造了一个新词来谈论精神创伤的心理治疗（kokoro no kea，翻译过来就是"心灵治疗"），这个新词包含了所有悲惨事件的含义和相关的社会反应。[1]然而，乔舒华·布雷斯洛（Joshua Breslau）在研究了这一治疗方法在当时背景下的应用之后指出，kokoro（心）的含义远大于心灵的意义，反映了企图、情感、思想，总之是主观性的看法，与seishin（精神）这个词不同。后者指的是精神和心理，一般表现在表示精神病学的词语构成当中。为了描述经历灾难者的特殊性，人们采用了这个不太具有医学专业术语性质的词汇。日本一位著名的精神病学家十分熟悉这门学科的国际新潮流，将其视为类似于PTSD的一种症状；接着，北美的一位公共健康专家引入了这种症状评估办法的日本版本。这些学者相信，Kokoro no kea和PTSD是同一个事实，第二种表达方式可以反映第一种表达方式，都属于北美精神病学机构的评

---

[1] 参阅布雷斯洛（Joshua Breslau）2000年发表在美国心理学人类学学会期刊《精神气质》（Ethos）的一篇文章。他根据在美国的观察，分析了心理纾解对悲惨经历的实际方法。他认为这是"精神病学技术""以特殊方法制造事件，但也通过排斥制造非事件"。

估手段和治疗方法。仔细思考后我们可以发现，专家的这种双重发现——无论其治疗效果如何——人为地缩小了两个有明显区别的领域，一个是精神领域，另一个是医学领域，后者从某种意义上吸收了前者。然而，人道主义精神病学促使人们进行更多的识别。事实上，它表明道德维度高于医学维度。在亚美尼亚，首要任务是对他者的关注（这是人道主义成员特有的行为特征），而不是精神病临床治疗的疾病分类。

关于这个问题，我们可以给出一个比较广泛的理解。在传统分析当中，一项创新可以被视为认知、行为和社会的新状况之间偶然的相遇。新知识带来了理解现实的方法，新的实践为实施这些创新提供了机会，社会多少会宽容地逐步予以接纳。比如人道主义精神病学是在1989年开始发展的，按照发展顺序来说，十年前创伤性精神障碍的鉴定首先提供了一个新的工具（以PTSD的形式载入《精神疾病诊断与统计手册（第三版）》），接着列宁纳坎地震为精神病科医生使用这种新的疾病类别提供了机会（配合治疗方法，首先是心理纾解），最后人道主义事业的合法性为促进整个社会的接受创造了条件（当然是在灾难发生地和需要援助的国家）。这一解释似乎符合逻辑，而且脉络清晰，但并不确切。我们采访了那个时期参加人道主义援助的精神病科医生和心理医生，他们指出，他们不仅没有参照精神创伤的概念以及北美精神病分类的修改方案，而且他们大多数人对此并不了解：他们在医学院或人文科学学院学习的时候，这些概念还没有进入学科领域，除了战争神经官能症，但即便对于这个概念也只是简单地提及（如果不是学习军事精神病学，教授这门课程就显得不太合适，因为它属于另一学科）。

在这一方面，无国界医生组织的精神病项目负责人的表述非常清楚：

> 我去灾难现场并不是为了治疗精神创伤症患者，而是为了治疗暴力事件后复发性心理伤痛，也就是法国学者所说的应激症状和创伤性神经官能症。我脑子里想的不是PTSD。对此我没有接受过专门的学习，也没有想过把它当作诊断来构建。当我前往亚美尼亚的时候，我没有读过这方面的文献。

就连亚美尼亚精神病科医生也没有采用这种疾病类型，负责人进一步回忆："他们是法国学派的，关于精神创伤的分类没有特别的变化。促进我们进行治疗干预的不是这种诊断类型。关于这一方面的联系都是后来进行的，从历史的角度看，这种联系是没有根据的，因为那时人们对此根本没有想法。"事实上，从巴勒斯坦的救援工作开始，精神创伤才成为无国界医生组织关注的问题，首先是巴勒斯坦精神病科医生，他们经常采用这种疾病分类；然后是法国军事精神病学专家，他们在这一方面发表了很多著作和文章："尤其是克罗齐来了以后。人们

第七章 人道主义精神病学

请他进一步细化诊断要素,讲述他在这些问题上的亲身经验。"世界医生组织中一位精神病学先驱的话正好反映了这一点:"1996年之前,我从来没听说过精神创伤。在我们那里,直到车臣第一次战争的时候才开始对这一领域进行研究。"她甚至还记得第一次在她工作的法国南部医院接受相关培训时的情景,当时是由军队的精神病学专家担任全国干预网络活动的协调工作:"当我们成立地区医学心理学急诊部门的时候,克罗齐来讲了一堂关于灾难病症的课。"无论是无国界医生组织还是世界医生组织,精神病创伤这一疾病类别是在精神病学志愿者之后出现在人道主义舞台上的,而且精神创伤只是精神病学志愿者用以支撑直觉判断、证明行动合理性的工具。军事精神病学领域的受害者学家是后来认同这一疾病类别的主要媒介,但在无国界医生组织和世界医生组织与他们相遇时,精神创伤已经在国际精神病学领域中流行起来:他们只是推进了与这个正在蓬勃发展的概念不可避免的相遇罢了。

因此,促使这些组织的精神病学家采取行动的是道德理想——正如一位创始人所说的那样,忠实于"法国医生精神"——而不是职业理性(精神疾病诊断与统计科学思想的基准)。他们当中的大部分人突然发现世界上一些地方发生了极为悲惨和令人震惊的事情,正是这一发现促使他们与人道主义组织取得联系,前往悲剧现场:一些人去了罗马尼亚,救助那里的孤儿;另一些人去了波斯尼亚或者科索沃,帮助那里的战争犯。他们每一次参加新的任务，都是因为同样的反抗情绪在推动他们：在俄罗斯第二次入侵时前往车臣，在巴勒斯坦青年第二次起义时前往巴勒斯坦。在这一点上，他们与那些不是作为精神病科医生（而且是作为普通医生）而是作为亚美尼亚人（受前辈爱国主义精神的召唤）参加救援工作的亚美尼亚精神病科医生具有相似之处。从这个意义上说，人道主义精神病学属于人道主义历史，而不是精神病学的历史。[1] 而且，今天它在人道主义组织中的地位比在精神病医学中的地位更为牢固。关于人道主义精神病学在人道主义组织中的地位，从精神健康工作在世界各地不断增强，以及外派心理学家数量不断增长就可见一斑。而它在专业学科，如跨文化精神病学大学文凭中的地位比较边缘化，这门学科的实际应用是在公共领域或自由领域中进行，完全独立于国际活动。人道主义精神病学更多的是从事人道主义活动的精神病学家的事情——给他们日常工作增加一项额外的意义[2]——而不是人道主义精神病学专业人员的

---

[1] 克里斯蒂安·拉沙尔在为这一新实践进行辩护时说："人道主义精神病学是人道主义医学的一个分支。人道主义医学自然在人道主义援助领域有其位置，精神病学在人道主义医学当中也应有自己的位置。"（Christian Lachal, 2003, p. 33）他接着说："人道主义精神病学是精神病学的一个分支。人们可以讨论人道主义精神病学，就像讨论婴儿精神病学一样。在这两种情况下，逐渐建立起精神病学的特殊领域。"在这两段论述中，第一段似乎比第二段更加清晰地描述了一个可以观察到的经验性事实。

[2] 薇洛妮克·纳乌姆-格拉普说："在当代人道主义援助计划当中，对精神病学专业的诉求来自人们——包括护理人员——无法面对恐惧所带来的负担。"（Véronique Nahoum-Grappe, 1996, p. 266）

事情，就像后来人道主义精神病学所要求的那样（这与军人不同）。另外，在人道主义精神病学发展初期，存在很多临时办法和尝试，有很多创新和拼凑的东西。世界医生组织精神健康项目负责人回忆说："我们没有什么担心的。我们在举行第一次会议时，只想做'世界精神病学家'。在那个时候，这会让人觉得可笑。但现在事情有些改变，就像社会一样，都发生了颠覆。20年前如果我对人说：'你应该去看看精神科医生。'他也许会觉得这是一种侮辱。但今天，他会把这句话当成一种有针对性的建议。"的确，协会成员起初在新人加入时会保持沉默，正如无国界医生组织精神健康项目负责人对我们说的：

> 我接到项目主任的电话。她说："我们现在该怎么办？以前从来没有精神病科医生来。我们不知道在现场该如何管理。我们也不知道他们如何与其他人一起开展工作。你想不想去做一项开拓性的工作？"我问她："为什么是我？"她的回答很有意思："与精神病学专家第一次合作，最好是一个不让医务界感到害怕的人。"我不知道对于一名精神病科医生来说，这是否是一句恭维话。

然而，在几年当中，精神病科医生获得了自己的位置。这也是因为他们是医生。从这一点看，他们与心理学家的区别相当明显。其中一位心理学家回忆起，她现在工作的人道主义组织粗暴地拒绝了她当时（70年代）所在机构的建议：

> 我联系了他们，跟他们说，虽然有医务人员负责护理，但还需要心理治疗。我个人认为，心理学家在人道主义医学当中应该有其位置，这一点毋庸置疑。但他们说，这是医学组织，人们只招募医生、护士和后勤的志愿者。如果我想捐钱的话，他们会同意。而且，我确实捐了！

在人道主义精神病学的前历史当中，医生和心理学家之间这种难以言明的关系早已出现。今天在执行救援任务时，精神病科医生是精神健康项目的负责人，心理学家是执行者。当前者做了一两个星期的工作以后，后者一般会在现场继续停留6到12个月。在这种差异背后，存在正当性的问题（医生地位的重要性），说得直白一点，就是出路问题（心理学医生的数量在就业市场不断增加）。因此我们需要清楚的是，尽管人们听到的是"人道主义精神病学"，实际上真正实施治疗的是心理医生。

因此，精神健康进入人道主义干预活动不是来自认知方面的创新（像我们以前想象的那样），也即对某个新的知识对象的鉴别（精神创伤属于医学范畴），而是来自伦理方面的创新，也即承认对一个新领域的介入（痛苦属于道德范畴）。1992年在罗马尼亚布加勒斯特召开了一次国际会议，主题为"精神健

第七章 人道主义精神病学

康、社会与文化——人道主义精神病学"。会议期间,据世界医生组织精神健康项目负责人回忆,那时根本没有提到精神创伤:"大家更关注各种极端情况,比如战争、灾难、贫穷、难民以及所有能够引起社会联系疏远、断裂或者扭曲的情况,也就是导致精神痛苦的根源。"亚美尼亚地震几年后,人道主义组织的宣传标语重新采用这种理念:"我们也治疗看不见的伤口。"无国界医生组织的一篇文章的标题同样表达了这一思想——《无声的痛苦也可以治愈》。[1] 是痛苦而不是精神创伤(在临床治疗和交流中大家都这么说),参与者在解释自己所做的事情时经常会使用"情感同化"这个词,从而明确表示他们是在从事人道主义活动,而不是单纯的精神创伤症治疗的精神病学。贝亚特丽斯·斯坦布尔(Béatrice Stambul)在世界医生组织日志中写道:"治疗精神上的伤疤,首先是要将无法言说的事表达出来,把遭受到的暴行或者可怕的经历讲出来。"将身体上遭受的暴行与侵犯人权联系起来,这是人道主义固有的任务。在这里,这一任务被延伸到悲惨事件最深刻、最不为人知的现象

---

[1] 1998 年发表在《医学新闻》特刊"精神病学专刊"的文章(1998 年第 2 期,第 2 页)。无国界医生组织精神健康项目负责人在采访中对我们说:"1994 年的时候,世界医生组织发起了一次大型运动,声称我们治疗的是看不见的疼痛。这就是人道主义精神病学,心理痛苦。我们同意,他们找到了最恰当的词汇。我们很遗憾我们自己竟没有找到这样的表述。大家都认为他们的运动十分谨慎,但做得很好。我还记得在地铁里看到很多广告,上面有很多黑白照片,很漂亮,不是华而不实的东西。那是一种美的艺术。真的做得很漂亮。我们承认,他们找到了切入口。"

当中："治疗工作要深入到补偿方面，也就是承认这些痛苦与其他生理疾病造成的痛苦是一样的。"所以，人道主义精神病学来自对精神痛苦的识别，而不是来自对精神疾病类别的鉴定。它主要是一场情感同化运动，而不是对临床评估方案提出建议。杰恩·葛斯坦（Jan Goldstein）认为，"安慰和分类"是自18世纪末以来现代精神病学的两个基本原则：第一个原则属于宗教传统，第二个原则来自科学方法。[①] 在这两个原则当中，人道主义精神病学多采用安慰原则，很少关注分类学。因为这一学科首先属于道德层面，服务于受害者，其次才属于医学层面，要求科学诊断。精神创伤不是救援干预的必要条件。而且后来也证明，很多精神病科医生持保留意见，反对频繁使用创伤后应激障碍这种说法。所以，对于人道主义精神病学的谱系顺序，我们应该颠倒一下，也就是说，源头是人道主义。

站在战争边缘

尽管地震——1988年亚美尼亚地震，1999年土耳其地震，2003年伊朗地震——以其残忍的悲剧形式突显了人道主义精神病学的历史，但很快成为这一领域中心问题的是战争。这一变

---

① 她的一部著作采用同样的名称（Jan Goldstein, 1997）。尽管杰恩·葛斯坦声称这部著作不同于福柯的《疯癫史》，但她在强调这两个因素的同时，还是回到了他的两部著作《整全与单一》（*Omnes et singulatim*）（安慰）和《临床医学的诞生》（*Naissances de la clinique*）（分类）的主题上。

第七章 人道主义精神病学

化非常关键。在发生地震的地方,不幸是中性的,这是自然力量导致的灾难,人们无法选择立场。但是在战争舞台上,不公的问题施即产生。这是人类暴行带来的痛苦。很少有两个阵营的人被平等对待。无论是国际舆论还是人道主义组织,在他们看来,总有压迫者和被压迫者、侵略者和被侵略者之分。以前是苏联人和阿富汗人、伊朗人和库尔德人、埃塞俄比亚人和厄立特里亚人;现在是俄罗斯人和车臣人、塞尔维亚人和克罗地亚人、波斯尼亚人和科索沃人。换句话说,从政治角度分析,冲突要求人们做道德评价。根据人们的常识,善与恶的判断一般来说很简单,人道主义组织也是如此。俄罗斯对车臣人民的猛烈攻击是苏联侵略阿富汗领土的延续,尽管在外交领域现实政治(realpolitik)主张占有优势,这一行为仍然遭到西方国家的普遍谴责。塞尔维亚与克罗地亚人民之间的暴力冲突持续不断,波斯尼亚和科索沃先是受到西方势力的抨击,后来遭到其不同程度的打击,最后在刚刚制定的国际法律框架内遭到了判决。在保持中立原则的同时,从前线角度进行人道主义干预相对自由,毕竟人们援助的是受害者。[1] 人道主义行动者指出,他们不管政治,在这里只有伦理。

---

[1] 罗尼·布劳曼提到1979年越南人在专制压迫下纷纷逃难时人道主义运动中的讨论,这是1980年无国界医生组织发生分裂的背景。他指出:"所有受害者都应该接受友爱之手的帮助,那只手超越了意识形态的界限。"(Rony Brauman, 2000, p. 65)

然而，当人道主义运动产生不同意见时，这一明显现实却出现了裂痕——或至少表明了这是站在政治立场上的道德评价。也存在特例，因为往往大家分享的不仅是相同的道德价值，也是相同的政治参考，在车臣反对俄罗斯政府，在帝汶岛反对印度尼西亚人，在达尔富尔反对苏丹人，人道主义道德与国际法结合在一起。除此之外，还存在一种普遍看法，认为在西方世界存在不公平的现象。在前南斯拉夫，事情没这么简单。1999年当北约对塞尔维亚进行武力干预时，无国界医生组织和世界医生组织以及其他活动组织设立了接待站，接待和照料躲避轰炸的科索沃人民；接着，当轰炸结束、组织返回时，他们继续为这些人提供支持（主要是精神健康领域的支持）。可是，在武装冲突当中，无国界医生组织希腊区的医生认为塞尔维亚人民也是这场战争的受害者，于是不顾组织内部其他国家医生的反对，在贝尔格莱德组织了一次救援工作。这次活动反映了一个事实：在他们国家，对科索沃形势的道德评价以不同的政治前提为基础，与塞尔维亚民族古老的渊源有关。这次援助任务引发了无国界医生组织有史以来前所未有的一次事件：解除希腊区在国际运动中的资格。①这一惩罚产生了强烈影响，此外，持不同意见的人士揭示了一个具有普遍影响的事

---

① 无国界医生组织的国际运动不是唯一拒绝希腊区政策的。世界医生组织精神健康项目负责人说："我们与希腊人之间存在一些问题。就是'正统连接'问题。他们在照顾北约轰炸的塞尔维亚受害者。他们没有看到科索沃人也有令人担心的问题。"

第七章　人道主义精神病学

实。在同样的战争舞台上，对受害者的认定可能存在不同的衡量标准。而且，这一分裂也说明，不存在绝对的中立性，人道主义行动者总是含蓄地选择一个立场或阵营。以巴冲突就充分反映了这个难题。

战争地成为人道主义精神病学救援行动优先考虑的地方，这一点并不奇怪。事实上，人道主义组织（从红十字会到无国界医生组织）的诞生和精神创伤临床医生的经验（和军事精神病学）都是在战场上得来的。法国军队卫生服务学院的精神病科教授，如卡劳德·巴鲁瓦、弗朗索瓦·勒毕果、吉约·布雷奥（Guy Briole），尤其是路易·克罗齐，他们都是先于人道主义精神健康专家进入各个战争冲突的。[1]他们作为军队精神病科医生，自第一次世界大战以来，就一直不断地鉴别、分类和治疗长期以来所说的"精神创伤官能症"，并发表了很多相关论文。因此，面对从前线回来的士兵，他们具有丰富的经验。人道主义精神病学发现，战场和战争受害者这条线索在不知不觉中与古老的传统相连接，关于这一点，人道主义行动者直到后来才意识到。但人道主义精神病学还有其他主张。它不是针对参战者，而是针对普通民众；它的重点不在治疗，而是给予同情或情感归化；它不限于治疗，也提供证据。正是因为这三

---

[1] 可以参阅他们的著作：《创伤性神经官能症》(*Les Névroses traumatiques*, Barrois, 1998)；《心理创伤》(*Le Traumatisme psychologique*, Bariole, Lebigot, Lafont *et al.*, 1993)；《精神创伤》(*Les Traumatismes psychiques*, De Clercq, Lebigot, 2001)；《战争精神创伤》(*Les Traumatismes psychiques de guerre*, Crocq, 1999)。

点，人道主义精神病学书写了一段与军事精神病学完全不同的历史。两者的相遇——从身体上说，是通过与某些军医的交流来完成的，比如克罗齐将军与无国界医生组织和世界医生组织有很多接触——只是后来偶然发生的事情。对于军事精神病学来说，精神创伤首先是疾病分类的方法，可以归属相应的临床治疗。对于人道主义精神病学来说，它首先是一个经历，展现一段痛苦的过往。我们现在要讨论的正是这段经历。

经过亚美尼亚地震之后，人道主义精神病学于20世纪90年代在前南斯拉夫发展起来。当然，在此期间，还有罗马尼亚，那里的孤儿流离失所，残疾儿童和精神病患者涌向避难所，境况悲惨：这一现象非常严重，尤其对于在当地开展项目的世界医生组织来说。但是当时人们认为，这是长期悲惨条件导致的精神影响，并非创伤性事件。使人道主义精神病学成为战争医学的是巴尔干地区严重的军事破坏。在克罗地亚、波斯尼亚以及科索沃，人们规定了一项政策，至少可以说是一套实际做法，明确了这门新专业的术语和方法。人们越来越频繁地讨论精神创伤，甚至PTSD，并且开始使用表格和等级标准来鉴别病症。完全认识这一疾病分类及其术语的发展过程是循序渐进的。

由此，自1992年11月起，无国界医生组织在法国开展了第一次精神健康行动调查——当时正处在前南斯拉夫冲突背景下。波斯尼亚-黑塞哥维那的塞尔维亚集中营释放了60名波斯尼亚伊斯兰平民囚犯，他们被收容在圣埃蒂安地区的索奈库塔劳工宿舍。无国界医生组织对这60名囚犯进行了治疗，并详细描述了关押经历对他们的心理造成的影响。但是报告中所介绍的"精神创伤临床治疗"实际上没有提到任何能够用于鉴定创伤后应激障碍标准的症状，例如"丧失正常识别能力""缺乏预判能力""难以调整因受困、虐待和酷刑造成的身体、精神和行为方面的变化"。他们明确参考法国的人种精神病学思想，提到"丧失文化习惯，丧失族群、语言以及社会节奏形成的支撑"。临床治疗的诊断表格直到最后才提到——远不及精神疾病诊断与统计的标准化表述——"难民痛苦的关押经历会让他们想起刽子手的形象，还有一些熟悉的画面，比如遭到玷污、侮辱或辱没的画面"。[①] 在很大程度上，症候学是用传统心理学的词汇表述出来的，那时"PTSD问卷"尽管是第一次出现，但它的应用依然"灵活而且具有适应性"。

换句话说，专业词汇和方法都有了，但人们只是部分地予以采纳。词汇与语法的应用并不是为了治疗波斯尼亚的幸存者（因为人道主义行动者有治疗范围，这个范围受职业规范所限，规定了哪些病人属于精神病科执业医生的治疗权限），而是为了收集证据，证明塞尔维亚军方滥用职权的行为（从而更好地

[①] 参阅伊夫·哥泽朗和皮埃尔·萨利农（Yves Gozlan & Pierre Salignon, 1995）的文章。他们执行了这项任务，随后又前去治疗其他波斯尼亚前关押人员，但这一次是在转移集中营现场。

理解种族清洗的真相）。伊夫·哥泽朗和皮埃尔·萨利农指出："调查组的任务不是进行医学描述。这次撰写的报告可以作为国际刑事法庭预审调查委员会的工作材料之一。"调查、报告、委员会，这一切意味着首先提供证词。而证词也被认为具有治疗功效："当精神创伤切断了联系，我们帮助建立联系；当精神创伤引起了缺失，我们帮助叙述。"这一前期经验——在某种程度上受法国环境保护，比前南斯拉夫战场和医疗中心的环境要更舒适——为人道主义精神病学之后的发展做了充分准备。世界医生组织的行动也是比较成熟的，正如精神健康项目负责人所说："在克罗地亚和波斯尼亚，我们早就有精神病学救援任务，主要围绕重建和补偿展开。"他们的行动场地在杜加中心，主要接待"因战争冲突精神受创伤的儿童"。因此，在这种背景下——经历过种族清洗和集中营，战争冲突在精神上留下格外深刻的烙印，重现了欧洲历史当中人们以为已经翻过的最灰暗的时期——20世纪90年代是通过人道主义精神病学了解战争的时期，当然，在发生自然灾难的时候，人们也会开展救援干预。历经十年，这一学科终于完成了最后的飞跃。

实际上在科索沃，人道主义精神病科医生和心理医生是第一次在冲突刚一发生就进入灾难现场的。因此，他们对精神创伤的干预是在创伤症产生的同时进行的，而不是等待其产生长期影响。世界医生组织精神健康项目负责人强调："在科索沃，我们是提前到的。这就涉及人道主义警戒问题的讨论。应该承认，如果存在战争慢性病的话，这就是。"现场（当时还是南斯拉夫联邦共和国）的团队在北约空袭前夕匆忙离开科索沃省。一到边境，他们就遇到了第一批逃离出来或者被驱逐的人群，治疗队准备在马其顿、阿尔巴尼亚和黑山进行救援。人们决定实施精神健康计划，并作为首要任务下达给每一个人。负责人说："这不是随机选择。真正的［犹豫］……历史就是这样发展的［犹豫］……我们看到成千上万的人朝我们涌来。这些人眼睁睁看着自己的家园被烧毁，牲畜一个个死去。他们亲身经历了可怕的酷刑、暴行和死刑。"在这种情况下，精神病科医生和心理医生感觉到自己有了用武之地，他们的志愿者同事也是这么认为的。世界医生组织精神健康项目负责人说："很简单的事情会产生令人吃惊的效果，这是真的。小组谈话能够使人安心。我们可以鉴别谁的创伤性神经官能症正在发作，谁仅仅是精神创伤，言语表达能够改善他们的状况。我们进行心理纾解。我们做了很多心理学方面的工作。"

援助干预工作首先在集中营开始，后来在国家重建时期，精神健康制度给予了大量支持，这项工作最终完成。[①] 期间，人道主义组织还揭示了精神创伤的另一个时间性。当人们开始表现出精神创伤症状，精神病科医生和心理医生不是在事件发生之后进行干预，而是采取实时干预——这就是如今所说的

[①] 无国界医生组织在交流当中自然还是集中在"灵魂的伤痕"上，尤其在其面向捐赠者的特刊当中，主要集中于精神创伤。

"急救精神病学",这是一件前所未有的事情。另外,这也是第一次系统地采用临床评估手段,辨别跟踪观察的病人。据世界医生组织的精神病科医生介绍,在车臣的援助工作中采用的是"克罗齐表格"。

从无国界医生组织这边来说,它在科索沃的三个边境国家为避难人民提供了精神健康援助,作为医学援助传统干预方法的补充。但是在整个空袭期间,该组织的主要工作都是求证科索沃人所遭受暴行的性质:医生的关注点不是精神创伤本身,而是引起精神创伤的事实;总之,他们关注的是事件而不是结果。因此,他们结合流行病的数据和叙述材料撰写了一份报告,确定了塞尔维亚流放政策的存在,而报告的发布也为北约军事行动提供了辩护依据。[①]难民重返家园之后,无国界医生组织开展了一个主要针对教师和医生的培训项目,教授教师们如何主持小组谈话,教授医生们如何准备心理访谈。海外的心理医生对精神疾病诊断与统计的评估手段没有太多亲近感,认为它"过于盎格鲁-撒克逊化",因此他们更多的是依据自己的"临床经验",在整个治疗过程中,他们建议去那些可能有精神障碍的人家里探病。然而,精神创伤的专业化在面对精神障碍

---

① 一份题为《科索沃流放史》(*Kosovo. Histoire d'une déportation*)的文件——1999年4月30日《解放报》根据这份文件以《科索沃——人道主义调查》为题发表在头版上——在证明塞尔维亚政权"反人道主义罪行"时,没有包含任何此类心理材料。无论是统计调查还是叙事报道,都没有提及精神创伤,它在当时仍不构成证据。

的多态化时，仍表现出一定的局限性，往往令人失望。一位心理医生解释说：

> 我觉得最困难的是接待病人，事实证明他们并不是精神创伤症患者，而是长期患者。我们遇到过一些人，他们会提出很多要求，但我们不是为解决这些问题来的。我们不得不说："您知道，我们不能照顾您的孩子。"

每个人道主义组织都有过类似的经验：除了精神创伤症外，普通的精神病症逐渐成为一个主要问题，并且由于战争的冲击、治疗中断、卫生服务部门搬迁等原因问题更加严重——但是，这时就不再是人道主义精神病学领域的问题了，因为急救任务已经结束，该回国了。

人道主义的边界

克罗地亚、波斯尼亚、科索沃、与阿塞拜疆冲突后的亚美尼亚、受俄罗斯第二次威胁的车臣、第二次青年武装起义的巴勒斯坦，这些地区慢慢形成一幅人道主义精神病学干预的地理图，而在这张地图上，存在一个状况严重的空地：非洲大陆。20世纪90年代是战争频发的十年，从塞拉利昂到苏丹，从利比里亚到刚果，最严重的时候，是1994年卢旺达对图西族的种族灭绝，不论是国际组织（如联合国），还是当时在现场却无能为力的人道主义组织（如无国界医生组织和世界医生组织），都见证了这场灾难。在基加利那些恐怖的日子里，国际组织多名驻地人道主义工作者遭到威胁；人们不敢出门，首都的街道堆满了支零破碎的尸体；伤员即使送到医院也会被抓起来，遭到毒打；胡图士兵使用一切办法阻碍治疗。对于很多有过此种经历的人来说，那次援救工作是他们经历的最艰难的一次考验。[①] 当表面恢复平静，人们能够想象到，在如此残酷的条件下，种族灭绝事件会给人们的心理带来怎样的影响。受害人数近百万，如此大规模的需求使精神健康专家的援助工作陷入瘫痪——他们同时还在世界其他地方开展精神创伤的医疗工作。直到1996年，世界医生组织才开始实施第一个医疗项目，说到底，这个项目还是由公共卫生专家而非精神病科医生提出的。无国界医生组织因揭露一个难民营的屠杀事件被驱逐出卢旺达，故而不再急于开展该项目，但该组织的比利时分区在1996年仍然组织了几次有关心理辅助的活动。这次行动为何如

[①] 最让人痛心的见证是无国界医生组织基加利医疗队成员勒内·卡拉维尔赫（René Caravielhe）提供的素材。他根据自己的经历撰写了《或有或无：后勤日记》(*Ou tout ou rien. Le journal d'un logisticien*)，书中讲述了人们接收第一批伤员的过程："在我的人道主义救援生涯中，我见过受伤的身体，但是从来没有见过这样的。"他同时还公开了一位同事的信件："卢旺达既不是我第一次也不是最后一次任务，但是在这22个小时里，它让我变成一个精神受到创伤的人，出于自尊心，我挺过了痛苦的六年，最后终于挺不住了，我走到心理治疗师面前。"他被诊断为PTSD的一种，也就是一种累积性应激障碍，这位医生在不久之后就自杀了。

此迟缓,甚至对人们正在积极促成的事情保持缄默?这是一个令人困扰的问题,答案很复杂,当然也很痛苦。

米歇尔·德尚布尔是一名儿童精神病科医生,1995年受无国界医生组织委派,对精神健康项目的有效性进行评估。从这项研究任务回来后,他做出了以下思考,可以帮助我们理解那个时期精神病科医生的态度。[①] 在辩护词(他撰写的报告措词坦诚)中,他提出五项理由反对派遣心理医生参加这项任务。第一,潜在的受害者人数远远超出了精神健康专家的干预能力:"人们面对的不仅仅是几个个体,也不是数十、数百甚至数千人,而是几万名孩子,他们的内心、他们的情感、他们的记忆全部受到了致命的伤害。"第二,需要采取的行动类型与人道主义组织公认的能力不符。在人们以往的认知中,人道主义组织"通过深入细致的宣传方式,采取强有力的态度,给人一种有效、快捷、严格的印象"。但这次行动却相反,它是"一次长期的持久的行动,需要依靠当地现有的小机构来完成"。第三,精神创伤的性质使心理治疗任务变得更加敏感,这不同于自然灾害或两国之间的战争:正如某些幸存者所说,"我们

[①] 米歇尔·德尚布尔(Michel Dechambre)在一篇题为《失败总结:卢旺达开发工作(1995年4月)》的短文(载1998年第7期第2期《医学新闻》精神病学专刊,第64—66页)中对此做了叙述。1995年在联合国儿童基金会的支持下,基加利创建国家精神创伤中心事项,参加此项工作的伯纳德·多莱对此做了非常明确的分析:"一方面,没有卢旺达人负责对幸存者中的精神创伤患者进行治疗;另一方面,来到卢旺达的外国人无法真正与精神创伤患者建立关系,他们没有共同的语言和文化基础。"(Bernard Doray, 2000, p. 124)

曾经是兄弟,但仍要相互杀戮,因为我们相信应该这么做",而他们中有很多人感觉自己就是一群"野兽"。第四,未来的发展不能完全保证进行自我调理,因为这项工作"需要重建安全环境,一个在情感上和物质上都安全的环境"。第五,移居国外的侨民与本国人民之间的关系依然十分紧张,导致工作无法开展,而这项工作需要"心理治疗医生与陷入绝望者相互信任"。这位精神病科医生认为,唯一可行并且必要的行动就是"倾听移居国外者的情感经历",让他们讲述自己的体验和经历。

行动开始之前总是存在诸多障碍,应该在论据的字里行间寻找问题的关键,或者明确的方法。实际上,在这五条理由当中,暗含了一种辩解式的思路,反映了最为深刻的无法超越的差异。这种差异首先是文化上的,甚至是地理政治上的:"西方媒体"赋予卢旺达人的形象是"猛兽";人道主义干预者被描绘成还没准备好与他们相处的"西方人";所以西方"不可能给他们带来真正的支援"。这一对立最终表现为种族主义表述:"我发现一个白人很难理解'黑人的意识','黑人的'觉悟和'黑人的'真理跟我们的都不一样。"这种说法并不常见,但道出了人道主义精神病学的真实情况。

为了让不同的行动者认清精神创伤的现实,首先应当消除人类学的相异性。暴行的受害者应当被视为另一个自我(同样的心理结构面对事件时可能有同样的反应,感受同样的痛苦),

同时也应当相信，他们能够向人倾诉（接受支持就是信任的表现）。但是，在这里，西方援助人员认为这两个条件似乎还未达成：他们认为卢旺达人似乎具有根本性的不同——他们的肤色、他们的历史、他们的数量——他们也不会把西方人当作知己，并倾心托付于他们，而是认为西方人不理解他们，会背叛他们。相异性的这种极端化很少能够用言语表述，但是会反复表现出来。2000年1月，无国界医生组织派出一个团队到塞拉利昂做调查，研究是否有必要开展内战受害者精神健康援助项目。经过漫长的讨论，人们放弃了这个项目。精神病科医生克里斯蒂安·拉沙尔质疑项目的合理性，他说："一个首要的理由就是，我们怀疑是否有可能与传统和思想体系跟我们完全不同的人开展心理医疗项目。"①2001年3月，无国界医生组织一位项目负责人惊讶地发现，在非洲人们从未开展过真正的精神健康援助行动，她说："人们认为精神健康只对欧洲人有用。但我真的希望证明，对于非洲它也是必要的。"②

---

① 参阅前文提到的文章《实施心理护理工作——为什么？什么时候？怎么做？》，见 www.clinique-transcuturelle.org/pdf/lacha.pdf。拉沙尔肯定了应该考虑"周围文化"问题，必要时应当求助"跨文化精神病学家"，同时，他把战争本身视为一种文化，提出这样的问题："什么是最难想到的？是采用可怜的心理处理技术组建儿童兵，还是按照传统治疗方法对他们进行净化心灵的洗礼？"

② 2000年12月22日，无国界医生组织的董事会议上，协调员介绍完精神健康医疗项目后，一位董事指出："我很惊讶在非洲没有一项精神健康医疗项目。"协调员回答说："我也是这么想的，一直以来我都在思考这一缺席问题，但是我认为，我们不能只满足人们的需求，而是要解决将这一方面的治疗纳入无国界医生组织的可能性问题。"

在非洲实施精神健康治疗项目存在众多困难（人们认为文化差异太大），这是不合常理的，因为在法国，无国界医生组织人道主义精神病学的倡导者也是民族精神病学的推动者，他们正是根据这些差异建立了这一专业的合理性。在我们谈到这个问题的时候，精神健康项目的协调员回忆起在非洲开展工作时的几次失败经历，其中包括在卢旺达、塞拉利昂以及莫桑比克的经历："我认为原因各种各样，有形势上的原因，但可能更多的是机构性原因。"也许还有文化原因，不过是人道主义文化方面的原因。参加亚美尼亚救援工作的协调员在地震十年后解释说："在非洲的难民营，我们不实施精神健康救援计划。我们应该这么做，但是我们总想，这太复杂了，这是文化问题。"在解释为什么在亚美尼亚能够实施这一计划的时候，她说："那里发生的事情非常神奇。很多事情就在眼前发生了，仿佛他们属于欧洲。我经常在非洲工作，那是我第一次在一个与我们如此相像的国家工作。"她所体会到的相近性应该是本体论上的东西，是能够带领人们走进同一个人性体系的东西。但是，长期以来非洲人都被留在了门外。

如果认为这么说是在辩解，那就错了。这些话说出了现场的真实情况，救援人员经常会注意到这个问题，却无法表述。人道主义者为了人道而进行干预，这里说的人道既是指物种（全体人类），也是指价值（具体的人道主义形式）。因此，采用精神创伤的术语阐述和证实极端暴力，强化了揭露无人性形式

第七章 人道主义精神病学

的情感,提出本体论的思考。当然,这些思考关系到所有战争形势,但最近在非洲发生的冲突的残酷性以强烈的方式[1]使这些问题变得更加现实。在救援现场,到处都以精神创伤为参照,反映战争的恐怖,然而在医治精神创伤后果的专门项目中,这种参照却没有得到具体实施。为什么这种无人性会分离非洲人和欧洲人?只有在非洲相异性的极端化历史中,我们才能理解这种差距,正如阿基尔·姆本贝(Achille Mbembe)所说:

> 外国人的身心与我的身心类似,人类具有共同的体质,人性是共通的,存在与他人共享的人性,这是一种理论与实践认识,这种认识长期以来(现在一直如此)给西方思想提出了一个问题。但是只有在与非洲的交往当中,才更加深刻地理解纯粹的相异性概念。[2]

随着精神创伤的发展,身心相异化扩展到心灵和心理方面,这就是为什么人道主义组织在非洲大陆组织医疗救援工作

---

[1] 这是德国历史学家乔治·莫斯(George Mosse)的话,他的经典著作《倒下的士兵:重塑世界大战的记忆》(*Fallen Soldiers. Reshaping the Memory of the World Wars*, 1990)曾被翻译成法语《从世界大战到极权政治:欧洲社会的残暴》(*De la Grande Guerre au totalitarisme. La brutalisation des sociétés européennes*, 1999)。我们用于非洲的这个表述方法指出了欧洲在历史上的暴行。

[2] 参阅《论后殖民地》(*De la postcolonie*, 2000)。阿基尔·姆本贝说:"无论是在日常谈话中还是在学术论坛中,非洲大陆都是一个陌生的形象。它似乎就是拉康所说的不可接近的'大写的他者'"。他用很长的篇幅描述了非洲战争的残酷,重新梳理了黑格尔对非洲大陆的判断。

时会表现出迟疑态度。行动者所反映的本体论差异同样也是人类学差异。对精神病学家和心理学家来说也是一样的：2000年刚果内战期间，无国界医生组织参与援助了刚果遭受性暴力的女性受害者——那是唯一一次在非洲开展的包含精神健康医疗的援助项目——他们十分遗憾地指出，从医学首要问题来看，实施的心理医疗手段相对来说十分简陋，主要是给妇女开些抗反转录病毒药物预防艾滋病，而没有进行创伤后的咨询治疗工作。唯一一名参加这个项目的刚果心理医生，也只是临时性地得到一位移居国外的精神病科医生的协助。此外，总共只有五十几名妇女得到了治疗。[①] 但医疗队为这次开创性的援助行动感到欣喜，他们撰写了一篇文章介绍此次行动的情况，并总结说："我们只能以一种明确的伦理道德的名义接近这些生活在艰苦条件下的人，这种伦理道德不是新人道主义，而是包含在以下这些词语当中：安慰，治疗，见证。"[②] 在刚果，条件极其有限，那是非洲人第一次完全融入人道主义者所认同的人性。这条道路进展缓慢，反映了人们维护的价值观与具体实践之间

---

① 首次开展非洲心理治疗项目遇到很多困难，项目也一再延迟，这在无国界医生组织的历史上是非常特殊的情况，但是雷米·洛梅（Rémy Lomet）的文章（*Du lien au soin*, p. 44-55, www.medecinsdumonde.org）表明，对于世界医生组织来说，他们的经历十分相似，即使他的解释没有那么直接："经过那些事件之后，出于很多原因（尤其是对知识分子的灭绝性屠杀），卢旺达的心理学家只能祈求上天保佑；语言和文化的障碍使外国心理医生的直接干预成为空想[……]"。

② 参阅海伦·阿森西、玛丽-罗斯·莫罗以及纳加巴的研究（Hélène Asensi, Marie-Rose Moro & Dieudonné N'Gaba, 2001）。

的深刻差异，也反映了人道主义维护的抽象人性与他们遇到的具体的人之间的深刻差异。同时，正是在精神创伤被接受为普遍经验的时候，这种转变才有可能实现。

人们所诉求的三个伦理原则是如何实施的？精神创伤在其中的实际地位如何？为回答这些问题，我们需要研究人道主义精神病学最具象征性意义，或者说最具有代表性的一次救援干预任务——巴勒斯坦援助。

第八章　巴勒斯坦

2000年9月28日，以色列利库德集团领导人阿里埃勒·沙龙（Ariel Sharon）强行进入被巴勒斯坦人称为耶路撒冷老城圣殿山的地区，结果引发以色列局警和巴勒斯坦游行者之间的大规模冲突。在随后的几天里，无国界医生组织和世界医生组织顺利进入冲突现场——他们在那里开展工作已经有好多年了，主要通过精神健康医疗行动确立了自己的位置。人道主义精神病学成为两个组织的主要活动领域。无国界医生组织第一次在巴勒斯坦开展行动是在1988年，但直到六年后，在华盛顿签订和平协议，巴勒斯坦青年群众起义结束的第二天，才在杰宁难民营第一次开展精神健康医疗援助项目；该组织在当地团队的配合下，为那些因多年冲突患精神创伤的人提供心理治疗。三年后这项任务终止，继而开展其他工作，如对以色列监狱释放的囚犯还有希伯伦营养不良儿童的母亲进行心理治疗。世界医生组织从1995年起进入巴勒斯坦境内，从事医疗援助工作。自1998年，该组织拓展了精神健康治疗行动，与巴勒斯坦一

第八章 巴勒斯坦

个非政府组织（在东耶路撒冷）展开合作，为吸毒青年提供心理咨询，同时开展零星的活动，吸引当地卫生专业人员关注心理健康问题（在约旦河西岸）。也就是说，他们已经取得了一些关于精神创伤干预治疗的有限经验，对环境有一定的了解，也与现场的活动者建立了一些联系。然而，两个组织在第二次巴勒斯坦起义时都完全调整了自己的干预方向。

以色列和巴勒斯坦再次挑起冲突的时候——死亡和受伤人员众多，主要是当地居民——人道主义组织的第一反应是回归传统的行动模式。人们认为，需要外科医生、麻醉师和普通医生前来协助巴勒斯坦医疗队的工作。但是探察工作否定了这一初始印象：巴勒斯坦专业人员数量多、能力强，医院的设备完善，也就是说，并不缺乏传统医疗必需的设施。2000年10月27日，无国界医生组织召开了一次董事会，一名成员说：

> 我刚从巴勒斯坦回来，我有四年没有去过那里了。那里变化很大，从外科医疗行动的角度来说，我们没有什么可做的，因为巴勒斯坦人现在设备完善，组织有序。但是如果形势恶化的话，还是应该在那里。巴勒斯坦人目前的悲观、沮丧、失望的情绪非常严重！

实际上，协会的两位精神病科医生早已讨论过这个话题，巴勒斯坦干预项目巴黎协调员解释说，人们已经决定加强精神健康方面的行动。三天后，由一名精神病科医生和一名心理医生组成的工作组前往加沙地带。他们回来的时候，完成了对两个巴勒斯坦家庭的临床观察，发现他们表现出"创伤后应激障碍的症状"，并提出关于"流动临床治疗制度"的具体行动方案。①几个月后，远东项目负责人也做出了同样的分析："在巴勒斯坦境内，医院的设施、人员和设备都很完善。我们能带来的只是附加值。在这些医疗设施非常发达的国家，唯一剩下的领域就是精神健康领域。"因此，援助工作几乎全部导向这个领域，或者按照他的说法，主要面向"精神创伤"领域。

但是，人道主义精神病学的新颖之处在于，治疗干预不再是在暴力事件发生之后进行，而是在事件发生之时立刻进行。在前南斯拉夫，甚至在印古什，从战争爆发到心理治疗干预的间隔一般是几个星期（或者几个月）；当时人们还处在PTSD描述的常规临床治疗条件下。在加沙和约旦河西岸，精神健康医疗专家在房屋被摧毁、儿童死亡、市民遭到枪击或街区被轰炸的几个小时后就赶到现场，此时创伤后病症显然还没有形成。这种状况并不是人们习惯的状况，却可以论证精神创伤临

---

① 参阅卡琳娜·皮赖特和克里斯蒂安·拉沙尔的报告《在加沙地带的精神健康研发项目》（Karine Pilette & Christian Lachal, *Mission exploratoire de santé mentale à Gaza Strip*, MSF, 30/10-01/11/2000）。作者指出："我们可以说这是一种双重创伤，他们经历的创伤性事件唤起了他们年轻时，比如在第一次巴勒斯坦青年起义时期，或者更广泛一些，在局势最紧张时期经历的事件。"

第八章 巴勒斯坦

床治疗的最新发展，比如"急性神经紧张""临床绞痛症"[①] 等。无国界医生组织精神健康项目负责人认为：

> 直到那时，我们依然是以急救后干预为主，因为我们习惯让普科医生和外科医生先进行抢救，同时也是等那个地区相对安全后再去照顾那些心理受到伤害的人。但是，后来盎格鲁-撒克逊的很多研究表明，在临床数据尚未确立之前进行早期干预非常重要，不必等到创伤后病症出现。所以，我们可以考虑出现在第一线，出现在前线，也就是事态正在发展的地方。

这一次，似乎是精神病学的临床实践证明了人道主义行动的合理性，这与亚美尼亚开展的第一次行动有所不同。但是从"事后"转到"事前"，这一过渡不仅是临床实践的进步，也是人道主义历史上精神病科医生行动的变革：他们可以到战场前线照顾伤员，而不是在时间或空间上都落在后面、留在后方。

还有一个不断提出的问题：到了那里，但是做什么？关于

[①] 无国界医生组织里一位参加过巴勒斯坦援助的精神病科医生说："军人都知道什么是急性神经紧张，也知道如何处理这种状况。有三个基本原则：一是立即处理，二是到现场，三是一个比较有争议的方法，派往前线。军队精神病科医生实际上会进行临床绞痛症处理。我们不是军人，但我们会选择第一个和第二个原则。"

这个问题，世界医生组织远东项目负责人回答说："如果用我们协会宗旨里的一句话说，那就是：治疗和见证。精神伤痕，更容易用来提供证明。这一点不错。这也许与精神健康行动不断扩大有关。"从心理医生和精神病科医生在敏感地区开展行动的实际条件来看，他们实际做得更多的是证明，而不是治疗。看一下在巴勒斯坦开展的工作就知道，人道主义精神病学的"附加值"是在证明方面而不是在治疗方面。或者是否应该说，人道主义医疗干预的意义在于证明两个截然不同的团结互助模式：从地区角度来说，见证了对遇到的人的关怀；从国际角度来说，见证了政治舞台上的冲突。正如无国界医生组织加沙医疗队的一位成员所说："从严格的医学角度来看，我们的干预更多的是表现一种团结互助的方式、一种专业的小型心理治疗，而不是满足急救的基本需求。"某些项目负责人说得更加清楚，这就是"医疗行动与见证的交杂"：

> 这就是现场见证，是见证事实，它由于医生、心理医生和家庭之间每天的接触而变得更加丰富。面对他们的痛苦，我们有责任描述战争给他们带来的影响。我们只是讲述了在巴勒斯坦境内看到的事情。对于这些家庭来说，治疗师的观点尤为重要。

因此，见证成为人道主义行动干预的开始和结果。

第八章 巴勒斯坦

见证的必要性

医学人道主义运动诞生在1859年苏法利诺战场上,当时很多受伤士兵由于在战场上没有接受基本的医治而白白送命。人道主义早期——以亨利·杜南(Henri Dunant)为代表,1863年国际伤员救护委员会成立,随后在1875年国际红十字会成立——以照料战争受害者为主,首先是士兵,然后是平民百姓。在整个20世纪,它经历了兴衰、妥协和忍让(尤其在苏联和纳粹德国),通过各种协商而非揭露,始终没有放弃自己的规划,希望能够在各个地方、在各种制度下保持接触到受害者。在比亚法拉战争期间,国际红十字会为取得救济权进行了一次秘密商谈,这激怒了一群法国医生,后者决定于1969年成立一个抗议比亚法拉种族大屠杀的委员会。人道主义行动的第二阶段——核心人物是贝尔纳·库什内——开始于1971年无国界医生组织的成立,以及后来1980年世界医生组织的成立,这一阶段的基本特征是因证明问题而产生的分歧。

罗尼·布劳曼(Rony Brauman)指出:"行动与谈话,治疗与见证,是他们的关键词。"另外,他还指出,这两种行为的结合从一开始就存在矛盾性。① 无国界医生组织的章程规定

---

① 事实上,正如布劳曼本人指出的那样,那个时期主要是揭露世界的苦难,但是具有两种范式:"第三世界主义者和无国界主义者:对于前者,需要对

要"严格遵守中立公平"的态度，这似乎很难与揭露罪行和罪犯的行为兼容。在2001年无国界医生组织全体大会上，人们就提出保持"中立"这个词是否合适的问题，因为这一规定与现实做法不符。这个问题引起了与会人员的激烈讨论。如今，协会内部最强烈的紧张关系就表现在维持两个目标的平衡上：见证（在重大危机时刻会首先提到这个原则）不仅能够产生相反的效果，影响医疗活动（比如1985年人道主义协会被埃塞俄比亚驱逐出境），而且一般来说，言语可以慢慢替代医疗干预（无国界医生组织的历任主席经常提到这一风险）。协会的成员常常被称为"救援人员"，这是一个很普通且具有局限性的词汇，让人想起以前的秩序；同样，这个称呼表明了与红十字会的亲密关系，公开显示了对人道主义创立原则的回归，这也是这一变化的矛盾之处。从这一点看，世界医生组织，确切地说，它是无国界医生组织内部以贝尔纳·库什内为中心、拥护"人道主义干涉"的人员因意见分歧而产生的一个新组织，这个组织似乎对混合见证和治疗的意见更大。无论困难如何，变化如何，分歧如何，人道主义第二阶段的特征就是见证泛滥。

这一特征完全属于历史构造，它已经超出了人道主义范

（接上页）集体行为开展长期行动，同时也要对国际上能够再次引起殖民统治新模式的公开评论开展行动；对于后者，需要展开短期行动，仅限于减轻个体的痛苦，调动媒体，致力于引导舆论导向那些遥远的悲痛。"（Brauman, 2000, p. 55-56）

第八章 巴勒斯坦

畴,正如安奈特·维奥尔卡所说,当代社会已经进入"证人的时代"[①]。维奥尔卡根据自己收集来的直接见证材料论证她的观点,这些材料来自福图诺夫档案馆(耶鲁大学)和斯皮尔伯格档案馆(除辛德勒名单外)纳粹集中营幸存者的记录,即生存者的口述,包括刽子手的口述。但是在人道主义的第二阶段,证人的形象发生了根本性改变:人道主义组织提供的见证材料一般没有受害者的声音,而是由自称其代言者的声音组成。也就是说,无国界医生组织和世界医生组织用第二手的证据材料替代了第一手的证人(讲述自己亲身经历的人)证明:这些组织转述他们看到和听到的事。当然,他们在现场,在受害者身边,取得了受害者的信任,因此能够谈论他们的事情,这非常重要。但是一方面,他们只能了解受害者经历的一小部分(他们能够掌握的部分,一般是在受害者身体健康的条件下通过几分钟的访谈了解到的,是受害者根据自己对这些人道主义组织的了解想要对他们说的内容);另一方面,他们公开转述的部分是他们认为能够产生一定意义的内容(根据地方局势和自己的任务要求形成的整体思想)。这就是以代理方式提供所有证据的普遍结果。另外,还有体现在战争现场人道主义医疗干

[①] 参阅《证人时代》(*L'Ère du témoin*, 1998)。在这本书中,安奈特·维奥尔卡(Annette Wieviorka)引述了纳森·贝耶拉克(Nathan Beyrak)的观点,后者负责福图诺夫档案馆以色列部分。对于这项工作,贝耶拉克是这样解释的:"众生中的个体抢救就是(表达)作为口述史中心概念的内心情感"。人道主义证明便具有这种功能。

预特征的急救、危险和道德立场的特殊状况。多米尼克·梅尔（Dominique Mehl）指出，围绕痛苦和不幸，媒体尤其是电视与观众建立了一种紧密关系，在这种关系中，"同情协议"（信息发送者）和"同情冲动"（信息接收者）相互作用。① 随着私密之事在公共舞台上被公开陈述，她所观察到的事既可以推演到人道主义行动中，也可以推演到提供证据的工作中。媒体空间促使事情变得简单，尤其能够以充满感情的方式将它们记录下来。当电视报道比亚法拉危机时，穿插了一些饥饿的孩子和恳求帮助的主持人的画面，此时就已揭开了序幕，人与人之间的距离感，那种无论从物理上还是从文化上看起来都十分遥远的距离感，被人为地消除了。通过电视图像，遥远的受害者变得那么近，仿佛就在身边。将一段错综复杂的政治事实重新引向纯粹的情感抒发，从而发挥有效的舆论作用。这种逻辑也是产生人道主义力量的动力。一方面加强证人形象，另一方面将人道主义事业媒介化，见证就处于这种双重变化当中。25 年后，它被列入巴勒斯坦境内人道主义医疗干预的原则，其地位远高于传统医疗援助。这当中至少有两个原因。

第一个原因与人道主义组织或者说构成人道组织的成员以及他们参加活动的意愿有关：他们是出于愤慨而不仅仅是出于

---

① 参阅她的著作《私密的电视节目》（*La Télévision de l'intimité*, 1996）。她主要分析了个体公开谈论私生活这种现象的崛起，但是围绕见证产生情绪的观点明显更加重要。

第八章 巴勒斯坦

同情才前往巴勒斯坦进行支援的。从国际法关于领土的规定来看，以色列军属于非法占领；巴勒斯坦青年投石，而以色列军真枪实弹，双方力量不均衡；以色列军有组织、有顺序地摧毁房屋和种植园；军事检查站每天对巴勒斯坦人民进行侮辱；对士兵和平民、成年人和儿童、男人和女人不加区别地屠杀；反对压迫行径的人们表现出强烈的无力感。这一切让人道主义活动者——包括世界上大部分人——强烈地感到一种不公平，更何况每个人承担的角色（统治者与被统治者，侵略者与受害者）都是如此不平等，此外，媒体宣传力度也很大（无论对哪一方的宣传都是如此，由于这种近距离接触，人们很容易把自己视为主角）。也许，从来没有一次暴力事件在国际舞台上遭到如此长时间的曝光：在以往的历史当中，中东的发展与欧洲密切相关，而巴勒斯坦第二次青年起义是半个多世纪以来中东历史进程的顶峰；2000年10月4日，小穆罕默德·埃勒-杜拉在大街上遭到毒打，死在自己的父亲身边，这次事件成为一个真正的转折点，至少成为这次政治暴力事件的一个象征性插曲。① 对此，人道主义活动者感到非常气愤，发泄这种情感的最好方法就是揭露那里发生的一切，而不是进行治疗。无国界

---

① 这场"死亡直播"后来在全球转播，具有高度的政治意义。当2000年10月初亚西尔·阿拉法特和埃德胡·巴拉克最后准备在巴黎进行和谈的时候，巴拉克指责法国总统希拉克任由这些图像产生影响，甚至导致最后和谈失败，他在次日说："我们不会根据电视节目调整政策。"参阅2000年10月8日《世界报》社论《外交失误》(Une faute diplomatique)。

医生组织的一名成员在2000年11月26日记录于加沙的"心理医生医疗队日志"中说:"我们听到病人的期望,他们希望我们能够证明我们所看到的和听到的事,很显然,巴勒斯坦人感到自己被抛弃、被遗忘了:'你们国家的人知道我们正在经历的一切吗?'"。

第二个原因与人道主义行动的初衷——援助伤员有关。这一行动目标自一个多世纪前人道主义行动启动之时,就为其存在提供了理由,提供了活动经验。但事实上,这一基本原则在巴勒斯坦并没有得以实现。当地的伤员相对较少,尤其医疗设施完备,与该地区的阿拉伯国家相互衔接,在必要情况下可以进行重外科手术治疗。无论是外科手术还是普通医学,在这里都派不上用场。不能治疗,唯一能做的就是见证。[①] 我们在人道主义组织里经常听到的一句话就是"应该在那里"。在巴勒斯坦,这句话表达了所有意思,但说到底还是模糊不清,因为"在那里"是为了讲述人们看到的事情,是为了证明人们在那里。无国界医生组织在其网站上发表了一系列关于"人道主义思考"的文章,明确阐述了自己的行动:"当暴力行为阻碍了医

---

① 有时候其他作者,如人类学家也能感觉到这种强制性。南希·西佩-休斯在她关于巴西婴儿死亡率的一部著作中指出:"见证行为是为我们的工作提供精神上的特质(有时几乎是神学特质)。人们所说的参与性观察是引导民族志学者走向他们希望永远不去到的人类生活空间的方式,但是一旦到了那个空间,他们的唯一出路就是写作,这也可以引导其他人,使其成为证明行为的一部分。"(Nancy Scheper-Hughes, 1992, p. XII)

疗行动，而人道主义援助有助于隐瞒这些暴行，或者更严重的是，助长了侵略者权力的时候，无国界医生组织要动员公众，反对这些滥用职权或者不尊重国际人权保护公约的行为，要让他们对自己的行为做出解释。"

见证，但是见证什么？关于这个问题，人道组织的基本原则规定了成员能够说的话和应该说的话的界限。正如帕斯卡·道文（Pascal Dauvin）和乔安娜·西米扬（Johanna Siméant）[①]指出的那样，问题不是存在被驱逐出境的风险，而是人们说的话是否有效。这种有效性的衡量依据是关于某个既定主题表达自己看法的正当性。其他活动者也会出现在人道主义的舞台上，也期待提供他们所见证的事情，这些人包括：记者、律师、政治领导人以及宗教领袖。因此，人道组织必须明确划定自己的话语范围，这样才能保持可信度，从而让人们听到他们的意见。在这一方面，无国界医生组织和世界医生组织有着不同的或者说相互对立的策略。对于无国界医生组织来说，其权限和能力严格限于医疗援助。该组织章程规定："协会的宗旨

[①] 在关于人道主义世界的调查中，他们写道："决定在一个国家保留一个非政府组织，证明这个国家存在违反人权的事实，人们最终都无法避免要在这两者之间做出评判。无论一个组织的宗旨是什么，无论其态度是否有利于提供证据，后者往往会导致任务撤回，因为它的任务无法在令人满意的条件下进行。"（2002, p. 222-223）虽然人们一直非常重视现场工作的话语权，但一个医疗队离开后提供的证明，就像无国界医生组织在埃塞俄比亚和马达加斯加或伊朗那样，只是一个例外，而不是规则。另外，在这些情况下，因果关系一般是倒过来的：人们不是因为想要自由地证明什么才去的，而是因为不得不去，才必须通过公开声明证明这一决定的合理性。

是告知遇难状况,动员医疗队参加救援。"世界医生组织则认为,揭露侵犯人权行为是他们的优先任务,这也为其医疗行动提供了合理依据。该组织期刊头条的标语明确表达了这一点:"我们治疗所有疾病,甚至包括不公平。"20世纪90年代,人道组织两大派别关于这个问题的争议愈演愈烈:一边是人们所说的"救援人员",以无国界医生组织和国际红十字会为代表;另一边是"人权主义者",以世界医生组织和欧洲委员会人道援助组织为代表,但人们始终没有为这两种表述提供能够进一步讨论的阐释。记者大卫·里夫(David Rieff)出版了一部关于"人道主义危机"的著作,认为世界医生组织和欧洲委员会人道援助组织的策略方向会威胁人道主义运动,造成不可挽救的结果,只有回到无国界医生组织和国际红十字会所维护的立场,才能实现人道主义运动的救赎任务。① 尽管存在对立态度,但是需要指出的是,在巴勒斯坦领土上,人道主义精神病学调和了这两种观念,至少使它们协同一致:无国界医生组织和世界医生组织主要通过精神障碍症见证了那里发生的一切。两个组织以纯粹人道主义的视角,借由精神创伤反映了战争的残酷。从这一点来看,这不是由于缺乏生理伤痕而实行的权宜之计,而是建构证据的附加值。

---

① 作者曾是《纽约时报》的通讯员,在这部带有论战倾向且论证充分的著作(2002)中,他对其所认为的政治转向没有做过于严厉的批评。在这一转向中,世界医生组织是一个典型,而无国界医生组织是一个例外。

第八章　巴勒斯坦

苦难专栏

"用医学术语来说，我们叫遗尿，就是日常生活中所说的'尿床'。这是从起义开始困扰巴勒斯坦青年的主要病症之一。这些白天比其他人更加勇猛、向以色列士兵掷石头的年轻人，晚上常常尿湿床单，以此表达白天被抑制的恐惧感。他们的母亲发现了这些症状，并向人道组织心理医生吐露了真相。"①

《解放报》围绕这些问题报道了巴勒斯坦境内儿童和青少年的经历。记者亚历山德拉·施瓦茨布罗德（Alexandra Schwarzbrod）跟踪采访了一位在无国界医生组织工作的心理医生，医生告诉她，那些男孩有遗尿症，这是"他们以自己的方式说明自己还是个孩子"，女人们"因为苦难已经筋疲力尽"，男人们则表现为"病态的恋已癖，同时混杂着劳碌工作却无法养家糊口的负罪感"。于是，我们看到，在公共空间出现了一个新词汇，出现了对冲突及其影响的另一种表现，对其主角和经历的另一种看法。这些英勇的年轻人白天敢于直面以色列军队，"晚上却尿床"。他们敢于冒生命危险（第二次起义的五个月后，就在文章撰写完成之时，有102名不到18岁的

---

① 2001年3月9日《解放报》发表的文章，题为《希伯伦的恐惧症：宵禁下巴勒斯坦城市中一名无国界医生组织心理医生的叙述》（Les maux de la peur à Hébron. Avec une psychologue de MSF dans la ville palestinienne sous couvre-feu）。

第三部分　见证政策

年轻人在冲突中死亡，其中 101 名是巴勒斯坦人），但在战争期间，这一英雄形象翻转成一个可怜的患有心理疾病的孩童形象。人类学家约翰·科林斯在巴勒斯坦境内研究参加第一次巴勒斯坦青年起义的那一代人，他指出：

> 青年作为政治活动者出现，引起诸多讨论，开辟了新的可能性，体现了民族和它的孩子们的关系。在巴勒斯坦，这种现象从来没有像青年起义时表现得那么明显。当人们还没有明确分析这些年轻人所扮演的角色的时候，每个人都感到有必要对这些"扔石头的孩子"将来会变成什么样子做出评论。在每个以色列军人看来，这些年轻人像人肉炮弹一样被他们懦弱的父母赶到大街上，同时，一个常住难民营的年轻人正在表达他的抵抗思想。在每个心理学家或教师看来，这些孩子缺乏对成年人权威的敬畏，同时，一个音乐家或诗人正在歌颂这些年轻投石者的英雄事迹。[①]

因此，精神创伤不是作为暴行唯一的或最后的真相被记录下来，而是构成一个可以讨论的话题——在这种情况下，我们

---

① 约翰·科林斯分析了外国组织关于巴勒斯坦儿童的文献，指出"关于儿童的研究数量惊人，抵抗的问题尤其引人关注，但是这个问题一直属于看似更为广泛的精神强迫症：我们有必要更加详细地论证巴勒斯坦儿童的受害过程和他们经受的痛苦"（John Collins, 2004, p. 44）。人道主义精神病学即属于这一运动。

第八章 巴勒斯坦

发现,心理学家的意见与诗人相左,精神创伤不是英雄功绩中的损伤。它构建了另一幅景观:人们在其中既看不到殉难者,也看不到战士,更没有普通人,只看到内心痛苦的受害者。总之,这幅内在景观向读者和捐赠者揭示了占领时期的外部景观。

用苦难的话语讲述战争,治疗武力暴行引起的精神后果,反映压迫条件对心灵造成的创伤,这就是人道主义行动在巴勒斯坦的意义,尤其是作为核心行动的提供证据这一行为的意义。2000年11月20日,无国界医生组织的新闻公报宣称:

> 为了解决暴行受害者的精神创伤问题,无国界医生组织在加沙开展医疗和心理救援任务。地区封锁,检查不断,出行困难,冲突和暴力时发,每天都会发生枪击和轰炸,这一切令加沙地带居民的日常生活严重恶化。精神病科医生克里斯蒂安·拉沙尔解释说:"这种状况引发了严重的心理压力,需要开展快速特殊的治疗。所有人都认为,目前的状况比第一次起义时更加严重,创伤性更大。"

公报报告了一名年轻孕妇的故事,人们朝她家里扔催泪弹,她不幸吸入了烟气,继而出现瘫痪的临床症状。公报称:

> 这样的事件会同时造成生理障碍和心理障碍。医学诊

断可以鉴别和治疗生理问题。同时，心理医生也可以开展治疗工作，让患者表达自己的恐惧，治疗他们的精神创伤，缓解他们的压力。在暴力地区，人们的精神创伤症状日益严重，面对这一情况，首要任务是对居民的精神创伤进行治疗。

整篇公报主要围绕一个事实展开，就是人道组织认为应该进行医疗援助（治疗生理障碍和心理障碍，相对于前者，心理障碍占大多数），反过来讲，医疗援助也是合理的（派遣协会十名志愿者）。见证一直是一种与沟通交流同时进行的揭露行为。人们讲述自己的所见所为。这与2004年12月2日世界医生组织在纳布卢斯发起的"精神健康信息运动"是一致的，该组织的新闻公报采用了同样的论证结构：

> 人们陷入一片混乱。现场精神健康治疗任务的负责人伊曼纽尔·迪格奈解释说："检查站、不间断的袭击、占领、毁坏房屋，这些都是引发精神创伤的事件。"90%的孩子经历过丧事，其中很多人患有心理障碍，主要表现为遗尿、梦魇、性格或人格障碍。成年人面临着失业，看不到未来，他们也有精神上的病症，比如忧郁症。这些情况引起家庭结构内部的种种问题，如迷失目标、家庭暴力等。

第八章 巴勒斯坦

医疗援助则是采取另一种形式:

> 精神疾病治疗遭遇到一定的困难,因为民众和专业人员对这些精神障碍有一种不好的印象。由于强烈的文化压力,当地人在谈论精神疾病时会感到羞耻。为了打破这种烙印,世界医生组织刚刚发起一项信息交流活动,引导当地民众和专业人员关注精神健康问题。伴随这一举措,下一步将要实施具体的精神治疗。

这就实现了从治疗患者到大众普及、培训专业人员的转变,以及从心理治疗到精神病学宣传教育的转变。要让人们对人道主义行动这一新形式的范畴和方法有充分而广泛的认识。为了取得一定的社会效果,在阐述暴力和压迫可能引发痛苦和精神创伤的同时,还需要开展宣传工作。

在解释和宣传两方面努力下,无国界医生组织于2000年7月出版的《巴勒斯坦专栏》收集到了最丰富的见证材料——相关文章此前陆续发表在该组织内部期刊上。[①] 从2000年11月到2001年10月,在一年的时间里,从加沙到希伯伦,医疗团队和心理医生团队在《现场日志》中记录了他们的观察、感受和

---

① 这份报告总共64页,收集了心理医疗队的所有文章,配有一位摄影师拍摄的照片。这份报告被翻译成多种语言,摄影作品在各地巡展,在法国和欧洲以及巴勒斯坦和以色列引起多场讨论。

分析，"讲述着他们每天在巴勒斯坦最贫困的人们身边进行医疗援助的故事"，其中包括：以第一人称复数叙述的片段；描写与阐释相结合的概述；状况与症状；悲惨故事和推测诊断；事实观察和个人注释。

［2000年11月21日，代尔巴拉赫，夜间轰炸之后］整个晚上，一名九岁的小男孩都处于严重的精神紧张状态。他一直哭闹，无法安静下来。他妈妈说她没有离开他半步；他无法在自己的房间里与兄弟们一起睡觉，而是一直跟父母待在一起，祈求天快点亮；直到天亮，他才安静下来。［2000年12月4日，康尤尼斯，坦克轰炸的街区］一位母亲带着几个孩子来找我看病。她说其中一个孩子有病，我们应该给他看看。我和这个孩子聊了几句。他十岁，他跟我说，自从那次他的家遭到轰炸以来，他每天都会在同一个时间感到害怕。我们也去见了内特扎利姆学校的校长和老师，她们也需要倾诉。在我们交谈的时候，一架战斗机被击中；我感觉自己的心脏都要跳出来了。孩子们和她们一样，每天都经历这样的事情。［2001年1月6日，加沙，民宅被炸毁之后］我回到周三去过的地方，在那里拍了一张推土机的照片：房屋没了。我们遇到了住在那里的一家人。这些人跟我们解释他们对所发生的事情的感受，那是一种带有强烈意识的感受。他们明白失去房屋

第八章 巴勒斯坦

意味着什么,明白这会对精神健康产生怎样的影响。这就如同失去了一部分自我［……］

这些描写都是碎片式的,留下很多事实没有表现出来,但精神创伤留下的痕迹已经让事件的强烈影响跃然纸上。见证似乎希望表达更多心理障碍没有表现出的东西——毕竟,心理障碍的描述十分贫乏——应该在心理障碍分析中重新引入见证材料。

因此,叙述在两个极端之间摇摆。一方面,用精神病学语调进行证明,在这一点上,人道主义具有更广泛的权威。但危险是,临床治疗推论有可能占有主导权,甚至导致证明失效。另一方面,转述原始经验,转述人们听到和看到的暴力行为,这样做的风险正好相反,就是没法再突显人道主义正当话语的特性。

［访问一个遭到轰炸的家庭］患者是一个有精神障碍的男人,他面部肌肉紧绷,强迫症般地扭着手指。他哥哥向我们讲述他的状况。他的病情发作很厉害,精神极度紧张,身体僵直,他揪着自己的头发,不断用头撞墙,拍打自己;嗓子却发不出声,他什么也不吃。这种状况是在十年前开始的,随后断断续续发作。兄弟们都发现,当他遇到难处的时候,这些病症会变得更加严重。由于当下的

时局，他的病情就变成这样了。这个年轻人在他22岁的时候，在巴勒斯坦青年起义期间遭受过严重虐待：他被以色列军逮捕并遭到毒打，他的精神障碍应该就是在那个时候开始的。这一描述让人想起带有精神病患者症状表述的PTSD表格。这个男人似乎还未做过心理治疗，如果有机会的话，应该建议他去做一个，以确保他真的没有潜在的精神病障碍。

这一病例是在十分敏感的条件下被采集到，并以简略的方式写进报告。通过这份观察报告，人们可以感觉到病情诊断和病因的双重不稳定性：很明显，其中指出的各种因素让人想起因悲惨事件引发的精神病症列表中的症状，而非创伤后应激障碍的传统表现；目前的症状与以往暴力情节的关联属于事后推理，人们恐怕很难在其他情况下考虑这一推理。以精神创伤的方式作证，意味着迫使临床实践承认它没有说清楚的地方，从而建立因果关系，在这一点上，惯用的原则就是采取谨慎态度。

实际上，人们越是要充实临床数据，换句话说，人们越是把自己当作精神病科医生看待，就越会失去见证战争影响的效力。下面两段节选就是一个证明：

［在埃雷兹贝督因人的一个村落］我们要去见一个男

第八章 巴勒斯坦

人，他39岁，三年来一直感觉自己精神有问题，由于最近的局势病情再次复发。我们与他进行了长时间的深度交谈，发现他有创伤后应激障碍，与以往的经历有关，其中有些经历可以追溯到儿时，基本是政治状况导致的反应。[在希伯伦的一个街区]一位母亲带着她九岁的女儿来问诊。冲突发生时，学校停课，她急忙去学校接孩子。但是她晕倒了，被送往医院，抢救了四个小时。她的脆弱表现可以追溯到她过往的创伤：八年前她的一个孩子死了，为此婆家一直怪罪她；她六岁的时候父亲就死了：为此她母亲被起诉入狱。

与其他病例一样，在这两个病例当中，临床检查从深入展开那一刻起，就模糊了战争与精神创伤之间的关联，希望重新寻找普通暴力与以往暴力经历的联系，在特殊事件当中寻找深层苦难。因此，人们见证的不再是冲突引起的心理影响，而是个人悲剧。战争冲突使个人悲剧变得更加难以生存，有时会重现悲剧。

精神健康专家没有被这一现象所迷惑，但他们希望能够走出职业框架，重新阐释自己的所见所闻，而不是简单地提供诊断结果，因为诊断结果容易使他们局限于具有较大约束性且不具说服力的疾病分类学。相对于精确的数据，他们更倾向于情感；相对于诊断真相，他们更倾向于论证的效果。人们会阅读他们写的专栏,但不是阅读专栏写出来的东西,而是阅读专栏试图说出但精神创伤临床检查不允许说出来的东西。见证在其特效性上所失去的一定会在其物证影响上找回来。下面的叙述反映了心理医生通过医患关系很快了解到小男孩家庭的生存条件:

> 我来到一个九岁男孩的家中,他整个晚上都不睡觉,哭喊着叫他的妈妈。他妈妈给我们讲述了五个月以来他们噩梦般的生活。他们的家被占领,房顶上设有以色列兵岗哨(我们来的时候隐隐约约看到了),沙袋间架着枪支。每次开枪的时候,整个房屋都在抖;墙上爬满了壁虎。屋顶就是一个战区,禁止入内。家人每十天可以上去一次。两队士兵白天和晚上交替轮班,在家里唯一一个大门口换岗。下雨的时候,他们就住在走廊上,命令家里人晚上睡觉时开着卧室的门。这位母亲对我们说:"一开始我们很害怕,无法入睡。后来我们商量好在晚上睡觉的时候留一个人不睡,给大家守夜。士兵们乱扔垃圾,在我们的窗前撒尿;还有一些人更恶心,在我们女儿面前露阴,挑逗她,故意撞她。"

这段叙述意味深长地围绕"噩梦"这个词展开:读者开始以为是这个词的字面意思,因为这是关于一个孩子的睡眠问题；随后人们明白，这个词用的是转义，是通过妈妈的叙述来讲述一个家庭的日常经历。专栏中有很多这种类型的叙述：在无国界医生组织的精神病科医生和心理医生提供的见证材料当中，医学诊断的症状只是一个借口（prétexte，从字面上说，也可以理解为前文本 pré-texte），目的是描写巴勒斯坦境内日常生活中的暴力现象。另外，也正是由于这个原因，评论家会经常阅读这些专栏文章。

受害者等值性

《犹太人时事周刊》在 2003 年 7 月 30 日的一期里对比了两大人道主义组织的见证方式。[①]"诊断方法截然不同。无国界医生组织在《巴勒斯坦专栏》上继续攻击以色列和以色列国防军；世界医生组织在最近的一份报告中揭露巴勒斯坦武装组织对以色列平民的暴行。两者采用了两种在政治上完全不同的方式讨论同一场冲突。"文章引用了无国界医生组织工作日志的一个节选（对另一个家庭日常生活的描述，他们的屋顶也被士兵征用），说明"以色列国防军士兵比纳粹分子还要凶残"。记

[①] 人们经常会根据不同的假设提起两个人道主义组织的报告，巴勒斯坦事业的拥护者会参照《巴勒斯坦专栏》，以色列政府的拥护者则支持《巴勒斯坦军队袭击下的以色列平民受害者》这份文献。德里克·萨默菲尔德（Derek Summerfield）在《英国医学杂志》发表了一篇文章，引起人们的讨论。关于该文章请查阅 http://bmj.bmjjournals.com/cgi/letters/329/7474/1110。

者接着写道：

当我们询问其撰写专栏的方式时，无国界医生组织的编者坚持说："我们写我们听到的事情。我们叙述巴勒斯坦患者讲述的故事。"他们是否验证过这些话的真实性，验证过对士兵的批评的真实性？救援项目助理解释说："没有，当然没有，我们要验证的是痛苦。"然而，对以色列人的疼痛，无国界医生组织并未报道什么重要的事情，甚至什么也没报道。另外，我们还问他们出版巴勒斯坦专栏的目的。"无国界医生组织应当对捐赠者说明我们在事故现场采取行动的理由，叙述那里的痛苦，表明我们想尽办法减轻这些痛苦。"

相反，世界医生组织是通过自己的视角，表现出一种"尊重平衡"的态度。它在第一份报告中叙述了以色列军队的暴行，而在第二份报告中讲述了巴勒斯坦袭击的后果，以平衡它的态度："在以色列社会，受害者大多是平民，这里有种族屠杀的幸存者，也有军事袭击的受害者。"在这篇带有论战倾向的文章中，值得注意的是衡量尺度问题（"尊重平衡"，同一名记者如此写道）。对于这个词，应该从它的双重接受角度来理解，一是比较性的量化过程（考量双方事实）；二是相对弱化（在解释中体现衡量尺度）。在所有关于以巴冲突的讨论中，这是

第八章　巴勒斯坦

一个核心问题，双方活动者相互抛出他们的受害者，详细列举他们的困难和精神创伤。

对于世界卫生组织来说，这是一个信仰问题："受害者不分好坏"，这是一篇题为《以色列和巴勒斯坦国民：无尽冲突的受害者》的报告①的大标题。作者在序言中指出："1979年世界医生组织执行的第一项任务就是援助南海越南船民，这一说法就是在当时提出的，此后成为我们的标志性口号。"作者还列举了一些经验性证据论证这一说法，从而说明选择这两个彼此呼应的文件具有普遍性：

> 关注无数次冲突中普通公民的经历，见证他们的悲惨状况，是我们的传统；自20世纪80年代初，在萨尔瓦多、阿富汗以及今天的伊拉克科尔德斯坦地区、车臣，从卢旺达的胡图族、图西族到克罗地亚、塞尔维亚、波斯尼亚以及南斯拉夫的穆斯林，还有大部分阿尔巴尼亚人和塞尔维亚、科索沃茨冈少数民族，我们都见证了他

---

① 这份报告分为两部分：一部分是"纳布卢斯保护区行动"（2002年7月世界医生组织和国际人权联盟的共同调查任务）；另一部分是"巴勒斯坦军队袭击下的以色列平民受害者"（2003年7月世界医生组织的调查）。第一部分的调查是法律方面的，第二部分是医学和心理学方面。从每份报告的区域图介绍开始，人们就注意到调查方向的差异性。第一部分的地图标示十分清晰，有颜色对比，有错综复杂的划区和巴勒斯坦领土的最后飞地，尤其标示出了所谓的自由区。第二部分的地图上只有巴勒斯坦袭击区域，底色统一是白色，用模糊的虚线标出边境线。关于这份报告的分析，参阅迪迪埃·法桑的研究（Didier Fassin, 2004）。

们的经历。受害者没有好坏之分。这句话同样适用于以巴冲突中的民众。

坚持这一主张，列举这一明细，都有一个理由。第一份关于巴勒斯坦境内局势的报告在组织内外均受到高度认可，第二份关于对以色列人民袭击的报告却造成组织成员之间的分化，甚至引起外界的误解。

人道主义组织习惯上是揭示弱势群体、受压迫群体和被统治群体所遭受的苦难。以巴冲突的现实，尤其是这件事在国际公共领域的表现，令一份表示不支持双方中任何一方的见证材料难以自辩。筹备和公布关于袭击后果的材料，并因此引发人们的指责，这也许是世界医生组织历史上第一次出现的情况。而在无国界医生组织内部，意见分歧没有如此严重。再次发生暴行的前几个月，气氛非常紧张，有人指责组织没有行使强硬的话语权；此外，人道主义运动领域对组织中的几位人物产生了怀疑，认为他们因其犹太人的身份而决定了自己的态度，尽管有明显的证据证明他们反对以色列政权。通常来说，对于见证材料的性质和时效性的不同意见其实反映了某些现场救援人员和总部负责人之间的分歧——即使在主张普遍性、反对集团性的人道组织中，人们也会采取这种令人难以忍受的一致性。在巴勒斯坦境内实施救援的人员，他们每天都要面对以色列军的暴行；而总部的负责人一直坚持中立公平的宗旨，尤其在面

第八章 巴勒斯坦

对犹太人捐赠者的时候——有些捐赠者甚至威胁说，如果他们觉得组织的态度单方面倾向巴勒斯坦人民，就会撤回捐赠。世界上从来没有任何一次冲突对组织产生过如此大的影响。但在国际政治意识当中，以巴冲突的确具有独特的地位。

世界医生组织主张的受害者等值性原则得到全体人道主义活动者的广泛支持。而归根到底，这一原则只是在不断重申一个半世纪以来人们参与战争救援的理由。世界医生组织发表的一份报告对这一原则做了解释，并由此引起一场讨论：是否能够用同样的分析手段来描写以色列和巴勒斯坦的局势？这是人道主义活动者经常提出的问题。正如在科索沃行动中看到的那样，除了无国界医生组织的希腊区团队，所有人道主义组织都前去援助科索沃阿尔巴尼亚语区的避难民众，而不是援助贝尔格莱德区的塞尔维亚人。在巴勒斯坦青年第二次起义时，世界医生组织没有提到武力不均衡、以色列政府的非法占领者身份、巴勒斯坦人民遭受残酷压迫等问题，而是致力于揭示双方受害者遭受的苦难。从这一点来说，揭露战争在严格意义上就是一种人道主义行为，而这一行为的基础就是它的医学心理学推论。无国界医生组织法国部主席让-埃尔韦·布拉多尔（Jean-Hervé Bradol）指出，对战争的揭露如今也属于援助现场主要参与者的夸夸其谈："在冲突管理中，受害者的话——巴勒斯坦恐怖主义受害者或以色列殖民主义受害者，立场不同，说法不同——在好战宣传中占有重要地位，甚至会产生两个具有象征性的形象,永远的受害者和永远的受害者的受害者。"世界医生组织使用对称性论证法,促进和平,反对交战双方把受害者当作工具加以利用。而事实上,在能够促进双方和解的区域性举措中,人们经常提到的就是让在冲突中被杀的孩子们的双方父母见面。

然而从冲突的事实来看,对称性分析,也即某些人主张的"平衡",应该具体放在什么位置上呢?世界医生组织的第一份文件集中关注巴勒斯坦境内违反人道主义法和侵犯人权的问题,这份文件是与国际人权联盟合作编写,内容基本上是法律方面的,涉及"救援行动的羁绊""伤员遭受的虐待""对生命与人身权的伤害""人质的利用""大规模随意逮捕""流动资产和固定资产的毁坏";还明确规定了各方的责任,包括以色列政府的责任和个人责任,将暴行正式定性为"战争罪",应提交国际刑事法院审理。第二份报告完全由世界医生组织自己撰写,国际人权联盟拒绝合作。报告客观地列举了伤亡人数的统计数据,但其基本内容是根据受害者的一系列"见证"和对袭击造成的"医学后果"的分析完成的;尤其是在简短叙述的基础上对"精神健康的影响"做了大幅报道,开篇就谈到"创伤后应激障碍的症状",它不仅出现在幸存者身上,也出现在目击者、护士、警察、记者等各种人群身上,也就是说,"整个社会的人"都会出现这种症状。这种分析最终将恐怖主义袭击定性为"政治屠杀"(démocide)。这是一个新词,不具有法

第八章　巴勒斯坦

律意义。其他人道主义活动者虽然也接受了这种定性，但仍主张区分另一种新型反人类罪，就是既针对一个民族也针对一类人群的犯罪。

在这两个文本中，对称性只是表面的，因为论证的构成基础截然不同。这一点，人们很容易看出来：政治分析无法证明这一对称性；从法律解释来看，对比考察政府的暴行和个人犯下的谋杀罪也不合适；当然人们可以利用死亡人数的统计数据加以论证，但数据明显的不平衡有可能弱化这种对比；实际上，只有精神状态表现，尤其是创伤后表现才可以重建一种对称性，而且，从这个角度入手，这样的一个假设才有可能成立，即双方的民众都是受害者。① 抛开所有政治评价（这可能超出人道主义的正当领域，从而引起争议），精神病学可以将两个民族集中在同一个不幸之下。在精神病学诊断（创伤后应激障碍临床治疗）与常识（严重事件引起的创伤性经历）的分界线上，精神创伤最终成为苦难普遍性和受害者等值性的证明。

在一次采访当中，比尔泽特大学一位在联合国近东巴勒斯坦难民救济和工程处担任工作的心理学家指出，第一次巴勒斯坦青年起义以来，各地开展了很多精神健康医疗项目："尤其

---

①　在这里，我们再次发现从个体创伤到集体创伤概念的延伸。关于这个问题，安娜·卡普兰（Anne Kaplan, 2005）研究了各种事件，首先是美国"9·11"恐怖袭击事件。

在阿克萨巴勒斯坦青年起义时，非政府组织开展了众多精神创伤项目。这是捐赠者喜欢的一个选择。"人们明白其中的原因：一般来说，相对于外科手术，精神病学能更好地将同情转化为行动，吸引国际媒体关注巴勒斯坦局势；另外，围绕受害者，精神创伤能够形成一种共识。毕竟，谁会否认一个孩子目睹凶手谋杀他的同伴（由于以色列枪击或巴勒斯坦轰炸）时不会有同样的痛苦呢？但是实际上，这种将两个阵营的对立"去政治化"的企图至少部分是失败的。根据双方表现精神创伤的方式（无国界医生组织介绍巴勒斯坦的情况，世界医生组织介绍以色列的情况），他们会受一方认可，而受另一方告发，无论否认了什么，无论证据如何公平，如何有理有据，如何一再证明自己的善意，结果都是一样的。

外国人道主义组织不是唯一一个也不是第一个进入这个现场的组织。巴勒斯坦和以色列的当地团队也在这里进行精神创伤治疗。1979年，加沙社区精神健康项目成立。[①] 创始人是一名毕业于牛津大学的精神病学专家，他展开了多项研究，尤其是流行病学研究，通过问卷、表格等统计数据客观分析创伤性精神障碍患者（尤其是巴勒斯坦儿童患者）的比例。以色列纳

[①] 加沙社区精神健康项目（Le Gaza Community Mental Health Programme, GCMHP）首先是一个精神健康医疗机构，集中了一批专业人员，在四个诊所提供服务。机构成员认为他们是在"做传统心理咨询工作"，但"治疗方法完全根据文化差异，并以族群思想为基础"，"用西方的方法去适应巴勒斯坦的现实状况"。查询网址：www.gcmhp.net。

第八章 巴勒斯坦

塔尔恐怖和战争受害者创伤中心创立时间较晚（1998年），[①]中心成员除了收集恐怖袭击受害者的叙述，还收集军人关于自己战争创伤经历的叙述。巴勒斯坦和以色列的这两个组织将它们收集到的见证材料发表在各自的网站上，同时也将其写进论文里，或者在研讨会上宣读。因此，见证就是一种通过精神创伤对各种事件的共同解读。只不过，两者阐述和解读的方式不同：加沙社区精神健康项目对数据进行调查，纳塔尔中心主要叙述个人经历。因此，在阅读加沙社区精神健康项目的材料时，人们了解到"在一份随机抽取的944名儿童样本当中"，"94.6%的儿童参加了葬礼，83.2%看到过开枪，61.6%看到自己的朋友或邻居受伤"，结果显示，97.5%的儿童呈现严重的、中等的或轻微的PTSD症状。在纳塔尔中心的文本中，人们看到的是一些个体（往往是士兵），比如下面这个讲述自己故事的男人。在一篇题为《乡村噩梦》的文章中，主人公说自己当时是在阿拉伯的一个村落里，前面没有路，人们朝他的车扔石头，他蜷缩在车里，充满了恐惧，他说："三年前，我的一部分已经死了。"此外，加沙社区精神健康项目总是把精神创伤放在历史长河，即巴勒斯坦民族兴衰变迁史当中进行研究；而纳

[①] 纳塔尔（Natal）这个词本身是一个首字母缩合词，希伯来语的意思是"民族精神创伤症受害者"。中心负责治疗所有遭遇巴勒斯坦袭击的人，并在袭击之后组成"恐怖政策受害者团体"，通过电话热线提供"特殊便捷服务，让精神创伤症患者可以接受国家支持"。美国犹太人组织为这个中心提供了大量资金捐助。查阅网站：www.natal.org。

塔尔中心只考虑当下，即以色列人面对的暴力冲突。在加沙社区精神健康项目看来，冲突的历史可以追溯到神话时期，即亚伯拉罕时期，巴勒斯坦人民连续经历的各种悲惨事件，从1948年的驱逐到2000年的第二次巴勒斯坦青年起义，都加重了"日常生活中的紧张、失落和屈辱情绪，对人民的精神健康造成了影响"。在纳塔尔中心看来，悲剧发生在"恐怖袭击"那一瞬间，正如2004年3月14日阿什杜德港发生的那次袭击，"工作团队（也是在那个时候）发生了变动"。统计数据的客观化相对于叙述的主观性，苦难的历史化相对于暴力的瞬间性，因此，根据政治因素的需求，精神创伤的解读方式可以是多种多样。见证把它当作一种资源加以利用，根据其动机决定如何使用。因此有人批评说，无国界医生组织和世界医生组织在战争舞台上只是表面上保持中立。人道主义活动者的策略不断地挫败受害者等值性战略。在知识分子界，精神创伤也打开了众多新的视角。

无历史的历史

2001年3月25日，以色列《国土报》(Ha'aretz)记者在一篇关于无国界医生组织心理医生和精神病科医生行动任务的报道中以讽刺的笔调写道："什么？巴勒斯坦人患精神创伤症，因焦虑而痛苦？"她在文章中详细叙述了巴勒斯坦儿童和青少

年的状况,他们当中有人朝以色列军队扔石头,有人在自家门口安静地玩耍,还有人被以色列士兵的枪弹无意中射中身亡:

> 开始接触时,人们似乎已经接受了这个事实:他们的生命随时面临危险,无论身处何地,他们都在以色列军的射程之内。他们的面部表情,他们对时局开的玩笑,他们始终保持的微笑,似乎看不出任何害怕和恐惧,这证明他们拥有超乎想象的适应各种状况的能力,无论这些状况有多么疯狂残酷。因此,当以色列军队一名预备役部队心理医生听到他的心理学家同行埃尔韦·朗达说,在机枪、坦克、直升机和迫击炮不断轰击房屋的情况下,巴勒斯坦人每天度日如年,情感上深受其害时,感到非常惊讶。他说:"此前我一直坚信,巴勒斯坦人从来没有经历过精神创伤,也从未体验过焦虑。"这两位心理学家在加沙地区某个检查站不期而遇,并开始交谈起来。朗达在无国界医生组织法国部工作。最近几年,这个人道主义组织参加了车臣、波斯尼亚和科索沃的救援行动,成员们认识到,只派遣医疗团队治疗肉体伤痛是不够的,这些地区的人经常会产生情感上的压力,甚至表现出麻痹症状。

因此,人道主义活动者的出现在此处具有意想不到的意义:至少在他们各自的描述中,承认所有人都有可能患精神创伤，这一点拉近了冲突双方的关系。

311　在这位以色列医生看来，揭示巴勒斯坦人也经受精神创伤的痛苦这一事实本身，就证明了开展人道主义精神病学的合理性。年轻人的错位表现，从鲁莽的投石者到晚上尿床的孩子，从勇敢的战士到精神创伤症患者，最终将敌人人性化，模糊了他们的差异性。这些年轻人肯定不是那么令人钦佩，他们看起来与其他人没有什么区别，他们也经受着痛苦。总体来说，我们可以肯定，在人道主义组织干预的领域里，心理医生和精神病科医生通过承认冲突主角的个人痛苦重建个人纬度，从而改变了人们对他们的看法。从这个意义上说，精神创伤具有普遍性，尽管人们也看到，这种普遍性在实际情况中很难得到承认。但是，以色列日报这篇文章相对客观地总结了这种乐观的看法。记者在提到巴勒斯坦境内居民与无国界医生组织心理医生的对话时说："K先生是拉菲亚学校的一名教员，他在想，在周围形势——引起精神创伤的原因——不变的情况下，这种推心置腹的交谈能否起作用。每天都有孩子受伤、死亡，在这种情况下，真正改变的又是什么。"人道主义活动者对此也非常清楚：他们在那里只是为了减轻痛苦，不是为了阻止战争——尽管如此，他们也希望通过交谈，为此做出努力。

另外，由于开展具体治疗的可能性颇为有限，问题不仅仅是小学教员所提出的那样：他们能够对巴勒斯坦儿童的生活做什么？自见证成为行动中的一部分重要工作时起，人们更多的

第八章 巴勒斯坦

是提出这样的问题：当人们对冲突形成确切概念时，他们改变了什么？或者说，这两个问题有一个共同的基础，当人们在医疗和见证材料当中提出精神创伤的话语，或者更广泛地说，提出精神障碍的话语时，事件及其影响的意义是什么？关于这个问题，我们可以从两个方面回答：一个是个体层面，即开展主观化程序；另一个是集体层面，即表现结果。① 这其中就涉及理解人道主义组织——但同时我们看到，也包括地方机构——提供的见证材料的附加意义。无论在负责个人治疗还是讨论局势的时候，这些组织和机构都将精神创伤放在首位，因而我们要考虑个人和集体的双重纬度。

从个体层面来说，精神健康专家试图在关于冲突经历的各种可能性的解读中为个体解读提供正当理由，这与三个基本特征有关：个体解读虽然是碎片式的，但独一无二的叙述使故事具有独特性；个体解读考察了精神层面，优先考虑最能表达与暴力状况相关的东西；它强调了感人的力量，将各种能够引起共情的成分叠加在一起。巴勒斯坦境内每一位居民的生活都与其经历的创伤和痛苦有关，这些都是不可否认的。在人道主义活动者看来，这就是通过病症和情感表现触及他们生活状况的真相，那种不容争辩、不可否认的真相，那种最终能够证明见证是公平的，无论从政治利益

---

① 埃斯特尔·德哈林的硕士论文（Estelle d'Halluin, 2001）为这一观点提供了有价值的素材，有助于人们的理解和思考。论文比较了人道主义者对自身行动的看法和外部巴勒斯坦活动者的看法。

或支持者利益来说都不能拒绝甚至不可能重新解释的真相。

目睹各种恐怖的迫害场景、看到控制或监禁情景的人，他们的经历和体验是不同的，具有复杂性和多义性。对巴勒斯坦人来说，他们视自己为战士，而不是受害者——很多年轻人拒绝这种说法。他们每天想到的词是抵抗而不是适应，是政治暴力而不是精神痛苦。他们的经历不完全局限于战争领域。他们过去的表现和对未来的期望没有明确地书写在精神创伤范畴里。[①] 当心理医生和精神病科医生让他们讲述自己的痛苦时，他们多次叙述自己的不幸（一些专家认为这是病原影响），同时试图让人相信（因为他们自己也相信），这种公开炫耀的方式是唯一可以在国际舞台让人听到他们的故事的方式，或者至少是最有效的方式。

一方的单一特征性话语，另一方的多种表述，两者之间的差异或许反映了人道主义弱化动机的手段。这是因为，为了让人听到自己的声音，需要展示两方面的内容，一是能够唤起同情心的东西；二是这些组织有理由为之的东西。先是身体受难，接着是心灵受难。在精神创伤这个新流行的事物当中，理性的论证引起意想不到的升级行为。在一次采访当中，长期工作在巴勒斯坦的一名心理学家指出："在未经慎重考虑的情况下，无政府组织对

---

① 我们可以比较一下青少年和年轻人讲述的经历类型，他们在面对心理学家时表现得像患有精神障碍，在面对人类学家的时候，他们会谈论抵抗时的仪式。这是朱莉·佩梯研究第一次巴勒斯坦青年起义时发现的（Julie Peteet, 1994）。

局势做了回应,组织了心理纾解工作,或者说,他们按照传统的方式刻板地前去探望受冲突影响的家庭。假如一颗炮弹落在我家屋顶,无政府组织的'顾问们'就会突然来到我家,问我说:'发生什么事了?'于是我开始讲述我的故事。两天以后,又一个无政府组织来敲门。一遍一遍不断重复,这样并不能让事态有所好转,尤其是要重复十五遍。"然而,问题不仅出在这个苦难市场上(表现为精神创伤和精神病专家数量猛增),人道主义组织原本希望通过病症(依然不明确也不具有专业性)和他们分发的临床标签(心理学解读,在这一方面,有他们自己的理解)阐述他们期望见证的事实,但在实践中又无能为力。他们努力提供见证事实的材料,而不是猜测,但他们的话依然无法说出一切真相,无法说出他们想要见证的那些人的真实生活。

另外,救援人员也意识到,在救援现场会出现一些不协调的事情,他们很难去解释,但是会形成一种不是抵抗,而是更为细微的差异,让人感觉事实与人道主义精神病学的特有行为不符。在无国界医生团队编写的专栏中,我们也看到,一个少年"毫不悲伤地谈论"前天晚上一个伙伴的死,"人们看不出他有任何害怕的样子",这让心理医生感到"困惑"。在另一个集中营,人们看到一群逃难者处于"极度兴奋的状态",他们"笑着,喊着,孩子们也异常兴奋",这让来访的专家非常吃惊,他把这种状态称为"极度偏执狂"。但是这些反应似乎很罕见。一般来说,巴勒斯坦人会适机应对他们的对话者:他们对心理医生讲述自己的痛苦；对人道主义者讲述自己的悲惨生活。[1] 实际上，没有人知道这种自我表现，这种对自己不幸的表现以何种方式——当然，个体不同，方式也有区别——改变了精神主体性。不过，这种表现明显影响了作为政治主体的人。人们自己塑造的形象，别人看他的形象。还有对这一现实的政治解释，都受到一个事实的影响：每个人都自认为是事件纯粹的受害者，并且往往只局限于这一种身份。

从社会层面来看，建立话语结构的逻辑相对来说是相似的，更何况个体与集体之间的界限有时很模糊（至少在地方组织当中是如此），因为通常来说，人道主义组织协会会将这两种纬度区分开。因此，纳塔尔中心讨论"民族创伤"，加沙社区精神健康项目则主张"心理影响，（认为）个体生活与整个共同体的影响"密不可分。[2] 这样的讨论不只体现在个体和集

---

[1] 难民不仅用实际行动来抵制人道主义活动者对其状况的定义，而且用最普通的欺骗手段建构了社会关系，避免人们将他们描述成受害者，这就是米歇尔·阿热耶在另一些难民营里看到的现象（Michel Agier, 2004）。在这一方面，他们实施了"抵抗生活策略"。

[2] 不是所有考虑冲突及其影响的心理学理论都必须参照精神创伤。因而，无国界医生组织精神健康项目的两个主要负责人玛丽-罗斯·莫罗和克里斯蒂安·拉沙尔（Marie-Rose Moro & Christian Lachal, 2003, p. 222-224）对阿克萨青年起义的阐释来自另一个范式。他们认为，巴勒斯坦人所处的形势可以根据帕罗奥多学派的"复式联系"理论来理解。"复式联系"理论假设存在两个因素，一个初级重复经历，原始负面指令导致惩罚，第二个指令与第一个指令发生冲突，第三个负面指令禁止受害者逃离状况。"对于两个国家的人来说，双重限制状况都是悲剧。解决的办法就是战争，将双重限制转变成对立，使精神残存。"但是，作者退一步说道："如果只有这一种解释的话，那么说阿克萨青年起义是心理或社会心理学的一种解决办法自然有些过分。"

体的分界上，也表现为心理学理论和常识之间的犹疑不决，因此在词汇的使用方面往往出现如"创伤""痛苦""应激"等日常用语与学术用语并存的两种词汇。个体和集体、心理学理论和常识之间这种双重不确定性，构成创伤后精神病症范式及其变化取得成功的关键因素。

我们前面描述了三个发展过程：个性化、心理学化和悲怆情绪的产生，从而认识到这种范式在个体层面的特征。当我们站在集体纬度上时，还应该考虑另一方面的内容。事实上，通过人道主义精神病学的救援干预，形成一种社会事实的具体化形式。由于这种形式，人类创造的历史逐渐消失，形成固定的状态，在这种状态当中，刽子手和受害者一成不变地占据着人们为他们规定的位置。一位多年来一直在巴勒斯坦境内工作的心理学家讲述了她的经历：小穆罕默德·埃勒-杜拉死后，加沙社区精神健康项目在学校里设计了一个角色游戏：一个人扮演小男孩，另一个人扮演父亲，1500个学生扮演以色列士兵，每个人机械地重复着自己扮演的角色。这件事令那位心理学家非常气愤，她说："当我看到这一切的时候，整个人都惊呆了。我心想：这竟然是心理学家做出来的事！"当然，这是一个极端案例，但是读到心理医生和精神病科医生在以巴冲突中编写的"标签"时，人们发现，不仅每个人的角色都被指定好了，而且所有人都很好地适应了被指定的角色。历史发展过程脱离了分析，服务于情感需求，或者有时服务于将历史神话化的叙事框架。

总之，人道主义精神病学书写的见证材料是一些没有历史的历史——既不是个人的历史也不是民族的历史。通过冲突双方的自传和个人经历，通过围绕救援人员自己的介绍和他们想要表达的内容构建起来的各种片段，通过产生事实的背景和形势以及冲突中主人公的解释，人们尤其注意到，事件可能会引起创伤后反应。如果人们认为1980年《精神疾病诊断与统计手册（第三版）》制定的疾病分类法主要是为了消除病因的痕迹，从而只承认其结果的话，这一点儿也不奇怪，因为不论是自然灾难的受害者还是战争伤员，不论是空难受害者还是性暴力受害者，不论是越南平民还是美国军人，人们都有同样的症状，同样的临床表现。对精神创伤的认识，严格来说意味着取消经历，取消这段必然纳入个人和集体历史的、唯一的共同的经历。人道主义活动者当然不否认这些局限性。我们也看到，他们自己也倾向于提供部分地跨越心理学范畴的见证资料。他们没有试图把巴勒斯坦人的叙述归入过于严苛的疾病分类学范畴，而是从中抽身，关注于提供生活片段和某些观察瞬间。但是这些种类的集体表现力，无论是对当地社会还是对国际公共空间来说，都变得越来越具有束缚力。

吕克·博尔坦斯基（Luc Boltanski）曾说："总之，能够为人道主义运动提供辩护的，就是人道组织成员前往现场救援。

第八章 巴勒斯坦

出现在现场是有效性甚至是真实性的唯一保证。"[1]那么，诉求现场权力（正如民族志学者所做的那样）是否足够有效，足以说明真相了呢？如今，人道主义精神病学认为，救援的有效性和真相的表现是通过见证实现的，它用创伤和痛苦的话语表达了暴力行为。一边是暴力的受害者，另一边是人们想要唤起关注的公众——如此一来，维护前者的事业显得不那么抽象，更具有人性。在拉近两者关系的同时，人们差不多赢得的东西，难道不也在"理解能够从中得到什么"的时候失去了吗？精神创伤的社会有效性不一定能够引出受害者的历史真相。

*

在不到二十年的时间里，一个新的领域——人道主义精神病学出现在国际灾难舞台。从1988年亚美尼亚地震到2004年亚洲海啸，从罗马尼亚孤儿院到科索沃难民营，这门学科提供了一种全新的话语来阐述世界的不幸。与人们想象的不同，它的诞生不是因为人们在灾难现场或冲突现场发现了精神创伤以及精神后遗症（虽然今天这些词汇和意义似乎成为自然而然的事），而是因为人们在走向他者的人道主义运动中首先识别出精神痛苦，而这发生在精神痛苦被解释成精神创伤病因之前。

---

[1] 吕克·博尔坦斯基在著作中谈到"人道主义团体及其敌人"，他认为，人们之所以批评人道主义团体，不是因为"它在现场完成的行为"，而是因为"它们在媒体中对人们所经历的痛苦的描述，人道组织成员一直在吸引公众关注这些人"（Boltanski, 1993, p. 258-261）。我们的态度是，我们应该理解，既然两者没有分离，那么描述也是现场行为。我们不研究意识形态，而是研究实践。

另外，这个他者应该放下激进的差异性包袱，在某种意义上成为另一个自我，从而感受同样的情感、同样的病症。事实上，文化差异开始出现的时候，救援人员认为这是一种本体论的差异，战争幸存者和种族屠杀的幸存者曾经是最后一批看到消除这种差异的人。那时人们承认，他们也是创伤的受害者，也应该接受心理治疗。

面对遭受过痛苦又恢复健康的群体，人道主义精神病学提出了一种新的迫切需求。人道主义精神病学固然应当以安慰和治疗为己任，但是临床的具体实践条件——在紧急情况下，在帐篷里，在炮弹轰炸下，在被摧毁的房屋里——极大地限制了实施具体治疗的可能性，尤其限制了治疗的有效性。因此，在冲突现场开辟了另一条路径，这对精神健康领域的专业人员来说是前所未有的，那就是见证。同时依靠情感和症候表现加以证实，对暴行在心理上留下的无法抹去的那些痕迹，人道主义精神病学是唯一能够发挥价值的学科。它的专业知识为受害者——人道主义活动者喜欢强调"所有受害者"——提供了服务，精神创伤成为维护受害者的物证，成为控告压迫者的罪证。

在这项富有战斗性、通过精神病学的见证重新书写活动动机的工作中，人道主义组织所代言的那些人的个人经历和集体历史的重要部分早已丢失。然而，与其为此感到遗憾，不如关注人道主义活动者重新适应这种代表性身份的方式。他们审时度势，或者掌握这种方式，或者予以规避，或者积极要求，或者予以抛弃。精神创伤成为人道主义见证的一种政治手段，因此，它有助于构建政治主体化的新形式，构建当代世界的新型关系。

第四部分

证明政策

2002年11月9日，多家外国人和移民医学心理学救助协会的成员聚集在巴黎，希望针对多年来一直困扰他们的问题寻求一个共同态度，那就是：越来越多的来法政治避难人员要求为他们提供医学心理学证明，证明他们遭受的残酷折磨的真实性。这种诉求，或者是难民身份申请者自己提出的，或者是帮助他们的律师或协会要求的，或者是负责评估其申请合理性的机构，也即审核初审材料的法国难民保护局（OFPRA）和难民援助委员会（CRR）要求的（如果申请被拒，后者会进行干预）。新的难民条件似乎再一次违背了收容法。① 三个协会参加了非正式会议，难民医学委员会、政治难民普里莫·莱维中心和里昂卫生健康权益道德中心都派了多名代表出席。弗朗索瓦丝·敏科沃斯卡心理中心（专门处理移民心理健康问题）在几个月前就参与了这次集体思考，但没有成员列席会议。至于流

---

① 雅克·德里达在其关于"好客"（hospitalité）问题的研讨班第五讲中阐述了这样一个矛盾："存在一个二律背反现象，这是一个无法解决的矛盾，一个不可辩证的矛盾，这个矛盾就在于一方面是好客原则，无限制的好客的无条件原则（为来访者提供家中和自己所有，不问其姓名、回报和需要满足的基本条件），另一方面是好客法，这些权利和义务都是有条件的和限制性的，正如希腊-拉丁甚至犹太-基督教传统规定的那样，一切皆在法中，是法的哲学。"（Derrida,1997）申请医学证明以及精神创伤在证明中逐渐取得的地位就属于这种二律背反。

放受害者协会,也是关注受迫害人员精神健康问题的非政府组织,则不在受邀名单当中。

近些年来,难民政策逐渐收紧,这些协会围绕维护难民权益这一共同话题走得很近,但在讨论一开始,人们就感受到各协会之间的紧张气氛。① 讨论主要围绕一个主题展开,就是申请医学心理学评估的需求过多。首先,医学证明背离了专业人员以治疗为首要工作的宗旨。难民医学委员会的一位成员指出:"行政理念和治疗理念不能混为一谈。"普里莫·莱维中心的一位心理医生补充说:"证明干扰了医疗关系。"其次,证明让协会在公共权力面前扮演了模糊不清的专家角色。普里莫·莱维中心的一位成员气愤地说:"我是医疗行业的,所以我站在这个立场做事。拒绝提供证明,这是一个政治态度,是拒绝成为一个配药室②。"对此,难民医学委员会的一位同行回答说:"我们是否要反思整个司法制度?医学鉴定或心理鉴定的性质究竟是什么?"最后,是关于证明是否有效的讨论。普里莫·莱维中心的心理医生再次表示:"我们很清楚,这没有什么用。那些我们给开出证明的人,他们当中有多少人取得了难民身份?从法律角度来说,我们什么都不是。我们根本起不到一名专家真正的作用。"难民医学委员会的一位负责人对他们

---

① 本次会议在难民医学委员会大楼召开,出席会议的还有埃斯特尔·德哈林,她在一篇文章中详细介绍了这次会议的细节(Fassin & d'Halluin, 2005)。

② 原文用的是 officine,这个词在法语里有两层意思,一是指配药室、药房,另一个意思则是暗指制造谣言的场所。——译者

的医学评估的影响似乎并不这么悲观:"我自己很难挽回声誉。我觉得证明在某些情况下还是有用的。这是患者、律师和协会告诉我们的。"但是所有人都同意这样的质疑:"既然患者对医生说的话有效,为什么这些话在难民保护局或难民援助委员会那里就不管用了呢?"除了证明引发的问题,人们还提出一个疑问:是否要继续提供证明?十多年来,这个问题一直困扰着各个协会。它们一方面想要揭示被公关权力工具化的现象,另一方面要考虑提升难民申请的机会。处于两境之间,张力越来越大。实际上,这个问题从来没有真正明确过:人们经常想停止提供证明,但只是口头说说而已。跨越这一步,就是走向未知,从公共权力和避难申请者两方考虑:公共权力机构提供一部分资金支持;而申请有可能因此受到损害。

然而在会议当晚,各协会的态度似乎变得强硬起来。普里莫·莱维中心的代表希望采取对抗公共权力机构的共同策略。一名代表解释说:"我们是一个医疗中心。关于证明问题,由于申请人数增多,我们有过一次政策性讨论,提出了这样的问题:是继续提供证明还是停止提供证明?我们今天的态度就是,不再提供证明。"另一名代表明确指出:"不仅不再提供证明,假如各协会希望废除证据神话、促进难民权利,就要将这一决议以协会全体政治声明的形式提出来。当然,我们需要向难民保护局,向我们的合作者还有患者解释我们的态度。"但是在场其他协会的态度依然有所保留。里昂卫生健康权益道德中心的一位医生表达了自己的看法："我们认为，这是我们可以为他们提供的一种援助，不是吗？"难民医学委员会的一位医生同行表示："我们证明病情需要持续跟踪观察，这就提供了证明。我们认为这就是援助。"最终，什么也没定下来。与会成员激烈讨论过后——期间一人愤然离席，以示抗议，因为大家对拒绝提供证明没有达成共识——三个协会的代表纷纷离开。自此之后，没有召开新的会议。各项策略似乎各自为政。几个月后，我们得知，没有一个协会真正停止提供证明的做法。威胁没有付诸实施。人们吵来吵去，却避免彻底分裂。

近二十年来，协会间这样的讨论总是周期性地发生。但在这次讨论中出现了一个新问题，即心理后遗症在证明中的地位问题。精神创伤这个概念对他们来说已经是显而易见的，但他们还没有注意到这个事实。在很长一段时间里，证明的问题主要是围绕要求证明在残酷遭遇后身体上留下的痕迹提出来的，也就是要证明伤疤的真实性。而现在，这一问题关系到在精神上留下的痕迹，也即从中寻找精神创伤后的症状。心理学家的作用得到重视，尤其是转向一个新的症候学，其特征不是反映精神疾病，而是反映精神痛苦，一种被视为面对暴行时正常表现的痛苦。众多专家协会纷纷成立，要求此后进入这一新领域需要具备相关专业能力，从而重新规定了病理学以外精神健康的定义。那些裁定避难申请资格的机构想当然地认为，医生或心理医生在证明中解释精神病症候，从某种意义来说，就是证明了申请者遭受的迫害。

这类证明越来越多地出现在避难申请材料中，同时，这也是申请者律师要求提供的材料。下面这封信件就是一份证明：

先生：

自11月16日您来我的办公室面谈之后，我记得您将要去专科医生那里问诊，以便开出一份证明，证明您身上的伤疤是因受到虐打留下的。我还记得您的普科医生建议您接受心理治疗。我建议您或者去难民医学委员会，或者去普里莫·莱维中心，或者咨询一位法医。①

与生理伤疤一样，暴力引起的心理后遗症也可以证实避难申请者讲述的故事的真实性。专家在观察到的迹象和遭到迫害的事实之间建立了因果关系，这种关系证明了迫害的确发生过。这为法国难民保护局干事或者难民援助委员会仲裁员提供了他们所需要的证明，从而可以判定避难申请者所讲述的经历的真实性。近二十五年来，申请者的证词变得越来越可疑，人们常常怀疑他们的经历是假的，并认为他们实际上是打黑工的。如此一来，精神创伤成为验证避难权利的证据关于提供证明的各项行政要求的变化，实际上也与难民政策和具体实施的

---

① 2001年11月16日一家律师事务所的律师写的信，目的是向难民保护局提交难民申请材料（这是难民医学委员会主席阿尔诺·维伊斯收集的材料）。

变化有关，只是反其道而行之。人们之所以更加相信医学和心理学专家的鉴定，是因为政治难民资格发放得越来越少了。

残酷暴行的受害者承受着虐行带来的创伤性后遗症（包括生理上和心理上的），关于这一点谁都不会怀疑。医生，还有越来越多的精神病科医生和心理医生贡献出他们的努力，更好地理解和治疗那些遭受迫害的人，这一点也是正常的。我们想要强调的是，今天精神健康专家证明的精神创伤，已经成为避难申请者提供给难民保护局干事或难民援助委员会仲裁员的申请材料中常规的必要材料了。二十年前没有评估程序，精神创伤就已经成为法国权力机构筛选难民申请资格过程中需要提供的一部分证据。很明显，这种社会新政策反映了精神创伤领域外延的新形式。当然，那些在帮助避难申请者或暴力与迫害受害者的协会工作的精神病科医生和心理医生，会继续治疗他们的患者，对他们来说，这才是他们工作的重心，体现了他们行动的意义，可以合理发挥他们的专业才能。然而，人们要求他们作证，说出遭受虐行的事实，要求他们撰写证明，证明精神病的迹象，把他们变成处理难民事务的附属机构，这给他们造成了很大困扰。尽管他们拒绝这种转变，但他们提供的正式材料的数量并没有减少——这些材料证实了精神创伤病症的存在，为避难申请者或其辩护律师和协会提供了物证。

在证据行政制度的这一转变中，至少应该从两个方面进行考虑。首先，要试图理解精神健康这一新领域产生的条件，其中部分领域已获得授权（尤其是碎片化的授权）——这主要是围绕难民政策和残酷暴力问题产生的，我们可以称之为流亡精神创伤学（psychotraumatologie de l'exil），虽然这一命名还没有得到官方承认。这个领域在专业人员和活动者行动中间，围绕避难申请者和酷刑受害者这些新的社会形象得以形成——这里所说的"新"并非指它的本义，因为难民和受刑者可以说一直都在，这里的"新"是指这些社会形象所代表的事物及其表现方式。我们刚刚讲述的那个会议场景，包括出席会议的活动者的讨论以及与未列席成员的关系，在这个领域里具有重要意义。其次，我们试图更好地理清精神创伤症是如何融入医学证明诉讼程序的。在这一部分，我们将考察近二十年来发放给避难申请者的医学证明。心理评估的变化、临床用语的调整都是理解问题的关键，从中我们可以看到暴行留下的痕迹如何为事实提供证据，从而使人们做出批准难民身份的决定。但是，这并不是先验性地判定证明的有效性，正如参与者经常看到的那样，仿佛这就是敲开难民大门的秘诀。从驳回的判决来看，经验性研究显示出一定的局限性。总之，精神创伤制度并非线型的单一叙事，在证据管理体系当中，它是一个过程，一个不确定的、模糊的、充满矛盾的过程，具有道德意义和政治意义，而不仅仅反映临床和疾病分类学的问题。

第九章　流放精神创伤学

1996年4月30日，巴黎上诉法院的一名律师致信难民医学委员会的一名医生，希望获取一份要提交给难民援助委员会的难民申请材料。针对这起特殊案例，该律师需要为当事人提供辩护，并寻找特别材料以证明他所说的话，除此之外，他还要考虑是否有可能启动更为系统的心理鉴定机制：

> 援助委员会回应了您提供的医学证明。律师们首先对此表示困惑，我们实际上只是这种复杂状况的间接证人，我明白您的医学证明不能保证某些事实是真实存在的。但是，我们难道不能实施一项医学制度，对当事人的叙述做心理分析，以保证某种情形的真实性吗？

在与另一个司法领域进行对比分析时，他明确提出自己的想法：

> 从刑法角度来说，有很多心理学和/或精神病学专

家，他们可以对事实状况做出价值评判，但是他们不是上述状况的见证人。这些医生的分析基本上为当事人的叙述提供了可信度。因此我在想，是否可以在进行严格的医学检查的同时，进行纯粹的心理检查，以保证当事人叙述的可信性。

他同时也承认这可能为材料审查带来风险，他在总结中指出："遗憾的是，没有一项无风险的解决办法，但是我认为，这项心理检查可能使我们的医学证明产生更有力的法律影响。"

当然，这封信件的主旨不在于精神创伤问题：在法庭审理避难申请案件时，人们还没有谈及精神创伤问题。不过，虽然律师还没有掌握精神创伤话语，他们在证据上已经想到了这个问题，并且开始觉察到精神病科医生和心理医生在提供证据时可能起到的作用。明确地说——另外这封信很重要，它恰恰反映了将要发生的事情——这实际上是建议建立一个新的验证机制，在这一机制下，精神病科专家可以巩固或者削弱叙述的有效性。但是这个建议没有明确指出鉴定的内容是什么：是鉴定申请者的人品，以判定是否应该相信他的证词，还是鉴定其表现出的后遗症，判断是否与所提到的暴行有关联？换句话说，精神健康专家的参与是为了检测谎言，还是为了治疗精神创伤？根据近来的变化，人们倾向于第二种假设，认为调查关注的是精神后遗症，从而证明人们遭受的迫害。但是，这会让人忽略近期精神病学家和心理学家的一系列研究。这些研究证明，避难申请者的叙述中有记忆变化现象，这似乎提醒人们要对他们证词的有效性进行一定的评估。无论如何，我们今天研究的依然是精神创伤问题，而这或许超出了那位律师的期望。[333]一个证明就是，几年后，移民互助委员会（Cimade）的一名成员给住院部一名医生去信：

> D夫人来见过我们。她的领土避难申请材料可以提交了，但是我们无法保证结果如何。需要证据去支持她的申请。为此，她最好去看精神病科医生，医生除了能够帮助她解决心理问题外，还能提供一份证实她患有精神创伤症的证明。

这样致信精神健康专家以获取证实叙述有效性材料的例子有很多。心理鉴定的要求过去在巴黎律师信件中只是一项工作假设，然而在不到十年的时间里，却成为一个例行公事的做法，一种自然而然的行为，一种标准化的期待。从此，人们寻找的是精神创伤能够提供的证据论证。围绕这项规划，产生了一个专家鉴定领域，即流放精神创伤学。然而，我们只有从战后精神健康的历史，尤其是从移民疾病治疗实施机制的历史角度加以考察，才能理解这一领域兴起的原因。

第四部分 证明政策

移民，介于土著人和外国人之间

自20世纪50年代，移民精神病学在两个历史时刻之间建立起来。在这两个历史时刻当中，两类不同的人群产生了决定性影响：一个是殖民时期的土著人（无论这个土著人是住在殖民地还是宗主国）；另一个是后殖民世界的外国人（无论这个外国人是否具有合法身份，是寻找工作还是请求避难）。在这两个人群当中，出现了第三个人群，就是移民。这一群体主要是围绕法国，或者更广泛地说是围绕欧洲经济劳动力需求构成的，从时间顺序和社会学观点来看，它将前两个人群联系起来。在这个从一个人群形象到另一个人群形象过渡的时期，活动者是站在普通精神病学复苏的边缘关注移民精神健康状况的这个问题，同时参考了殖民地居民的精神病学。[①]一方面，在宗主国，法国精神健康制度的普遍模式以及起主导作用的心理病理学范式，先验地摒弃了所有种族和文化特殊性的观念。移民患者的医疗工作不再需要特殊的临床治疗，而是与其他治疗方法保持一致。另外，法国社会并不关注处于流放状态的人群的健康状况，这加重了治疗方法的无差异性。顶多在精神病学的逐步发展过程中，社会医学的进步方法才间接地帮助到这些

---

① 关于移民精神病学的分析，尤其是普遍主义与文化主义之间的张力，参阅我们的文章（Fassin & Rechtman, 2005）。

第九章 流放精神创伤学

"海外的"无产阶级。另一方面，在殖民帝国，一项深受文化主义和种族主义成见影响的精神病学政策和实践发展起来。鉴定"非洲人性格"或者"穆斯林精神状态"特征的努力，势必导致更多反映殖民思想而非反映地方精神病理学的解释。在去殖民化时期，产生了一种极端的观点，但这种观点主要是关于殖民地精神病学的意识形态规划，而不是被殖民的精神错乱患者的基本理论。精神健康专家（他们后来开始关注移民问题）很少提到该领域的这段历史，然而殖民地精神病学及其评论形成的这一对比强烈的景观，却构成了他们思考和行动不可逆转的背景。下面我们就具体讲述一下这两段反映了流放精神创伤学发展的历史。

第二次世界大战之后，法国精神病学陷入严重困境，德国人接管了它的医院，造成住院部40%的精神障碍症患者死于饥饿和困苦。[①] 面对精神病院中发生的这一悲剧，一些重要人物，如弗朗索瓦·托斯盖勒（François Tosquelles）、吕西安·博纳菲（Lucien Bonnafé）和乔治·多梅松（Georges Daumezon）等对精神病学的功能机制展开集体批判。这一学科掀起了一股改革浪潮，十年之后形成前期经验，自20世纪70年代初在精神病科领域初具规模。改革的内容就是让专业医生走出医院，设计一种更贴近患者的方法，相反，精神病院成为欧文·戈夫

---

① 关于这段历史，参阅罗伯特·卡斯泰尔（Robert Castel, 1976）的著作，还有让·埃米（Jean Ayme, 1996）和马克斯·拉封（Max Lafont, 2000）的文章。

曼所说的全控机构的原型。[1] 在对精神病学，对其分类与入院实践，以及对其与具体实施的权力和秩序之间的各种关系展开讨论的过程当中，斗争的范围基本上具有普遍性。人们所说的差别主义，也即可能产生差异性的临床治疗方法，或者更简单地说，首先适应土著人、其次适应移民的临床方法，在这场争议当中没有任何位置。在法国社会的边界上，在他们的集中营、家庭或者贫民窟里，这些看不见的劳动者除非是在工作事故后通过症候描述，才能勉强走进精神病学的领域。正是因为这些人，半个世纪前兴起的灾难神经症才经历了真正的辉煌时期。[2] 在移民劳动力构成法国经济发展基础的那段历史时期，以疾病为由停止工作会令人起疑，且不算正当理由，尤其是当患者提出病症的出现与他的工作有关时，就更加难以让人信服。因此，病理学层面的不合理性阐明了移民的不合法性，移民不仅不再是社会的有用资源，反而增加了资金赔偿。除了这种特殊条件外，还有在精神病疾病分类学当中相对边缘化的问题，就是差异性仅仅意味着精神错乱患者的经验性差异，不存

---

[1] 参阅欧文·戈夫曼（Erving Goffman, 1968）的著作。他在书中阐述了美国精神病院精神病患者的状态，并提出了"全控机构"理论，但在当时的政治背景下，法语译者采用了"极权机构"（institutions totalitaires）这一译法。

[2] 参阅萨亚德（Abdelmalek Sayad）关于灾难神经症的文章《疾病、痛苦和身体》（La maladie, la souffrance et le corps, 1999）。这篇文章以1981年的文章为基础，内容有所修改："如果说在灾难神经症（sinistrose）这个词里有灾难（sinistre）这个词根的含义，如果说移民遭遇的很多意外（身体上或心理上的）近似于我们所说的灾难神经精神病症，那是因为移民本身从整体上说就是或者已经成为一个灾难。"

第九章 流放精神创伤学

在另一种文化。

殖民地精神病学的情况完全不同，它建立在一个具有根本性差异的被殖民群体的基础上：这个群体不仅是非洲疯子，而且还是非洲黑人，即使在精神健康时，这一群体也是相异性的典型范例。[1] 这一时期的参考著作是英国精神病学家约翰·科林·卡洛塞斯的研究。卡洛塞斯应世界卫生组织的邀请，潜心研究非洲人在健康情况和疾病情况下的精神状态[2]。他根据临床资料、脑图像学和解剖病理学资料，提出非洲人劣等性的假设，认为他们由于"额骨发育迟缓"，其行为表现如同做过脑叶切除手术的欧洲人。在法兰西帝国，从20世纪20年代起，阿尔及尔学派成为这一独特研究方法的集聚地，他们集中关注"北非土著民"，提出"穆斯林精神病学"的说法。[3] 该学派创始人安托万·波罗认为，"穆斯林土著人的精神疾病形式"的主要特征是"精神痴呆症"，与缺乏智力刺激有关；还有一个特征是"情感生活和道德生活存在缺陷"，表现为缺乏对人类生活的尊重。这两个因素合在一起反映了穆斯林土著人的"犯

---

[1] 关于这段历史，参阅勒内·科林尼奥关于法国殖民地精神病学的文章（René Collignon, 2002），以及理查德·凯勒的文章（Richard Keller, 2001），后者建议比较法国和英国的情况。

[2] 参阅约翰·科林·卡洛塞斯（John Colin Carothers, 1954）的报告，以及乔克·麦克洛克（Jock McCulloch, 1995）关于茅茅起义的精神病学研究以及相关政策的分析。

[3] 参阅安托万·波罗（Antoine Porot, 1918, 1932）的文章，还有阿尔及利亚学派勒内·贝尔特里埃（René Berthelier, 1994）的分析以及补充部分和评论。

罪冲动性格"。卡洛塞斯和波罗均认为，相异性更多的是种族层面的而不是文化层面的，因为它建立在生物学基础上（卡洛塞斯认为这是因缺乏额叶引起的额叶癫痫，波罗则认为是因间脑突出引起的间脑发作），而且这种差异多被理解为低等特征，而不是文化特征（波罗认为疾病的神奇宗教性表现与精神幼稚状态有关，而卡洛塞斯认为这与缺乏意识有关）。我们自然明白弗朗茨·法农对殖民地精神病学提出强烈批评的原因。法农指出，殖民地精神病学在英法帝国的卫生学校和医学院教授了几十年，[1]因此，这门新兴的"民族精神病学"（人们刚开始这么命名，但不是弗兰克·卡萨诺夫所希望的精神病学与民族学相结合的意思，卡萨诺夫是塞内加尔殖民军队的一名主治医生，发表过多篇关于1912年以来法属西非国家精神错乱患者的论文[2]）一开始是建立在彻底的本质化和种族化相异性基础上的，没有真正承认过他者。

普通精神病学和殖民地精神病学在处理相异性的问题上虽然存在分歧，但从来没有真正对立过，在这两条并行的传统中，战争精神创伤的作用尤为重要。从这个角度来看，非洲人实际上承受着人力丧失的双重考验：一方面，在两次世界大战

---

[1] 在参照殖民地人的心理特征种族主义解释时，法农指出："阿尔及利亚的医学院学生在顺应殖民主义之后，不知不觉地慢慢接受了这种教育，精英也适应了阿尔及利亚人的自然缺陷。"（Frantz Fanon, 2002）

[2] 卡萨诺夫在一篇医学论文中写道："精神病学与民族学的结合可以结出最闪耀、最丰硕的果实。"（Franck Cazanove, 1912）

第九章 流放精神创伤学

期间，他们远离家园，服务于欧洲列强的军队；另一方面，在殖民征服时期，继而在争取去殖民化斗争中，他们又在自己的家园丧失人力。在普通精神病学方面，最显著的一个事实是，在所有出版的著作中几乎找不到关于法国在殖民地招募土著步兵的信息，也找不到关于其他来自殖民地、在欧洲战场参与作战的雇佣兵的信息。在法国和德国精神病学研究领域，引起诸多讨论的创伤性神经官能症似乎只涉及欧洲士兵。当人们发现来自殖民地的士兵出现精神混乱的时候，会将其解释为精神病表现（排除事件与病症之间可能的因果关系），并将患病士兵遣返回乡，如此一来，还可以避免在欧洲士兵当中引起关于补偿以及次利益问题的讨论。换句话说，非洲的战士似乎不会患上精神创伤症。然而我们知道，往往正是他们在直接面对战争的暴力。相反殖民地精神病学领域的解释相当丰富（主要是针对土著民面对战争环境时的特殊反应）。在这一背景下发展起来的各种民族精神病学理论表明，心理障碍是装病的一种表现，但与欧洲士兵的装病表现有三个不同点：假装的表现非常明显，毋庸置疑；涉及面积广，影响所有士兵，甚至没有病理反应；症状表现不全，没有噩梦式的梦魇表现。至于反抗殖民命令的反应，主要表现为木僵或激烈反抗，临床医生认为这些反应是特殊的精神病理学，有时会考虑采用精神分析法进行治疗。这是政治环境下精神病理化的一种表现，拒绝进食则被定性为被殖民者精神上患有违拗症以及性格固执的表现，而不仅

339

353

仅是绝食抗议和抵抗行为。①与我们在普通精神病学当中观察到的不同，无论是从数量还是意义的角度来说，战争精神创伤在这里都表现得有些过分。

医学普遍主义对此持否定态度，殖民种族主义对此却有过度解释。通过这两种态度，我们发现，从第二次世界大战结束到去殖民化开始，在这段时间里展开的移民精神病学是在矛盾而模糊的共和模式下产生的。奇怪的是，那些常常提及这种模式的人反而离它越来越远。移民精神病学临床治疗继承了这些传统，或者相反，在反对这些传统的过程中兴起，并深受这段历史影响，但具有明显的多样性。我们下面将通过难民问题详细阐述这一现象，换句话说，难民除了经历流放之苦，还拥有关于暴行的记忆。而对难民的精神病治疗基本上是在协会框架下依照公共制度发展起来的。

避难所的临床治疗

法国首个专门治疗移民精神病机构的设立要感谢一位精神

---

① 关于这个问题，安托万·波罗写了一篇很长的文章（Antoine Porot, 1918）。在指出"事故和暗示性反应出现频率和易发率"，也即装病之后，他说："这种思想情绪在战争精神创伤当中会产生无法估计的后果，会出现一大批夸张和固执的人。穆斯林土著人有消极对待生活的明显倾向。他们粗鲁固执的思想造成大量人口呆滞无活力，引起初期精神创伤和肢体不灵活。"他随后还描写了一些症状表现，夸大了这种正常倾向："至于战争期间我们在穆斯林士兵身上发现的精神变态现象，其表现非常简单：非常愚蠢的精神混乱；罕见梦样谵妄，仅有感染或中毒的表现。"

病科医生。在20世纪初的动荡局势中，他的个人经历也非常具有标志性，他就是尤金·闵可夫斯基（Eugène Minkowski）医生。[1] 闵可夫斯基出生于俄国，在波兰长大，在德国读大学，"二战"期间来到巴黎。1951年，寻求精神援助的东欧移民数量增加，而公共制度无法提供合适的解决方案。面对这种局势，闵可夫斯基在巴黎福利诊所（"二战"期间由蒂奥金［Tiomkine］医生建立，专门为穷人提供治疗）开设了一个精神健康诊科。十年后，他在一个协会的授权下开展自己的计划，并且得到多个致力于帮助难民的私人机构以及公共机构的资金支持。闵可夫斯基的主要目的是为患者提供治疗，面对儿童患者的时候，还要考虑他们的经历，用他们的母语与其交流。因此，临床治疗实践不是根据一种文化（来源国的文化）而是根据一种经历（流放经历以及遭受悲惨事件和暴行的经历）构建的。由这一机制的创始人发展起来的精神疾病现象学方法让人们接受了普遍模式，而不是个别解释。为适应治疗关系的不同情况，人们对语言的使用进行了调整。另外，在治疗者和患者的交流当中，不再借助翻译，而是由与患者具有相同文化背景的俄国、波兰、德国和法国精神病科医生完成，每

---

[1] 关于闵可夫斯基中心的介绍，可以查看网站 www.minkowska.com。我们还采访了中心多名成员。该中心首先由移民社会服务部提供资金支持，其次得到移民互助委员会和基督教援助委员会的支持，同时巴黎政府、储蓄银行、巴黎市精神卫生服务部也提供了支持。自1985年起，国家医疗保险局开始承担中心的运作。

一次会诊都用患者的母语进行。从 1965 年开始，为了更好地应对移民的人口变化，开创了新的医诊措施：首先有西班牙语和葡萄牙语医诊，然后有阿拉伯语和土耳其语医诊；同时有些医诊涉及世界上某些地区而不是语言区，比如撒哈拉沙漠南部地区非洲移民和东南亚地区难民。因此，这一制度符合移民重组的需求，保持了初次医诊时温和的普世主义特征。值得注意的事实是，虽然第一批病人的痛苦与战争的苦难直接相关，虽然后来的一些运动涉及在来源国受迫害群体，但是精神创伤从来都不是精神病临床治疗的重点。相反，正如协会名称所表明的那样，它只是普科医生治疗"移民精神健康"问题的一种方法。该中心治疗人员认为，实际上是流放而不是精神创伤界定了患者经历的特征——处于两段历史、两个世界之间。

难民医疗指导中心的创立是为了解决一个类似的紧急问题：东南亚地区移民申请难民身份的数量急剧增长，促使卫生医疗专业人员行动起来，为其提供免费咨询，并得到两个人权保护组织的支持。[1]1979 年，红色高棉的柬埔寨受害者大批逃离家园，纪录片《光明岛》(*Île de Lumière*)的租船让法国观众看到了他

---

[1] 关于移民健康医学委员会的分析，可以参阅协会期刊《流放病》(*Maux d'exil*)，以及历年的年度报告（http://comde.free.fr）。另外，我们还对领导层和社会医疗团队的成员进行了一系列采访。移民健康医学委员会由团结互助接待中心（GAS）创立，联合移民互助委员会和国际特赦组织为其提供资金保障。如今，该协会的经费基本来自公共机构，尤其是移民局、卫生部、巴黎大区社会卫生事务局、巴黎大区医疗保险局、欧洲难民基金会和联合国酷刑受害者基金会。

第九章 流放精神创伤学

们的悲惨命运；难民的动机从此争取到了正当的理由——这一理由大部分是建立在情感动力的基础上。三年后，接待中心采纳了难民医学委员会的固定形式，在巴黎南部的克朗兰·比塞特尔医院实施医疗问诊。其背景与闵可夫斯基中心创立时的背景完全不同。1968年以后的政治运动处于衰退阶段，新形式的运动主义开始崛起，这些新形式没有那么激进，但更加专业。精神病学在这个时期也招致强烈的反对意见，移民领域出现一股批判声音，反对殖民时期留下的烂摊子，同时抨击外国人病原性的生活条件——这一意见主要是针对移民健康医学委员会，后者有一个更加有针对性（避难申请者）并且更加具体（保证承担不在医疗制度体系内的人员的医疗费用）的目标。按照前任主席菲利普·马格纳（Philippe Magne）的说法，这些政策不是针对"持不同政见的名人，而是针对流放的步兵"。奇怪的是，随着志愿者向职工制的职业化转变，享受公共补贴的机构制度化逐渐形成。此后，移民健康医学委员会在公共领域，尤其在法国难民法协调机构的地位日益增强——后者由二十余家联合会组成，它们一致反对政府在难民问题上越来越苛刻的政策。这一社会医疗制度的主要目的是全面覆盖每个人的医疗费用，自中心创立以来，心理治疗和精神病治疗就是其活动内容之一。一开始这个中心的活动主要针对拉丁美洲的难民，由精神健康领域的其他专家（尤其是来自非洲的专业人员）来维持，他们都接受过一门处于蓬勃发展中的大学学科教育：民族精神病学。移民健康医学委员会致力于对避难申请者提供援助——这与世界医生组织不同，后者于20世纪80年代在巴黎汝拉街设立了一个开创性诊所，主要针对非法居留的外国人开展重要活动——可越来越多地面临酷刑受害者这一特殊问题。这些患者相较于前来问诊的人属于少数，他们精神创伤经历的性质在所有避难申请者当中是否应该被特殊对待？还是反过来，应该像对待其他人一样对待他们，避免在对待痛苦时造成不同形式的道德差异，进而在避难申请者当中产生一种隐含的等级化？正是在这一棘手问题的处理上，协会内部发生了分歧。

"酷刑的受害者与其他患者不同，他们需要特殊的关注。"正是基于这一原则，流放受害者协会于1984年成立，并于次年在巴黎圣西蒙红十字会医院设立了一个门诊。[①] 创始人海伦·贾菲（Hélène Jaffé）是一名普科医生，在移民健康医学委员会工作期间，她一直同情遭受残酷待遇的群体，建议对这些人采取差异性治疗方法。无国界医生组织曾安排她前往几内亚-科纳克里——在几内亚总统塞古·杜尔去世时——负责集中营和监狱幸存者的医疗工作。通过这项任务，她更加坚信这一群体的问题具有特殊性。回国之后，她与一些医生和心理医生组建了

[①] 关于流放受害者协会的历史，可以参阅网站 www.avre.fr。同时我们参考了协会的文件，尤其是期刊通讯《避风港》（*Havre*），埃斯特尔·德哈林采访了协会的多名成员。该协会的资金来源主要来自公共机构，包括社会行动基金会、欧盟和联合国。该协会得到官方承认，会长获得人道主义行动国务秘书长授予的荣誉骑士奖章。

第九章　流放精神创伤学

流放受害者协会。协会在多国开展活动，除了治疗，也开展教育培训，帮助避难申请者融入法国社会。协会主要由法国和欧洲公共基金提供资金支持，与政府保持密切合作，贾菲本人也在卫生部酷刑受害者保护小组主持工作。总的来说，流放受害者协会的政治活动更多是面向国际层面，担当反对旧独裁者的民事诉讼当事人；而在国家层面，它几乎没有参与任何维护庇护权的动员活动。协会最为矛盾的一点是它对精神创伤的态度：一方面，它是法国第一个提出酷刑受害者经历及其精神"后遗症"特殊性的协会；另一方面，协会与心理医生的意见相左，往往对其做法持保留意见，认为不适合受害者的特殊性，而普科医生由于比较了解状况，其实更容易真正"倾听"患者的叙述。在协会内部，人们很少提到精神创伤这个词，而且更倾向于使用精神病药物治疗而不是精神分析法。精神治疗专家降到辅助地位，成为不受信任的对象，因此，他们之间出现了分歧。

也正是由于这种意见分歧，1995年协会的七名成员提出辞职，自己成立了普里莫·莱维协会——在成立这个协会之前，他们组建过一个叫特莱沃（Trêve）的机构。[①] 在世界医生组织、

---

　　① 关于普里莫·莱维中心的历史，可以参阅其网站 www.primolevi.asso.fr。我们还采访了协会多名成员，参加了他们的两次会议，查阅了协会面向大众的系列期刊《记忆》(*Mémoires*)。普里莫·莱维中心80%的经费来自法国的公共机构（总理下属的各公共部门、移民局、卫生部、巴黎大区政府、巴黎市政府、反歧视和协助社会融入行动基金会）和国际性公共机构（欧洲援助、欧洲难民基金会、联合国酷刑受害者基金会）以及多个非政府组织（世界医生组织、法国自由基金会、基督教反饥饿促发展委员会）。

无国界律师组织、国际特赦组织以及取消酷刑基督教行动组织的协助下，该协会成立了普里莫·莱维中心。起初，这个中心由民间机构提供资金支持，后来逐渐获得公共权力机关的资金补贴，十年后，公共资金补贴占中心总预算的五分之四。中心的医疗补助和社会补助是提供给前来治疗的患者的，但其核心机制还是由精神治疗专家构成。协会的专业活动围绕精神创伤展开——正如协会名称所表明的那样，主要是为"酷刑和政治暴力受害者提供治疗和援助"——同时也帮助相关参与者，后者在参与活动的过程中目睹了暴力场面（如人道组织成员）或者听人讲述了一些暴力行为（如律师协会成员）。他们的存在证明了实施心理纾解治疗，即为预防创伤后遗症提供心理支持的合理性。除了负责患者治疗，协会还参加公共领域的活动，维护庇护权，增进人们对"酷刑心理创伤患者"的痛苦的了解。十几年后，协会与创伤应激障碍研究法语协会（ALFEST）建立了联系——后者由军医路易·克罗齐创立，我们之前提到，克罗齐医生接受过精神病受害者学训练，后来成为人道主义精神病学的合作者。可见，从移民精神病学到精神创伤临床治疗，围绕普里莫·莱维中心形成了一个新的专业实践团体。另外，运动不仅限于法国。酷刑和违反人权受害者治疗康复中心的欧洲网络汇聚了38家组织。普里莫·莱维协会会长、该网络法国成员希贝尔·亚格拉利（Sibel Agrali）对他们的工作做了如下解释：

第九章 流放精神创伤学

受害者要求的不仅是与虐待相关的治疗。他们还因为自己所遭受的一切感到困扰，他们的创伤是由长途跋涉、流放以及重建生活时遇到的困难引起的。要让人们承认他们的历史。共同法没有规定要针对这些精神创伤进行特殊培训。然而，如果一个人不曾被酷刑受害者的经历所震撼、震惊的话，他就不会留心倾听他们的故事。这不再是专科医生的事情，酷刑折磨不是疾病。解决办法不是治愈他们身上的伤疤。

从此，酷刑折磨与精神创伤联系起来，要求特殊的治疗。这属于心理学层面，而不单纯是精神病学层面的要求，应当在整个欧洲范围内协调行动。

在考察法国近半个世纪以来难民精神病和医学治疗的历史时，人们发现一个双重现象。一方面，公众的特性得以重新定义：当闵可夫斯基医疗中心面向移民开放的时候，移民健康医学委员会在20世纪70年代末则主要关注避难申请者，随后，流放受害者协会从80年代中期，普里莫·莱维中心从90年代开始，致力于帮助酷刑和迫害的受害者。在提供各种医疗服务的同时，人们还协助在极端情况下开展专业化治疗工作。另一方面，产生了时间移位：闵可夫斯基医疗中心尽管也承认他们过往的痛苦，但临床治疗重心是流放者的经历；移民健康医学委员会围绕政治暴力问题提出了移民前与移民后非连续性的构

第四部分　证明政策

想（它是造成精神紧张的起因）；流放受害者协会的成立打破了这种思想，它希望根据患者在本国遭受的暴行类别来区别对待患者；而在普里莫·莱维中心，精神创伤作为一种疾病类型确立下来，成为中心治疗的核心内容。因此，在不否认流放之苦（即切断现在与过去的联系）的同时，暴力留下的伤痕（换句话说，是镶嵌在现在的过去）成为新的治疗对象。

当然，对于我们来说，并不是建议用一个公共对象替代另一个公共对象，也不是用一个时间性替代另一个时间性，而是要说明，当问题逐渐沉积下来的时候，人们开始重新聚焦避难申请者，聚焦暴力问题。协会的格局在不断扩展，而不是走向狭隘，职业领域也变得越来越复杂。从移民到被迫害者，从流放人员到精神创伤症患者，这一双重运动体现了我们所说的流放精神创伤学的发展特征。通过这种表达方式，既体现了围绕避难申请者和酷刑受害者展开的专业化，又体现了关注流放人员和阐述精神创伤之间持久存在的张力。

范式的变化

精神病学家、精神分析家维米克·沃尔坎在关于"战争和酷刑受害者"精神创伤的第一部著作[①]导论中写道："自愿移民相对于难民和避难申请者，其内在世界和外在世界截然不

[①] 参阅维米克·沃尔坎（Vamik Volkan, 2004）。

同。"这一区别比看上去还要复杂。一方面,"所谓'正常'的自愿移民的精神病学与被迫的患精神创伤症移民的精神病学之间,的确存在共同的理论基础。如果说从一个地方到另一个地方意味着失去——失去国家,失去朋友,失去以前的身份——那么所有的移位经历都可以根据顺应或抵抗哀痛期的努力来分析"。另一方面,关于难民和避难申请者,"他们经历哀痛期的过程由于精神创伤的经历变得更加复杂:他们应该在成为'正常的'普通移民之前,面对精神创伤产生的影响;他们有必要与被压抑的过去重新建立联系"。流亡的哀伤与暴力精神创伤之间的对立变得越来越为人所熟悉——这一对立为区别不同经历,即为区别"正常"移民和"被迫"迁移人员的医疗工作提供了基本依据。如今,移民的痛苦不再与受迫害者的痛苦完全重叠,在受迫害者身上存在某种在移民身上无法解决的东西,那就是精神创伤。另外,这种表现恰恰是社会结构的产物,它的难民临床治疗史向我们阐明了整个发展过程。临床实践从研究哀痛期问题转向研究精神创伤问题,这是一个逐步发展的过程,后者并非替代前者,只是丰富并部分覆盖了前者的问题。

闵可夫斯基医疗中心创始人一直在思考侨居国外的问题,即流放问题。移居国外这个词本身与入境移居的含义有明显区别。入境移居往往含有贬义,而移居国外不仅意味着移民身份的提高(不仅是在此处多出人口的身份,也是在彼处流出人口的身份以及缺失的身份),也意味着对别处的依恋(他不

349 仅是应该融入这里的人，也是应该脱离移出国的人，虽然对他来说，移出国依然具有意义）。至于难民医学委员会，它通过组织名称提醒人们两者之间的联系。在针对外国人的治疗过程中，依然是此前和此地、远离和现在、分离的痛苦和难以融入新社会的问题。闵可夫斯基医疗中心和难民医学委员会的难民首先是在体验一场复杂而多样的流亡经历，但这并不意味着受迫害者个人的痛苦可以被忽略，只是他们的痛苦处在一段独特的历史当中，处在一个普遍问题当中。关于这一点，需要指出在50年代一个流放诊所表现出的矛盾之处：这个诊所不是按照创伤神经官能症的模式创建的，但它接待的患者来自东欧，其中大多数人直接或间接经历过第二次世界大战的苦难、纳粹集中营的惨无人道和苏维埃政权的镇压。从这些情况来看，这里不存在矛盾或者否认问题，而是借助伦理道德的力量，拒绝对痛苦，或者更广泛地说，对这些人所遭遇的经历加以区别对待。

流放受害者协会提出了另一种模式。对于协会成员来说，遭受酷刑以及各种政治暴力都是一次特殊的经历，是无法克服的，往往也无法言说。这种难以形容的经历在他们看来就是医学临床症状，也是引起人们同情怜悯的直观反应——这也是精神治疗专家的辅助性工作。从这一点来说，普里莫·莱维中心的成立标志着移民精神健康医疗领域中受迫害者经历的特殊性与心理医生承认精神创伤这两个事实的第一次结合。这段无法

第九章　流放精神创伤学

克服的生活经历从此有了一个新名称，它不再是无法言说的经历，因为它已经成为心理治疗的对象。这项创新意味着要孤立地看待迫害发生的时刻，将其视为基础事件。这在今天看来是相当自然的事情。它意味着前期病史具有对称性的效果影响，据此可以推定，政治暴力的影响主导了其他所有经历，其他所有流放思想以不确定的方式所能设想的痛苦。这既不是一种可以后期予以测试或确认的假设，也不是引导人们先验地忽略其他方面的预判，而是一种可操作的公设，在这些协会的具体活动中具有深刻意义。

这些机构最初步的工作在于排查患者，确认真正患有精神创伤症的人。在流放受害者协会，这种选择是严格按照酷刑的标准进行的。协会的一名医生说："我们只收治曾经是或者自称遭受了酷刑的受害者。这里进行的是意识形态讨论。我认为，目睹过大屠杀或者目睹过亲人在自己面前遭受酷刑和残忍对待的人，他们都是受害者。但根据协会的理念，这是有待商议的，因为对生活的恐惧不是酷刑。"可见，区分现实生活中真正发生的事情，其实是摒弃了精神创伤的概念，因为这个概念认为，暴力事件的性质和真相没有区别。相反，在普里莫·莱维中心，人们是以假设存在精神创伤症为前提来筛选患者的。也就是下面这种情况。一位三十来岁的阿尔及利亚患者通过住院部介绍来到这个机构。他提交过领土避难申请，提到他在自己国家有可能存在生命危险：作为一名警察，他成为军方威胁的对象，由于拒绝做人们要求他做的事，他提出了辞职，因而担心会受到军方的迫害。他有严重的精神障碍，这促使他前来问诊。普里莫·莱维中心在与其初次接触时，发现在最近连续发生的事件之前，他在阿尔及利亚就已经接受过精神病方面的治疗。当时是因为他有酗酒的毛病，结果导致患上神经官能症，因此他被转入公立精神病院就诊。他的临床状态之所以恶化，与政治气候和遭受的迫害有关，但是人们并没有考虑这个问题，因为根据他先前的症状，无法清晰地辨识出创伤后迹象。

我们来总结一下前面说的内容。在法国精神创伤学的历史当中，作为难民特有的真实特征，酷刑的确认先于精神创伤的鉴定，后者被认为是遭受暴力后留下的特殊痕迹。在20世纪50—60年代，无论是精神创伤还是难民的酷刑，都不是闵可夫斯基医疗中心的工作重心。到了80年代初，关于是否应该区别化治疗酷刑受害者的问题所引发的讨论，使协会分成不同派别。精神创伤的辩护者认为，正是由于暴力本身既极端又无法言表，才有必要进行区分，不能以精神创伤的特殊性做参考。在90年代初，讨论的问题是精神治疗专家在酷刑受害者治疗工作中的地位。但精神创伤说并不受欢迎，人们优先考虑一种混合模式，即结合共情式倾听和社工的模式。随着普里莫·莱维中心的成立，酷刑和精神创伤之间的关系才得以确立：《世界报》1997年12月31日发表了一篇关于该中心发展史的文章，标题为《酷刑的心理创伤者》，详细讲述了这一变化。几年后，当人们开始在欧洲范围内交换受迫害者的治疗经验时，精神创伤已经成为每个协会在避难申请者和难民治疗过程中的常用词。每个人都接受了这个事实，首先从精神治疗专家开始。

范式的改变——从流放经历到暴力经历，同时也标志着从哀痛期到精神创伤的过渡——是在同一个意义世界里发生的。无论人们谈论的是什么，流放的痛苦也好，暴力的后遗症也好，都是站在普遍性的理解范畴来说的。移居国外者或受迫害者的个人经历无论多么特别，无论其经历在集体历史（即特殊文化）当中如何书写，思考流放的哀痛期或暴力的精神创伤都意味着进入精神的共同世界。在这个世界里，每一个概念都有意义，都需要有答案。当然，共同的意义并不排除病症表现的多样化，它是根据具体的历史文化背景产生的。同样，解决方案的提出也不意味着要进行统一的心理治疗，但是经历可能都具有普遍性。另外，这个共同世界的假设产生一个必然的结果，就是情感同化或反移情形式。这是某些精神创伤学家，如国际精神创伤应激障碍研究学会创始人约翰·威尔逊所描述的："幸存者的叙述一定是复合精神创伤原型的普遍性变体。"[1]对于创伤后应激障碍的倡导者来说，或者更广泛，对于精神创伤一词的使用者来说，这些类别揭示出痛苦是无边界的，文化

---

[1] 参阅约翰·威尔逊（John Wilson, 2004）。

没有将他们分隔开。

因此，这些不同的研究方法虽然存在差异——从闵可夫斯基医疗中心到普里莫·莱维中心——但都是半个世纪以来逐渐发展起来的，来自人们所说的对移民经历和暴力经历的普遍性解读。这些方法所站的立场，同另一种与之形成竞争的方法，也即以差异主义阐释为基础的民族精神病学保持明显的界限。我们前面提到，在安托万·波罗和约翰·科林·卡洛塞斯的努力下，这门学科逐渐兴起，两者都试图结合心理学和文化主义，努力构建一门新的知识，但是它们没有排除种族主义偏见，同时为殖民秩序提供了科学论证。20世纪80—90年代，圣德尼乔治·德韦鲁中心的托比·纳唐（Tobie Nathan）提出了另一种想法，这一次，他的治疗对象不再是当地土著人，而是移民，甚至是父母是移民的土著人。新兴的民族精神病学与乔治·德韦鲁（Georges Devereux）的"辅助民族精神分析法"分道扬镳，提出差异性的基本方法，摒弃痛苦共同经历的可能性（每一种民族文化构成一个封闭的单位），摒弃全体公民具有共识的观念（每一个群体都有自己的出身，与其他群体相分离）。这一思想在对精神健康领域、社会行动以及司法机构产生影响的同时，也波及了正在构建的流放精神创伤学领域。[①]很多在难民医学委员会、流放受害者协会和普里莫·莱维中心

[①] 关于托比·纳唐研究的分析，尤其关于他对科学界、媒体以及公共行为领域的影响的分析，参阅法桑的著作（Fassin, 1999, 2000）。

工作的心理医生和精神病科医生都接受过这一学派的培训，或者至少认同这一学派提出的文化观点。但是，很多人不久就与这种方法保持一定距离，主张采用另一种方法，即重视流放人员的共同经历，而不是强调这种经历所处的各文化间的不可通性。一位上过托比·纳唐培训课的心理医生在我们的采访当中讲述了自己的职业经历："我认为，民族精神病学让文化有机会以主体身份说话。我们不是在倾听患者。没有主体，只有研究客体，也就是我们所说的患者。"她将民族精神病学与自己目前工作的治疗中心实施的精神分析法进行比较："这种方法有利于将患者的个人经历与他的过去以及其他患者联系起来，使他意识到，他的经历属于一种相当普遍的经历，而不是一个前路未卜的文化。"因此，主体的特殊性奠定了经历的普遍性。

普遍主义与差异主义之间在理论上甚至意识形态上的对比并没有影响实践主义的部署。这两个原本无法和解的世界之间的界线，在实际应用当中没有人们想象的那么严密。心理创伤学和民族精神病学之间出现一些摆渡人，其中最具代表性的是弗朗索瓦丝·希罗尼（Françoise Sironi），她是流放受害者协会成员、普里莫·莱维中心创始人、乔治·德韦鲁中心主任。同时，人们还发明了一些混合形式，如博比尼阿维希纳医院的精神病科，在玛丽-罗斯·莫罗医生的领导下，整个团队同时实施和教授精神创伤临床治疗和跨文化精神病学，"精神创伤治疗小组"由精神病学专家和心理学专家组成，汇集了来自不同国家的"协同心理治疗师"（cothérapeute）。通常来说，在普遍主义和文化主义、流放临床治疗和彻底的民族精神病学的讨论中纳入移民或难民精神健康问题，是法国历史的一个特殊性，这种特性存在于其他领域，但在移民（即差异性）和精神治疗领域（即主体性）的衔接中找到了更为明确的表达方式。

由于国家政府对这个问题采取的模糊态度，这种特殊性得到进一步加强：一方面，政府主张普遍主义模式，采取一种忽视移民问题进行普遍治疗的体制；另一方面，政府又促进文化主义方法，支持那些对差异性感兴趣的机构。我们所说的流放精神创伤学领域，就是在公立医疗体制之外，以私人组织非营利性的措施建立起来的。公共领域和私人领域之间的分离让人很难解释政府政策和非政府政策之间关系的活力。首先，政府投入到协会中的资金，无论是直接投入协会运转，还是通过承担患者的社会保险费用的方式，数额都在增加，而且往往几乎达到协会总预算的金额。因此，会员的会费还有其他协会的支持（其实这些协会本身也是拿公共基金补贴的）都只是象征性的。其次，政府机构与民间组织之间的合作不断增多：公立医院通常会指引患者前往这些治疗机构就诊，其中一些机构从某种意义上说已经成为一般机制的补充机构，比如专门负责接待国外患者的闵可夫斯基医疗中心；协会应官方机构要求撰写文件，比如难民医学委员会撰写了移民治疗手册；协会某些成员主持政府工作组，比如流放受害者协会主持了酷刑受害者的鉴定工作；政府颁发国家奖励，比如2004年向普里莫·莱维中心颁发人权奖。从此，精神创伤学——此外还承担移民尤其是贫民的精神健康医疗费用——成为国家政府和协会之间复杂的博弈对象：协会提出举措，政府跟随这些举措并予以支持，自认为尽到了对受迫害人员境况的人道主义管理义务。当政府强化移民和难民政策，同时为非政府组织提供资金，承担被这些政策遗漏在外者的医疗费用时，这种博弈就会变得特别模糊不清；相反，这些组织彼此联合，反对为其提供资金、保障其运营的政权的行为。这些紧张关系在医疗证明问题上表现得尤为突出。

身体检验证明

2002年6月，普里莫·莱维中心季刊专题报告《记忆》的作者们集体提出一个问题："是否需要一份材料证明经历过酷刑？"①

面对法国难民保护局和难民援助委员会日益苛刻的要求，避难申请者在绝望中转向医生，希望能够取得医学证

---

① 这份文献材料包含了对里昂医疗卫生权和伦理中心成员约瑟夫·比奥（Joseph Biot）医生进行的采访。所引段落出自核心文章《不可能的证据》（«L'impossible preuve», p. 4-5）。

明，证明施暴者的行为给他们留下的伤痕与他们的叙述相符。今天这种现象越来越常见，引人担忧。到底发生了什么事？为什么这些经历了难以形容的卑劣事件的男人和女人，会要求一个陌生人为他们撰写一纸文书，替他书写自己过往的生活？为什么他们会任由一个什么都没有看到的证人证明他们的经历？这个听取了他们的叙述的人固然拥有扎实的医学能力，但他终究无法像申请者本人那样了解事情发生的经过。如今，没有医学证明的避难申请者对自己能否取得合法身份已经不再有把握，他们认为自己没有太多的机会得到别人的信任。

提供身体检验证明的要求直接给协会带来巨大压力。流放医学委员会每年接待大约5000名患者，医学鉴定业务迅速增长。1984年，该委员会提供了151份医学心理学证明，1994年提供了584份，2001年达到1171份。在治疗中心业务增长的这段时期，人们也可以结合证明的数量和就诊数量去衡量专项工作所带来的负担：1984—2001年，提供证明的比例增加了五倍。中心医生的日常工作中，28%的内容是撰写证明，证明患者受到暴行和酷刑留下了后遗症；在这个基础上，还有19%的内容是证明患者患有严重疾病，出于人道主义原因享有在法国合法居留的权利。2005年提供证明的数量有所减少，但也只是因为实施了一项政策，将签发证明的数量限制在每天五份之

第九章 流放精神创伤学

内。这项规定产生了不可避免的影响：得到医生约见并撰写证明的期限变得越来越长。面对这种困境，避难申请者只能将约见通知作为一种证明，提交给法国难民保护局干事和难民援助委员会仲裁员，从而心存侥幸。

在二十多年里，医学心理学证明成为难民的敲门砖，至少多数活动者是这样认为的。首先是律师，这份证明材料是他们需要收集的物证，以便为他们的委托人进行辩护。下面这封律师写给避难申请者的信，就是一个证明①：

先生：
　　我与难民救援委员会电话会谈过，委员会告知，只有提供医学证明，证明您身上的伤疤与您的叙述相符，他们才能够做出裁决。为此，请您尽快与流放受害者协会以及难民医学委员会的医生取得联系。在拿到这两个机构的医生证明后，请尽快通过传真发给我，以便我转交给难民援助委员会。
358

与其他所有信件一样，这份信件将避难的全部希望放在医生证明上。提出取得这份宝贵文件的紧迫性，强调需要经过两位医生诊断开出双重证明，这些都反映出律师对医生证明的过

---

① 2001 年 12 月 7 日的信件，是难民医学委员会主席阿尔诺·维伊斯医生收集的类似申请汇编的一部分。

度关注。这对避难申请者造成的影响也很明显，对后者来说，没有证明就没有救赎。

同时，从材料评估决策机构的角度来看，申请者越来越多，以致不断有人向法国难民保护局局长、难民援助委员会主席甚至医生顾问委员会主席提出抗议。面对"违反协会职业道德的压力"，难民医学委员会主席和领导致信法国难民保护局局长，指责他们的干事[①]：

> 有人自己打电话到难民医学委员会，请求尽快约定一个时间取得证明；经常有患者向我们讲述，他们被告知，只有提供医生证明才能签发他们的难民身份；甚至有的时候，已经有一位优秀的专家为其提供了医生证明，人们依然要求难民医学委员会提供相应的有效证明。

无论是难民医学委员会还是普里莫·莱维中心，都十分感谢法国难民保护局干事和难民援助委员会仲裁员能够批准难民的申请，但他们越来越无法忍受与负责筛选避难申请者资格的

[①] 1994年5月5日的信件，法国难民保护局局长弗朗西斯·洛特（Francis Lott）随后在1994年6月15日工作记录392号文件中提出，禁止工作人员"以任何名义和方式参与难民医学委员会的工作"，并且"在特殊情况下，为了解申请者的状况，作为申请者叙述的补充材料，有必要要求医生提供合法的医学证明，因为医生的意见是必不可少的。这一要求既不是站在申请者的立场，也不是站在难民保护局干事进行深入交谈的立场上提出的。"

第九章　流放精神创伤学

决策机构之间这种客观的共谋关系。这就是负责实施越来越严格的避难政策的决策机构与维护难民权益的协会之间的一种委实模糊的关系。

人们要证明的往往是看不见的东西，因而它的模糊性显得愈加强烈。酷刑导致的生理症状会很快消失。联合国编辑的一本实践手册指出[①]：

> 调查人员应对假定的受害者进行体检。在这个方面，时间因素非常重要。无论距酷刑发生的时间间隔有多长，都应该进行体检，但是如果酷刑发生在六个星期之前，最好在明显痕迹消失之前尽快进行体检。

然而，实际上所有避难申请者都是在经历虐刑几个月甚至几年之后才来到法国。因此，联合国人权事务高级专员办事处所说的"心理证据"具有重要作用。如果像这些专家所说，"所有人在经历酷刑之后实际上都患有忧郁症"，那么这种症候学在证明治疗的合理性方面，比证明所遭受的暴行要充分得多。相反，如果要质疑"创伤后应激障碍是酷刑的主要后果这种在他们看来简单化的、错误的想法"，就应当注意较不常见的全部临床症状，因为这有助于推测出与迫害相关的原因。归根结

[①] 联合国人权事务高级专员办事处关于有效调查酷刑和其他残忍、非人道或侮辱性对待的行为手册，日内瓦，2001年。

第四部分 证明政策

底，能够证明未能在身体上留下伤疤的事件的，依然是事件最主观性的烙印。

我们通过避难申请者和酷刑受害者讲述了流放精神创伤学的兴起过程，这门学科在这里具有一层新的社会意义。承认迫害经历的特殊性，认为有必要对精神创伤患者采取特殊治疗，这门学科正是基于这一认识建立起来的。在负责审查难民身份的权力机构中，它就是评估叙述真实性的工具。对于投身这项人道主义事业的医生和心理医生来说，他们的工作就是治疗。如今，他们被要求提供证明。虽然他们本人并不情愿，但是这些维护人权的活动者往往被公共权力部门要求作为专家协助工作。对于这一新角色，大部分协会成员还没有做好准备，也很难接受，他们认为这一工作转向造成了四点危害。

首先，对酷刑的证实意味着难民法的倒退。根据1951年《日内瓦公约》第一条①，对难民的定义是"有正当理由畏惧由于种族、宗教、国籍、属于某一社会团体或具有某种政治见解的原因留在其本国之外，并且由于此项畏惧不能或不愿受该国保护的人；或者不具有国籍并由于上述事情留在他以前经常居住国家以外而现在不能或由于上述畏惧不愿返回该国的人"。因此，畏惧的思想——根据合理证明——是中心问题。一个人不需要受到酷刑也能享有难民身份：只要存在迫害的危险就够

---

① 联合国人权事务高级专员办事处1951年7月28日通过的有关难民身份的协定，详见网站：www.unhchr.ch/french。

了。然而，医生证明要提供的证据基本上是酷刑留下的痕迹。局限于这样的痕迹证据，就是将那些令人感到危险、寻求逃避暴力的状况排除在外，打消避难的想法。这就是协会中一些人所说的"酷刑补贴"。心理鉴定之所以能够为庇护权提供一点空间，是因为它可以识别与畏惧迫害有关的痛苦的迹象，但人们的经验显示，这种可能性的实际利用空间不大。

医生证明同时也触犯了治疗师与专家各自功能分离的规定，这一规定规范了医学实践，或更广泛地说，规范了治疗这一职业实践。根据《公共卫生法》第105条[①]规定："任何人不可以既是患者的专科医生又是同一患者的普科医生。医生不得接受与本人利益相关的鉴定工作，包括本人的患者、亲属、朋友以及经常寻求帮助的团队人员。"就利益关注这一点来说，从专家医生和普科医生的角度产生了第三个层面的问题，即积极参加活动的医生层面的问题。人们认为，这无法保证医生在评估状况时保持严格的客观性。然而，非政府组织提出的讨论议题并非专家的公正性问题，而是被难民申请者"工具化"的问题，后者以治疗为借口争取到宝贵的证明材料，同时也失去了真正得到治疗的前景。医生尤其是心理医生对这种使患者偏离治疗关系的状况非常沮丧：患者一拿到证明就不再复诊了。因此，协会之所以在初诊时不提供任何证明材料，也正是为了

---

① 第19版《公共卫生法》第R4 127-105条"医学鉴定行为"，巴黎达鲁兹出版社，2005年，第1331页。

避免这种滥用协会功能的情况。在取得证明材料之前，应该再次"接受检验"。

362 　　证明意味着它替代了避难申请者说的话。关于这一点，普里莫·莱维中心的一名成员讲了这样一件事[①]："有一天，法国难民保护局的一名干事打电话给我：'如果您认为这名妇女遭到过强奸，那么我将准备接见她。'但是为什么非要我证明她遭到过强奸他才能接见她呢？"这是一个能说明问题的例子，因为除了特殊情况，强奸发生几个星期后一般不会留下任何生理上的创伤。所以，人们期待心理医生能够提供一些证据，证明当事人的叙述是真实的，期待心理医生能够在精神上找到一些身体遭到侵犯后留下的痕迹，承认暴行留下的精神创伤——尽管人们知道心理影响的表现和程度极为不同，而且当事人对发生的事情往往会保持沉默。但是除了这一个别案例，要求专家为遭受暴行或耻辱性对待者提供身体痕迹证明，就是在提醒对方，他说的话不算数，他经历的事实无关紧要。医生或心理医生通过提供鉴定，接受了证明当事人的叙述与创伤具有一定关系这一事实，就是为难民申请者"提供担保"，违心地承认了当事人的话没有价值。

其实在很多人眼中，医生证明不仅没有用处，甚至可能是不利的。一方面，从个人角度来说，证明远没有达到应有的效

[①] 难民医学委员会在几年前给法国难民保护局写了一封信，信里讲述了一个类似的案例。这让人认为这样可疑的形象对活动者来说具有象征性影响。

果。尽管每一位医生或心理医生都认为,借助医学证明证实避难申请者叙述的真实性,可以为后者提供一次额外的机会,但实际的数字却与这种想法不符。法国没有一项研究能够证明这个事实。而瑞典调查了五十多件案例,结果表明,在专家提供的证明和负责规范申请者身份的决定之间,不存在任何统计数据上的关联。[①] 虽然四分之三的被调查者身上出现了创伤后应激障碍,但这并没有提高他们取得难民身份的机会。调查者最后总结说:"酷刑和精神创伤受害者保护中心的调查在于向瑞典权力机构提供公正可靠的信息,但是人们往往会忽略提交上来的证明。"另一方面,从集体角度来说,提供证明的做法会让人在避难申请者之间做一个区分,区分哪些人可以确定他们的医学心理学真实性,哪些人无法确定。在这些情况下,医生证明反而会加深对避难申请者的怀疑,导致事与愿违,使他们的申请丧失正当理由。这也是普里莫·莱维协会两位负责人的疑虑[②]:"医生贸然提供证据,却成为意识形态的工具。要求提供不可能的证据,就是排斥那些社会机体不想要的人。"最终,提供证明成为一个没有赢家的游戏。

在考察这四点批评意见——我们分别称之为政治的、职业道德的、伦理的和评估的——的时候,我们惊讶地发现,那些提出这些意见的人仍在继续提供证明。事实上,关于这些保守

---

① 参阅弗斯曼和爱德斯顿的研究(Forsman & Edston, 2000)。
② 参阅亨利克斯和阿格拉利的研究(Henriques & Agrali, 2005)。

做法，有三点原因起决定性作用。首先，人们无法拒绝一个有权要求提供证明的人：相对于心理医生，这一准则对医生来说更是如此；其次，证明就是向患者表明，人们相信他所说的话，而且很多人认为提供证明甚至具有治疗的功效；最后，每个人在面对具体情况时，都希望这份证明材料无论如何能够帮助避难申请者获得一个好的结果，毕竟怀疑最终使申请人获益。如此一来，尽管医学心理学鉴定让人沮丧，让人气愤，那些反对这种做法的人还是继续提供证明。然而，并不是所有人都公开反对和排斥这种做法。如果说难民医学委员会和普里莫·莱维中心最倾向于反对滥用医学证明，那么闵可夫斯基中心和流放受害者协会从来没有为此斗争过。[1] 流放受害者协会一位心理学家解释说：

> 开始的时候我为个别人提供证明，现在我几乎是习惯性地这么做。当患者承诺接受治疗并真心实意地开始治疗时，我不觉得提供证明有什么不妥。我认为，相对于法国难民保护局干事对焦虑、恐惧和精神创伤的看法，这反倒

---

[1] 这也是其他活动者，如博比尼阿维希纳医院"精神创伤小组"的态度。该院精神病科医生兼无国界医生组织成员声称："我们认为，拒绝为这些患者提供医生证明，这种态度是不合理的。负责治疗的精神病科医生至少应该保证有一名同事负责撰写这样的证明。"很明显，这个批评针对的是普里莫·莱维中心，因为该中心一开始在机构组织上是与世界医生组织相联系的。参阅博贝特等人的研究（Baubet *et al.*, 2004）。

第九章 流放精神创伤学

有很多好处。这可以提醒（而不是引导）那些干事，患者的态度不是在撒谎或逃避，而恰恰是痛苦的一种表现，我觉得这样也不错。

闵可夫斯基中心一位精神病科医生说得更清楚：

> 我在证明中所写的内容是能够证明治疗合理性的要素，尽管如此，依然有些模糊。我知道人们要求我提供一份有用的、可以被人接受的公式化文件。如果这个文件能够证明我的方法有效，就像语言的一个能指可以使一个意义生效，我倒不觉得有什么为难的。作为一名公民，我应该尊重医生的职业道德和合法性，如果我认为我的证明可能成为律师或当事人诉讼的重要材料，让某件事变得有价值，我会毫无顾虑地这么做。因为首先这是心理医生的工作，其次，他理解他所处的社会。或者提供证明，或者死亡。

在这两种情况下，没有机构性思考，也没有对提供证明行为的个人批判：如果存在精神障碍，提供证明就好——即使这部分包含了为避难申请者服务的意思。这种做法超出了专家鉴定的范围，使专家成为介入活动者，使其不是为了某一事业，而是卷入某一个人的事务。

因此，可以从两条脉络来描述法国流放精神创伤学领域。在第一条脉络中有两个极端：一端连着临床实践和政治，我们可以称之为介入端（难民医学委员会和普里莫·莱维中心）；另一端只集中于临床治疗，我们可以称之为距离端（闵可夫斯基中心和流放受害者协会）。在第二条脉络中存在两个截然不同的态度：一种态度认为流放的经历具有整体性，是不可分的，我们说是综合性态度（难民医学委员会和闵可夫斯基中心）；另一种态度使精神创伤的经历个性化，我们说是特殊性态度（流放受害者协会和普里莫·莱维中心）。根据涉入的程度和对主体性的承认，有可能形成四种结合方式。这两条脉络勾勒出同一个景观：避难申请者和酷刑受害者的形象替代了移民和外国人形象，精神健康成为调节难民流量的工具，在流放趋势减弱的时候，精神创伤成为证明真相的优先因素。身体上的检验证明从此要到心理当中寻找。

第十章　避难

我们从难民医学委员会 2002 年撰写的上千份类似文件中摘选了下面这份医学证明[①]：

本人医学博士，证明今天为 G 女士（出生日期……国籍：土耳其）做了体检，特撰写医学证明，为患者提交难民申请提供证明材料。G 女士，来自库尔德瓦尔托区，声称同丈夫一起参加解放库尔德斯坦的武装斗争。她丈夫在 1998 年一次集会中被捕，遭受酷刑，几天后去世。她声称自己遭到士兵的殴打和强奸，而且是当着她孩子的面。此后，她可能因为那次强奸而生育一个女儿。临床检查发现：左侧手腕内侧有纵向缝合疤痕，可能是冷兵器造成的伤口；右侧髂窝处有严重疤痕，可能是腹部受到重击所

[①] 这份证明是我们在难民医学委员会两百多份档案中随机抽取的，我们按照每五年（1987、1992、1997、2002）五十份的档案随机抽取，并补充 1983 年的一系列汇编。文档来自难民医学委员会档案，编号 2002/04-PC2（34）。

致。另外，该患者患有创伤后神经官能症，伴随严重的焦虑忧郁症，需要心理跟踪治疗并长期服用精神药物。所有临床观察符合 G 女士的叙述。此项证明应患者要求撰写，并当面交与其手。

十几行字浓缩了难民申请者需要向法国难民保护局干事或难民援助委员会仲裁员提交的所有证据。这份叙述简明扼要，甚至可以说是枯燥无味，只列举了事实，没有多余的描述。采用间接的形式（"声称遭到殴打和强奸"），条件式的语法形式（"可能因为那次强奸而生育一个女儿"），这些表述方法使专家与其所叙述的事件之间保持必要的距离。体检的结果被缩减成简略的表述，记录着身体上的伤痕（"纵向缝合疤痕"），十分谨慎地将其与所说的暴力结合起来（"可能是冷兵器造成的伤口"）。精神病诊断由一系列疾病类别（"创伤后神经官能症，伴随严重的焦虑忧郁症"）构成，提出进行治疗的必要性（"需要心理跟踪治疗并长期服用精神药物"）。结论果断适度（"所有临床观察符合叙述"）。就这样，医学心理学证明成为一种真正的文体写作训练，表现了人们逐渐掌握鉴定的书写规范，遵守颁发机构所规定的标准，证明撰写人员为了更好地满足难民资格评估机构的要求而做出的努力。

难民高级专员署负责重新审理难民申请资格，关于这类材料，一名陪审员表示："在难民援助委员会，人们接受所有证据,包括病症迹象或其他形式的证据。法官会根据叙述,在内心形成一种信念。首先,叙述是最基本的因素,具有严密性、可信性、矛盾性。其次是证明,类似刑法方面的招供,从律师和避难申请者的角度来看,证明多少有点像证据的王牌。"① 但随后,他又改口说:"这是事实,但也不完全是:还是视情况而定。仅有一份证明是没有用的。如果申请者的叙述不可靠,前后不一致,证明将很难扭转事实。如果申请者的叙述可信,前后一致,而且医生证明也反映同样的事实,这就是有力的证明。所以,如果存有疑问的话,医生证明就会因人而异。"

并不是所有的证明都具有相同的价值:"提供证明的人员也是仲裁员需要审查的内容。相对于郊区的普科医生,人们更加相信与难民援助委员会有多年合作的协会。此外还要看医生证明是如何撰写的。不是所有的证明都写得很好。有些证明是这样写的:'生理后遗症与所述相符。'我们不知道医生听到的与我们听到的内容是否是一样的。"他最后在总结中说:"问题在于我们的这个领域很少有书面证据。法官往往根据人们的叙述做出判决。所以,如果有一份书面材料与此相符,就很容易联系起来。这样就不会感觉是凭空做判决。"

这种证明顶多是象征性的。首先,它进一步肯定了这一个事实,即律师和避难申请者将医生证明偶像化,完全改变

---

① 埃斯特尔·德哈林于2002年8月5日在难民救援委员会对联合国难民高级专员办事处一名陪审法官的采访。

了它的实际功能；其次，这意味着在材料评估过程中，证明的价值实际上是相对的，它是用来支撑叙述而不是替代叙述的，是让法官相信人们所说的话，而不是决定他们的判断的；最后，它还反映了人们在这份材料当中投入的社会工作，包括细心撰写证明（根据恰当文件的撰写规则来书写），包括对协会的信任（使其能够合理地维护患者的利益）。医学心理学证明所代表的东西远远不止用机构抬头纸写下的文本：它是一个历史片段——不仅是避难申请者的历史，也是当代世界的历史。

为了了解这种确立证据新模式的实施情况，了解精神健康新型权限是如何展开的，我们应该首先回顾一下欧洲国家避难境况的发展过程，其次考察精神创伤现象不断出现在医学证明当中的原因，最后我们将考察这一过程所反映的人类学问题。

难民的非法性

精神创伤证明，或者更广泛地说，暴力留下的痕迹证明之所以成为避难申请的重要合理依据，是因为难民身份使其失去了过去曾经能够享有的大部分合法性。因此，要理解人们为什么不断寻找身体上的证据，首先应该理解怀疑这种思想的起源，它反映了今天西方社会与避难申请者之间的关系。瓦伦蒂娜·丹尼尔（Valentine Daniel）和约翰·努森（John

第十章 避难

Knudsen）[1]指出："从一开始，难民的经历就存在信任的问题。难民对人不信任，也引起人们的怀疑。从深层意义上说，在逃离曾经生活的社会之前，他就已经成为逃难者了，即便他在一个新地方被接受，他依然是难民。"但是在这里个人传记被纳入了集体历史。

难民的历史漫长而短暂。迈克尔·马鲁斯对他称为"不受欢迎的人"的行政管理做了大量历史学文献调查，[2]他指出："难民，指的是那些因战争或迫害离开家园、到国外寻求庇护的人。他们从远古时代就开始穿越欧洲大陆。然而直到20世纪，欧洲难民才成为重要的国际政治问题，严重影响了各国之间的关系。"当代难民与几个世纪前的难民相比，有三个主要特征：数量上比过去多很多；被居住社会排斥的程度更加深刻；在生活重新稳定之前处于游荡状态的时间更长。也许还有另一个基本特征，即以前难民的政治可视度很弱，人们往往把他们与流浪汉相混淆，他们的生活由地方权力机构或慈善机构负担，没有真正的法律地位。但在20世纪，难民成为缔造国家和国际政治形式的关键因素。虽然从状态和数量来看他们仍处于社会边缘，但已经成为规定世界秩序以及由此产生的一系

---

[1] 他们在共同编写的著作《不信任的难民》（*Mistrusting Refugees*, 1995）导论中，区分了这种悲惨经历中的两种不信任，一种是侵袭了他们文化价值存在的不信任，另一种是标志着某些社会特征的不信任。

[2] 在《不受欢迎的人》（*The Unwanted*, 2002）一书中，迈克尔·马鲁斯（Michael Marrus）指出，我们今天所说的"难民"这个词最早出现在《大英百科全书》第三版（1796）里，当时仅指17世纪末躲避法国国王迫害的新教徒。

第四部分　证明政策

列讨论的核心。

大批民众被他们的国家抛弃，或者逃离祖国，请求他国的保护，这是对欧洲民族国家模式的一种考验，甚至可以说是对世界各国共同体法律基础的一种考验。亚历山大·阿列尼科夫指出："难民的概念既反映了各国国际制度的现代构成，又将这一构成问题化。这一制度的前提是世界以合法平等为基础分成各个主权国家。在这个世界中，个体应该属于这样一个国家，它既能保证个体的安全，又能根据各国的制度规定谁有责任和权力管理什么样的人。总之，现代世界是根据每个国家为每个人负责、每个人归属一个国家这一原则运作的。"[1] 难民的跨国转移颠覆了这种安排，并且动摇了它的基础。因此来自国外寻求避难的人引起了本国人的怀疑，甚至是敌意。吉奥乔·阿甘本[2] 认为："难民之所以成为民族国家构成中令人担忧的因素，是因为在打破人与公民、诞生地与国籍之间的身份界限的同时，难民给主权的原始假设带来了危机。"因为人们一直保留这样一种观念，即在一个民族当中出生，他就从国民变成一个

---

[1] 参阅亚历山大·阿列尼科夫（Alexander Aleinikoff, 1995）。他从法律角度指出："难民代表了国家制度的失败，是一个需要解决的问题。作为非自愿移民，他们反映了出身/公民权关系中的一个缺口。[……] 结果导致了一个非常合乎逻辑的矛盾：目前各国制度对难民问题的解决办法正对难民问题第一原则（国家对人员的管理控制）构成威胁。"

[2] 在一篇题为《人权之外》（«Au-delà des droits de l'homme», 1995）的文章中，他指出："正是因为难民摧毁了国家－民族－领土三位一体的古老结构，这一边缘化的形象才值得被重视，应该将其作为我们政治历史的中心形象来看待。"

第十章　避难

拥有主权的人。难民既不享有他遭到迫害的来源国的主权，也不享有他希望寻求保护的接待国的主权。

在这种背景之下，难民的政治形象介于威胁性和悲怆性两种形象之间，而20世纪的主要特征就是在双重制度下将难民援助机构化。这种双重制度一是为国家社会提供保护，预防潜在的危险；二是对越来越多的受迫害者加强保护。首先是1921年，在国际联盟的支持下，难民保护高级委员会成立，主要解决从苏联逃难出来的俄罗斯人。有一点需要注意，这个各国间协调组织当时依然不被认可具有承担这一角色的合法权利，人们更愿意将这一任务交与能够提供慷慨援助的民间机构。国际联盟也是在某些慈善机构（如红十字会）和国家政府（如瑞士）的压力下勉强接受了这项任务，因为它不认为这个问题属于它的管辖范围。随后，"二战"同盟国于1943年成立联合国善后救济总署（UNRRA），负责承担战争难民和集中营幸存者的救济工作。该组织于1946年末由国际难民组织（OIR）替代，后者由新近成立的联合国大会提出创立，任务是为战后"数百万""背井离乡的人"（displaced persons）提供人道主义援助。然而，从人员角度来看，难民问题当时依然是欧洲事务，涉及的人员基本上是被迫移民的；如果从涉及的国家来说，由于美国的影响不断增强，它可以被广泛地认为是西方事务。继1947年印巴分治、1948年巴勒斯坦原住民驱逐事件之后，难民问题已经变成全球性事务。即便是在南亚和中东这两起事件中，欧洲历史关系对理解它们的国际意义依然具有决定性意义。换句话说，从领土扩张这个角度看，它甚至反映了全球人口问题——另外，今天大部分相关人口都属于第三世界。难民问题一直是从西方的角度来理解的，也就是说，是从权利状况、从欧洲与北美的历史权力关系的角度被定义的。

这个问题反映了世界化的不平等性。我们恰恰应该在这个新背景下，理解为什么会在1949年成立联合国难民事务高级专员办事处（1951年开始实施），为什么会在1951年签署关于难民地位的《日内瓦公约》（1954年生效）。这两件事情构成了我们所说的当代难民政治。联合国难民事务高级专员办事处的成立确立了联合国在难民保护方面的权力；高级专员办事处的干涉领域不断扩大，从简单的经济资助到民间组织，它已经成为一百多个国家的具体实施成员之一。《日内瓦公约》的签署规定了取得难民身份的条件及相关权益，这个文本成为官方的参考资料，同时也引起众多自相矛盾的解释——政府部门的解释通常比较严格，人权保护机构的解释则非常自由。20世纪50年代初，即使人们知道政治威胁持续存在，并且具体实施具有局限性，但仍然设立了持久有效的避难机制和国际规章条例。第二次世界大战造成的严重伤害让欧洲各国对受害者负有亏欠感，对幸存者负有责任，这一点在制度的建构上可见一斑。

1951的《日内瓦公约》为这一历史时刻描绘了一副具有普

遍使命感的宽容大度的形象，但撰写者的人道主义思想只是部分符合筹备阶段谈判的现实。在这一方面，法国政府关注的是让联合国承认国家的绝对主权，因此它的态度十分明确，提出了当今讨论的众多议题。但是它没能在公约文本中规定这些问题，比如难民权益以及他们应尽的义务。法国力求通过签发出入境签证来管理难民的流动问题。法国政府尤其支持对难民设定双重限制标准，要求他们仅限于欧洲人，并将难民遭受迫害的日期限定在1951年1月1日之前。《日内瓦公约》接受了第二条要求，第一条则由各国自行决定。正如人们设想的那样，法国政府（不顾议员的投票）采纳了欧洲最具限制性的条款。另外，在就业领域，法国政府没有区别对待难民和其他外国人（当时就业人员的雇佣仍由国籍决定）。

因此，很明显，与人们的常规想法不同，政府理性，或者更严格地说，国家理性是当代难民保护制度的原则。在法国难民保护局和难民援助委员会（制定避难申请评估制度）成立投票表决时，甚至在撰写和批准《日内瓦公约》时，法国都是支持采取严格态度的国家：支持欧洲范围的难民，反对难民全球模式；限制进入就业市场，以保护国家劳动力；实施严密的监督措施。在这些选择背后，有两个特征此后一直延续下来：对难民持有怀疑态度，认为他们会造成就业市场的竞争；难民政策附属于移民经济政策。直到20世纪70年代中叶经济发展期间，这些特征才表现得不那么明显，因为此时难民实际上已经混入其他外国人，共同参与国家经济财富的生产；人们甚至可以想到，很多潜在的难民申请者省去了通过法国难民保护局取得难民身份这个过程，因为一份劳动合同足以让他们在法国的生活合法化。1974年，移民劳动法颁布，从此，避难申请逐渐受到越来越严格的人员流通控制政策的管理：申请人数的增加促使人们实施越来越严格的制度。1974年处理的申请材料有2000多份；两年之后，这个数字达15000多份。上升趋势一直延续到1989年，那一年受理的申请达61000多份。而申请接受率的变化曲线从1974年的90%（1976年达95%）降到1989年的28%。驱逐"假难民"成为公开讨论的一贯话题，同时也表明判决变得越发严格。在20世纪90年代的十年当中，这一做法不断增强：受理材料在1996年达17000份，数量有所回落，但没有影响接受率的降低，1996年只接受了20%的申请。21世纪初，申请数量出现回升，但拒绝比例持续降低：2003年审了52000份申请，法国难民保护局的初审只接受了10%，难民援助委员会在复审阶段只接受了5%。因此，在25年当中，对难民的接待问题引起很大争议：在20份申请当中，批准的比例从19降到3。

这说明证据的管理问题成为避难申请评估的关键。25年前，难民身份申请者事先就被认定具有可信性。如今，他已经成为怀疑的对象，评估机构的评判结果事后似乎论证了这一判断。正如法国历史学家热拉尔·诺瓦里埃尔所说，难民政策一

第十章 避难

直是以官僚机器为基础，致力于证实申请的合理性。[①]自20世纪30年代起，边境特殊监察专员就提出了审查标准，可以通过会谈来证实申请者的实际情况。从20世纪50年代开始，法国难民保护局逐渐完善审查核实机制，越来越重视申请者的叙述——由于缺少书面证据，申请者总是试图在详尽的痛苦叙述中强调自己真诚可信。直到20世纪70年代末，由申请者直接提供的证据还是很有效的。随着更为严格的政策的实施，人们开始对难民申请者的话产生怀疑，习惯性地质疑他们的叙述：因此，人们传唤他们的身体，越来越不重视他们说的话，这就需要有中间人代替他们进行表述。医学心理学证明将这两个过程联系起来：它证明身体上留下的伤痕，让专家成为代言人。

然而，如果留意观察的话，会发现肉体能说的东西很少。人们甚至试图表明，身体传递的内容越来越少。详尽的列举，对伤疤细致的描写，这些会使人感到厌烦，而且不具有说服力。它说出了伤痕，却没有明确指明缘由。在评估人员眼中，很多证明并不具有说服力，这也让撰写证明的人感到失望。但是，人们也可以进一步说，刽子手在实施虐刑的时候越来越少留下痕迹。这种说法含有两重意思：一是身体应该完全消失；二是暴行会在身上留下不被觉察的痕迹。对于迫害者来说，就

[①] 参阅热拉尔·诺瓦里埃尔（Gerard Noiriel, 1991）。作者指出："书面有力证据的缺失说明避难申请者叙述的重要性。这些机构的档案表明陈述人是如何力求确定证据的真实性的。"

第四部分 证明政策

是毁灭证据、手段高明、不留罪证。酷刑的实施者会否认其犯下的罪行，因此酷刑的效果会更强烈。他们不仅自我保护，避免事后被追究责任（因为我们都知道，实施酷刑具有很大风险），而且在受害者违背他们意愿的时候，他们会加重暴力行为，让受害者承受说不出的痛苦，让他们的话遭人怀疑。他们不会像以前那样公然实施酷刑，而是秘密进行。以前酷刑是印在身体上的烙印，现在变成精神上的痛苦。从这一点来看，格拉夫广场与阿布格莱布监狱不同，对达米安的处决与关塔那摩的囚禁形成鲜明的对比。新的酷刑形式的幸存者总的来说很少留下被虐待的痕迹：侮辱、自我贬低、目睹亲人被强奸或者毒打，这些方式不同于在生殖器上实施电击或者被强按在水里窒息到半死，并不会在身体上留下伤疤。塔拉尔·阿萨德（Talal Asad）指出，这种变化与刽子手实际操作的改变（技术手段越来越精细）有关，也与我们的感受变化有关，它改变了我们辨认以前没有见过的暴力形式（视为侵犯尊严的行为）[①]的能力。不管怎样，施刑者发明的酷刑或者我们发现的酷刑不会留下医生能够证明的、看得到的后遗症。这就是残酷的矛盾性：一方面期望通过身体得到证明，另一方面生理伤痕在逐渐消失。

在新的现实面前，精神创伤逐渐取得地位，成为证据管理

[①] 在一篇题为《论酷刑，或残忍、无人性及侮辱性对待》（«On Torture, or Cruel, Inhuman and Degrading Treatment», 1997）的文章中，阿萨德写道："酷刑的范畴不再局限于生理上的疼痛：现在还包括心理上的强制性。"

制度的一个基本因素：肉体不能证明的东西，心理机制能够予以反映；普通医生无法揭示的伤痕，精神病科医生和心理医生能够予以确认。暴力的记忆是非物质性的，却是最深刻、持续时间最长的：生理伤口会愈合，不留痕迹；心理伤口会永远地隐藏在心灵深处，只会对那些了解其深刻含义的人透露。

征象识别

难民医学委员会于2000年举办了一次展览，题为《流放病》。展览展出了一系列黑白照片和一部见证文集。[1]两者之间没有任何联系，这样可以对采访对象或人脸进行匿名处理。其中两张照片拍摄了一些伤疤：一张是圆角放大的照片，上面是一名阿尔及利亚人掀起衬衣，露出自己的后背；另一张拉长了镜头，是另一名阿尔及利亚人抬起头，露出脖子。人们对他们的故事一无所知，但是他们的伤疤说明了一切：他们遭受的酷刑，还有人们禁止他们对外说出亲历的苦难。叙述也是片段性的：一名卢旺达人遭受胡图士兵的酷刑，随后被图西法庭判处死刑，他讲述自己的妻子被强奸，五个孩子生死未卜，他的避难申请也被拒绝了；一名安哥拉人加入了人民解放武装力量，

---

[1] 参阅《流放病》（*Maux d'exil*）展览画册，奥利维埃·帕斯基耶（Olivier Pasquiers）摄影，让-路易·勒维（Jean-Louis Levy）收集的证据，难民医学委员会/弗洛雷亚酒吧、克朗兰·比塞特尔医院联展（Comede/Bar Floréal, Klemlin-Bicêtre, 2000）。

第四部分　证明政策

他说自己曾被囚禁在安哥拉彻底独立全国联盟（UNITA）的监狱里，遭到酷刑和强暴，他的难民申请也被拒绝；还有其他类似的故事。他们除了强调自己的经历以外没有其他办法，负责审理难民案件的干事肯定听不到这些故事。对于这些流放人员来说，识别创伤后的迹象开启了一种新的可能性，可以为让人们听到他们的真实故事。

然而在很长一段时间里，精神创伤在医学证明中不具任何意义。我们来看下面这份撰写于1987年的证明，是关于一名33岁智利男人的经历[1]：

> D先生因身体疼痛、记忆障碍、注意力不集中以及睡眠问题在难民医学委员会就诊多次，有慢性病演变迹象，他说，这与他1979年在智利被捕后遭到殴打有关。在多次就诊过程中，他很难明确描述遭到虐待的具体情形。由于那些艰难的经历，他似乎出现记忆混乱。他身体多处出现疼痛，出于担心，他拍了很多X光片，并拿给我们看。目前的片子结果显示，他没有明显的骨折现象（头部、鼻骨、手、腕部、脊椎、膝盖、右侧踝骨）。然而，经过临床检查，我们发现有轻微的鼻骨变形，这与过去的创伤有关。同时，D先生还多次咨询心理医生，希望全面诊断身

---

[1] 这份证明是难民医学委员会档案中的一份材料，没有编号，日期为1987年3月25日（sn）。后面提到的那份证明日期是2002年的，编号为74.999（33）。

第十章 避难

体上出现的病痛。在经历过囚禁尤其是残酷虐待的人身上，经常会发现这些综合症状（头疼、记忆混乱、精力难以集中、失眠），即使单独来看，这些症状并没有表现某种特殊性。我们建议 D 先生做长期的心理治疗和药物治疗。

这份文件至少具有两方面的意义。一方面，它反映了肉体无法说出任何事情，无论是避难申请者还是医生，在寻找证据方面的努力都无济于事：多个 X 光片没有反映出任何曾经遭受的酷刑，唯一一个症象就是鼻中隔变形，但这是极其普通的现象，根本没有说服力。另一方面，人们观察到很多心理症状，从经验上考虑，这与患者遭受的暴行有关，但在程序上不具任何效力：当然，文件也指出，这些症状与囚禁和虐待有关，是常见现象，但是缺乏综合症候，所以很难建立因果关系。文件中大致列举了创伤后的现象，但没有指明患有精神创伤症。

我们再来看看 15 年后为一名 22 岁的土耳其人写的另一份证明：

Y 先生声称曾遭到土耳其当局迫害，人们猜测他可能与库尔德工人党有联系。他说自己曾两次被关押：一次是在 1998 年 12 月，被关押了五天；另一次是在 1999 年 1 月，被关押了十五天。Y 先生详细描述了他所遭受的虐待：烟头灼烧；用电棍电击阴茎和脚趾；身体和头部多次遭到

397

毒打；被夹在轮胎中，朝屁股毒打；足弓被打。他还说曾被打晕过。Y先生说左胸痛，心悸并伴有恶心，失眠很难入睡，常伴有噩梦，夜间常常惊醒。临床检查发现他背部有两处圆形愈合伤疤，与烟头的灼伤相吻合；大腿前部有多处疤痕。患者还患有创伤性神经官能症和焦虑症，需要医学心理学跟踪观察。这些观察符合Y先生叙述的精神创伤。

这一次，身体上留下的几处印记巩固了当事人的叙述。更重要的是，他身体上保留了暴力的痕迹，体现了人们所说的精神创伤的心理症状形式。精神创伤这个词本身就是一个证明：它将症象和虐刑联系起来，确立了事件的真实性。

我们研究了二十多年来的证明书写文件，从中可以看出创伤这个词语义上的变化。20世纪80年代直至90年代，它一直指的是身体上的痛苦：创伤就是受到打击。一份关于一名喀麦隆人①的证明文件中写道，这位政治反对派"遭到威胁和毒打"，其"胸椎和骨椎的创伤留下了后遗症"。一份关于一名扎伊尔人的文件中写道，（他）"被捕并遭到毒打"，"多处骨折，可能与创伤有关"，另外，"创伤后症状"与心理医生所描述的应激障碍症没有任何关系，因为那是"头骨错位"造成的。一

---

① 以下节选来自难民医学委员会1992年的档案：34.156（1），36.911（7），36.246（46），31.549（50），35.820（38），35.411（37）。

第十章 避难

名斯里兰卡人在监狱里受虐刑,出现"耳聋现象,这与脑部创伤有关";另外一名斯里兰卡人患有"桡神经感应障碍,与以前腕部受到创伤有关"。在1992年的所有证明中,创伤是作为生理实体出现的,属于矫形外科创伤学的范畴。值得注意的是,关于一名土耳其人的证明记录了他在被审讯时遭受酷刑,医生在"诉苦"部分指出,他"失眠,经常做噩梦",但在总结中,医生没有考虑这个因素,只是关注生理症象:"细微的疤痕是尖锐物体留下的创伤。腿上的椭圆形疤痕是钝器挤压肌肉组织造成的创伤。"心理后遗症完全没有被提及,因为人们认为它们不足以构成证据。关于暴力的临床治疗存在一种特殊形式,就是所谓的"脑部创伤主观症状"表格,那是很难确定的疾病分类实体,后来这一分类逐渐从医学文件中消失。关于一名头部遭到棍击的土耳其人,证明中写道:"颞骨的伤疤与起因相符。主诉的头痛现象由脑部创伤主观症候引起,可能持续数年。"我们在多份证明中都发现了这样的表述,包含具有教学目的的解释。

  对于精神症状,今天精神健康专家可能会将其与创伤后应激障碍联系起来,但症状的定性依然很模糊,人们往往将其归于抑郁或焦虑。仍是在1992年,一名安哥拉人[①]讲述他在受审讯时的情形:"被烟头灼烧,被人穿着靴子踢,被暴打,用鞭子

[①] 以下节选来自难民医学委员会1992年的档案:34.985(30),38.310(21);2002年的档案:74.333(12),70.457(19)。

抽，用木板打脸，多次被打晕。"此外还提到"睡眠困难：他在睡觉时会梦到自己被逮捕，遭到虐打"，"感觉对不起自己的妹妹，她因为自己被逮捕"；但是，与其他人一样，他认为这种"反应性抑郁与在自己国家的遭遇有关"。这样的诊断没有什么特殊性；而且有时候，医生会把这一诊断归结于申请者贫困的生活条件，这更加混淆了它与暴力行为之间的因果关系。同一年，一名扎伊尔人叙述（自己）"在一次示威游行中被捕"，在监狱中，他"手脚被绑，遭到重击，直至失去知觉"；医生记录说他"有焦虑和强烈的担忧表现"，"非常情绪化，做噩梦，恐惧"，"每次一提起在扎伊尔的经历就哭"，"有记忆障碍，精力不集中"；结论是"因在其国家经历过创伤事件而患有反应性抑郁症"。换句话说，有"创伤后"心理病症表现，但是不存在考虑这一问题的疾病分类学框架。此时"创伤症"的定性方法依然是外行词汇，没有进入专业词汇范畴。另外值得注意的是，人们是以抑郁症的笔调描述症候学，这让人们开始思考如何界定哀伤、负罪和羞耻的性质——这些词经常出现在那个时期的证明文件当中，它们都是对痛苦的描述，但不属于精神创伤范畴。

十年后，人们给出了另一种解释，提出对症象的另一种解读方式。一名泰米尔人"声称自己遭到印度和斯里兰卡当局迫害"，人们用大棒和警棍打他，导致他"经常失眠头疼"，疼得什么都干不了。据分析，他的病症属于"创伤后神经官能症症状（广场恐怖症、失眠、噩梦），需要接受心理治疗"。头疼不再是"头部创伤主观症状"，失眠和噩梦也不再是"反应性抑郁症"的表现。人们在寻找能够引起创伤后遗症的症象。一种新的心理症候学景观正在形成。人们甚至没有提到"创伤后"的定性问题——是忘了吗？——但临床单位肯定对这一描述做了提示。一名来自孟加拉国的妇女遭到孟加拉警察的毒打、烧伤、囚禁和强奸，医生是这样记录的："主诉经常性头疼。表现出心理障碍，失眠，常伴有噩梦，回想起本人及家人以前的经历。"不过结论部分简明扼要地指出："心理障碍表现与其叙述相符。"失眠、痛苦的梦魇、不断回忆各种片段，这些都勾勒出临床诊断的各种现象，尽管没有名称，但很容易识别。

  但愿人们不会搞错。心理学没有成为避难申请者证明材料的基石，创伤也没有成为用以获得难民身份的神奇钥匙。在对难民医学委员会2002年五十份证明材料进行研究的时候，我们发现只有七份提到心理因素，三份定性为"创伤后神经官能症"，另外四份只是表明"噩梦"类型的症状（占总数的14%）。与1992年的证明材料相比，有六份精神病学诊断经常提到"应激性抑郁症"，十三份病志提到"睡眠障碍"（占总数的38%）。十年后，只有6%的人被明确认定为经受创伤后遗症的折磨（在一年期间被调查的1119份材料中，22%的人患有"精神创伤症"），只有4%的患者看过心理医生。而在这个协会里，这位医生原则上没有权力提供医学证明（在我们的调查样本中，证明里提到精神障碍的次数达 14%）。也就是说，四分之一的就诊者有可能患有创伤后遗症，六分之一的人接受了心理医生的治疗，四分之一的人其证明当中记录了这一观察现象。

一边是简明扼要地提到的叙述内容，另一边是心理评估的完全缺席，很多医学证明都表现出这种鲜明的对比。今天我们依然会观察到这种现象，比如这份关于一名 29 岁的土耳其人的医学证明："这名来自库尔德的患者可能遭到镇压。他可能多次遭到毒打和伤害以及酷刑和性虐待。他或许被迫与库尔德工人党合作。他的妻子因无法提供足够的信息，遭到强奸。他本人也遭到性虐待和酷刑。"关于后来的痛苦表现，证明完全没有提及，也没有给出任何心理学方面的意见。临床检验报告只是简单地提到四处皮肤伤疤。结论非常简单："整体观察与 S 先生的叙述相符。"对熟知这样暴力结果的人来说，这远没有达到艾伦·扬（曾在越南老兵精神病科工作）所描述的为辨认创伤后应激障碍而需要的"诊断技术"。[①] 这样的证明反映出，创伤在难民医学鉴定实际中的介入依然非常微弱。

在难民医学委员会，人们对医学证明当中的心理学关注相对来说还是非常有限的。一切似乎表明人们不完全相信医学证明，仿佛这份证据不是证明的一部分，仿佛在证明当中，相对于心理机体，生理机体一直保持上升优势。难民援助委员会一

[①] 参阅艾伦·扬（Allan Young, 1995）。

第十章 避难

位陪审员的话似乎也证明了这一点:"一般来说,相比心理观察,仲裁员会更加相信生理机体方面的观察。因为它们更加具体直观一些吧,我不是很清楚。也许他们认为这样更容易评估事实与话语的一致性。"同时我们也注意到,流放受害者协会的心理医生在这方面保持沉默态度,他们实际上没有提供什么专业鉴定;此外,普里莫·莱维中心也一直持保留态度,反对医学心理学证明,并且多次威胁不再提供证明。因此,我们发现,从抽象的、普遍意义上人们准备重新认识精神创伤,但在具体的、个别的实际操作中却对它产生怀疑,精神创伤最近突然进入避难申请事务中的这种现象不能不说是一种矛盾。法国的情形也许不是独立现象。从 21 世纪初开始,欧洲酷刑受害者康复治疗中心网络 38 家协会成员再次申诉,控诉各国权力机关的审判对精神创伤缺乏信任感。[①] 英语 evidence(证据)这个词具有双重含义,一个是不言自明,另一个是与证据、证明有关。当我们比较这两个含义的时候,我们可以说,精神创伤在避难申请当中的社会使用在普遍概念上表现出一种强烈的信仰,而在特殊类别上却表现得缺乏示范性。参与者(首先是相关机构的干事和仲裁员,也可能包括律师和医生)相信酷刑和暴力可能引发创伤——这与迹象表明的常识相符——但在实际

[①] 塞西尔·卢梭等人对加拿大移民和难民审查程序进行了研究(Cécile Rousseau et al., 2002),发现同样的现象,一方面医学和心理学证明中创伤的定性材料不够,另一方面,审查材料的行政人员根本不了解创伤问题。

利用这一论证的时候，他们并没有倾向于赋予其合法地位。在他们看来，创伤无法提供足够的证据价值。

书写真相

二十年来，医学心理学努力提供证明，以期获得最大成效，尽量符合法国难民保护局干事官员和难民援助委员会仲裁员的要求。每个协会都或明或暗地规定了撰写标准，宣布或制定了职业规范要求。例如，英国三名专家提出"法律诉讼中临床医生工作"规范，以提升临床医生在避难申请评估人员面前的"可信度"[1]：

> 这里的关键问题在于保证临床医生的观点仅限于临床治疗领域。在法律领域，基本的原则保持在临床认知和鉴定的有限范围内，也可以尝试增加一些对来源国及其法律制度的评论。但是，这样的附加内容反而会使卫生医疗职业报告失去可信度。专业人员应该在适当的知识范围内提供有效贡献，在没有实质性内容作为补充的情况下，避免空洞的评注。

---

[1] 参阅简·赫林伊、卡尔拉·菲斯特曼和斯图亚特·特纳的文章（Jane Herlihy, Carla Ferstman & Stuart Turner, 2004）。文章区分了两种完全不同的角色：一种是治疗临床医生，一种是专家临床医生。今天两者的界限变得越来越模糊。

第十章 避难

因此，对医生、精神病科医生甚至心理医生来说，在撰写避难申请者证明时下笔需要谨慎。此时，至善者，善之敌。医疗专业人员相信申请者的叙述，也知道他所在国家的状况，但是他不能留下任何痕迹，只能依据自己的职业权限提供最合理的说明：他证明，观察到存在的伤痕与所遭受的暴力有关。

医疗人员有时会临时担任专家的角色，尽管他们常常抗拒这种情况。但他们在医学证明中扮演的角色的确超出了医学鉴定的范畴。他们重新书写故事，添加背景材料，用自己的方式证明患者所说的话的真实性。下面这份证明是1987年撰写的，它的结论是这样的：

> B先生详细讲述了他被捕的情形，以及他在N监狱受到的虐刑。他的叙述翔实，前后一致，有时声情并茂。然而，临床检查结果并不明显。但是，整个事实让我们相信，他所陈述的事实是真实的。

这份陈述既是一份证明担保，也是一份无力的证明意见，它强调了叙述（对此，医生不是专家）的价值，而不是临床检查（在这一点上，医生的知识可能产生不同的价值）的价值。它以文字形式说明了（避难申请者的）表现力和（专家的）信任。实际上，通过这种方式，医疗人员证明的是自己的信心，而不是避难的正当理由。他为难民申请者叙述的真实性提供担

第四部分 证明政策

保。然而，这不是人们对医学或心理学证明的要求。在医学证明中，医学诊断比一段故事更具有分量。正是在这一点上，提供医学证明表现出其局限性，因为"临床检查结果（往往）并不明显"。如果人们能够发挥精神创伤的作用——正如人们所见，实际上还没达到这一程度——它就会产生效力：虽然精神创伤的轮廓比伤疤留下的痕迹还要模糊，虽然它说服法国难民保护局干事或难民援助委员会仲裁员的能力有限，但是创伤后临床症候表现的确能够证实某人经受过暴力；对于皮肤上的印痕、骨折后留下的骨痂，人们总是怀疑这一切是迫害留下的伤痕还是普通事故造成的结果。相对于这些伤痕，创伤后症状，如噩梦、过往经历的回现、逃避、高度警惕等，都可以证明他经历过基础事件。至少这是近几年来的例子。

精神创伤专家在避难申请中的地位，从多个角度来看，实际上与其前辈的地位截然相反——前辈指的是对士兵的创伤性神经官能症或工人的灾难神经症做判定的专家。首先，军队精神病科医生和法医确实是主动投身鉴定工作的，而对难民进行治疗的医疗工作人员大部分不愿意承担这份工作。其次，前者面对病人时一般不相信他们有病，而后者感觉自己有义务维护患者的权益。最后，对于前一种情况，辨识临床症候表征夹杂着怀疑的成分，相反，今天的做法是相信临床表征的真实性。在避难领域，创伤鉴定的观念之所以被普遍化和通用化，频繁地出现在人们的常识认知中，实际是由误解构成的新形态。在

第十章 避难

协助避难申请者和迫害受害者协会工作的医生、精神病科医生和心理医生往往被视为投身一项事业的医疗人员，换句话说，他们是用临床治疗技术服务某项事业的职业人员。然而，随着人们对难民的怀疑的加深，同时，随着请求提供证明的人数的增加，他们陷于一种极其微妙的境况。他们来到协会是为了治疗患者，现在他们被要求扮演专家的角色。[①] 他们被当作协会的活动分子，像是在做法学家的工作。

因此，无论有什么怨言，要扮演好自己的新角色，他们首先必须学习书写规则。难民医学委员会在20世纪90年代初成立了一个工作组，规定了提供证明应该采取的共同态度。集体的看法一方面涉及"证明的技术层面"（如何撰写证明？），另一方面涉及"证明的意义"（是否应该继续提供证明？在什么条件下提供证明？）。这样就产生了一系列建议，尤其是关于如何撰写证明的建议：应当"用简单的、非医学的词语转录患者的苦痛"，"最好将患者提到的事实与观察到的虐待行为联系起来"；尤其应当避免提到"负面因素"，因为人们发现，难民申请材料被拒绝，可能就是依据医学证据得出的结论，即使（人们知道）没有留下痕迹并不意味着没有发生迫害行为。

[①] 鉴定的这种变化与我们前面描述的精神病受害者学运动是同步的。维护受害者利益的临床医生首先是专家，他们证明创伤的事实，然后才是专业医疗人员。因此，从创伤症的识别角度来看，鉴定起到"治疗"的作用，但同时也是协会运动手中掌握的工具。在难民运动中，过程正好相反，因为鉴定的"组织者"是公共权力机关。

第四部分　证明政策

人们慢慢勾勒出撰写证明的框架，符合所有医学证明的模式：先是民事身份的鉴别材料，接着是"声明"或者"叙述"（必须用间接式或条件式），然后是"抱怨"或"诉苦"（陈述要简略，因为这部分内容不具有很强的说服力），随后是详细的"检查"（可以反映生理迹象和心理症状），最后的"总结"声明各种因素，尤其是临床检查数据与叙述材料"相符"。这种标准化形式枯燥生硬，形成标准文件，符合以下这位37岁斯里兰卡避难申请者所需的证明要求[①]：

> G先生申述曾在自己国家遭到军方的暴打和伤害。他多次被捕：1984年3月（23天），1988年10月（3个月），1999年7月到2000年2月。他的一个儿子在1999年12月被士兵杀害。他的妻子被施以酷刑，遭到强奸。他的一个兄弟和妻弟也被杀害。他左耳遭拳击，右侧大腿被烟头灼烧，左臂被钳子所伤。他申诉说从那以后，他的左耳听力下降，有液体流出，眼睛疼。临床检查发现多处伤疤：一处在下巴下方，直径为3cm的圆形疤痕；一处在左前臂，直径为4cm的椭圆形疤痕，据患者说是钳子所伤；一处在右大腿前侧，直径为2.5cm灼伤。左耳鼓膜穿孔，局部重复感染，流脓。临床检查与患者叙述相符。

---

① 以下节选出自难民医学委员会1992年档案，S.B和H.K的资料没有编号。

第十章 避难

使用条件式，尽量减少描述，与患者保持距离，这份证明将鉴定的精神推向了极致。

在这种条件下，心理学或精神病学评估很难找到自己的位置。直到20世纪90年代初，陈述的病症没有什么特别的，很少与暴力经历有关，因此起不到任何作用，甚至会在难民申请的鉴定中起反作用。一名毛里塔尼亚黑人[①]曾被捕入狱，遭到暴行和侮辱，他的心理医生只观察到他患有"心理应激障碍，有精神上的痛苦，主要表现为严重失眠、不断做噩梦、经常头疼"，但医生没有进一步寻找创伤后应激障碍的特征因素。一名斯里兰卡妇女，精神病科医生指出其患有"严重的恐惧症"，并"伴有焦虑躯体化反应"，医生将这些现象解释为"类似期待次利益的歇斯底里症"。人们认为，这一诊断对法国难民保护局干事的决定起到了破坏性影响。这些证明没有遵守医生们统一的书写标准，也没有遵守协会为协助避难申请者制定的道德规范。它尤其反映出，尽管人们发明PTSD这个概念已有十年之久，标志着怀疑态度的结束，但人们对精神创伤依然不了解，对遭受迫害的受害者依然不信任。它同时也说明，正如人们在其他历史时期所看到的那样，一个人的非法地位令人们对他病症的信任度可以产生多大的影响。

几年后，精神创伤被纳入地方疾病分类范畴，暴力受害者也

[①] 以下节选出自难民医学委员会1997年档案，资料编号分别为44.204和54.306。

从中赢得了信誉。在证明当中,"心理方面"开始支持"躯体方面"的(病症)论证。另外,证明的编写模式也越来越多地借用医学形式。一名29岁的安哥拉人曾遭到逮捕,人们在一份关于他的证明中写道,他"赤着脚,被扔进一个填满荆棘的坑里","人们穿着靴子猛踹他的头部和肩膀,连续数小时用鞭子抽打他,直至其失去知觉",他"对现实失去明确的认知,经常受幻觉和谵妄性想法的折磨"。证明总结说:"D先生经历了严重的精神创伤,至今没有恢复。D先生很有可能在遭受虐刑时阵狂发作。"在这份证明中,"精神创伤"这个词只是一种常识性的用法,但医生还是在目前的病症表现和过去遭受的暴力之间建立了一种可能的联系。一名41岁的孟加拉人,"因为政治原因常年遭受迫害",受反对党活动分子的压迫,"浑身被划出一道道口子,任由他流血死去",医生证明他"有应激性抑郁症,同时伴有焦虑、失眠、头疼、上腹部疼痛,经常性不舒服",被重新定性为"创伤后应激障碍,与本人和家人长期遭受迫害有关。"精神创伤这个词出现在临床单位的这份文件当中,不再只是一个日常用语,而是可以用来证明与遭受的暴力有关的专业论证——由于避难申请已经被法国难民保护局干事拒绝,申请者需要向难民援助委员会提出申诉,因而这样的证明显得更加有用。慢慢地,诊断的精细化为迫害受害者的声明提供了合理依据。作为临床检验和书写学习过程的双重结果,精神创伤从此可以在医学证明中被引用。

  形式的问题解决了,但意义的问题依然没有解决:证明到底有什么用？证明是用来做什么的？对个人、对政治有什么用处？在各协会中，这些问题的提出方式并不统一，尤其是当人们站在国际角度上看问题的时候。2006年3月30—31日，欧洲酷刑受害者治疗康复中心网络第四次会议在巴黎举行，会上医学心理学证明成为讨论的核心议题。在欧洲38个协会中，来自法国普里莫·莱维中心的代表占据着独特的甚至是唯一的地位。所有人都担心要求提供证明的人数会增加，只有这个中心的代表把这个担忧当作一个原则性问题提了出来。在这一点上，英国人表现出绝对的实用主义态度，他们明确指出，只要证明有用，只要精神创伤能够提供证明，那唯一的问题就在于医学心理学专家提供的材料的质量和有效性；希腊人甚至要求他们的同行提供一份支持材料，以便递交给希腊当局，让他们尊重创伤问题的专业鉴定（因为希腊官员往往不重视这个问题）；而法国人依然在思考提供证明本身的风险问题。是否必须遭受创伤才能承认他的难民身份？心理医生或精神病科医生的诊断是否不仅能够证明当事人叙述的真实性，而且还能说明故事的真实性？这些问题既是伦理问题也是政治问题，现在需要我们重新加以思考。

394

话语的意义

随着时间的推移，难民医学委员会的医学证明变得越来越

第四部分　证明政策

简短，其中没有叙述，几乎只有严格的临床检查说明。人们不再允许证明的撰写人记录叙事或者给出评论。同时，避难申请者的话也失去了可信度，他们遭受的虐刑在申请审查人以及律师和医生看来总是千篇一律。不断重复的固定模式使人对叙述的真实性产生怀疑，招致人们的注意或猜疑。他们所遭遇的暴力经历没有可表述的地方：在医生的笔下，无处可写；在难民口中，无人可诉。我们以2002年难民医学委员会提供的两份证明为例。[①] 第一份是关于一名泰米尔人："患者是名护士、计算机编程员、政治参与者，他声称于1998年被捕，曾遭受虐刑：脸部和全身遭到暴打，受伤，受过酷刑。2000年再次被捕，遭受酷刑。"第二份鉴定是关于一名毛里塔尼亚人："S先生声称自己曾被当局囚禁，是虐刑的受害者：多次被警棍、拳头和枪托击打，尤其是右肩。"两份证明都有对伤疤的具体描述，声明伤疤与当事人的诉说相符。这些政治暴力证明表达了什么？这些恐怖的行为产生了什么影响？马塞洛·苏亚雷斯-奥罗佐（Marcelo Suárez-Orozco）曾对危地马拉那场"肮脏的战争"的受害者做过研究（1990），他讨论了这一辩证关系："说出无法说出的东西"（speaking of the unspeakable），"让无声发声"（give a voice to the voiceless）。医学证明就是这样一

[①] 这两个节选出自难民医学委员会2002年档案，资料编号分别为71.919（4）和74.148（43）。后面引用的资料编号为2002年的74.010（10）和72.188（5）；1992年的37.406（10）和35.989（29）。

第十章 避难

条脊线。它往往局限在那里，对无法说出的东西只字不提，剥夺了沉默者的发声权。但它能够证明——有时从人们所期盼的结果，即难民身份这个角度来看，是十分有效的——避难申请者叙述的真实性，他们并不是什么都没有说。

能够用来讲述酷刑的词语很少。比如在上面两段节选中，当人们说"打"的时候意味着什么？让·爱默里[①]在提到他1943年7月被盖世太保抓捕的时候曾说："当人们说酷刑的时候，最好避免夸大其词。"但是，我们在一份医生证明中看到："1996年5月28日到6月2日，他曾被捕，囚禁在一个军营里，浑身多次遭到毒打。"另一份证明中写道："1989年4月，在集中营关押期间，军人对他施以暴行，用警棍、木板和刀具打他。"为理解这些声明真正要表达的意思，也许应该回顾一下让·爱默里对其在比利时监狱中遭受的"第一次暴打"的描述：

> 第一次暴打的目的是让犯人明白，他没有防卫能力，这一动作扼杀了随后所有处于萌芽状态的反抗。人们早已知晓牢房中的酷刑和死亡，却不知道这种认识是有生命颜色的。自第一次暴打起，人们就已经感觉到酷刑和死亡是真实可能的，而且远不止于此，它们是实实在在存在的。

[①] 这位哲学家出生奥地利，原名汉斯·迈尔（Hans Maier），1938年移居比利时，战后成为比利时公民，更名让·爱默里（Jean Améry）。他根据在布伦东克堡的亲身经历对酷刑进行了客观分析（Jean Améry, 1995）。

第四部分 证明政策

当一个从来没有遭到暴打的人指出一个悲惨的伦理真相,即犯人在遭到第一次痛打时就失去了人的尊严时,他还有很多事情没有说出来。

从这段经历来看,医学证明虽然陈述了创伤后症状,甚至陈述了人们没有做的事情,但实际上什么也没说。

还有一份医学证明是这样的:"他被扒光了衣服,遭受侮辱和毒打。他双手被绑在栅栏上三天没有吃喝。"还有:"手脚被绑,悬空被吊起,被鞭子不断抽打。他像头牲畜一般被多次抽打,直至失去知觉。"为理解这样的描述,还要回顾一下让·爱默里的文字,他在这段文字中讲述了自己双手被反绑在背后,导致双肩脱臼:

> 我整个身体被吊起来,双臂已经脱臼,从头上反转过来,从后面往上拉伸。他们同时用牛筋鞭子猛抽我的身体,我那天只穿了一条薄薄的夏季长裤,牛筋鞭子一次次透过薄薄的布料清晰地抽打在我的身上。当时的疼痛根本无法描述。虽然疼痛无法用言语表达,但是我可以大致说明一下那种疼痛。它有点类似于你们所知道的警察的暴打:别人侵犯了我的界限,那种侵犯无法通过外界帮助来化解,也无法通过自卫来反抗。这就是酷刑,甚至远甚于此。只有在酷刑当中,人和他的肉体才能完全重合。

第十章 避难

无论是泰米尔、毛里塔尼亚还是库尔德、安哥拉的避难申请者,都无法这样说出自己所遭受的酷刑。也许他们找不到合适的语言来描述。但无论如何,他们在法国难民保护局干事(只有一半的人有面试机会)和难民援助委员会仲裁员(继续审理案情)面前缺乏足够的时间和空间进行表述,后者每天忙于一成不变的评估,面对的是老一套冗长单调的叙述。当他们找到适当的词汇,有足够的时间和空间去表述的时候,人们却不相信他们说的话。

因此,我们可以做以下假设。语言无法表达的东西,语言无法让人听到的东西,身体可以——从某种程度来说——为其提供某种方法:说一个人"被打",这也许相当于什么都没说,但人们还是列举了暴力使用的工具以及它对生理机体造成的影响;指出一系列的伤疤,甚至是骨折的后遗症,这已经体现了暴力行为,并将暴力行为减少至极限。尽管如此,人们仍会遇到双重局限性:一方面,身体上的伤痕很快会消失;另一方面,留在身体上的伤痕仅能反映与提到的事实相符,却无法证明其因果关系。在这一方面,心理现象似乎可以提供一个令人放心却不确定的视野。令人放心,是因为人们认为暴力留下的伤痕有可能是长期的,也相对比较特殊;不确定,是因为迹象不明显,是需要解释的问题,往往隐藏在深处,不为人所见。这就是引用精神创伤作为证据的模糊性。它讲述了人们所经历的痛苦、被侮辱的尊严以及对自我的侵犯(正如让·爱默里所

第四部分　证明政策

说），但是受害者无法让人倾听他们的诉说。

然而，代价是什么？一名32岁的毛里塔尼亚妇女讲述了以下事实，由一位医生记录下来（当时是1992年，医生证明当中还保留叙事的成分）[①]：

> S夫人声称她丈夫是军人，1989年4月（塞毛两国冲突）事件时于家中被捕，逮捕他的是毛里塔尼亚白人同事。她回忆了那些可怕的场面。当时是在努瓦迪布，她看到孩子、妇女和男人被拜塔尼人割喉而死，婴儿被扔到墙上，母亲被割掉双乳，痛苦地嚎叫。她自己还有四个孩子也被逮捕，被带到一个宪兵队。为期六天的关押期间，她经常做噩梦，人们残酷地对待她，用滚烫的热水烫她的脚，打她，用刀划伤她。她着重强调自己当着孩子们的面被多次强奸，孩子们吓得大叫。她想反抗，但是再一次被刀砍伤。她说她和她的孩子们像牲畜一样被对待，食物被扔到地上，她口渴没有水喝，经常遭到侮辱和辱骂。

尽管规定要求证明只能提供临床鉴定，但我们注意到，这份证明尽量提供一份客观真实的叙述材料，来说服读者。根据这一要求，医生总结说：

[①] 这段证明出自难民医学委员会1997年的档案，编号50.767。叙述中的一些信息让人猜想这位妇女属于哈拉丁族（黑人），而施刑者是拜塔尼人（白人）。

第十章 避难

S夫人的叙述前后一致。直至今日，重提她经历的事情依然是一件非常困难的事情，她在叙述过程中情绪非常激动。她说，她一直无法在法国难民保护局和难民援助委员会面前口述她的故事，每当回忆她经历的事情，她都会神经混乱。临床观察反映了这些严重的虐刑后果。所有伤疤与其所说的原因相符，也符合其所描述的酷刑。S夫人表现出令人担忧的精神后遗症。她患有创伤性休克症，这与她看到的恐怖场面有关，与她经历的事件有关，尤其是与当着孩子的面被强奸的事实有关。她的精神后遗症导致剧烈的精神痛苦。这些状况是遭受酷刑和暴力引起的，因此，她前几次来难民医学委员会就诊时无法讲述这些经历。

关于暴力造成的精神后遗症的鉴定只是提供了证明，让法国行政机关的干事和仲裁员对情况有所了解。它说出了别人无法说出的话。因此，医学心理学证明不仅仅是一道屏幕，一道替代避难申请者话语的屏幕，它也是允许受害者保持沉默的工具。精神创伤以及精神健康专家确认的伤痕证明了无法表述的东西。

*

在最近二十五年里，政治避难逐渐失去了1951年《日内瓦公约》在第二次世界大战结束后的背景下规定的保护意义。

从人类学角度看，在构成避难基础的张力——友好和敌意之间，宽容和怀疑之间——当中，后一个维度超越了前一个维度。由于世界秩序的混乱，难民遭遇到很多不幸和痛苦，被人怀疑作弊和滥用权益。实际上，难民政策没有受跨国人口流动严格控制和镇压式变化的影响，却受到移民政策的经济和意识形态的影响。因此，人们把避难申请者视为强大的能够扭曲事实的人，如果他想幸运地成为少数获得难民身份的人，就要勒令他提供证据，或者证明他值得受到他所要求的庇护。他的叙述越是难以令人相信，就越是需要在身体上寻找能够证明他受过暴行的证据。他的话越是没有价值，就越需要信赖医生和心理医生的鉴定。

然而，对移民和外国人权益的保护——从公共法权开始——根本无法引起精神健康领域公共制度的兴趣。在这一背景下，某些松散的协会组织开始承担移民的医学心理学医疗。这是人口发展的结果（移民劳动力枯竭，避难申请人数增加），但同时也是关注领域发展变化的结果（更加关注与政治暴力和精神痛苦有关的问题），因此酷刑和迫害的问题变得更具深意，相关活动在欧洲范围组织起来，并得到国际各类组织的支持。在这种新形势下，精神创伤似乎成为中心环节，连结着暴力和痛苦、政治和精神病学、经历和治疗、记忆和真相。流放精神创伤学领域一部分汲取了战争和灾难创伤后临床治疗经验，也延续了早先的移民临床问题，同时通过酷刑的临床观察得以变

第十章 避难

化发展，打开了新的治疗空间。但是，这一成功转变的牺牲者成为新的参与者，他们不再作为医疗人员，而是被要求作为专家参与其中，重新恢复了漫长的查寻谎言和装病的历程。精神创伤的历史与这一历程密切相关。正如此前对待受伤士兵和发生事故的工人那样，人们怀疑他们精神障碍的真实性，现在，同样是这些专家掌握着开启难民真实故事的钥匙。虽然难民无法让人们承认他们故事的真实性，但是医生可以在他们的身体上，甚至对于精神病科医生和心理医生来说，可以在他们的精神层面找到暴力留下的痕迹。有人带着强烈的热情走上这条道路，也有人表现得相对保守，但无论如何，精神障碍作为一种创伤，证明了造成这种结果的事实。至少原则上是这样。

在仔细研究审理避难申请材料的人员——法国难民保护局干事、难民援助委员会仲裁员、律师以及临床医生——的言语和实际行为时，我们发现，精神创伤的普遍证据（政治暴力对心理造成有害影响）似乎比个别证据更有效（换句话说，一个特定个体受到的酷刑能够用确凿的症状来证明）。人们很容易认为，人的创伤是严重的痛苦事件引起的，但不会考虑他们受创伤后遗症所折磨——至少它们先验地被认定是不合理的、可疑的——而后者恰恰反映了这些事件的真实性。因此，自精神创伤这个词被发明以来，在任何一个时期，它讲述的都只是人们想要听的关于受害者的真相。

结论　精神创伤的道德结构

在最近二十年里，我们与时间的关系发生了改变。从一种近乎狂妄的信任转向了痛苦的甚至是忧伤的担心，用W. H. 奥登[①]的话来说，我们处在"焦虑的时代"。我们对历史的理解，我们对集体历史还有个人历史的理解，都发生了深刻的变化。莱因哈特·科塞勒克[②]曾经指出，我们从胜利者的叙事转向了"失败者的历史编纂"。我们看待历史的眼光已经发生转变，从原来关注庆祝辉煌的记忆转移到现代悲剧的伤害记忆：在过去，那些庆祝的记忆场为我们讲述了辉煌的历史，纪念法国大革命二百周年庆典似乎将这一活动推至顶点；而如今的讨论总是围绕奴隶贩卖以及殖民主义的影响展开。对于一些人来说，欧洲共产主义的衰落意味着历史的终结，在这种背景

---

① 参阅奥登（Wystan Hugh Auden, 1991）。他的长篇诗集《焦虑时代》写于1944年7月至1946年11月。
② 参阅科塞勒克（Reinhardt Koselleck, 1997）。他认为，如果从短期角度来说，历史是由胜利者构建，但要从长期角度来说，人们面对的将是失败者的版本。

下，最后的殖民地的解放，新民主制的来临，这一切都孕育了我们对现实的态度。现今，这种态度丧失了确定性，逐渐屈服于安全政策和谨慎原则。我们对未来的展望以前还充满希望，似乎可以盼望加强国际新秩序的建立，如今却转向破灭。面对世界的威胁，人们明白，这些威胁均来自我们以为可以遗忘的古老的统治和压迫，它们没有被埋葬，相反，它们正在重新崛起。[①] 同时，尽管我们很少考虑时间的问题，但我们对时间的体验方式已经变得不同。我们与历史的关系如今变成一种悲惨的关系。

在这一新的背景下，或者更确切地说，在我们的历史框架下，发生巨大变革的是我们思考问题的方式，精神创伤为时间的体验提供了新的含义。对所发生的事情，它既留下了心理伤痕，又留下了隐喻式痕迹。心理伤痕，指的是从前的创伤神经官能症，现在的创伤后应激障碍，它们能够提供证明，为心理医生和精神病科医生的干预治疗提供合理解释；隐喻式痕迹，指的是奴隶或土著民的后代以及大屠杀和种族灭绝受害者的后代在他们的诉求中所回顾的东西，它们表现为立法和补偿的诉求。我们想说的是，这种无法言喻的伤痕，如果今天不赋予它一种物质真实性，将其纳入神经连接和大脑神经领域，那么这

[①] 当代处理时间的形式很少反映记忆场的思想（Nora, 1997），但反映了历史混合的问题（Fassin, 2006a）。

种伤痕只会留下记忆,而其烙印会逐渐消失。[1] 不过,认知科学与精神病临床治疗的交叉领域并不是本书要阐述的内容。

心理分析学家发现造成"心理受伤"的神经官能综合征,神经生理学家发现引起"情感记忆"的皮层损伤,无论如何,二者都会导致睡眠障碍和焦虑表现,也就是说,人们对创伤的理解包括转义(非物质性伤痕)和字面意思(生理伤疤)。然而,这些都不是我们想要阐述和解释的内容。[2] 精神病学家、历史学家以及哲学家和人类学家关于这一主题都做了大量的研究工作,与大部分研究不同的是,我们认为创伤真相不存在于心理、精神或者大脑当中,而是存在于当代社会的道德结构当中:精神创伤的成功不在于它传播了精神病学知识界发展起来的概念,继而输出到灾难的社会领域;而是在于,它是一种新型关系的产物,一种与时间、记忆、哀伤、债务、不幸以及不幸者之间的新型关系,这种关系是心理学概念定义的。

---

[1] 范·德·考克是国际创伤学专家、哈佛大学医学院精神病学教授,曾提出创伤后应激障碍神经内分泌学和精神生物学数据综合分析法。他对受创伤后应激障碍影响的患者做了脑电图研究,同时研究了实验室动物的电流刺激,指出可能存在"情感记忆",这种记忆在皮层受损后是抹不去的(Bessel Van der Kolk, 1996)。保罗·利科虽然没有看过他的研究,但也谈到了记忆的"皮层痕迹"(Paul Ricoeur, 2000)。

[2] 卡蒂·卡鲁斯认为,将最近的神经生理学新发现与弗洛伊德理论以及临床观察结合起来是可能的:甚至是创伤人体构造基质让人理解了症候学的矛盾性,尤其是记忆省略和回忆的精确性(Cathy Caruth, 1995)。相反,露丝·赖斯认为,这种字面上的物质主义解读方式会漏掉创伤经历的意义;她认为,创伤不是一个统一体,而是一个矛盾范式,从治疗角度来看,它需要更多实用主义的东西而不是模型设计(Ruth Leys, 2000)。

结论　精神创伤的道德结构

关于这一点，我们没有过多研究精神病学知识的发展史，而是研究了常识意义上的人类学。我们认为，创伤具有"流动意义"，正如克洛德·列维-斯特劳斯在研究马来西亚超自然神力时指出："尽管科学思想有能力制止，或者至少有能力部分对它加以控制，但它依赖于所有已完成的思想。"[①] 可以说，创伤向我们讲述了我们的时代，讲述了它的时风。它表达了人们整体的关切、价值和期望。当然，我们能够揭示这唯一能指所反映的所指内容的多样性，思考将所有人放在一起考虑是否合理——这些人包括孩童时期遭受性虐待的成年人、地震灾民、犯有战争罪的老兵、亲人被屠杀的市民、重新发现其历史的幸存者后代、专制制度下遭受酷刑的政治活动者。我们认为，所有这些现实在今天都被归入"创伤"这个词汇，成为悲剧如何在当代社会产生意义的一个重要指示：这不是从临床治疗角度——北美精神病学家根据在各种情况中观察到的症候相似性制定创伤后应激障碍疾病分类学，当时他们对这一点做了肯定的说明——而是从人类学角度来说的。一个简单的原因就是，人们设想的不幸和暴力是在现在留下过去的痕迹，对此需要立刻去承担，而不要留到未来去偿还。从这一点来看，如果要讨论安娜·卡普兰所说的"创伤文化"（culture du traumatisme）

---

① 参阅克洛德·列维-斯特劳斯（Claude Lévi-Strauss, 1998）。他认为，只有当人们接受超自然神力是对话者能力填补的"零象征值"时，超自然神力的矛盾和变化才能得到解决。

结论 精神创伤的道德结构

或者隆·艾尔曼所说的"文化创伤"（traumatisme culturel）（两个人都阐述了个人传记和集体叙事当中悲剧事件留下的痕迹）[①]，就要相应地去思考，为了说出——从而为了活下去——世间的暴力行为，精神创伤这种前所未有的发展倾向到底意味着什么。

美国人类学家迈克尔·赫兹菲尔德[②]认为，"社会与文化人类学是对常识的研究"，或者说，是对"世界运行方式日常解读的研究"。如果确实如此，那么本书反映的内容就应该具有人类学性质。我们所关注的问题——有证据证明，创伤是不言自明的，活动者只是更新了这一事实，但我们的观点与此不同——是在对世界、对混乱状况做解释的时候，去理解是什么在发挥作用，正如在精神创伤从精神病临床治疗进入普通话语的时候，去理解是什么在产生影响。这是一项去观念国籍化的工作，这项研究在于掌握各类范畴是如何创建和使用的；各种表现如何既描述了事实，又改变了事实；各种实践如何既出自先验的理性，又后验地缔造了理性。我们不打算研究创伤是否真实，也不打算研究心理治疗是否有用，而是试图从社会和道德的角度理解用这些词汇解读暴力行为这一选择时所生产出来的东西。从这一点来看，我们的方法自然是对常识的批判，这

[①] 参阅安娜·卡普兰（Anne Kaplan, 2005）和隆·艾尔曼（Ron Eyerman, 2001）。两个人都关注理解创伤的集体形式，分别从殖民主义和奴隶制的记忆角度进行分析。

[②] 参阅迈克尔·赫兹菲尔德（Michael Herzfeld, 2001）。他认为，人类学就是"对常识的批判"。

种批判不是辩驳概念的合理性,而是分析它们的前提和结果。我们阐述了创伤的思想变化,这种变化使战争的受伤者、事故的受难者,或者更广泛地说,使遭受不幸的人从一个身份被怀疑的受害者(从19世纪末开始便是如此)变成一个具有合法身份的受害者。这是一个巨大的变化,它可以使士兵充分强调自己的权利,甚至包括承认犯下的罪行;也让人意识到遭受性暴力的人的痛苦,相信他们所说的话。在这个问题上,我们讨论了怀疑论的终结。这一变化让人接受并强化了一个新形象,对于想要理解当代社会的人来说,这也是一个核心形象,即受害者形象。

*

关于要求承认南非种族隔离政策的受害者身份,承认人口贩卖或者殖民制度受害者身份的问题,在今天看来,提出"受害者竞争"这一说法应该是合适的。同样,人们习惯嘲笑这一趋势为"受害者化"[①]——他们是受同事或上级性骚扰的女性、因肤色或姓氏在应聘时受到歧视的年轻人,以及那些将诉求变成抱怨的人。我们不愿意做出这样的解读,因为这实际上只是

---

① 这是让-米西尔·肖蒙(Jean-Michel Chaumont, 1997)所说的"受害者竞争"(concurrence des victimes)。自这部作品出版以来,这一表述就被普遍接受,尤其呈现出论战趋势,人们借助它消取奴隶和土著民后代的记忆诉求资格。相反,"受害者化"(victimation)这个词并不固定,它首先用来描述被视为受害者这一现象事实,尤其在暴力和犯法调查当中,随后才反映一种负面内容,尤其在奥利维埃·蒙琴的研究当中,他把这种现象视为我们这个时代的一种激情(Olivier Mongin, 2003)。

结论　精神创伤的道德结构

一种否认不公平、不平等和暴力行为的复杂但惯常的方式。我们认为，这种分析只是在道德结构研究当中增加了道德评估的成分，让人觉得一些受害者比另外一些受害者更具有合法性。我们不是在制作受害者荣誉榜，我们更加希望关注，正如米歇尔·福柯所说的那样，当代社会将问题"问题化"的方式。

在这种情况下，创伤不是一个惰性客体，受害者也不是一个被动的主体。正如我们通过各种案例分析所指出的那样，工业事故的受灾者，他们依据受害者学的专家鉴定，利用创伤获取保险公司的赔偿；巴勒斯坦境内的居民以及人道主义精神病学家，他们利用创伤，在世界舆论面前维护自己的动机；避难申请者，他们在心理创伤专家的协助下，试图通过创伤让人承认他们遭受迫害这一事实。补偿政策、见证政策以及证明政策勾勒出创伤进入行动领域的三种实践模式。每一种情况，其目的既不是引起人们的同情（尽管存在这个目的），也不是以患者身份出现在世人面前（不排除等待治疗的目的），而仅仅是维护受害者权益。尽管创伤体现了我们这一时代具有同情心的道德风气，但它同时也是诉求公平合理的手段。[1] 再进一步说，受害者应该是什么样子，没有任何标准能够给出一个具体的答案。图卢兹的受灾者被认为是被遗弃在贫民区的居民，巴勒斯坦青年人被认为是捍卫人民利益的英雄，避难申请者被认为是

---

[1]　我们可以用同情的道德风气（Fassin, 2006b）来指代文化符号，它们表现出对痛苦的极度关注，同时体现了特殊的倾听机制。

结论　精神创伤的道德结构

政治活动者。关于受害者的主体性我们一无所知，或者说几乎一无所知。受灾者、被压迫者或被迫害者采取的唯一态度，就是人们期待他们应有的那种态度：受害者的态度。关于这一点，他们讲述的不是他们是谁，而是他们在我们这个时代找到自身位置的道德结构。

具体来说，虽然受害者的主观经历在我们看来依然模糊不清，但人们公开承认他们是创伤症患者，这一事实为我们提供了解决主体人类学问题的方法，一个最终从个体深奥不可探测、完全关注主体性政治构成的幻想中解放出来的人类学。将批判的目光放在常识上，避开说教者的讽刺，这时候的工作就是在不进行教化的同时分析道德结构。这样是否就能够避免标准化的解读呢？这是否就是希望保持这样的距离感不做任何有用的事情呢？对于这两个问题，我们的答案是否定的。我们相信，这一观点不能离开政治，同样，也不能完全离开道德。对道德，也就是对尼采在其道德谱系中优先讨论的道德最坚决的抨击，依然是道德行为，谁能不理解这一点呢？更何况，我们相信，企图规避人类学研究当中道德层面的问题，就是对知识的放弃。难道我们没有注意到，维特根斯坦为了解构道德哲学不惜付出一切代价，冒着极大的风险，走向一条丧失讨论人们正在看到、正在生活的社会世界能力的道路吗？

如果我们接受了这两个前提，如果我们相信，抛弃对事物的道德感知和理解是不可能的，也不是人们所期望的，那么我

结论 精神创伤的道德结构

们需要做的不是区分善与恶，而是对社会事实生产的同等条件进行批判。以基本的创伤后应激障碍为例，我们不说存在"好的"受害者和"坏的"受害者之分，创伤已经无法再做出区别了（北美的战争犯和遭他们屠杀的越南幸存者，他们被归于同一类精神病痛苦），但是我们会考虑，在创伤经历方面，战争罪的重新定性对犯罪肇事者意味着什么（社会认可、经济赔偿），对整个美国意味着什么（和解、赎罪）。我们对受害者生产模式、对受害者的动机（这种动机替代了对受害者本人的判断，替代了对正当理由的判断）进行批判研究，这对我们来说是最基本的工作：我们没有根据事先规定的道德标准区别图卢兹的受灾者和工厂的工人，没有区别房屋被毁的巴勒斯坦居民和爆炸袭击的以色列目击者，也没有区别受到迫害的避难申请者和刽子手，我们在精神健康的范畴内——或者说以创伤的名义，甚至可以说以医学鉴定的名义——考察了这种无区别从社会关系、历史事实和政治状况中抹去的东西。

*

大部分关于创伤尤其关于受害者的社会科学研究，采用的都是在其看来具有情感归化性质的观点。这一点我们很好理解。事件的强烈性就摆在研究人员面前，那种痛苦和伤害在他们身上产生一种不可抗拒的吸引力，很少有人能够保持足够的距离，将创伤视为一件自然而然的事情，把受害者看作他们自己说的那样。我们坚持的批判研究没有摈弃——另外也没有肯定——创伤诊断和受害者身份。但是，如何避免（至少部分地）将分析变成简单的情感归化，同时不因此造成过分的揭露？为了实现这一目的，我们决定转移问题。科学惯例是研究事实的本来面目，那么我们就在它不是事实的状态下来研究事实。确切地说，我们关心创伤和受害者生产过程中的两方面内容（这一般是研究忽略的地方），即什么是它没能说出的东西；什么是它不允许讨论的东西？换句话说，创伤虽然是识别受害者过程中带有普遍性的中性话语，但它在阴影中留下了很多所指和施动者。找出这些空白，就是为自己提供在空白间掌握创伤所描绘的受害者形象的方法。

首先，创伤磨灭了经历。它一方面在事件和背景之间，另一方面在主体和状况意义之间树立起一道屏幕。它用临床术语或公共用语，将发生的事情与经历的事情之间的联系简化为事先规定好的症状或表现（受到创伤这一事实）。与此同时，它规避了经历的多样性和复杂性，规避了经历归属多种因素、集体历史、个人生活轨迹、自传中的某个历史时刻的方式。经历过工厂爆炸、房屋被毁、亲人遭受迫害等悲剧，并不意味着一个人的经历一定受到这个事件的限制，也不意味着人们希望他的经历受到抑制。另外，人们所定义的受害者也是这么说的，他们都能勉强适应这段不得已的经历，让他们获得一个身份，具体来说，就是被人承认的受害者身份。在特定的环境中，他们需要通过承认这种身份来获取赔偿，但舆论的焦点或者难民

结论　精神创伤的道德结构

的身份并不意味着他们赞同这一过程和这一形象。

我们也不能满足于这种社会建构，尽管心理检测和精神病学观察证实了它。在发生海啸之前（和之后），印度尼西亚亚齐省的灾民就已经是政治统治、军事镇压和经济边缘化的受害者。在卡特里娜飓风发生之前（和之后），新奥尔良的受灾者就已经是贫困、种族歧视和阶级不平等的受害者。对于这些现实，创伤不仅什么都没有说，还将其模糊化了。创伤作为共识话题，消除了表面的不平。这样一来，人们明白，受害者本人，即作为本来被定义的社会施动者，可以对创伤提出诉求。因此，如今创伤提供了一套话语体系，围绕奴隶制、殖民制度和种族隔离制度，说出了过往的伤痕。在创伤运动倡导者的努力下，创伤重新成为要求承认记忆多样性的斗争论据——尽管历史学家认为这是一种暴力。因此我们明白，这种承认是有选择性的。

其次，创伤实际上选择了它的受害者。运动倡导者指出，创伤具有普遍性，因为它是事件的印记，但调查结果显示，创伤的使用具有差异性。图卢兹工业事故发生后，爆炸街区的居民以及整个被波及的城市居民都被认定为创伤受害者，这也为精神健康专家进行干预治疗提供了正当理由。但工厂的工人因为悲剧的发生而遭到谴责，精神病医院的精神病患者被人遗忘，他们没有完全获取到受害者身份。人道主义精神病学尽管在全球范围得到发展，但它更容易与亚美尼亚、罗马尼亚和克罗地亚的苦难人民，而不是卢旺达人、利比里亚人和刚果人打成一片；虽然在军事冲突当中它也努力承担双方受害者的救护工作，但是在评判伤痛的时候，压力依然存在，人们会根据受害者是科索沃人还是塞尔维亚人，是巴勒斯坦人还是以色列人做出评判；一些专门协会尽力为遭受酷刑和压迫的受害者提供治疗，没有区别对待，但它们也经常面临态度选择问题，即如何对待曾经的施刑者（或者同谋者）、如今的避难申请者；这不是高乃依式的选择（情感与义务的矛盾），他们有时候会拒绝曾经遭受政治暴力的患者，因为他们的前期病理属于普通精神病学。

指出这些冲突甚至矛盾，并不是要谴责这些实际行为，只是强调现在围绕创伤展开的道德差异性之间的界限。大家都注意到，在泰国海啸之后，国际活动（包括以创伤为中心的国际活动）比巴基斯坦地震之后的规模要大很多，这是因为在泰国海啸中，人们很快就为西方游客提供了医学心理学紧急援助措施，而这种举措在巴基斯坦地震救援中是没有的。有两个因素在很大程度上决定了对创伤的确认和对受害者的差别化对待：一是政治负责人、人道主义活动者、精神健康专家相对于他者差异性产生的距离感做出的鉴定，也就是他们的文化、社会也有可能是本体论上的相近性；二是根据目标的合理依据，根据不幸和痛苦先验地做出的定性分类，这意味着一种政治性的往往是伦理性的评估。这样一来，创伤的倡导者在不知不觉中利

431

结论 精神创伤的道德结构

用创伤重新塑造了"好的"受害者和"坏的"受害者,至少是在受害者当中建立了正当性等级。

因此,创伤在今天之所以发生如此明显的变化,是因为这种变化同时以微妙的方式出现在个人和集体之间,出现在它对前者施加的政府治理术(gouvernementalité)和允许后者形成的凝聚力之间。补偿、见证和证明毫无疑问都是这种变化引起的,但它们根据地点、悲惨事件和人物的不同而形成不同的分配方式。因此,即使它表明受难者人性平等,即使它宣称集体记忆依靠每个个体的命运,必须经过补偿、见证和证明这些过程,创伤依然被当作人与人之间新的分配原则来利用。创伤性事件的性质、预先赋予遭受痛苦者的生活价值、国家不顾其他社会成员而对另外一些人采取的保护,这些都将使安慰优先通过下面三种情形之一来完成:补偿、见证、证明。

在补偿中,每个人获得的正当权益与认证程序无关,它是必然性的产物,其目的在于保护集体统一性,相关事件(如恐怖袭击或图卢兹工厂爆炸)是不可争辩的,有可能动摇法庭审判。在这里,当每个人的权益得到保障时(除了被遗忘的人之外),补偿就会减弱整体的集体性。相反,在见证当中,集体维护的目标通过每一位见证者的个人片段得以加强和丰富,集合起来保证集体命运的叙事。在这里,每个创伤中间人维护的集体理想模糊了个别状况,个人视野重新成为附属因素,他意识到,当一些人所维护的目标与集体命运不符的时候,为这些人作证具有极大的困难。最后，在证明中，关于事实真实性的个体调查也是争议的理由，甚至是否认其他大陆上发生悲剧的集体真实性的理由，从而规避了国际责任。在这里，不确定的个体命运从集体命运轨迹中被删除，重新回到个人叙事的真实性上，但这一次是根据国家共同体保护这一高级利益展开的。

显然，人们对创伤的利用完全根据这些变化的多样性进行调节，甚至掩盖了使用中所表现出的不平等性。也许正是这一点展现了它的力量。

*

创伤作为心理学范畴的概念，产生于19世纪末。当时它是以与肉体伤口相关的医学概念为基础创建起来的，如今它依然保留着这份记忆，在精神伤痕或身体伤疤这些词中，人们依然会想到这个概念。20世纪末，它再次出现在革新的精神病分类学领域。在很长一段时间里，它仅限于临床以及相关领域（包括不一定是病人的患者，也包括经历过创伤事件的人），同时也使临床诊断变得更加完善（确立创伤后应激障碍基本现象学）。这样一个新的现实似乎规避了所有道德规定，因为它建立在症候学基础之上，取消了对事实和行为者的判断：从规定新病症的所有迹象来看，强奸、酷刑和事故之间没有任何区别，正如受害者、侵略者和证人之间没有任何区别一样；唯一考虑的就是事件留下的痕迹。

然而，它没有留下任何痕迹。道义被赶出门去，又从窗户

结论 精神创伤的道德结构

进来。或者说,它从未消失过。而且,它今天是作为伦理道德范畴,而不是心理学范畴的事物取得成功的。图卢兹受灾者、巴勒斯坦青年以及政治难民的创伤是一个常识性概念,在被心理医生和精神病科医生证实以前,它呈现的是一种社会接受形式。而且,当精神健康的职业人员被动员起来证明诊断结果时,他们拒绝发表意见,甚至拒绝承认疾病类别的恰当性,而是指出它的相对稀少性和无效性。如今,创伤成为一种道德评判,而不仅仅是一个临床现实。

因此我们理解到,集体创伤和个体创伤很难界定,就像跨代遗传和历史性创伤很难界定一样。在回到弗洛伊德关于原型谋杀在犹太人社会正当论(sociodicée)中的推测时,我们不需要寻找任何理由来解释如何从一种创伤过渡到另一种创伤。人们将事实真相与创伤联系起来,试图通过创伤来讲述"二战"纳粹屠杀犹太人事件幸存者的经历,讲述亚美尼亚和图西族种族大屠杀幸存者后代的经历,讲述奴隶制和南非种族隔离政策受害者的经历,这一切反映的不是临床治疗,而是一种评判,一种历史评判。或者说,今天的创伤更是一种道德定性,而不是一种疾病分类,它规定了合法受害者的范围,最多通过疾病分类强化了道德定性的合理性。创伤说出了现在与历史之间这段痛苦的联系。它建立了控诉的恰当性和动机的公正性。最后,当代社会对世界不幸者具有道德责任,而创伤规定了这一意义问题化的经验论方式。

参考文献

ABRAHAM K. (1966), «Contribution à la psychanalyse des névroses de guerre», in *Œuvres complètes,* tome II, Paris, Payot, p. 173-180 (édition originale, 1918).

AGAMBEN G. (1995), *Moyens sans fins. Notes sur la politique*, Paris, Payot et Rivages.

AGAMBEN G. (1997), *Homo Sacer. Le pouvoir souverain et la vie nue*, Paris, Le Seuil (édition italienne, 1995).

AGAMBEN G. (1999), *Ce qui reste d'Auschwitz*, Paris, Rivages, coll. «Bibliothèque» (édition italienne, 1998).

AGIER M. (2004), «Le camp des vulnérables. Les réfugiés face à leur citoyenneté niée», *Les Temps modernes,* 59 (627), p. 120-137.

AHERN J., GALEA S., VLAHOV D., RESNICK H. (2004), «Television Images and Probable Posttraumatic Stress Disorder after September 11: The Role of Background Characteristics, Event Exposures, and Perievent Panic», *Journal of Nervous and Mental Disease*, 192 (3), p. 217-226.

ALEINIKOFF A. (1995), «State-centered Refugee Law: From Resettlement to Containment», in *Mistrusting Refugees* (sous la dir. de V. Daniel et J. Knudsen), Berkeley, University of California Press, p. 257-278.

ALEXANDER J., EYERMAN R., GIESEN B., SMELSER N., SZTOMPKA P. (2001), *Cultural Trauma and Collective Identity*, Berkeley,

University of California Press.

American Psychiatric Association (1983), *DSM-III, Manuel diagnostique et statistique des troubles mentaux*, Paris, Masson (édition américaine, 1980).

AMÉRY J. (1995), *Par-delà le crime et le châtiment. Essai pour surmonter l'insurmontable*, Arles, Actes Sud (1re édition, 1966).

ANDREASEN N. C. (1995), «Posttraumatic Stress Disorder: Psychology, Biology and the Manichean Warfare between False Dichotomies», *American Journal of Psychiatry*, 152 (7), p. 963-965.

ANTELME R. (1957), *L'Espèce humaine*, Paris, Gallimard.

ASAD T. (1997), «On Torture, or Cruel, Inhuman and Degrading Treatment», in *Social Suffering* (sous la dir. de A. Kleinman, V. Das, M. Lock), Berkeley, University of California Press, p. 285-308.

ASENSI H., MORO M. R., N'GABA D. (2001), «Clinique de la douleur», in *Une guerre contre les civils. Réflexions sur les pratiques humanitaires au Congo-Brazzaville (1998-2000)* (sous la dir. de M. Le Pape, P. Salignon), Paris, Médecins sans frontières-Karthala, p. 115-134.

AUDEN W. H. (1991), «The Age of Anxiety. A Baroque Eclogue», in *Collected Poems*, New York, Vintage International.

AUGÉ M. (2001), *Les Formes de l'oubli*, Paris, Rivages.

AUSTIN J. L. (1970), *Quand dire, c'est faire*, Paris, Seuil (édition anglaise, 1962).

AYME J. (1996), «La psychiatrie de secteur», *Encyclopaedia Universalis*, tome IX, p. 198-200.

BAILLY L. (2003), «Le débriefing psychologique: indications et limites», in *Comprendre et soigner le trauma en situation humanitaire* (sous la dir. de C. Lachal, L. Ouss-Ryngaert, M.-R. Moro), Paris, Dunod, p. 147-157.

BALAT M. (2000), «Sur le pragmatisme de Pierce à l'usage des psychistes», *Les Cahiers Henri Ey, I*, printemps, p. 83-95.

BARROIS C. (1984), «Les rêves et cauchemars de guerre: une voie d'approche clinique et étiopathogénique des névroses traumatiques», *Annales médico-psychologiques*, 142 (2), p. 222-229.

BARROIS C. (1988). *Les Névroses traumatiques*, Paris, Dunod.

BAUBET Th., ABBAL T., CLAUDET J. *et al.* (2004), «Traumas psychiques chez les demandeurs d'asile en France: des spécificités cliniques et thérapeutiques», *Journal international de victimologie*, 2 (2).

BAYER R. (1987), *Homosexuality and American Psychiatry. The Politics of Diagnosis*, Princeton, Princeton University Press (1re édition, 1981).

BAYER R., SPITZER R. L. (1982), «Edited Correspondence on the Status of Homosexuality», in *DSM-III*. *Journal of Historical and Behavioural Science*, 18 (1), p. 32-52.

BAYER R., SPITZER R. L. (1985), «Neurosis, Psychodynamics, and DSM-III. A History of the Controversy», *Archives of General Psychiatry*, 42 (2), p. 187-196.

BECK U. (1992), *Risk Society. Towards a New Modernity*, Londres, Sage Publications (1re édition allemande, 1986).

BENJAMIN W. (2000), «Sur le concept d'histoire», in *Œuvres III*, Paris, Gallimard, p. 426-443.

BENSLAMA F. (2001), «La représentation et l'impossible», *L'Évolution psychiatrique*, 66 (3), p. 448-466.

BERTHELIER R. (1994), *L'Homme maghrébin dans la littérature psychiatrique*, Paris, L'Harmattan.

BETTELHEIM B. (1979), *Survivre*, Paris, Hachette coll. «Pluriel».

BLÉANDONU G. (1990), *Wilfred R. Bion. La vie et l'œuvre. 1897-1979*, Paris, Dunod.

BOLTANSKI L. (1993), *La Souffrance à distance. Morale humanitaire, médias et politique*, Paris, Métailié.

BOSCARINO J. A., GALEA S., ADAMS R. E. *et al.* (2004), «Mental Health Service and Medication Use in New York City after the September 11, 2001, Terrorist Attacks», *Psychiatric Services*, 55 (3), p. 274-283.

参考文献

BOURGEOIS M. (1984), «Le DSM-III en France», *Annales médico-psychologiques*, 142 (4), p. 457-473.

BRACKEN P. (1998), «Hidden Agendas: Deconstructing Posttraumatic Stress Disorder», in *Rethinking the Trauma of War*, (sous la dir. de P. Bracken et C. Petty), Londres, Free Association Books, p. 38-59.

BRAUMAN R. (2000), *L'Action humanitaire*, édition revue et augmentée, Paris, Flammarion, coll. «Dominos».

BRESLAU J. (2000), «Globalizing Disaster Trauma: Psychiatry, Science and Culture after the Kobe Earthquake», *Ethos*, 28 (2), p. 174-197.

BRESLAU N., DAVIS G. C. (1992), «Posttraumatic Stress Disorder in an Urban Population of Young Adults: Risk Factors for Chronicity», *The American Journal of Psychiatry*, 149 (5), p. 671-675.

BRESLAU, N., LUCIA V. C., DAVIS G. C. (2004), «Partial PTSD *versus* full PTSD: An Empirical Examination of Associated Impairment», *Psychological Medicine*, 34 (7), p. 1205-1214.

BRIOLE G., LEBIGOT F., LAFONT B. *et al.* (1993), *Le Traumatisme psychologique*, Paris, Masson.

BRISSAUD E. (1908), «La sinistrose», *Le Concours médical*, p. 114-117.

BRUNNER J. (2000), «Will, Desire and Experience: Etiology and Ideology in the German and Austrian Medical Discourse on War Neuroses, 1914-1922», *Transcultural Psychiatry*, 37 (3), p. 297-320.

CANGUILHEM G. (1977) *La Formation du concept de réflexe aux XVIIe et XVIIIe siècles*, Paris, Vrin.

CARIO R. (2006), *Victimologie. De l'effraction du lien intersubjectif à la restauration sociale*, Paris, L'Harmattan.

CARLIER I. V. E., GERSONS B. P. R. (1995), «Partial Posttraumatic Stress Disorder (PTSD): The Issue of Psychological Scars and the Occurrence of PTSD Symptoms», *Journal of Nervous and Mental Disease*, 183 (2), p. 107-109.

CAROTHERS J. C. (1954), *Psychologie normale et pathologique de l'Africain. Étude d'ethnopsychiatrie*, Genève, Organisation mondiale de la santé, Paris, Masson.

CARUTH C. (1995), «Trauma and Experience: Introduction», in *Trauma. Explorations in Memory* (sous la dir. de C. Caruth), Baltimore et Londres, The Johns Hopkins University Press, p. 3-12.

CARUTH C. (1996), *Unclaimed Experience. Trauma, Narrative, and History*, Baltimore, Johns Hopkins University Press.

CASTEL R. (1976), *L'Ordre psychiatrique. L'âge d'or de l'aliénisme*, Paris, Minuit.

CASTEL R. (1980), *La Gestion des risques: de l'antipsychiatrie à l'après-psychanalyse*, Paris, Minuit.

CAZANOVE F. (1912), «La folie chez les indigènes de l'Afrique-Occidentale française», *Annales d'hygiène et de médecine coloniales*, (5), p. 894-897.

CESONI M. L., RECHTMAN R. (2005), «La "réparation psychologique" de la victime: une nouvelle fonction de la peine?», *Revue de droit pénal et de criminologie*, février, p. 158-178.

CHAUMONT J.-M. (1997), *La Concurrence des victimes. Génocide, identité, reconnaissance*, Paris, La Découverte.

COLLIGNON R. (2002), «Pour une histoire de la psychiatrie coloniale française. À partir de l'exemple du Sénégal», *L'Autre*, 3 (3), p. 455-480.

COLLINS, J. (2004). *Occupied by Memory. The Intifada Generation and the Palestinian State of Emergency*, New York, New York University Press.

COLLOVALD A. (2003), «L'humanitaire expert: le désencastrement d'une cause politique», in *L'Humanitaire ou le management des dévouements* (sous la dir. d'A. Collovald), Rennes, Presses universitaires de Rennes.

COSTEDOAT D. (1935), «Les névroses post-traumatiques», *Annales de médecine légale*, (15), p. 495-536.

COURBET D., FOURQUET-COURBET M.-P. (2003), «Réception des images d'une catastrophe en direct à la télévision: étude qualitative des réactions provoquées par les attentats du 11 septembre 2001 aux États-Unis au travers du rappel de téléspectateurs français»,

European Review of Applied Psychology, 53 (1), p. 21-41.
CREMNITER D. (2002), «L'intervention médico-psychologique. Problèmes actuels théoriques et pratiques», *L'Évolution psychiatrique*, 67 (4), p. 690-700.
CRIPPEN D. (2001), «The World Trade Center Attack: Similarities to the 1988 Earthquake in Armenia: Time to Teach the Public Life-supporting First Aid?», *Critical Care*, 5 (6), p. 312-314.
CROCQ L. (1999). *Les Traumatismes psychiques de guerre*, Paris, Odile Jacob.
CROCQ L., DOUTHEAU S., LOUVILLE P., CREMNITER D. (1998), «Psychiatrie de catastrophe. Réactions immédiates et différées, troubles séquellaires. Paniques et psychopathologie collective», *Encyclopédie médico-chirurgicale, Psychiatrie*, 37-113 (D-10).
CROCQ L., SAILHAN M., BARROIS C. (1983), «Névroses traumatiques (névroses d'effroi, névroses de guerre)», *Encyclopédie médico-chirurgicale, Psychiatrie*, 37-329 (A-10), p. 2.
CYGIELSTREJCH, A. (1912a), «Les conséquences mentales des émotions de guerre (I)», *Annales médico-psychologiques, 1*, février, p. 130-148.
CYGIELSTREJCH A. (1912b), «Les conséquences mentales des émotions de guerre (II)», *Annales médico-psychologiques, 1*, mars, p. 257-277.
DAB W., ABENHAIM L., SALMI L. R. (1991), «Épidémiologie du syndrome de stress post-traumatique chez les victimes d'attentat et politique d'indemnisation», *Revue d'épidémiologie et de santé publique*, 3 (6), p. 36-42.
DANIEL V., KNUDSEN J. (1995), «Introduction», in *Mistrusting Refugees* (sous la dir. de Daniel et J. Knudsen), Berkeley, University of California Press, p. 1-12.
DAS V. (1995), *Critical Events. An Anthropological Perspective on Contemporary India*, Oxford, Oxford University Press.
DAS V., KLEINMAN A., RAMPHELE M., REYNOLDS P. (2000, sous la dir.),

Violence and Subjectivity, Berkeley, University of California Press.

DAS V., KLEINMAN A., LOCK M., RAMPHELE M., REYNOLDS P. (2001, sous la dir. de), *Remaking a World. Violence, Social Suffering and Recovery*, Berkeley, University of California Press.

DAUVIN P., SIMÉANT. J. (2002), *Le Travail humanitaire. Les acteurs des ONG, du siège au terrain*, Paris, Presses de la Fondation nationale des sciences politiques.

DE ALMEIDA Z. (1975), «Les perturbations mentales chez les migrants», *L'Information psychiatrique*, 51 (3), p. 249–281.

DE CLERCQ M., LEBIGOT F. (2001), *Les Traumatismes psychiques*, Paris, Masson.

DELAPORTE S. (2003), *Les Médecins dans la Grande Guerre 1914–1918*, Paris, Bayard.

DERRIDA J. (1997), *De l'hospitalité*, Paris, Calmann-Lévy.

DE SOIR E. (2004), «Le débriefing psychologique est-il dangereux?», *Journal international de victimologie*, 2 (3).

DE VRIES F. (1998), «To Make a Drama out of Trauma is Fully Justified», *The Lancet*, 351 (9115), p. 1579–1580.

DIDIER E. (1992), «Torture et mythe de la preuve», *Plein Droit*, (18–19), p. 64–69.

DORAY B. (2000), *L'Inhumanitaire*, Paris, La Dispute.

DUCROCQ F., VAIVA G., KOCHMAN F. et al. (1999), «Urgences et psychotraumatisme: particularités en psychiatrie de l'enfant et de l'adolescent», *Revue française de psychiatrie et de psychologie médicale*, 1999, 3 (24), p. 150–152.

DUMAS G. (1919), *Troubles mentaux et Troubles nerveux de guerre*, Paris, Félix Alcan.

EHRENBERG A. (1998), *La Fatigue d'être soi. Dépression et société*, Paris, Odile Jacob.

EISSLER K. (1992), *Freud sur le front des névroses de guerre*, Paris, PUF.

ELLENBERGER H. (1954), «Relations psychologiques entre le criminel et la victime», *Revue internationale de criminologie et de police technique*, 3 (2), p. 103-121.

ENSENRINK M. (2003), «Bracing for Gulf War II», *Science*, 28 mars, 299, p. 1966-1967.

EVRARD E. (1954), «Les névroses traumatiques», in *Congrès des médecins aliénistes et neurologistes de France et des pays de langue française*, Paris, Masson, p. 34-86.

EYERMAN R. (2001), *Cultural Trauma. Slavery and the Formation of African American Identity*, Cambridge et New York, Cambridge University Press.

FANON F. (2002), *Les Damnés de la terre*, Paris, La Découverte (1re édition, 1961).

FASSIN D. (1999), «L'ethnopsychiatrie et ses réseaux. Une influence qui grandit», *Genèses. Sciences sociales et histoire*, (35), p. 146-171.

FASSIN D. (2000), «Les politiques de l'ethnopsychiatrie. La psyché africaine, des colonies britanniques aux banlieues parisiennes», *L'Homme*, (153), p. 231-250.

FASSIN D. (2004a), *Des maux indicibles. Sociologie des lieux d'écoute*, Paris, La Découverte.

FASSIN D. (2004b), «La cause des victimes», *Les Temps modernes*, 59 (627), p. 73-91.

FASSIN D. (2005), «Compassion and Repression. The Moral Economy of Immigration Policies in France», *Cultural Anthropology*, 20 (3), p. 362-387.

FASSIN D. (2006a), *Quand les corps se souviennent. Expériences et politiques du sida en Afrique du Sud*, Paris, La Découverte.

FASSIN D. (2006b), «Souffrir par le social, gouverner par l'écoute. Une configuration sémantique de l'action publique», *Politix*, 19 (73), p. 137-157.

FASSIN D., D'HALLUIN E. (2005), «The Truth in the Body. Medical Certificates as Ultimate Evidence for Asylum-seekers», *American Anthropologist*, 107 (4), p. 597-608.

FASSIN D., D'HALLUIN E. (2007), «Critical Evidence. The Politics of Trauma in French Asylum Policies», *Ethos*, 35 (1).

FASSIN D., RECHTMAN R. (2002, sous la dir. de), *Traumatisme, Victimologie et Psychiatrie humanitaire. Nouvelles figures et nouvelles pratiques en santé mentale*, Paris, Cresp/Cesames.

FASSIN D., RECHTMAN R. (2005, sous la dir. de), *Les Usages sociaux du traumatisme psychique*, Paris, Cresp/Cesames.

FASSIN D., RECHTMAN R. (2005), «An Anthropological Hybrid. The Pragmatic Arrangement of Universalism and Culturalism in French Mental Health», *Transcultural Psychiatry*, 42 (3), p. 347–366.

FASSIN E. (2005), «Trouble-genre, Préface», in J. Butler, *Trouble dans le genre. Pour un féminisme de la subversion*, Paris, La Découverte.

FATTAH E. (1992), *Towards a Critical Victimology*, Basingstoke, Macmillan Publishers.

FELDMAN A. (1991), *Formations of Violence. The Narrative of the Body and Political Terror in Northern Ireland*, Chicago, The University of Chicago Press.

FENICHEL O. (1953), *La Théorie psychanalytique des névroses*, Paris, PUF.

FERENCZI S. (1978), «Deux types de névroses de guerre», in *Psychanalyse. Volume II, 1913–1919*, Paris, Payot.

FERENCZI S. (1982), «Psychanalyse des névroses de guerre», in *Œuvres complètes, volume III: 1919–1926*, Paris, Payot, p. 27–43 (1re édition, 1918).

FERENCZI S. (2004), *Confusion de langue entre les adultes et les enfants*, Paris, Payot (1re édition, 1932).

FORSMAN L., EDSTON E. (2000), «Medicolegal Certificates in Investigations of Asylum Applications», *Journal of Medical Ethics*, 26, p. 289–290.

FOUCAULT M. (1994), «Table ronde du 20 mai 1978», in *Dits et Écrits*, vol. IV, Paris, Gallimard, p. 20–34.

FOUCAULT M. (1999), *Les Anormaux. Cours au Collège de France, 1974–1975*, Paris, Gallimard-Le Seuil, coll. «Hautes Études», Paris.

参考文献

FRAME L., MORRISON A. P. (2001), «Causes of Posttraumatic Stress Disorder in Psychotic Patients», *Archives of General Psychiatry*, 58 (3), p. 305-306.

FREUD S. (1948), *Moïse et le monothéisme*, Paris, Gallimard.

FREUD S. (1962), «Théorie générale des névroses», in *Introduction à la psychanalyse*, Paris, Payot (1re édition, 1916).

FREUD S. (1968), «Au-delà du principe de plaisir», in *Essais de psychanalyse*, Paris, Payot (1re édition, 1920), p. 7-82.

FREUD S. (1979), *Naissance de la psychanalyse*, Paris, PUF.

FREUD S. (1980), *L'Interprétation des rêves*, Paris, PUF (1re édition, 1900).

FREUD S., BREUER J. (1956), *Études sur l'hystérie*, Paris, PUF.

FRIEDAN B. (1963), *The Feminine Mystique*, New York, W. W. Norton & Company.

GALEA S., AHERN J., RESNICK H. et al. (2002), «Psychological Sequelae of the September 11 Terrorist Attacks in New York City», *New England Journal of Medicine*, 346 (13), p. 982-987.

GALEA S., AHERN J., VLAHOV D., RESNICK H. (2004), «Television Watching and Mental Health in the General Population of New York City after September 11», *Journal of Aggression, Maltreatment and Trauma*, 9 (1-2), p. 109-124.

GALEA S., RESNICK H., AHERN J. et al. (2002), «Posttraumatic Stress Disorder in Manhattan, New York City, after the September 11th Terrorist Attacks», *Journal of Urban Health*, 79 (3), p. 340-353.

GARRABÉ. J. (1989), *Dictionnaire taxinomique de psychiatrie*, Paris, Masson.

GIST R., DEVILLY G. J. (2002), «Posttrauma Debriefing: the Road Too Frequently Travelled», *The Lancet*, 360, p. 741.

GOENJIAN A. K., STEINBERG A. M., NAJARIAN L. M. et al. (2000), «Prospective Study of Posttraumatic Stress, Anxiety, and Depressive Reactions after Earthquake and Political Violence», *American Journal of Psychiatry*, 157 (6), p. 911-916.

GOFFMAN E. (1968), *Asiles. Études sur la condition sociale des malades mentaux*, Paris, Minuit (édition américaine, 1961).

GOLDSTEIN J. (1997), *Consoler et Classifier. L'essor de la psychiatrie française*, Le Plessis-Robinson, Institut Synthélabo (1re édition, 1987).

GOZLAN Y., SALIGNON P. (1995), «Soutien psychologique auprès des ex-détenus bosniaques musulmans et de leur famille», in *Psychiatrie humanitaire en ex-Yougoslavie et en Arménie: face au traumatisme* (sous la dir. de M.-R. Moro, S. Lebovici), Paris, Presses universitaires de France, p. 73-87.

GUINARD A., GODEAU E. (2004), «Impact de l'explosion de l'usine AZF le 21 septembre 2001 sur la santé mentale des élèves toulousains de 11 à 17 ans», *Bulletin épidémiologique hebdomadaire*, (38-39), p. 189-190.

HACKING I. (1991), «The Making and Molding of Child Abuse», *Critical Inquiry*, winter, p. 253-288

HACKING I. (1995), *Rewriting the Soul. Multiple Personality and the Sciences of Memory*, Princeton, Princeton University Press.

HACKING I. (1998), *Mad Travelers. Reflexion on the Reality of Transient Mental Illnesses*, Charlottesville, University Press of Virginia.

HALLUIN E. (D') (2001), *Guerre et Psychiatrie. L'intervention humanitaire en Palestine*, DEA d'anthropologie, EHESS, Paris.

HALLUIN E. (D'), LATTÉ S., FASSIN D., RECHTMAN R. (2004), «La deuxième vie du traumatisme psychique. Urgences médico-psychologiques et interventions psychiatriques humanitaires», *Revue française des affaires sociales*, 58 (1), p. 57-75.

HARTOG F. (2003), *Régimes d'historicité. Présentisme et expériences du temps*, Paris, Le Seuil.

HÉACAN H., AJURIAGUERRA J. D. (1954), «Les névroses traumatiques. Problèmes théoriques», in *Congrès des médecins aliénistes et neurologistes de France et des pays de langue française*, Paris, Masson, p. 3-32.

HENRIQUES C., AGRALI S. (2005), «Certificat médical et logique de la preuve», *Pratiques*, dossier «Justice et médecine», (31), p. 33-36.

HENTIG H. von (1948), *The Criminal and his Victim*, New Haven, Yale

University Press.

HERLIHY J., FERSTMAN C., TURNER S. (2004), «Legal Issues in Work with Asylum Seekers», in *Broken Spirits. The Treatment of Traumatized Asylum Seekers, Refugees, War and Torture Victims* (sous la dir. de J. Wilson and B. Drozdek), New York, Brunner-Routledge, p. 641-658.

HERZFELFD M. (2001), *Anthropology. Theoretical Practice in Culture and Society*, Malden et Oxford, Unesco.

HOROWITZ M. (1974), «Stress Response Syndrome. Character Style and Dynamic Psychotherapy», *Archive of General Psychiatry*, 31, p. 768-781.

Institut national de veille sanitaire (2002), *Conséquences sanitaires de l'explosion de l'usine Grande Paroisse le 21 septembre 2001. Rapport intermédiaire*, Toulouse, ministère de la Santé.

Institut national de veille sanitaire (2006), *Les Conséquences sanitaires de l'explosion de l'usine AZF le 21 septembre 2001 Rapport final*, Toulouse, ministère de la Santé.

JACKSON G. (1991), «The Rise of Post-traumatic Stress Disorders», *British Medical Journal*, 303 (6802), p. 533-534.

JANET P. (1889), *L'Automatisme psychologique. Essai de psychologie expérimentale sur les formes inférieures de l'activité humaine*, Paris, Félix Alcan.

KANTOROWICZ E. H. (2004), *Mourir pour la patrie et autres textes*, Paris, Fayard (1re édition, 1951).

KAPLAN E.-A. (2005), *Trauma Culture. The Politics of Terror and Loss in Media and Literature*, New Brunswick, Rutgers University Press.

KARDINER A. (1941), *The Traumatic Neurosis of War*, New York, Paul B. Hoeber, Inc.

KARDINER A. (1969), *L'Individu dans sa société. Essai d'anthropologie psychanalytique*, Paris, Gallimard.

KEEGAN J. (2003), *La Première Guerre mondiale*, Paris, Perrin (1re édition, 1998).

KELLER R. (2001), «Madness and Colonization. Psychiatry in the British and French Empires, 1800-1962», *Journal of Social History*, 35 (2), p. 295-326.

KEMPE C. H., SILVERMAN F. N., STEELE B. F., DROEGMUELLER W., SILVER H. K. (1962), «The Battered Child Syndrome», *Journal of the American Medical Association*, 181, p. 17-24.

KIRK S., KUTCHINS H. (1998), *Aimez-vous le DSM? Le triomphe de la psychiatrie américaine*, Le Plessis-Robinson, Synthélabo, Les Empêcheurs de penser en rond.

KLEINMAN A., DAS V., LOCK M. (1997, sous la dir. de), *Social Suffering*, Berkeley, University of California Press.

KOSELLECK R. (1997), *L'Expérience de l'histoire*, Paris, Gallimard-Le Seuil, coll. «Hautes études».

KRELL R. (1984), «Holocaust Survivors and their Children: Comments on Psychiatric Consequences and Psychiatric Terminology», *Comprehensive Psychiatry*, 25 (5), p. 521-528.

LACAN J. (1947), «La psychiatrie anglaise et la guerre», *L'Évolution psychiatrique*, 12 (1), p. 293-318.

LACAPRA D. (2001), *Writing History, Writing Trauma*, Baltimore, The University of Johns Hopkins Press.

LACHAL C. (2003), «Bases de la psychiatrie humanitaire», in *Comprendre et soigner le trauma en situation humanitaire*, (sous la direction de C. Lachal, L. Ouss-Ryngaert, M.-R. Moro), Paris, Dunod, p. 27-88.

LAFONT M. (2000), *L'Extermination douce. La cause des fous*, Latresne, Le Bord de l'eau (1re édition, 1987).

LAPIERRE-DUVAL K., SCHWOEBEL V. (2004), «Conséquences de l'explosion de l'usine AZF le 21 septembre 2001 sur la vie quotidienne et la santé des habitants de Toulouse», *Bulletin épidémiologique hebdomadaire* (38-39), p. 188.

LATTÉ S. (2001), *La "Naissance" de la victimologie. Institutionnalisation d'une discipline et ébauche d'une construction sociale d'un groupe improbable*, DEA de sciences sociales, EHESS, Paris.

LAUB D. (1995), «Truth and Testimony: The Process and the Struggle», in *Trauma. Explorations in Memory* (sous la dir. de C. Caruth), Baltimore, The Johns Hopkins University Press, p. 61-75.

LEBIGOT F. (1998), «Le débriefing individuel du traumatisé psychique», *Annales médico-psychologiques*, 156 (6), p. 417-420.

LECLERC M. (1984), «1984: DSM-III ou la novlangue», *Psychiatries*, 4 (61), p. 59-65.

LECLERC A., FASSIN D., GRANDJEAN H., KAMINSKI M., LANG Th. (2000, sous la dir. de), *Les Inégalités sociales de santé*, Paris, Inserm-La Découverte.

LEVENBERG S. B. (1983), «Vietnam Combat Veterans: From Perpetrator to Victim», *Family and Community Health*, 5 (4), p. 69-76.

LEVI P. (1958), *Si c'est un homme*, Paris, Julliard.

LÉVI-STRAUSS C. (1980), «Introduction à l'œuvre de Marcel Mauss», in M. MAUSS, *Sociologie et Anthropologie*, Paris, Presses universitaires de France (1re édition, 1950).

LEYS R. (2000), *Trauma. A Genealogy*, Chicago et Londres, The University of Chicago Press.

LIFTON R. (1968), *Death in Life: Survivors of Hiroshima*, New York, Random House.

LIFTON R. (1992), *Home from the War. Learning from Vietnam Veterans*, Boston, Beacon Press (1re édition, 1973).

LOPEZ G. (1996), *Victimologie*, Paris, Dalloz.

LORIOL M. (2000), *Le Temps de la fatigue. La gestion sociale du mal-être au travail*, Paris, Anthropos.

MANOS G. H. (2003), «Posttraumatic Stress Disorder in an Age of Televised Terrorism», *Primary Psychiatry*, 10 (8), p. 36-42.

MARCUS P., WINEMAN I. (1985), «Psychoanalysis Encountering the Holocaust», *Psychoanalytic Inquiry*, 5 (1), p. 85-98.

MARKS H. (1999), *La Médecine des preuves. Histoire et anthropologie des essais cliniques (1900-1990)*, Le Plessis-Robinson, Les Empêcheurs de

penser en rond.
MARRUS M. (2002), *The Unwanted. European Refugees from the First World War through the Cold War*, Philadelphia, Temple University Press (1re édition, 1985).
MASSON J. M. (1984), *Le Réel escamoté*, Paris, Aubier.
MBEMBE A. (2000), *De la postcolonie. Essai sur l'immigration politique dans l'Afrique contemporaine*, Paris, Karthala.
MCCULLOCH J. (1995), *Colonial Psychiatry and "the African Mind"*, Cambridge, Cambridge University Press.
MEHL D. (1996), *La Télévision de l'intimité*, Paris, Le Seuil.
MENDELSOHN B. (1956), «Une nouvelle branche de la science bio-psycho-sociale: la victimologie», *Revue internationale de criminologie et de police technique*, 11 (2), p. 95–109.
MONGIN O. (2003), *La Peur du vide. Essai sur les passions démocratiques*, Paris, Le Seuil.
MOREAU M. (1941–1942), «La question des névroses traumatiques et des névroses de guerre dans son état actuel», *Journal belge de neurologie et de psychiatrie*, (41–42), p. 97–124.
MORO M. R., LACHAL C. (2003), «Traumatisme psychique en situation de guerre: l'exemple de la Palestine», in *Comprendre et soigner le trauma en situation humanitaire*, (sous la direction de C. Lachal, L. Ouss-Ryngaert, M.-R. Moro), Paris, Dunod, p. 221–242.
MOSCOVITZ J.-J. (2003), «Trauma et histoire», *Figures de la psychanalyse. Logos-Anankè*, (8), p. 31–40.
MOSSE G. (1999), *De la Grande Guerre au totalitarisme. La brutalisation des sociétés européennes*, Paris, Hachette (1re édition, 1990).
MUESER K. T., GOODMAN L. B., TRUMBETTA S. L. *et al.* (1998), «Trauma and Posttraumatic Stress Disorder in Severe Mental Illness», *Journal of Consulting and Clinical Psychology*, 66 (3), p. 493–499.
MULHERN S. (1991), «Embodied Alternative Identities», *Psychiatric Clinics of North America*, 14 (3), p. 769–786.

MULHERN S. (1998), «Le trouble dissociatif de l'identité: *commuto, ergo sum*», *Confrontation psychiatrique*, (39), p. 153-187.

MYLLE J., MAES M. (2004), «Partial Posttraumatic Stress Disorder Revisited», *Journal of Affective Disorders*, 78 (1), p. 37-48.

NAHOUM-GRAPPE V. (1996), «L'usage politique de la cruauté. L'épuration ethnique (ex-Yougoslavie 1991-1995)», in *De la violence*, (sous la dir. de F. Héritier), Paris, Odile Jacob, p. 275-323.

NEAL A. G. (1998), *National Trauma and Collective Memory: Major Events in the American Century*, Armonk, N. Y., M. E. Sharpe.

NELSON B. J. (1984), *Making an Issue of Child Abuse. Political Agenda Setting for Social Problems*, Chicago, University of Chicago Press.

NOIRIEL G. (1991), *La Tyrannie du national. Le droit d'asile en Europe 1793-1993*, Paris, Calmann-Lévy.

NORA P. (1997), *Les Lieux de mémoire*, Paris, Gallimard (1re édition, 1984).

OHAYON M., FONDARAI J. (1986), «Convergences et divergences entre DSM-III et pratique psychiatrique française», *Annales médico-psychologiques*, 144 (5), p. 515-530.

OLAFSON E., CORWIN D. L., SUMMIT R. C. (1993), «Modern History of Child Sexual Abuse Awarness: Cycles of Discovery and Suppression», *Child Abuse & Neglect*, 17 (1), p. 7-24.

OLIVIER-MARTIN R. (1984), «Éditorial. DSM-III. Freud, Bleuler, Meyer et quelques autres», *Synapse*, (5), p. 1-5.

PECHIKOFF S., DORAY B., DOUVILLE O., GUTTON P. (2004), *Toulouse/ AZF. Essai sur le traumatisme et la tiercéité*, Paris, La Dispute.

PETEET J. (1994), «Male Gender and Rituals of Resistance in the Palestinian Intifada: A Cultural Politics of Violence», *American Ethnologist*, 21 (1), p. 31-49.

PETRYNA A. (2002), *Life Exposed. Biological Citizens after Chernobyl*, Princeton, Oxford, Princeton University Press.

PFEFFERBAUM B., DOUGHTY D. E., RAINWATER S. M. *et al.* (2003), «Media Exposure in Children One Hundred Miles from a Terrorist Bombing», *Annals of Clinical Psychiatry*, 15 (1), p. 1-8.

PFEFFERBAUM B., PFEFFERBAUM R. L., NORTH C. S., NEAS B. R. (2002), «Commentary on "Television Images and Psychological Symptoms after the September 11 Terrorist Attacks" : Does Television Viewing Satisfy Criteria for Exposure in Posttraumatic Stress Disorder?», *Psychiatry*, 65 (4), p. 306-309.

PICHOT P. (1984, sous la dir.), *DSM-III et psychiatrie française. Comptes rendus du congrès, Paris 1984*, Paris, Masson.

POLLAK M. (1990), *L'Expérience concentrationnaire. Essai sur le maintien de l'identité sociale*, Paris, Métailié.

POROT A. (1918), «Notes de psychiatrie musulmane», *Annales médico-psychologiques*, 74, p. 377-384.

POROT A., HESNARD A. (1919), *Psychiatrie de guerre*, Paris, Félix Alcan.

POROT A., ARRII D. C. (1932), «L'impulsivité criminelle chez l'indigène algérien. Ses facteurs», *Annales médico-psychologiques*, 14e série, tome *II*, p. 588-611.

PULMAN B. (1986), «Aux origines du débat ethnologie/psy-chanalyse, W. H. R. Rivers (1864-1922)», *L'Homme*, 26 (4), p. 119-142.

RABINOW P. (2003), *Anthropos Today. Reflections on Modern Equipment*, Princeton, Oxford, Princeton University Press.

RAGER P., BÉNÉZECH M., BOURGEOIS M. (1986), «Application du DSM-III en psychiatrie carcérale: à propos de 100 évaluations diagnostiques», *Annales médico-psychologiques*, 144 (1), p. 94-102.

RECHTMAN R. (2000), «L'hallucination auditive: un fondement paradoxal de l'épistémologie du DSM», *L'Evolution psychiatrique*, 65 (2), p. 293-309.

RECHTMAN R. (1999), «Les politiques minoritaires de la psychiatrie», *P. T. A. H. (Psychanalyse–Traversées–Anthropologie–Histoire)*, (11-12), p. 143-149.

RECHTMAN R. (2002), «Être victime: généalogie d'une condition clinique», *L'Évolution psychiatrique*, 67 (4), p. 775-795.

RECHTMAN R. (2003), «L'ethnicisation de la psychiatrie. De l'universel à l'international», *L'Information psychiatrique*, 79 (2), p. 161-169.

RECHTMAN R. (2005), «Du traumatisme à la victime: une construction psychiatrique de l'intolérable», in *Les Constructions de l'intolérable. Études d'anthropologie et d'histoire sur les frontières de l'espace moral* (sous la dir. de D. Fassin, P. Boudelais), Paris, La Découverte, p. 165-196.

RECHTMAN R. (2006), «The Survivor Paradox. Psychological Consequences of the Khmers Rouges Rhetoric of Extermination», *Anthropology & Medicine Journal*, 13 (1), p. 1-11.

RENNEVILLE M. (2003), *Crime et Folie. Deux siècles d'enquêtes médicales et judiciaires*, Paris, Fayard.

RICŒUR P. (1969), *Le Conflit des interprétations*, Paris, Le Seuil.

RICŒUR P. (2000), *La Mémoire, l'Histoire, l'Oubli*, Paris, Le Seuil.

RIEFF D. (2002), *A Bed for the Night. Humanitarianism in Crisis*, New York, Simon and Schuster.

RIVERS W. H. (1918), «An Address on the Repression of War Experience», *The Lancet*, 191 (4927), p. 173-177.

ROBIN R. (2003), *La Mémoire saturée*, Paris, Stock.

ROSENHAN D. L. (1973), «On Being Sane in Insane Places», *Science*, 179 (70), p. 250-258.

ROTH P. (2002), *La Tache*, Paris, Gallimard.

ROUDINESCO E. (1986), *La Bataille de cent ans. Histoire de la psychanalyse en France*, vol. I et II, Paris, Le Seuil.

ROUDINESCO E. (2004), *Le Patient, le Thérapeute et l'État*, Paris, Fayard.

ROUSSEAU C., CRÉPEAU F., FOXEN P., HOULE F. (2002), «The Complexity of Determining Refugeehood: A Multidisciplinary Analysis of the Decision-making Process of the Canadian Immigration and Refugee Board», *Journal of Refugee Studies*, 15 (1), p. 43-70.

ROUSSEAU F. (1997), «L'électrothérapie des névroses de guerre durant la Grande Guerre», *Guerres mondiales et Conflits contemporains*, (185), p. 13-27.

ROUSSEAU F. (1999), *La Guerre censurée. Une histoire des combattants européens de 14-18*, Paris, Le Seuil.

RUDETZKI F. (2004), *Triple Peine*, Paris, Calmann-Lévy.

RUSH F. (1980), *The Best Kept Secret: Sexual Abuse of Children*, Englewood Cliffs, N. J., Prentice-Hall.

SAYAD A. (1999), *La Double Absence. Des illusions de l'émigré aux souffrances de l'immigré*, Paris, Le Seuil.

SCHLENGER W. E. (2004), «Psychological Impact of the September 11, 2001 Terrorist Attacks: Summary of Empirical Findings in Adults», *Journal of Aggression, Maltreatment and Trauma*, 9 (1-2), p. 97-108.

SCHLENGER W. E., CADDELL J. M., EBERT L. et al. (2002), «Psychological Reactions to Terrorist Attacks: Findings from the National Study of Americans' Reactions to September 11», *Journal of the American Medical Association*, 288 (s), p. 581-588.

SCHUSTER M. A., STEIN B. D., JAYCOX L. H. et al. (2001), «A National Survey of Stress Reactions after the September 11, 2001, Terrorist Attacks», *New England Journal of Medicine*, 345 (20), p. 1507-1512.

SCOTT W. (1993), *The Politics of Readjustment: Vietnam Veterans since the War*, New York, Aldine de Gruyter Publishing Company.

SKULTANS V. (1998), *The Testimony of Lives. Narrative and Memory in post-Soviet Latvia*, Londres et New York, Routledge.

SPIEGEL A. (2005), «The Dictionary of Disorder. How One Man Revolutionized Psychiatry», *The New Yorker*, January, (3), p. 56-63.

SPITZER R. (1980), «An In-depth Look at DSM-III. An Interview with Robert Spitzer [by John Talbott]», *Hospital and Community Psychiatry*, 31 (1), p. 25-32.

STEELE B. F. (1977), «Child Abuse and Society», *Child Abuse & Neglect*, 1 (1), p. 1-6.

SUÁREZ-OROZCO M. (1990), «Speaking of the Unspeakable: Toward a Psychosocial Understanding of Responses to Terror», *Ethos*, 18 (3), p. 353-383.

SUMMERFIELD D. (1997), «Legacy of War: Beyond "Trauma" to the Social Fabric», *The Lancet*, 349 (9065), p. 1568.

SUMMERFIELD D. (2001), «The Invention of Post-traumatic Stress Disorder and the Social Usefulness of a Psychiatric Category», *British Medical Journal*, 322, p. 95-98.

SUMMERFIELD D. (2004), «The Assault on Health and Other War Crime», *British Medical Journal*, 329, p. 924.

TAUSK V. (1975), «Contribution à la psychologie du déserteur», in *Œuvres psychanalytiques*, Paris, Payot (1re édition, 1916), p. 129-156.

TAUSSIG M. (1987), *Shamanism, Colonialism, and the Wild Man: A Study in Terror and Healing*, Berkeley, University of California Press.

TERR L. (1990), *Too Scared to Cry: Psychic Trauma in Childhood*, New York, Harper & Row.

TODESCHINI M. (2001), «The Bomb's Womb? Women and the Atom Bomb», in *Remaking a World. Violence, Social Suffering and Recovery* (sous la dir. de V. Das, A. Kleinman, M. Lock, M. Ramphele, P. Reynolds), Berkeley, University of California Press, p. 102-156.

TODOROV T. (1995), *Les Abus de la mémoire*, Paris, Arlea.

TREHEL G (2006), «Victor Tausk (1879-1919) et la médecine militaire», *L'Information psychiatrique*, 82 (3), p. 239-247

VAIVA G., LEBIGOT F., DUCROCQ F., GOUDEMAND M. (2005, sous la dir.), *Psychotraumatismes: prise en charge et traitements*, Paris, Masson.

VAN DER KOLK B. (1996), «The Body Keeps the Score: Approaches to the Psychobiology of Posttraumatic Stress Disorder», *Traumatic Stress. The Effect of Overwhelming Experience on Mind, Body and Society* (sous la dir. de B. Van der Kolk, A. McFarlane, L. Weisaeth), New York, Londres, The Guilford Press.

VAN DER KOLK B., VAN DER HART O. (1995), «The Intrusive Past: The Flexibility of Memory and the Engraving of Trauma», in *Trauma. Explorations in Memory* (sous la dir. de Cathy Caruth), Baltimore, The Johns Hopkins University Press, p. 158-182.

VAN EMMERIK A. A., KAMPHUIS J. H., HULSBOSCH A. M., EMMELKAMP P.

M. (2002), «Single Session Debriefing after Psychological Trauma: A Meta-analysis», *The Lancet*, 360 (9335), p. 766−771.

VIGARELLO G. (2005), «L'intolérable de la maltraitance infantile. Genèse de la loi sur la protection des enfants maltraités et moralement abandonnés en France» in *Les Constructions de l'intolérable. Études d'anthropologie et d'histoire sur les frontières de l'espace moral* (sous la dir. de D. Fassin, P. Bourdelais), Paris, La Découverte, p. 111−127.

VILAIN J. P., LEMIEUX C. (1998), «La mobilisation des victimes d'accidents collectifs. Vers la notion de groupe circonstanciel», *Politix*, 11 (44), p. 135−160.

VOLKAN V. (2004), «From Hope for a Better Life to Broken Spirits», in *Broken Spirits. The Treatment of Traumatized Asylum Seekers, Refugees, War and Torture Victims* (sous la dir. de J. Wilson, B. Drozdek), New York, Brunner-Routledge, p. 7−12.

WAHNICH S. (2002, sous la dir. de), *Fictions d'Europe. La guerre au musée*, Paris, Éditions des archives contemporaines.

WIEVIORKA A. (1998), *L'Ère du témoin*, Paris, Plon.

WILSON J. (2004), «Broken Spirits: Posttraumatic Damage to the Self», in *Broken Spirits. The Treatment of Traumatized Asylum Seekers, Refugees, War and Torture Victims* (sous la dir. de J. Wilson, B. Drozdek), New York, Brunner-Routledge, p. 109−158.

YOUNG A. (1995), *The Harmony of Illusions. Inventing Posttraumatic Stress Disorder*, Princeton, Princeton University Press.

YOUNG A. (2002), «L'autovictimisation de l'agresseur: un éphémère paradigme de maladie mentale», *L'Évolution psychiatrique*, 67 (4), p. 653−675.

ZIZEK S. (1989), *The Sublime Object of Ideology*, Londres, Verso.

专名索引

（索引页码为原书页码，即本书边码）

Abraham, K. 卡尔·亚伯拉罕 94, 95, 97, 99, 100
Agamben, G. 吉奥乔·阿甘本 118, 372
Agier, M. 米歇尔·阿热耶 314
Ahern, J. 埃亨 159
Aleinikoff, A. 亚历山大·阿列尼科夫 371
Alexander, J. 杰弗里·亚历山大 30
Améry, J. 让·爱默里 395, 396, 398
Andreasen, N. C. 南希·安卓森 45
Antelme, R. 罗伯尔·昂泰尔姆 113
Auden, W. H. 奥登 403
Augé, M. 马克·欧杰 32, 33
Auschwitz 奥斯威辛集中营 33
Aussaresses, P. 奥萨雷斯 37, 38
Austin, J. L., 奥斯汀 234
Ayme, J. 让·埃米 335

Badinter, R. 罗伯特·巴丹特 169
Balat, M. 巴拉特 131
Barrois, C. 克洛德·巴鲁瓦 14, 51, 59, 72, 73, 105, 106, 182, 266
Baubet, Th. 博贝特 364
Bayer, R. 贝耶尔 133
Beck, U. 乌尔里希·贝克 192
Benjamin, W. 本雅明 31
Benslama, F. 本斯拉玛 113
Berthelier, R. 贝尔特里埃 61, 337
Bettelheim, B. 布鲁诺·贝特尔海姆 112, 113, 115, 116
Bhopal, 博帕尔 30
Bion, W. R. 威尔弗里德·比昂 107
Bléandonu, G. 布里昂多奴 108
Boltanski, L. 吕克·博尔坦斯基 317
Bonnafé, L. 吕西安·博纳菲 177, 335
Borgne, N. 娜塔莉·波尔涅 164
Boscarino, J. A. 博斯卡里诺 9
Bourgeois, M. 布热瓦 175, 176
Bracken, P. J. 布拉肯 17, 45

456

Breslau, J. 乔舒华·布雷斯洛 256, 422
Breslau, N. 布雷斯洛 161, 256
Briole, G. 吉约·布雷奥尔 182, 183, 266
Brissaud, E. 爱德华·布里绍德 61, 62, 105
Brunner, J. 约瑟·布鲁讷 13, 70, 72, 73, 79, 83, 95, 97

Cario, R. 卡利奥 172
Carothers, J. C. 约翰·科林·卡洛塞斯 336, 337, 352
Caruth, C. 卡鲁斯 17, 34, 114, 405
Castel, R. 卡斯泰尔 128, 335
Cazanove, F. 卡萨诺夫 337
Cesoni, M. L. 塞佐尼 172
Charcot, J.-M. 让-马丁·夏科 50, 52, 53, 59, 61, 73
Chaumont, J.-M. 肖蒙 408
Collignon, R. 科林尼奥 90, 336
Collins, J. 约翰·科林斯 30, 294
Costedoat, D. 考斯特多亚特 59, 61—63
Courbet, D. 库尔贝特 157
Coutanceau, R. 罗朗·古坦索 187
Crémniter, D. 克雷米特尔 210
Crocq, L. 路易·克罗齐 13, 51, 59, 74, 105, 106, 164, 171, 182, 183, 186, 189, 191, 205, 258, 259, 266, 267, 270, 346
Cygielstrejch, A. 西杰尔斯特莱杰克 73, 75, 76, 77

Dab, W. 达卜 171
Daniel, V. 达尼尔 370
Das, V. 达斯 29, 30
Daumézon, G. 乔治·多梅松 177
Dauvin, P. 多万 238, 291
De Almeida, Z. 德·阿里美达 61
Delaporte, S. 德拉波尔特 69, 70, 72—74, 81
Derrida, J. 雅克·德里达 323
De Soir, E. 德·斯瓦尔 209
De Vries, F. 德·乌利耶 44
Didier, E. 艾里克·迪迪耶 390
Doray, B. 多莱 46, 215, 273
Ducrocq, F. 杜克罗齐 13, 59
Dumas, G. 杜马 87, 88

Ehrenberg, A., 阿兰·埃伦伯 57
Eissler, K. 柯尔·艾斯勒 79, 82, 83, 108, 126
Ellenberger, H. 亨利·埃伦伯格 186
Emmanuelli, X. 泽维尔·埃曼纽利 164, 243
Enserink, M. 艾瑟林克 14
Erichsen, J. E. 埃里克逊 52, 58
Evrard, E. 埃弗拉尔 90
Ey, H. 亨利·埃伊 89, 176, 177
Eyerman, R. 罗恩·艾尔曼 31, 406

Fanon, F. 弗朗茨·法农 37, 337
Feldman, A. 菲尔德曼 30

457

Fenichel, O. 费尼歇尔 94
Ferenczi, S. 桑多尔·费伦齐 94, 95, 99,100, 126, 182, 251
Forsman, L. 弗斯曼 363
Foucault, M. 米歇尔·福柯 16, 59, 263,408
Frame, L. 弗雷姆 220
Freud, S. 弗洛伊德 34, 50, 53—57, 59, 73, 75, 83—86, 89, 93, 94, 108, 121, 122,126, 127, 179, 182
Friedan, B. 贝蒂·弗里丹 121, 124

Galea, S. 加雷亚 9, 159
Garrabé, J. 加拉贝 176
Gist, R. 吉斯特 9
Goldstein, J. 杰恩·葛斯坦 263
Guinard, A. 吉纳尔德 215

Hacking, I. 伊恩·哈金 17, 38, 38, 50, 52, 57, 58, 114, 122, 134, 143
Halluin, E. (d') 埃斯特尔·德哈林 25, 249, 312, 324, 343, 369,
Hartog, F. 弗朗索瓦·阿赫托戈 32
Héacan, H. 何康 62, 90
Henriques, C. 亨利克斯 363
Hentig, H. (von) 汉斯·冯·亨梯 181
Herbert, C. 克里斯托夫·赫尔伯特 189

Herlihy, J. 赫林伊 387
Herzfeld, M. 迈克尔·赫兹菲尔德 407
Hiroshima 广岛 30, 38, 113, 140
Horowitz, M. 马蒂·霍洛维茨 113, 116, 135

Israël, L. 吕西安·伊斯拉埃尔 180, 297, 301

Jackson, G. 杰克逊 45
Janet, P. 皮埃尔·让内 50, 53, 55, 57, 59, 73, 75, 88

Kantorowicz, E. H. 康托洛维奇 67
Kardiner, A. 艾布拉姆·卡丁纳 108, 110, 111
Keller, R. 凯勒 90, 336
Kirk, S. 柯克 130
Klein, M. 梅兰妮·克莱因 112
Kleinman, A. 克莱曼 29
Koselleck, R. 科塞勒克 31, 403
Kraepelin, E. 埃米尔·克雷佩林 103, 176
Krell, R. 克莱尔 115

Lacan, J. 雅克·拉康 35, 107, 177, 278
LaCapra, D. 多米尼克·拉卡普拉 30, 36
Lafont, M. 拉封 266, 335
Lantéri-Laura, G. 乔治·朗泰利-

劳拉 177
Lapierre-Duval, K. 拉皮埃尔-杜瓦尔 215, 225
Latté, S. 斯蒂芬·拉忒 25, 171, 182, 189, 200, 221
Laub, D. 劳波 33
Lebovici, S. 谢尔盖·勒博维奇 180
Leclerc, M. 勒克莱尔 176, 215
Levenberg, S. B. 勒温伯格 142
Levi, P. 普里莫·莱维 33, 113, 324, 325, 327, 345—347, 349—356, 358, 362—365, 386, 394
Lévi-Strauss, C. 克洛德·列维-斯特劳斯 405, 406
Leys, R. 赖斯 17, 50, 114
Lifton, R. 罗伯特·利夫顿 113, 116, 135, 138—141
Lopez, G. 热拉尔·洛佩兹 182, 186, 189, 191

Manos, G. H. 马诺斯 159
Marcus, P. 马尔库斯 111
Marks, H. 马尔克斯 180
Marley, J. A. 马利 220
Marrus, M. 迈克尔·马鲁斯 371
Masson, J. M. 杰弗里·马森 56, 126, 127
Mbembe, A. 阿基尔·姆本贝 30, 278
McCulloch, J. 麦克洛克 336

Mendelsohn, B. 蒙德尔逊 181
Minkowski, E. 尤金·闵可夫斯基 89, 340
Mollica, R. 理查德·莫利卡 158
Mongin, O. 蒙琴 408
Moreau, M. 马歇尔·莫罗 102—105
Moro, M.-R. 玛丽-罗斯·莫罗 247, 255, 279, 315, 354
Mosse, G. 莫斯 74, 277
Mueser, K. T. 缪塞尔 220
Mulhern, S. 谢里尔·穆尔赫恩 57, 134
My Lai 美莱 137, 138, 142

Neal, A. G. 尼尔 30
Nelson, B. J. 纳尔逊 122
Noiriel, G. 热拉尔·诺瓦里埃尔 376
Nora, P. 皮埃尔·诺拉 32, 404

Ohayon, M. 奥哈永 176
Olafson, E. 奥拉弗森 127
Olivier-Martin, R. 奥利维耶-马丁 175
Oppenheim, C. 奥本海姆 52, 103
Oury, G. 热拉尔·乌利 177

Palestine, 巴勒斯坦 30, 46, 149, 233, 235, 241, 259, 272, 279, 281—319
Paumelle, P. 菲利普·波梅尔 177

459

Pechikoff, S. 佩奇考夫 215
Peteet, J. 佩梯 313
Petryna, A. 佩德里娜 30
Pichot, P. 皮埃尔·皮修 175
Pollak, M. 米歇尔·波拉克 33, 115
Porot, A. 安托万·波罗 79, 87, 88, 91, 180, 337, 339, 352
Pulman, B. 普尔曼 86

Rager, P. 拉杰 176
Rechtman, R. 理查德·李森特曼 19, 24, 64, 113, 116, 131, 132, 133, 172, 173, 221, 249, 334
Renneville, M. 雷纳维尔 59
Rickmann, J. 约翰·里克曼 107
Ricœur, P. 保罗·利科 114, 405
Rieff, D. 大卫·里夫 292
Rivers, W. H. 威廉·里弗斯 79, 86, 108
Robin, R. 罗宾 114
Rosenhan, D. L. 罗森汉 130
Roth, P. 菲利普·罗斯 145
Rousseau, C. 塞西尔·卢梭 386
Rousseau, F. 弗里德里克·卢梭 67, 68, 72, 73, 79, 87, 95,
Rudetzki, F. 弗朗索瓦丝·路德斯基 166—169, 171, 188
Rush, F. 弗朗索瓦·拉什 124—126
Rwanda 卢旺达 272, 273, 275, 276, 279, 303, 379, 413
Rycroft, C. 里克罗夫特 127

Sabourin, P. 皮埃尔·萨布林 186
Sayad, A. 萨亚德 15, 335
Schlenger, W. E. 施伦格尔 10, 159, 161
Schuster, M. A. 舒斯特 158, 161
Scott, W. 斯科特 45
Simmel, E. 恩斯特·西梅尔 94
Sivadon, P. 保尔·希瓦东 177
Skultans, V. 斯库尔坦斯 30
Spiegel, A. 斯皮尔格 132
Spitzer, R. 罗伯特·斯皮泽尔 130—133, 136
Steele, B. F. 斯蒂尔 123
Suárez-Orozco, M. 马塞洛·苏亚雷斯-奥罗佐 395
Summerfield, D. 德里克·萨默菲尔德 43—48, 301

Tausk, V. 维克多·托斯克 94, 95, 97, 100
Taussig, M. 陶西格 30
Tchernobyl, 切尔诺贝利 30
Todeschini, M. 托代斯基尼 30
Todorov, T. 茨维坦·托多洛夫 32,
Tomkiewicz, S. 斯坦尼斯拉斯·托科维奇 254

Vaiva, G. 瓦伊娃 59,
Van der Kolk, B. 范·德·考克 17, 18, 404
Van Emmerik, A. A. 冯·埃梅里克 209

Vietnam 越南 15, 21, 37, 38, 44, 113, 120, 135—137, 139—141, 143—145, 229, 385
Vigarello, G. 维加雷罗 60, 122
Vincent, C. 克洛维·梵尚 71, 74, 79, 80, 81, 82, 87, 102
Volkan, V. 维米克·沃尔坎 347

Wagner von Jauregg, J. 瓦格纳·冯·姚雷格 74, 83—85, 87, 94, 108

Wahnich, S. 瓦尼奇 67
Widlöcher, D. 达尼尔·维洛谢 180
Wilson, J. 约翰·威尔逊 352
World Trade Center 纽约世界贸易中心 9, 10, 12, 157, 193, 245

Young, A. 艾伦·扬 15, 17, 44, 45, 50, 57, 114, 136, 142, 143, 385

Zizek, S. 斯拉沃热·齐泽克 35

术语索引

（索引页码为原书页码，即本书边码）

Accident 事故 12, 14—16, 21

Ancien combattant 老兵 13, 37, 38, 108—111, 135—149

Asile 避难 23, 323—329, 331—335, 340—351, 356—365, 367—401

Assistance 援助 169, 233, 235, 240, 271, 278, 189, 290—292, 372

Attentat 恐怖袭击 14—21, 155—161, 163—174, 302—309

Aveu 招供 93—118, 128

AZF, usine AZF 化工厂 21, 23, 193—229

Brutalisation thérapeutique 治疗强硬化 72—83

Catastrophe 灾难 14, 35, 201—203, 217, 219, 243—246, 254, 256, 257

Cellules d'urgence médico-psychologique 医学心理急诊 13, 21, 49, 154, 161, 165, 183, 198, 205—210

Certificat médico-psychologique 医学心理学证明 323—330, 331—333, 356—365, 367—370, 386—399

Coloniale, médecine 殖民地医学 20, 87—92, 333—340,

Conflit israélo-palestinien 以巴冲突 281—319

Consoler 抚慰 48, 223—230, 236, 263, 415

Débriefing 心理纾解 12, 154, 157, 198, 203—205, 209, 210, 345

Droit des victimes 受害者权益 134, 165—175, 190

DSM (*Diagnostic and Statistical Manual*) 精神障碍诊断与统计手册 119, 131—136, 174—176, 179, 180, 271

Economie morale 道德经济结构

19, 39, 137, 144, 403—417
Empreinte psychologique 心理痕迹 11
État de stress post-traumatique 创伤后应激障碍 9, 10, 39, 43, 215, 238, 239, 257, 299, 306, 307, 363, 382, 393
Ethnopsychiatrie 民族精神病学 276, 337—339, 343, 352—354
Ethos 精神气质 257, 314, 409
Événement traumatique 创伤性事件 55, 99, 130—136, 223
Expertise 鉴定
    -法医~ 20, 185, 325—328
    -精神~ 24, 44, 58, 59, 64, 192
    -受害者研究~ 157, 186—188

Féminisme 女权主义 38—39, 120—133, 173—176

Généalogie 脉络，谱系 17, 20, 21, 50, 51, 73, 75, 143, 203
Génocide 种族灭绝 35, 36, 137, 246, 272, 386, 318, 404, 417
Guerre 战争
    -第一次世界大战 67—72, 74, 75, 93, 99—105, 147
    -第二次世界大战 105—111, 374

Histoire 历史 29—32, 35, 53, 129, 134, 167, 188, 218, 310—319, 352, 354, 403—417

Humanitaire 人道主义
    -~ 医学 259—279
    -~ 运动 285, 292, 317
    -~ 组织 245, 246, 264, 266, 291, 303, 304, 308, 311, 312,
Hystérie 癔病，歇斯底里 52—58, 62, 75, 78—80, 95—92, 126, 127

Immigration 移民 333—340, 341
Inégalité ontologique 本体不平等性 277, 278, 318, 414
Intifada 巴勒斯坦青年起义 281—283, 289, 293—301, 305—307

Maltraitance 虐待 122—124, 127, 128, 174
Mémoire collective 集体记忆 30, 33, 39, 40, 414

Névrose 神经官能症
    -战争~, 72, 82, 86, 87, 90, 97, 99, 111, 114, 136, 258
    -创伤性~, 38, 50—63, 70—75, 78, 83, 87, 89, 90, 102, 104, 110—115, 185, 187, 270, 349
Nosographie, nosologie 疾病分类学 16, 38, 62, 120, 175—180, 182, 257, 258, 267, 300, 317, 336, 392, 406, 407, 416, 417

Ordre sécuritaire 安全秩序 10

463

术语索引

PTSD (*Posttraumatic stress disorder*) 创伤后应激障碍 10, 29, 43—47, 57, 119, 120, 133—137, 140—149, 158—161, 174, 180—183, 190, 223, 256—258, 267, 268, 283, 309, 392, 410

Preuve par corps 身体检验证明 356—365

Problématisation 问题化 254

Psychanalyse de guerre 战争精神分析 95—101

Psychiatrie 精神病学
- 急救～ 203—211
- 人道主义～ 243—279
- 法律～ 59, 64, 65, 87, 89—92, 104
- 军人～ 59, 64, 65, 87, 89—92, 96, 104, 105, 111, 258, 259, 267

Psychotraumatisme de guerre 战争精神创伤症 264—272

Psychotraumatologie de l'exil 流放精神创伤症 22, 23, 331—365

Reconnaissance 承认，认可 379—387

Réfugié 难民 265—272, 331—365

Réparation 补偿，赔偿 23, 58—63, 102—105, 111, 149, 166—168, 187, 188, 223—229, 263, 408—417

Séquelles 后遗症 60, 61, 124—127, 141, 223, 326—328, 332, 356—365, 369, 379—387

Shoah "二战"时纳粹屠杀犹太人的历史事件 33—36, 38, 114—118, 147

Simulation 装病 15, 40, 62—64, 72, 75, 79, 85, 91, 92, 112, 127, 338

Sinistrose 灾难神经质 15, 61—63, 71, 72, 92, 105, 335

Souffrance psychique 精神痛苦 110, 149, 262, 313, 318, 400, 410

Soupçon 怀疑 64, 72, 100, 101, 117, 119—161, 370

Syndrome du survivant 幸存者综合征 111—118, 140

Témoignage 见证 135—143, 281—319

Témoin 证人 116—118, 135—143, 285—293

Théorie de la séduction 诱惑理论 50, 54—56

Théorie du fantasme 谵妄理论 50, 56—58, 126—129

Torture 酷刑 323—330, 343—351, 356—365, 378, 387, 394—406,

Traumatisme 精神创伤
- 远距离～ 207, 215
- 文化～ 30, 31, 406
- 历史～ 30, 416

Urgence 急救，急诊 203—210

Véridiction 真言化，主观真理叙述 16, 18, 188, 327, 332, 365, 401
Vérité 真相 387—394
Victimes, équivalence des 受害者等值性 301—319
Victimologie 受害者学
 -犯罪学~ 181—183, 185
 -精神病~ 17, 21—23, 149, 157, 161, 163—192
Violence 暴力，暴行
 -身体~ 122, 123, 142—149, 168, 185—186, 233, 234, 237—240, 271, 275, 291—300, 312, 313, 367—401
 -性~ 124—127, 160, 173, 186, 212

图书在版编目(CIP)数据

创伤的帝国:受害者状况调查/(法)迪迪埃·法桑,(法)理查德·李森特曼著;刘文玲译.—北京:商务印书馆,2023
ISBN 978-7-100-21943-3

Ⅰ.①创… Ⅱ.①迪…②理…③刘… Ⅲ.①社会学—研究 Ⅳ.①C91

中国版本图书馆 CIP 数据核字(2022)第 257118 号

权利保留,侵权必究。

创伤的帝国
—— 受害者状况调查

〔法〕迪迪埃·法桑 著
　　理查德·李森特曼

刘文玲 译

商 务 印 书 馆 出 版
(北京王府井大街36号 邮政编码100710)
商 务 印 书 馆 发 行
北 京 冠 中 印 刷 厂 印 刷
ISBN 978-7-100-21943-3

2023 年 6 月第 1 版　　开本 850×1168　1/32
2023 年 6 月北京第 1 次印刷　印张 15
定价:75.00 元